임석재의
생태
건축

임석재의 생태건축

ⓒ 임석재 2011
초판 1쇄 2011년 9월 1일

지은이 | 임석재
펴낸이 | 강준우
책임편집 | 문형숙
표지 · 본문 디자인 | 임현주

기획편집 | 김진원, 심장원, 이동국, 이연희 디자인 | 이은혜 마케팅 | 박상철, 이태준
관리 | 김수연 펴낸곳 | 인물과사상사 인쇄 및 제본 | 대정인쇄공사
출판등록 | 제17-204호 1998년 3월 11일 주소 | (121-839) 서울시 마포구 서교동 392-4 삼양빌딩 2층
전화 | 02-325-6364 팩스 | 02-474-1413 홈페이지 | www.inmul.co.kr | insa@inmul.co.kr
ISBN 978-89-5906-196-9 03610
값 22,000원

임석재의 생태건축

일곱 번의 위기와 일곱 개의 자연

인물과
사상사

이상적 생태건축을 위한 소고

만능의 단어가 되어버린 '생태'

최근 십여 년 사이 한국의 건축 환경에는 많은 변화가 있었다. 생태건축의 등장도 이 가운데 하나이다. 양식 사조로서 '생태건축'은 아직 매우 모호한 상태거나 정확히 정의되어 나타나지 않는 데 비해 '생태'는 제일 많이 등장하는 개념 또는 단어가 되었다. 건축 관련 세미나나 현장 실습 종류의 활동이 생태라는 한 가지 주제로 통일되어가는 느낌이다. 대중매체에서 다루는 횟수가 늘어나고 생태건축 단독의 박람회를 개최하는 것을 보니 '생태'만으로 시장이 형성되었고 이 주제에 대한 대중적 관심이 커져가는 것이 사실인가 보다.

비단 건축에만 국한된 얘기가 아니다. 생태와 동의어로 해석될 수 있는 '녹색', '그린', '친환경', '환경 친화', '저탄소' 등의 단어가 빠지는 곳이 없다. 마트에 진열된 수많은 상품부터 국가에서 집행하는 수조 원, 수십조 원의 연구 개발 프로젝트까지 들어가지 않는 곳이 없다. 1,000원짜리 물건 하나에도 친환경이니 그린이니 하는 단어를 상품명에 붙여야 팔리는 시대가 되었다. 적어도 겉보기에는 생태에 우리 미래가 달려 있다고 파악은 하는 것 같다. 어느 시대에나 있던 이상적 회귀주의나 비현실적 반反기술주의의 호들갑스러운 재앙 경고까지 가세하면 더 그렇다.

그러나 이런 현상은 일시적 유행으로 끝나거나 별 성과 없이 지지부진 이어지면서 수많은 문명 요소 가운데 하나로 귀결될 것 같은 우려를 지울 수 없다. 생태건축이 무엇이냐고 물었을 때 '자연 소재로 만든 도배지를 사용하고, 집에서 버린 물을 정화해서 다시 사용하고, 빗물 받아서 물고기 키우는 마을' 이상의 답이 나오지 않는 것이 현재 우리 생태건축의 현실이다. 그나마도 마을 단위는 독일이나 일본 같은 외국 사례가 대부분이다. 우리도 정부에서 생태 마을 사업 같은 것을 시작했다가 '수지가 안 맞는다' 는 이유로 허망하게 흐지부지되었다.

생태건축에 수지가 안 맞는다는 것이 대체 무슨 말인가? 생태건축을 또다른 돈벌이로 생각했거나 아니면 모든 부담을 개인에게 지우고 정부는 이런 사업을 했다고 생색만 내려는 치졸한 속셈에서 나온 말이다. 정부 탓만은 아니다. 전 세계적으로도 이른바 '녹색 사업' 은 차세대 성장 동력 가운데 하나가 되어 있다. '녹색' 이라는 말과 개념 속에는 성장제일주의를 버리는 혁명적 문명관이 제일 앞머리에 나와야 맞는데, 이런 녹색을 성장의 동력으로 삼겠다니, 참으로 어이없는 모순이 아닐 수 없다.

생태문명 - 새로운 문명의 등장만이 해법이다

'차세대 성장 동력' 이라는 말에는 두 가지 뜻이 공고하게 담겨 있다. 바로 '기술' 과 '경제' 이다. 기술에 의존한 경제 성장을 계속해야겠는데 그 밑천이 떨어져가니 새로운 분야를 개발해야겠다는 뜻이다. 이제 IT도 포화 상태에 다다랐고 그다음은 생명공학과 녹색 산업으로 잡혀 있다. 현재 환경 위기의 주범이 '기술에 의존한 경제 성장' 인데 그 해결책도 그 주범에 맡기겠다니 도대체 무슨 말인지. 이 세상에 양립하지 못할 것이 없다는 데에는 동의하는 편이지만 그래도 '녹색'과 '산업'만은 제발 양립하지 말고 격렬하게 대립하고 싸워서 녹색이 산업을 찬란하게 이기고 문명의 새로운 주인으로 우리를 이끌어갔으면 좋겠다.

결론부터 말하자면 지금의 환경 위기는 현재의 문명 패러다임 내에서는 해결할 수 없다는 것이 내 생각이다. 새로운 문명이 등장해야만 가능하다. 새로운 문명의 첫 번째 기준은 '성장률 0퍼센트'의 사회이다. 성장률이 0퍼센트가 되어도 망하지 않고 건강하게 유지되는 새로운 사회경제 체제로 바뀌어야 한다. 둘째, 이를 바탕으로 성장률을 따지지 않는 문명이 되어야 한다. 반드시 발전과 성장을 하지 않더라도 얼마든지 적절한 풍요와 안정을 누리며 행복하게 살 수 있어야 한다. 셋째, 이를 위한 필수조건으로 인구 증가의 강박관념을 버려야 한다. 경제성장률이 반드시 플러스로 나와야 나라가 망하지 않는다는 명제는 인구가 반드시 증가해야 나라가 망하지 않는다는 명제와 동전의 앞뒷면처럼 맞닿아 있다. 이 강박을 버리고 인구가 증가하지 않더라도 망하지 않는 새로운 경제 체제를 만들어내야 한다. 넷째, 이 단계에 이르면 혹은 이런 단계에 이르기 위해서는 문명의 운명을 쥔 주인의 자리가 기술과 산업에서 사상, 예술, 종교로 바뀌게 된다. 다섯째, 사람들 사이의 관계나 생존법칙도 경쟁과 실적 내기에서 배려와 공존으로 변화된다.

이상적으로 들릴지 모르지만 '새로운 공동체'라는 개념 아래 현재의 산업자본주의를 대체할 새로운 문명을 찾는 작업들이 아주 조심스럽게, 그러나 너무 천천히 시작되고 있다. 나 개인적으로도 지적 탐구와 저술 활동의 궁극적 목적은 이런 새로운 문명의 방향을 찾고 정의하는 일이다. 이 책 결론부에 맞을 법한 이 주제는, 그러나 이 책의 주된 내용은 아니다.

이것은 너무 크고 어려운 일이기 때문에 앞으로 긴 시간의 준비가 필요할 것이다.

이 책은 일종의 준비 운동으로, 이런 새로운 문명이 탄생해야 할 필요성을 사상과 역사의 관점에서 조망한 책이다. 문명이라는 것은 표면적으로는 눈앞의 현실적 목적과 이익을 위해 기술, 경제, 법, 행정 등 도구적 수단을 동원해서 만들어내는 것 같지만 인류의 모든 새로운 문명 뒤에는 뒷받침하는 사상이 있었다. 사상의 역할은 두 가지이다. 하나는 도구적 수단 전체를 아우르며 그보다 상위 차원에서 큰 방향을 정하고 도구적 수단들의 작동 내용을 이끌어준다. 다른 하나는 사람들에게 확신을 심어줘서 자신 있게 새 문명을 시작할 수 있게 해준다. 하나의 문명이 오래 계속되다 보면 사람들은 거기에 수많은 이익을 걸며 중독되어 있다. 이것을 깨기 위해서는 강력한 확신이 필요한데 이것을 줄 수 있는 것은 사상밖에 없다.

새로운 문명이 탄생하기 위해서는 앞 문명의 진행 상황과 특성을 알아야 한다. 새로 탄생하는 문명이 표면적으로는 이번에야말로 최선의 문명이라고 기치를 내걸지만 어차피 앞 문명의 한계와 문제점에 대한 대응과 해결이 9할 이상을 이루기 때문이다. 이 책은 '생태문명'이라는, 산업자본주의 다음 단계의 새로운 문명이 탄생하는 데 필요한 첫 번째 기초 작업으로서 지금까지 이어져온 서구 문명의 전개 과정을 '자연'이라는 관점에서 파악, 해석한 책이다.

경제적, 기술적 접근은 분명한 한계가 있다

안타깝게도 현재는 환경문제에 대한 경제적, 기술적 접근만이 난무하고 있다. 물론 이런 도구적 접근도 필요하다. 정말로 새로운 기술이 등장해서 지금처럼 에너지를 소비하고 누릴 것 다 누리면서도 지구 환경에 피해가 하나도 가지 않으면 굳이 기술적 접근을 탓하지 않을 수도 있다. 또한 이런 기술을 개발하려면 막대한 돈이 들기 때문에 당연히 경제적 접근이 최우선 방향이 되어야 할 것이다.

제일 현실적인 해결책으로 보이는 이런 방향은, 그러나 '기술에 의존한 성장제일주의'를 모토로 내건 현재의 문명을 버리고 '성장률을 따질 필요 없고 사상이 이끌어가는' 새로운 문명을 창출하는 것보다 훨씬 비현실적이다. 위에 얘기한 것 같은 완벽한 기술은 존재하지도 않으려니와 더 큰 문제는 이것이 경제 사이클에 편입되어야 실현가능하다는 데 있다. 현대의 기술은 이미 이익 창출이라는 경쟁의 수단으로 전락한 지 오래인데, 이런 상태에서 기술은 절대 순수한 목적으로 개발되고 운용되지 않는다. 이익집단의 말 그대로 '이익'을 위해 수도 없이 변형, 변질되고 폐기된다. 이런 상태로 굴러가는 '녹색 기술'은 절대로 현재의 환경 위기를 해결할 수 없다. 너무 비현실적인 기술이상주의이다. 기술제일주의가 인류의 위기마저 돈벌이로 여기며 간악하게 모습을 바꿔 전 지구적 사기를 치는 허구적 기술이상주의일 뿐이다.

여기서 환경 위기를 불러온 가장 핵심 주범에 이르게 된다. 바로 '인간의 탐욕'이다. 환경 위기의 원인을 찾다보면 처음에는 물리적 현상으로 시작된다. 그러나 그 원인을 다시 캐들어 가다 보면 결국 인간의 탐욕으로 귀결된다. 환경 위기의 제일 근인은 '지구 온도가 몇 도 올라갔다'이다. 그 원인을 다시 캐보면, → '이산화탄소가 너무 많이 배출되어서 지구 온도가 올라갔다' → '화석연료를 너무 많이 때서 이산화탄소가 많이 배출되었다' → '산업화된 생활을 하다 보니 화석연료를 많이 때게 되었다' → '좀 더 많은 물질을 손에 넣고 좀 더 편해지기 위해 산업화된 생활

방식을 발명해서 도입하게 되었다' 로 귀결된다. 결국 '물질' 과 '편리' 라는 인간 탐욕의 대표적 얼굴을 만나게 되는 것이다. 이것이 환경 위기의 제일 근본적인 원인이며 어떤 식으로든지 이것을 해결하지 않고 기술과 경제에만 의존한 해결책은 위기 해결에 아무런 도움도 주지 못한다.

결국 위기를 만들어낸 '탐욕' 이라는 인간의 본성이 바뀌지 않는 한 기술적, 경제적 접근 방식은 한계가 뻔하다. 아주 쉬운 예로, 환경문제의 원인을 한 가지로 요약하자면 '일인당 에너지 소비가 계속 늘면서 동시에 인구도 계속 느는' 이중의 부담에 있다. 두 방향 모두 증가하면서 함께 만나 지구 전체의 에너지 총 사용량을 기하급수적으로 늘리는 것이다. 이것을 문명 차원에서 이름 붙이자면 산업자본주의 문명의 잘못된 기본 속성이며 개인 차원으로 보면 다름 아닌 '탐욕' 이 된다. 환경 위기의 해법을 제일 초보적 차원에서 한 가지로 줄여보라면 '일인당 에너지 소비를 줄임과 동시에 전체 인구도 줄이는 것' 이다. 증가 일로에 있는 두 방향 모두를 거꾸로 되돌려야 하는데 이것이 어떻게 기술이나 경제로 해결된다는 것인가.

환경 위기를 바라볼 때 인간의 탐욕이 중요한 이유는 환경 위기의 전체적 모습을 그려보면 더 확실해진다. 이제 환경 위기는 화석연료만의 문제가 아니다. 녹색 기술이 정말로 화석연료를 완전 대체하게 된다 하더라도 환경 위기는 절대 해결되지 않는다. 쉽게 두 가지 이유를 생각할 수 있다. 하나는 녹색 기술 자체와 관련된 문제로, 이런 기술들이 이산화탄소 배출량을 줄이는 목적에는 유용할지 모르나 생각지도 못한 또다른 문제를 다시 낳을 수도 있다. 아니 분명히 낳게 된다. 인간의 기술이 갖는 근원적 한계로, 기술 발전에 의존해서 진행되어온 인류 문명의 긴 역사가 수도 없이 증명하는 '멍청함의 역설' 같은 것이다. 이런 멍청함의 역설은 바로 인간의 탐욕과 맞닿아 있다. 더욱이 이렇게 불완전한 기술을 경제 사이클에 올려 돌려야만 모든 가정이 성립되는 현대 산업자본주의 아래에서는 더욱 그렇다. 경제야말로 기술보다 더 근원적인 인간 욕심의 총집합체가 아닌가.

　다른 하나는 녹색 기술을 벗어난 좀 더 큰 차원의 문제로, 인류는 이미 식량, 물, 지하자원 등 문명 유지에 필요한 모든 자원의 위기에 직면해 있다. 다른 자원의 문제는 그 자체로도 또다른 화급한 위기일 뿐 아니라 화석연료를 둘러싼 위기와 무관하지 않다. 더 큰 문제는 화석연료의 위기를 기술적, 경제적으로 풀려고 접근하다가는 다른 자원을 둘러싼 위기를 기하급수적으로 키우게 된다는 데에 있다. 바로 인간의 탐욕 때문이다.

　장담컨대 경제적, 기술적 해결만으로는 현재의 위기 상황이 절대 나아질 수 없다. 모든 것을 기술과 이익 창출로 환원하는 현재의 산업화, 자본화된 생활방식을 바꿔야만 가능하다. 생활방식을 바꾸기 위해서는 가치관과 인생관이 바뀌어야 하고 그러자면 생각이 바뀌어야 한다. 개인적 차원에서 일어나는 이런 내용을 모으면 문명이 된다. 문명은 개인(미시 차원-하부 구조)과 사회(거시 차원-상부 구조) 사이의 관계가 중요한데, 이미 사회에서 던진 메시지는 확실하다. 산업과 자본주의, 즉 기술과 이익 창출과 탐욕의 가치관을 문명의 주인에서 끌어내리고 사상과 공존과 인내의 가치관을 그 자리에 앉히라고 가르치고 있다. 남은 것은 개인의 변화이다. 개인과 사회가 쌍방향으로 작동하며 거대한 흐름을 형성할 때 새로운 문명이 탄생한다.

일곱 번의 위기와 일곱 개의 자연

이 책은 이런 배경 아래 환경 위기의 본질 및 그에 대한 해법을 서양문명이 자연을 대하고 운용해온 '자연사상의 역사'로 바라본 책이다. 현재의 위기는 20세기 산업기계문명에 의해 갑자기 생긴 것이 아니라 서양문명 전체에 걸쳐 오랫동안 계속되어온 그릇된 자연관의 끝자락에 나타난 말기적 현상이다. 20세기에 국한시켜보면 기술에 의존한 경제체제인 산업자본주의 탓처럼 보이지만 앞에 설명한 것처럼 그 이면에는 인간의 탐욕이라는 가장 근원적인 원인이 자리 잡고 있기 때문이다.

이런 탐욕은 동서양을 막론하고 인류 문명사 내내 한 번도 사라지지 않고 상존해왔다. 굳이 어느 시기에 욕망이 더 컸는가를 따질 필요 없이 늘 문명을 이끌어온 동인이었다. 그리고 자연은 그런 탐욕의 제1 대상이었다. 특히 인간 밖에서 탐욕의 대상을 찾는다면 더 말할 필요도 없다. 동양권은 인간의 탐욕에 대해 절제를 가르쳤고 서양권은 탐욕을 경쟁과 발전의 발판으로 활용했다는 이분법이 사실일 수도 있고 아닐 수도 있지만, 적어도 자연을 대상으로 한다면 그런 이분법은 사실로 보인다.

자연을 이렇게 바라보는 한, 자연은 인간의 손과 머리에 의해 항상 위기를 맞게 된다. 나는 이것을 서양의 전 역사에 걸쳐 일곱 번의 위기로 분류했다. 서양은 때로는 사상으로, 때로는 구체적 도구를 사용해서 자연과 맞서 싸워 이기려 했다. 처음에는 눈길이 닿는 주변의 산하, 그다음에는 각자가 속한 나라의 영토를 통째로 정복하고 다스리는 것을 문명의 마지막 완성으로 보았다. 시간이 좀 더 흐르면서(아마도 르네상스 정도부터) 전 지구가 그런 정복의 대상이 되었으며 과학혁명을 거치면서는 정복욕을 우주로까지 확장했다. 지구 위에서는 배를 타고 식민지를 개척해서 자연을 개발했고 우주에 대해서는 학문의 발전을 내세워 인간의 사고 체계 안에 넣으려 했다. 이미 고대 그리스와 중세부터 적어도 머릿속으로는 지구를 벗어난 창공을 인간의 손아귀에 넣어 해석하고 다루고 싶어 했다.

자연을 대하는 이런 기본 태도가 우리가 인류 문명을 이분법적으로 구획할 때 서양에 대해서 통상적으로 갖는 시각이다. 이것이 틀림없이 사실이지만 서양문명에는 이런 자연관만 있던 것은 아니다. 위기 때마다 이에 대처하는 움직임도 함께 있었고 그때마다 새로운 해결책을 내놓았다. 어떤 면에서 서양문명이 멸망하거나 퇴보하지 않고 계속 이어져 오늘에 이르게 한 덕은 자연을 정복하려는 기술발전주의가 아니라 그 옆에서 위기를 이겨내서 자연을 지켜낸 해결운동이었을지도 모른다.

더 중요한 것은 그런 해결책이 절대 새로운 기술이나 정치, 경제 체제 같은 도구적 수단이 아니었다는 것이다. 늘 사상, 예술, 종교였다. 혹은 이것들에 종합적으로 기반해서 인간의 탐욕을 줄이려는 지난한 실천운동이었다. 이런 해결운동을 이끈 사상가들은 서양문명사에 위기를 풀어낸 현자요 선지자로 기록되어 있다. 이들은 하나같이 위기의 원인을 인간의 탐욕으로 보았고 해결책 또한 인간의 탐욕을 다스리는 데에서 찾았다. 이들이라고 인간의 탐욕을 줄이고 절제하는 것이 얼마나 힘든지 모르지 않았을 텐데, 그리고 인간의 탐욕스러운 이익이 걸린 사안에 대해 그런 주장을 해결책으로 내놓는 일이 개인적으로 당할 화를 생각하면 얼마나 위험한 것인지도 모르지 않았을 텐데 일곱 번의 위기 때마다 모든 현자와 선지자 들이 이 길만을 유일한 해결책으로 내놓은 데에는 이유가 있다. 진정으로, 그것만이 해결책이라고 확신했기 때문이다. 인류 문명사의 흐름이나 현대 환경 위기의 본질 등에 조금이라도 관심을 가져본 사람이라면 이들의 확신은 너무나 당연하고 확고한 진리임을 알 것이다.

이렇게 제안된 새로운 해결책은 그대로 자연을 바라보는 새로운 시각이 되었다. 일곱 번의 위기 때마다 일곱 개의 새로운 자연이 태어났다. 우리는 서양문명을 이해하고 받아들일 때 일곱 번의 위기를 초래한 자연 정복론과 개발론만 받아들여서는 절대 안 된다. 그 옆에서 힘들게 자연을 지키려 해결책으로 제시된 일곱 개의 자연을 함께 받아들여야 한다.

생태 문제는 현대만의 문제는 아니다. 20세기에 갑자기 생긴 것이 아니라 그 이전부터 서양의 역사와 늘 함께 있어왔다. 생태사상도 마찬가지이다. 생태사상은 생태 문제를 해결하는 대응 방식으로 제시된 측면이 크기 때문에 생태 문제가 있는 곳에는 늘 생태사상이 함께 있어왔다. 생태 문제는 확장하면 서구 사회가 자연에 대해 취한 태도의 변천사에 다름 아니다. 이렇게 보면 생태 문제는 고대 그리스까지 거슬러 올라갈 뿐 아니라 더욱 중요한 것은 항상 일정한 패턴으로 전개되어왔다는 점이다. 시대마다 자연에 대해 우호적 태도가 먼저 형성된 뒤 자만과 욕심에 빠져 자연을 개발과 물욕의 대상으로 보는 시각이 뒤를 이으면서 생태 위기가 시작된다.

위기는 문명 자체의 존립을 위협할 정도로 커지며 이에 대한 해결책을 강구하는 과정에서 각 시대의 생태사상이 성립되어 다음 문명을 연다. 이처럼 생태 문제는 서양 역사에서 늘 있어온 주기적 현상이며 일정한 패턴으로 전개되어왔고, 그 해결책은 항상 생태사상 혹은 자연사상이 제공해왔다. 자연을 우호적으로 바라보고 자연에 순응하는 새로운 사상이 먼저 제시되고 그에 따라 생활 방식이 바뀌면서 새로운 문명이 탄생하는 패턴이다. 사상과 실천이 중심이 되며 기술은 이것을 돕는 하부 요소로 작용했다. 현대도 마찬가지이다. 현대에 맞는 생태사상을 찾아 다수의 일상생활부터 바뀌면서 기술이 이를 뒷받침하는 형식이 되어야 생태 위기 극복은 성공할 수 있다.

기독교와 환경문제

이 책의 많은 부분은 기독교에 관한 얘기이다. 환경문제나 생태사상을 조금이라도 연구한 사람이라면 기독교를 피해갈 수 없다는 점을 너무나 잘 알 것이다. 현대 생태사상에서는 기독교를 환경 위기의 주범으로 보는 시각이 주류이다. 이런 비판의 시각은 내가 보기에도 상당 부분 맞는 얘기이고 나 자신도 이와 비슷한 경험을 한 적이 있어서 그 문제에 대한 설명이 이 책의 일정 부분을 차지한다. 하지만 절대 신앙의 측면이 아니라 순수하게 생태와 관련된 학문적 관점에서 설명했음을 밝혀두고 싶다. '일곱 번의 위기와 일곱 개의 자연'이라는 틀 안에서 기독교가 차지한 부분과 그 내용을 철저하게 객관적 관점에서 설명했다. 결론부터 말하자면 본연의 기독교가 환경 위기의 주범이 아니라, 기독교의 참 정신을 잘못 받아들여 인간의 이기심을 위해 악용한 일부 잘못된 현실 기독교가 환경 위기의 주범이다. '일곱 번의 위기' 가운데 여러 번은 잘못된 기독교 탓이 크다.

내가 겪은 비슷한 경험은 성서 구절을 해석하는 문제였다. 대학교 어느 때인 것으로 막연히 기억된다. 내 나이쯤이라면 기독교 신자가 아니더라도 대개 초등학교 정도에 성서를 처음 접하게 된다. 복음주의가 유난히 강한 나라이기 때문에 주변에서 하도 권해서이다. 하지만 너무 어리기 때문에 그 뜻을 헤아릴 수는 없을 것이다. 조금씩 철들기 시작한 대학교 때쯤 내 손으로 성서를 펴서 읽게 되면서 약간의 판단을 가할 수 있게 된다. 당시 나는 종교에 대해 큰 의식을 지니지는 않았지만 군이 분류하자면 나 자신만을 믿는 자기중심적 무신론자쯤이었을 것이다. 그런 관점에서 성서의 첫 페이지를 펼쳐서 읽었을 때 느낀 묘한 느낌이 아직도 기억에 생생하다. 구약성서 「창세기」 1장 26~30절, "우리가 사람을 만들고 그로 바다의 고기와 공중의 새와 육축과 온 땅과 땅에 기는 모든 것을 다스리게 하자 하시고, (중략) 그들에게 이르시되 생육하고 번성하여 땅에 충만하라, 땅을 정복하라, 바다의 고기와 공중의 새와 땅에 움직이는 모든 생물을 다스리라 하시니라. 하나님이 가라사대 내가 온 지면의 씨 맺는 모든 채소와 씨 가진 열매 맺는 모든 나무를 너희에게 주노니 너희 식물이 되리라.(후략)"라는 구절이었다.

이 책에서도 이 구절의 해석에 관한 설명이 중요한 내용으로 여러 번 나오는데, 기억을 되살려보면 이 구절을 읽으면서 참 여러 가지 감정이 교차한 것 같다. 인간을 향한 하나님의 사랑 같은 것도 느꼈고 자연을 개발 대상으로 여기던 당시의 사회 풍조가 잘못된 것이 아니구나 하는 안도감도 느꼈던 것 같다. 다른 한편으로는 무엇인가 정체 모를 섬뜩함도 느꼈다. 말로 표현하기 힘든 불쾌함이나 역겨움 같은 것일 수도 있었다. 도살장에서 사람 손에 맞아 죽던 소의 모습도 떠오른 것 같고 시장 도마 위에서 단칼에 대가리가 떨어져 나가고 배가 갈라져 내장을 쏟아내던 생선도 떠올랐다. 초등학생들이 재미 삼아 곤충을 잡아서 손으로 찢어 죽이는 장면도 떠올랐다(나 자신도 초등학생 때 이러고 놀았다). 마음 한구석 아주 작은 곳에 인간이 무슨 권리로 다른 생물을 이렇게 괴롭혀도 되는 것인가라는 의문도 든 것 같다.

기독교인이 된 지금도 '정복하라'와 '다스리라'라는 같은 구절이 과연 종교 경전에 나오기에 적합한 단어인지에 대한 회의는 계속된다. 이 두 단어 때문에 현실 기독교가 오랜 세월에 걸쳐 그렇게 처절한 실패를 반복하고 인류 앞에 씻을 수 없는 큰 죄를 지은 것이 아닌가 하는 생각도 해본다. 옆에서는 나의 신앙심이 부족한 탓이라고 말하지만 그렇게 간단한 문제는 아닌 것 같다. 이 구절은 실제로 단일 문장으로는 생태사상에서 제일 많이 언급되고 해석되는 대목이다.

이 책은 나 개인적으로는 이런 비판적 기독교인의 자세에서 쓴 것이다. 그동안 가져온 수많은 의문 가운데 자연과 관계된 부분만 확대해서 파고들어 학문적으로 정리한 것이다. 내 개인적 생각만은 아니어서 자료를 찾고 한 챕터 두 챕터씩 읽어나가면서 단 몇 시간 만에 내 의문이 허황된 것이 아니라는 것이 고스란히 드러났다. 이미 일이천 년도 더 오래 전에 많은 신학자들이 나와 비슷한 의문을 품어왔으며 특히 자연과 관계된 부분에 대해서만은 20세기 들어와 기독교 내부적으로도 치열한 논쟁이 오고가고 있다는 것도 알게 되었다.

물론 기독교 쪽에서도 생태신학이나 기독교 생태주의처럼 하나님의 가르침을 자연친화적으로 해석한 흐름이 많이 있다. 많은 기독교인이 기독교를 하나님과 나와의 일대일 믿음을 전제로 한 인간의 구원 문제로 보기 때문에 자연과 환경문제에 무관심한 것이 사실이다. 그러나 이 문제는 창조주 하나님과 피조물들 사이의 관계라는 더 큰 주제의 하부 주제일 수 있다. 이때 '창조주 하나님과 피조물들 사이의 관계'가 다름 아닌 자연을 어떻게 바라볼 것인가의 문제인 것이며 이런 점에서 기독교에서도 자연과 생태와 환경문제는 핵심 주제이다. 이 책에서도 환경 위기를 불러온 잘못된 기독교에 대한 비판 뒤에 올바른 성서 해석이 생태사상 형성에 얼마나 중요한 역할을 하는지를 소개했다.

생태문명은 사상과 철학의 문제이다

현재의 환경 위기는 어느 날 갑자기 생긴 것이 아니다. 그렇다고 산업혁명 이후 기계를 100~200년 동안 너무 열심히 돌린 부산물만도 아니다. 적어도 서양문명의 관점에서 보면 오랜 뿌리를 갖는 역사적 현상이다. 환경 위기는 20세기에 들어와 서양을 넘어서 전 지구의 문제가 되어버렸고 흔히들 그것이 산업혁명에 따른 단기적 현상으로 생각하지만 서양에서는 그 이전부터 내용과 강도만 다를 뿐 환경 위기는 늘 있어왔다.

물론 산업혁명 이전의 환경 위기는 요즘 우리가 겪는 것 같은 물리적이고 화학적인 현상, 즉 오염과 온난화로 대표되는 물리적 조건의 화학적 변질은 아니었다. 그보다는 좀 더 사변적인 가치관의 문제였다. 나는 이것을 자연을 바라보는 서양문명의 기본적인 태도의 문제라고 생각했다. 자연을 대하는 태도를 가장 상위 차원에서 가장 포괄적으로 분류하자면 흔히 서양의 대립적 시각과 동양의 순응적 시각으로 양분한다. 하위 차원에서 미시적으로 살펴보면 부정확한 내용도 많지만 크게 보면 이런 이분법은 일정 부분 사실이다.

서양에서는 자연을 겨뤄서 극복하고 정복할 대상으로 봤다. 이유도 여러 가지이다. 나를 세상의 중심에 놓고 주변과 경쟁해서 이기는 것, 주변을 내 능력으로 제압해서 복종시키는 것을 성공으로 생각하는 철학 같은 기본적인 시각이 있다. 육체적 편안을 중요하게 여기는 물질주의라는 좀 더 본능에 충실한 가치관도 있다. 어쨌든 서양문명은 분명 인간의 힘으로 자연을 손아귀에 넣고 다스리는 것을 문명의 성공이라고 보았으며 기술의 목적과 대상으로 삼았다. 그것 자체에서 문명 차원의 성공의 쾌락과 통쾌함을 즐겼다는 뜻이며, 그것을 통해서 더 많은 물질과 생활의 쾌적함과 신병의 편리함을 확보할 수 있었다.

산업혁명 이후 20세기에 이르는 근현대기의 생태 문제는 자연을 개발하는 도구와 기술이 획기적으로 발전함에 따라 그 심각성 또한 전례 없이 커진 상태이다. 논란이 있긴 하지만 과격한 생태주의자들은 오래 전부터 지구의 종말을 경고할 정도이다. 나도 물론 이런 주장과 같은 생각이지만 여기에 더해 현대의 생태 문제를 더 심각하게 만든 원인을 좀 더 다른 곳에서 찾고자 한다. 그것은 생태 문제에 대응하는 현대의 해결책에 가장 중요한 사상적 고찰이 빠져 있다는 점이다. 모두 기술적 해결에 치중하고 있다. 기술이 낳은 문제를 기술로 해결할 경우 그 한계는 너무 뻔하다. 생태 문제 해결에 진전이 더딘 이유이기도 하다. 더욱이 자연을 훼손하는 기술과 욕망이 전례 없이 커졌기 때문에 그에 대한 대응에서도 이전보다 훨씬 치열한 사상적 고민이 필요하다. 그러나 현대 생태운동에는 오히려 사상이 빠져 있기 때문에 자연 훼손과 그에 대한 대응 사이의 편차는 더욱 커져갈 수밖에 없는 것이다. 이 편차를 최대한 줄이는 핵심은 사상에 있다.

현대 생태운동에서 사상의 역할은 두 단계로 나눌 수 있다. 첫 번째는 학문으로서의 사상이다. 자연과 생태가 왜 소중한지, 인류의 오랜 역사에서 자연사상과 생태사상이 얼마나 긴 전통을 가지는지, 자연사상과 생태사상에는 어떤 가르침들이 있는지 등을 고찰하고 연구하는 일이다. 많은 사람이 자연과 생태에 대한 사상적 배경을 충분히 알고 있다고 생각하나 사실은 그렇지 않다. 의외로 많은 소중한 가르침이 다양하게 전개되어왔다. 서양문명이 자연을 정복하는 일에만 몰두한 것 같지만 그 한편에서는 이를 경계하고 막아보려는 주옥같은 자연사상과 생태사상 들이 늘함께 있어왔다. 문제는 지금까지 이런 움직임들을 아주 작고 사소한, 즉 '마이너 리그'로 취급해왔다는 것이다. 이 책을 읽는 독자 분들은 느끼겠지만, 평생 듣지도 보지도 못한 이름과 운동들이 많이 등장할 것이다. 나는 이런 마이너 리그의 주인공들이 갖는 중요성과 그들이 한 고민, 그리고 그들이 제시한 해결책들이 얼마나 소중한지 뼈저리게 느끼기 때문에 이들과 이들의 작업을 '메이저 리그'로 격상시켜 세상에 소개하고 설명하려 했다. 이런 것을 아는 것만으로도 자연과 생태에 대한 우리의 태도와 생각은 많이 달라질 수 있다.

두 번째는 실천의 문제이다. 다양한 사상을 아는 것만으로도 도움이 되지만 부족할 수 있다. 현재의 생태운동처럼 소수만이 몸부림치는 것으로는 생태 문제를 절대 해결할 수 없다. 다수, 가능하면 인류 전체가 변해야 하는데 이것을 가리켜 바로 실천이라 부르는 것이다. 생태 문제를 해결하려는 노력이 큰 성공을 거두지 못한 이유도 여기에 있다. 모든 사람이 일상생활에서 아무런 변화 없이 이전과 똑같이 살아가고 정치권이나 정부에서는 철저하게 현실의 틀 안에서 해결책을 모색하고 있다. 개인은 여름의 냉방 온도와 겨울의 난방 온도를 단 1도도 양보하려 하지 않는다. 정치권과 정부는 경제의 울타리를 한 걸음도 벗어나지 못하고 있다.

생태 문제마저 경제 논리로 귀결되면서 또다른 '돈 되는 산업'으로만 인식되고 있다. 이런 현상은 생태 문제 해결을 기술에 의존한 데에 중요한 원인이 있다. 조그만 수고나 변화도 없이 누군가가 생태 문제를 한번에 해결해줄 신기술을 발명해서 손에 쥐어주기만을 기다리는 형편이다. 그러나 생태 문제는 다수의 일상생활에 변화가 오지 않는 한 큰 효과를 보기 어려울 것이다. 나는 앞에서 이런 변화의 폭을 극단적으로 넓혀 잡아 '새로운 문명체계의 출현'이라고까지 했다. 이런 변화를 막다른 골목에 이르러 강제적 규제 중심으로 이끌려 할 경우 온갖 편법과 속임수, 불만과 갈등이 야기될 것이 뻔하다. 이런 변화는 사람들에게 생태 문제가 왜 중요하고 그 진정한 해결책이 어디에 있는지를 깨닫게 해주어야 가능한데, 이렇게 해줄 수 있는 것은 생태사상밖에 없다.

생태문명의 실천의 장으로서 생태건축

이 책은 기독교에 관한 이야기가 전부는 아니다. 자연을 바라보는 서양문명의 흐름에서 기독교가 차지하는 비중만큼만 기독교 얘기가 차지하고 나머지는 자연에 관한 매우 다양한 시각들을 소개하고 해석했다. 기독교도 종교적 색채를 지우고 이런 큰 흐름의 한 부분으로 편입시켜 자연을 바라보는 시각과 태도라는 관점에서 해석했다. 자연이라는 공통 주제가 아니면 도저히 만날 것 같아 보이지 않는 수많은 주제들을 자연이라는 큰 틀 아래 하나로 엮어서 서양 사회가 오랜 기간 자연에 대해 고민해온 다양한 사상 흐름의 거대한 족보를 그렸다. 생태문명은 자연을 대상으로 삼아 전개된 이런 거대한 사상 흐름을 집약한 것이어야 한다.

이 책에서는 또한 생태건축이 중요한 부분을 차지한다. 내 전공이기도 하지만 꼭 이런 이유를 떠나서라도 생태건축은 생태문명이 구체적으로 모습을 드러내는 실천의 장으로서 중요한 의미를 갖는다. 또한 사상과 현실 수단의 이익이 첨예하게 부딪히는 현장이기도 하다. 그래서 생태문명의 성패가 걸려 있는 사상과 현실 수단의 화해, 통합의 가능성이 탐구될 수 있는 유일한 분야이다. 현재 환경운동의 운명을 녹색 기술이 쥔 것처럼 보이지만 이것이 현실의 장에서 종합적으로 구현되면서 최종 성패를 판단하게 되는 것은 바로 그런 '현실의 장'을 책임지는 건축에서이다.

이런 중요성에도 불구하고 생태건축은 아직 명확하게 정의되지 못하고 있다. 생태건축을 구성하는 요소는 기술, 실천운동, 양식 사조, 사상 등 넷이다. 서양에서는 앞의 셋이 각개약진식으로 어느 정도 전개되고 있긴 하다. 하지만 이런 서양에서조차 아직 이런 물리적 현상을 이끌고 지탱해줄 생태건축만의 사상을 제시하지 못하고 있다. 이 때문에 서양에서도 생태건축은 아직 종합적 모습을 드러내지 못하고 있다. 하물며 생태문명의 앞에 서서 이를 이끌며 인류의 미래에 희망을 주는 일은 꿈도 꾸지 못할 걸음마 수준이다.

우리나라에는 생태건축이 전무하다. 단어와 이름은 난무하지만 녹색 산업에 종속되어 그 꽁무니를 붙잡고 질질 끌려가는 형국이다. 그 이유는 둘로 요약할 수 있다. 첫째, 생태건축의 필요성에 대한 인식이 전혀 없다. 아직도 건축은 목돈을 마련할 부동산 투기나 재테크의 대상 이상이 되지 못하고 있다. 개인이나 기업, 교육 현장, 정부 모두 마찬가지이다. 둘째, 설사 그 필요성을 인식하더라도 그에 대한 해결책은 건축 내부에서 생산해낼 엄두를 내지 못하고 있다. 녹색 기술에서 친환경 에너지를 개발해서 던져주면 그것만 받아먹으면 되는 정도로 생각하고 있다. 이는 건축 자체에 대한 인식의 한계에서 비롯된다. 건축이 문명을 실천하고 사상을 담아내는 거대한 존재의 장이라는 사실을 전혀 모른 채, 기술의 하부 분야로밖에 생각하지 못하는 것이다.

정확하게 정의되지 못한 채 애매한 상태에 있는 현재의 생태건축은 목적과 범위, 의미와 내용 어느 것 하나 명확하지 않으며 따라서 양식 사조로서의 형식도 천차만별이다. 사회 전반에 '생태'라는 말이 난무하는 현실에 비춰보면 창피하고 부끄러운 노릇이다. 생태운동의 중심 대신 자본과 기술에 종속되어 그 논리를 돕는 보조 역할에 그치고 있기 때문에 나타나는 현상이다. 이에 나는 적어도 생태건축을 논하자면 이 정도는 바탕이 되어야 한다는 뜻에서 내가 생각한, 즉 '임석재의' 생태건축을 제안하는 것이다.

이런 배경 아래 이 책의 궁극적 목적은 자연사상의 흐름을 살펴본 후에 그것을 바탕으로 바람직한 생태건축을 정의하는 데 필요한 기초 작업을 닦는 데 있다. 이 책에서 설명한 자연사상과 생태사상 모두가 생태건축이다. 물론 이것만으로 생태건축이 정의되는 것은 아니다. 정확히 말하면 '생태건축을 이루는 사상'이다. 이것을 바탕으로 기술, 실천, 양식 사조, 경제, 제도 등 도구적 수단의 측면에서 필요한 내용을 정밀하게 정의해야 한다. 이런 것들이 종합적으로 합해져야 비로소 올바른 생태건축이 정의될 수 있다. 이렇게 정의되는 생태건축은 모두에서 제기한 '새로운 문명' 혹은 '새로운 공동체' 그 자체가 될 것이다. 이 책은 그런 거창한 작업을 위한 첫 걸음으로서 생태문명과 생태건축의 초석이 될 생태사상을 소개하는 내용으로 이루어졌다.

이 책을 쓰느라 2년 정도의 준비기간을 거쳤다. 2년 내내 이 책만 붙잡은 것은 아니지만 공부도 많이 했고 방대한 내용을 짜임새 있게 정리하기 위해 고민도 많이 했다. 도시 속에서 생태사상을 논하는 불일치를 조금이라도 해결하기 위해 가능하면 나무 아래에서 작업을 했다. 나의 연구 경향이 건축을 인문사회학의 시각과 융합하는 것임에도 이번에는 워낙 방대하고 다양한 사상을 다루었기 때문에 솔직히 걱정도 많이 했다. 이제 힘든 준비기간을 거쳐 세상에 모습을 드러내게 되었다. 이 책이 현대 문명의 최대 취약점인 환경 위기를 극복하고 해결하는 데 조금이라도 일조하길 바라며 글을 마치고자 한다. 졸고를 출판해주신 인물과사상사에 감사의 마음을 전한다. 사랑하는 두 딸과 애들 엄마에게 깊은 사랑과 감사의 마음을 전한다.

2011년 8월

임석재

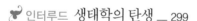

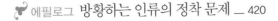

프롤로그
자연, 생태사상, 건축

자연, 기술, 존재 의지

현대의 생태 위기는 20세기 이후만의 현상, 즉 공시적共時的 현상인 것으로 알기 쉬우나 서양 인류의 오랜 역사와 늘 함께 있어오던 통시적通時的인 현상이다. 산업혁명 이후 기계문명의 등장과 함께 생태 위기의 양상과 정도가 심해진 차이는 있으나 '생태 위기'라는 개념은 서양에서는 문명의 시작과 함께 있어왔다. 물론 20세기 이전에는 생태 위기보다는 자연 위기라는 말이 더 널리 통용되었다. 그러나 그 본질은 같은 것이었다. 또한 위기 옆에는 그 해결책도 항상 함께 고민하고 찾아왔다. 생태 문제는 위기의 발생과 이에 대한 해결책의 제시라는 일정한 패턴에 따라 진행되어왔다.

그 중심에 자연이 있다. 생태 위기와 해결책은 자연을 둘러싸고 벌어진 숨바꼭질 같은 것이었다. 생태 위기는 항상 자연을 열등한 것으로 보거나 인간의 욕심을 채우기 위한 수단과 목적으로 삼을 때 발생했으며 이에 대한 해결책은 자연을 독립적인 것, 나아가 성스러운 것으로 보면서 인간을 그 속에 포함되는 것으로 정의할 때 얻어낼 수 있었다. 이것은 자연을 둘러싼 기술과 존재 의지 사이의 균형 문제로 환원할 수 있다. 존재 의지를 기술에 의존한 물질적인 것으로 잡을 때에는 항상 위기가 발생했으며 이에 대한 치유로서 본래의 순수한 존재 의지로 귀환할 경우 해결책을 얻어낼 수 있었다.

순수한 존재 의지의 중심에 정신, 즉 사상이 있다. 사상은 자연 자체와 자연을 바라보는 인간의 태도 모두에 해당된다. 자연에서 정신적인 부분을 제거하고 자연을 물질로만 대할 때 항상 생태 위기가 발생했다. 해결책은 이런 정신적인 부분을 복원할 때, 즉 자연을 종교나 사상의 대상으로 삼을 때 찾을 수 있었다. 현대의 생태 위기도 마찬가지이다. 이 또한 기계를 너무 많이 사용한 데에서만 근인近因을 찾고 그 결과도 지구 온도가 몇 도 올라갔고 이산화탄소가 얼마나 많이 나오는지의 문제로만 보기 쉽지만 그 원인을 거슬러 올라가면 자연을 대하는 태도에서 사상적인 부분을 제외했기 때문에 일어난 현상들이다. 해결책도 마찬가지이다. 지금의 생태운동은 이런 근인에 대해서 기술적으로 대처하는 방향으로만 전개되고 있다. 해결책을 기술에 의존해서 기술에서만 찾고 있다는 뜻이다. 이는 또다른 문제를 낳으며 실패할 수밖에 없다. 진정한 해결책은 사상에서 찾아야 한다.

이에 따라 현대 생태 위기를 불러온 사상의 고갈을 찾아 채워넣어야 한다. 그러기 위해서는 생태 위기-해결의 반복으로 진행되어온 서양 생태운동과 생태사상의 패턴과 그 내용을 이해해야 한다. 이런 패턴의 전개를 쌓으면 곧 서양문명사가 되는 것이기도 하다. 이 과정에서 수십 개의 크고 작은 자연이 정의되고 나타났다. 이 가운데 시대를 새롭게 정의하고 문명의 전환점을 이룬 대표적인 자연을 일곱 개로 요약할 수 있다. 그 마지막 일곱 번째 위기가 현대의 생태 위기이며 일곱 번째 자연이 해결책인 것이다.

　자연, 참으로 가슴 떨리는 말이다. 자연은 오지의 원시림에서 일상생활까지, 철학의 대상에서 야유회 장소까지, 참으로 지구에서 일어나는 모든 것을 포괄한다. 인간은 자연에서 나와 자연으로 돌아가며, 자연스러움은 제일 중요한 인성인 동시에 종교적 수양의 경지이기도 하다. 우주까지 자연에 포함시키면 자연은 그야말로 '모든 것, 전부'가 된다. 이런 이유로 자연은 동서양 모두 가장 오랜 기간 인간과 절대적 관계를 맺어왔다. 철학적 사유와 종교적 경외의 대상으로, 예술적 표현과 감성적 감상의 대상으로, 경제와 기술에 의한 개발의 대상으로, 인간의 모든 문명 활동의 한가운데에 자연이 있었다. 인간은 때론 자연에 안겨 의지하기도 하고, 때론 자연에서 상처받고 맞서기도 했다.

　이제 자연은 너무 포괄적이고 다양해서 그 경계를 한정 짓고 내용을 정리하는 것이 불가능해졌다. 이런 현상은 서양에서 더 두드러진다. 범위의 방대함과 내용의 분량을 비교하는 것이 무의미하긴 하지만, 동양에서는 처음부터 사람을 자연의 일부로 보면서 자연과 어울리는 삶을 추구했기 때문에 자연에 대해서 이러쿵저러쿵 고민하고 사유한 기록이 분명 서양보다는 적다. 자연에 맞서며 자연을 극복하려는 노력으로 일관해온 서양문명은 반대로 자연에 대해 방대한 고민의 흔적을 남겼다. 철학에서 현장의 결과물까지 종류와 내용도 방대하다.

자연의 포괄성을 보여준 러브조이의 연구

아서 러브조이Arthur Oncken Lovejoy의 연구는 이런 내용을 잘 보여준다. 그는 자연과 관련한 서양사상을 연구한 대표적인 학자인데, 그의 대표작 가운

1 닐스-올레 룬Nils-Ole Lund, 〈건축의 미래The Future of Architecture〉(1979)

데 하나인 『고대 문명에서 원시주의와 관련 사상Primitivism and Related Ideas in Antiquity』(1935)이라는 책의 부록에 보면 "자연의 몇 가지 의미"라는 항목에서 서양에서 자연의 의미를 66가지로 분류해놓았다. 이마저도 방대한 양의 극히 일부라는 뜻에서 제목을 "몇 가지 의미"라고 붙였다. 물론 자연과 관련된 서양사상을 연구하는 학자라면 자연의 의미를 몇백 가지로 정리하는 일쯤은 그리 어렵지 않겠으나, 어쨌든 러브조이의 연구는 이런 정리를 처음 한 작업으로서 시사하는 바가 크다 하겠다.

러브조이의 분류는 주로 고대 그리스 사상을 대상으로 하는데 그 내용을 간단히 살펴보면 다음과 같다. 1번 항목을 '탄생'으로 시작해서, 인간의 본성과 육체, 숲과 나무 같은 좁은 의미의 자연, 우주와 신과 동의어인 종교적 의미, 선에 이르는 목적론, 법의 근간이 되는 상식적 규범, '자연에 따른다'는 의미의 자연스러움 등 서양에서 자연을 바라보는 시각에 따른 대표적 주제를 제시하고 있다. 우리는 자연이라 하면 흔히 나무와

2 유럽의 자연풍경

강과 비와 해 같은 물리적 조건만 생각하기 쉽지만 서양사상에서 자연은 이보다 훨씬 광범위한 범위에 걸쳐 있음을 알 수 있다. 이런 점에서 동양에서 바라본 자연과 크게 다르지 않다. 서양에서 자연을 물질적 정복 대상으로만 봤다는 것은 우리의 편견일 수 있다. 한마디로 인간을 둘러싸고 있는 모든 외부 환경에 대해 인간 스스로가 자신의 본성에 따라 어떻게 대응해야 하는가의 문제인 것이다. 이는 동심원 구도를 이루기도 한다. 자기 마음에서 출발해서 자신의 육체와 주변의 인간관계, 사회적 규범 등의 인공적 자연을 거쳐 숲과 강과 해의 대자연에 이른 뒤 마지막으로 우주까지 나아가는 개념이다.

　　동심원의 작동 방향이 나를 주체로 삼는 구심적일 때 생태 위기가 일어났다. 자연을 나의 물질적 이익을 실현하는 대상으로 보면서 내게 종속시키기 위해 정복하려 들기 때문이다.[그림 1] 반면 내게서 전 우주로 확장되어 나가는 원심적 방향으로 자연을 대할 때 자연 위기를 극복하는 해결책을 얻어낼 수 있었다. 인간을 자연의 일부로 보면서 자연에서 최소한의 존재조건만을 누리려 한다는 뜻이다.^{그림 2}

자연의 포괄적 개념은 생태사상을 이해하는 데 필수적이다. 생태란, 단세포 미생물에서 대우주에 이르는 모든 존재 요소 사이의 다층적 위계와 유기적 관계를 의미한다. 물론 제일 핵심은 인간과 원생림 사이의 관계겠지만, 이것도 결국 대우주를 구성하는 무한대로 다양한 존재 방식의 하나일 뿐이다. 따라서 생태운동은 자연에 담긴 포괄적 전체 구도의 일부로 접근해야 한다.

포괄성은 생태 문제를 기술에만 국한시켜 접근하는 지금의 상황에서 보면 주제의 종류나 범위 모두에서 의외일 수 있는데, 자연을 다룬 서양사상을 들춰보면 실제로 포괄적이고 다양한 내용으로 가득 차 있다. 자연은 서양문명이 시작할 때부터 철학, 시학, 윤리학, 신학, 자연과학, 기술과학, 사회학 등 거의 모든 학문 분야의 대상이었다. 이런 포괄성을 이해하는 것은 생태사상을 이해하는 데 첫 번째 중요한 전제조건이다.

이는 최근의 생태 경향과 관련해서 중요한 시사점을 던져준다. 최근의 생태 위기 해법은 태양열을 이용하고 생물학적 다양성을 유지하는 등 자꾸 기술과학의 대상으로 좁혀가는 방향으로 치중되는데, 이는 결국 자연을 수단이나 도구로 보려는 매우 편협한 시각의 연장일 뿐이다. 이런 접근은 큰 성공을 거두기 힘들다. 자연을 둘러싼 다단계의 복잡한 동심원 구도에서 앞뒤를 뭉툭 떼어버리고 원생림을 어떻게 개발할 것인가라는 아주 지엽적인 문제에만 집착하는 꼴이기 때문이다. 다분히 인간중심적이고 물질적이며 이기적인 태도이다.

생태적으로 산다는 것은 태양열 집열판의 효율을 높이고 하이브리드 자동차를 타는 것 같은 단순한 문제가 아니다. 물론 이런 것도 구체적

3 영국의 자연풍경

실천으로 중요하지만 어디까지나 기술에 국한된 수단적 행위일 뿐이다. 생태적으로 산다는 것은 이것을 포함한 훨씬 포괄적인 문제이다. 한마디로 안으로는 인간 스스로의 본성을 찾아 그것에 순종하면서 밖으로는 우주를 포함한 대자연 속에서 인간의 존재 위치를 확인하고 따르는 것이어야 한다. 이것은 사상적 뒷받침이 있어야, 사상운동으로 전개해야 가능하다. 기술에 의존하는 좁은 의미의 구체적 실천전략도 사상적 뒷받침이 있어야 소정의 목표를 달성하고 성공할 수 있다. 그렇지 않고 처음부터 기술적, 수단적 태도로 시작하면 큰 효과를 보지 못하고 보존론과 개발론 사이에 갈등만 커질 뿐이며, 실제로 이것이 생태 문제를 둘러싸고 전 세계, 특히 한국에서 벌어지는 작금의 현실이기도 하다.그림 3, 4

  국내적으로는 규제 완화를 통해 공장 부지와 택지 공급을 대폭 늘리

4 장 프랑수아 바틀리에Jean-François Batellier, 〈도시 재개발Renovation urbaine〉(1979)

고 4대강에 콘크리트 공사를 벌이려는 개발론과 이를 저지하고 가급적 자연에 순응하며 살자는 보존론 사이의 대립이 정치, 경제, 사회, 종교 등 거의 모든 분야와 얽히면서 나라를 둘로 가르고 있다. 세계적으로도 미 국, 중국, 러시아 같은 초대형 국가들이 이기심에 사로잡혀 온실가스 감 축에 미온적이거나 반대하는 가운데 그나마 선진국 대열에서는 유럽 정 도가 여기에 맞서는 형국이다.

표피적 수준에서 벌어지는 이런 난맥상은 생태의 의미를 사상으로 까지 확대하지 못하고 기술적 차원에서 수단과 도구의 문제로 보기 때문 에 벌어지고 있다. 생활이 바뀌지 않는 한 생태운동은 큰 효과를 보지 못 하고 실패로 끝날 확률이 높다. 아니면 위험의 극단까지 가서 인류의 생 존이 걸린 화급한 문제가 된 다음에야 뒤늦게 심한 규제를 통해서 해결하려 들 테지만 이런 무리한 사이클 자체가 생태사상의 핵심 가운데 하나인 자연스러움을 거스르는 것으로, 다시 말해서 반反생태적이다. 생태운동을 생태에 어긋나는 방식으로 진행하는 말로는 안 봐도 뻔하다. 친환경적 삶을 규제에 의해 강제적으로 사는 것은 결코 바람직한 방식이 아니다. 이것은 인간의 존재 의미를 묻는 훨씬 심각하고 기본적인 문제이다. 그 근원을 캐가다 보면 인간의 존재를 근원부터 새롭게 정의하는 문제로 귀결된다. 이는 단순히 전기 좀 아끼거나 천연가스 버스를 도입하는 정도의 문제가 아니라는 사실을 쉽사리 깨닫게 된다.

이제 인류, 특히 우리 한국 사회는 자연 속에서 인간이 갖는 존재 의미를 다시 물어 새롭게 정의해야 하는 중요한 분기점에 서 있다. 인류 역사상 최대의 위기 상황에 따른 거대한 전환기를 맞은 것이다. 이런 근원적 질문에 대한 답을 얻고 그것을 규제가 아닌 가슴 깊은 곳에서 우러나오는 깨달음에 의해 체험적이고 자발적으로 실행할 때에만 인류와 한국 사회는 비로소 미래의 존재를 담보 받을 수 있다. 생활이 바뀐다는 것은 곧 큰 깨달음을 얻어 일상생활에서 실천한다는 것을 의미한다. 큰 깨달음을 얻고 나면 기술에 의존한 수단적 대응은 그 하부구조로 자연스럽게 실천할 수 있게 된다. 더 나아가 지금보다 효과적인 방식이 자연스럽게 도출될 수도 있다. 건축을 중심으로 한 생태사상의 연구는 이런 지난한 작업에서 핵심적 위치를 차지한다.

생태운동의 중심, 건축

생태운동의 중심에 건축이 있다. 좁게는 일상생활과 관련된 에너지와 오폐수 문제 때문이다. 넓게는 지구 위에 문명을 일구는 가장 기본적인 행위가 건축이기 때문이다. 건축물과 도시는 에너지 소비와 오폐수 배출을 제일 많이 하는 주범이기에 이것을 줄여 지구온난화를 막고자 하는 힘든 싸움에서 주요 승부처가 되고 있다. 이 분야에서 기술 발전의 속도는 그런대로 만족할 만한 수준이지만 정작 이런 기술을 실제 생활에 적용한 구체적 결과에서는 아직 이렇다 할 효과를 못 내고 있다. 아직도 실험실 내에서만 시행되며 잘해야 일부 실험적 건물에만 적용해서 부분적으로 사용하고 있을 뿐이다.

마을 단위에서도 마찬가지이다. 기계문명에 두드러기 반응을 보이거나 여러 가지 현실적 이익을 포기하는 등 성격이 이상한 특수집단이 모여서 행하는 실험운동 정도로 치부되고 있다. 지금 지어지는 건물과 신도시는 여전히 99.99퍼센트 과거 방식을 되풀이하고 있다. 이것은 머릿속부터 청소하지 않고, 즉 제일 근원적인 문제를 해결하지 않고 오히려 그 반대 방향인 밖으로부터의 규제와 기술 의존만으로 접근하기 때문에 생겨나는 현상이다. 자연을 향한 인간의 기본 인식과 건축에 대한 기본 의미부터 대전환하기 전에는 상황은 조금도 나아지지 않고 결국 파국을 향해 계속 갈 수밖에 없을 것이다. 그 중심에 건축이 있다.

자연과 생태의 의미에 대해 근원적 질문을 해야 한다는 위의 논리는 건축에도 그대로 적용된다. 건축을 기술의 산물, 나아가 신기술의 결정체로 보면서 생태건축도 이 범위 내에서 정의하려는 기술 의존적이고 도구론적인 접근은 현재 우리가 처한 환경 위기를 해결하는 데 너무나 지엽적이고 피상적일 뿐이다. 이번에도 역시 건축의 근원적 의미를 묻는 작업이 선행되어야 하며 그 결과 건축이 기술 이외에 훨씬 더 중요한 요소로 가득 찬, 인간의 존재 의미를 근원적으로 묻고 정의하는 작업의 중심에 있다는 사실을 증명해내고 그런 사실을 가슴 깊이 깨달아야 한다. 이 단계에 도달

5 데즈쇠 에클레르Dezső Ekler, 댄스 헛간Dance Barn, 나기칼로Nagykallo, 헝가리, 1986

하면 기술에 의존한 도구론적 접근은 자연스럽게 해결될 수 있다.

건축은 거친 자연에 맞서 땅 위에 인간만의 삶의 터전을 일구는 작업으로 시작되었다. 자연은 그 혜택을 받아들이되 가혹함에는 싸워 이겨야 하는 이중의 대상이었다. 인류에게 자연은 존재를 결정 짓는 제1 조건이었다. 건축은 자연에 맞서 존재 의지를 가장 직접적으로 정의하여 표현하려는 시도로 시작되었다. 인류 문명의 탄생 이래 이런 시도는 물리적 보호막과 정신적 상징체라는 두 방향으로 전개되었다. 이 가운데 물리적 보호막은 기술의 대상이었다. 그러나 이것은 1차 요소에 불과했다. 1차 요소로서의 기술은 존재 의지를 향한 더 큰 가치에 의해 지배받고 포용당했다. 존재 의지는 자연이 허락한 범위 내에서 자연에 편입되는 과정에 확보되는 것이다.^{그림 5, 6} 비바람을 막아 자연을 극복한 기술의 승리는 그 자체로

6 렌조 피아노Renzo Piano, 장-마리 티바우 문화센터Jean-Marie Tjibaou Cultural Center, 뉴칼레도니아, 1998

서는 완성된 편안함을 줄 수 없었다. 자연 속에서 인간이 완성된 편안함을 얻을 수 있는 것은 기술 위에 정신적 상징체라는 더 큰 가치체계를 형성할 수 있을 때였다. 기술이 존재 의지를 결정 짓고 삼켜버리는 일은 상상도 할 수 없었다. 기술은 산처럼 물처럼 더 큰 자연의 계획을 땅 위에 인간의 매개로 옮겨 실현하기 위한 중간 수단에 불과했다.

인류 문명사에서 기술은 항상 첨단 경쟁의 대상이었다. 왜 그런가? 첨단기술이 나올수록 우리 생활이 그만큼 더 편리해지고 인류를 괴롭혀온 여러 부정적 주변 상황이 극복되기 때문일 것이다. 그러나 이것이 전부인가? 기술이 발전할수록 인류의 생활은 과연 진정 더 편리해지기만 하는가? 단편적 차원에서 그 기술 한 가지에만 집중시켜보면 물론 이것은 엄연한 사실이다. 심장이 터져나가고 근육이 찢길 것 같은 힘든 육체노동을 스위치 하나만 누르면 기계가 다 해주니 분명 편리해진 것은 부정할수 없다. 그러나 기술 발달은 항상 일정한 반대급부를 추가로 만들어낸다. 따라서 문명 전체 차원에서 총합을 냈을 때 기술 발달이 오히려 불편을 가중하는 것으로 해석될 수도 있다. 영악한 인간이 이것을 모르겠는가? 이렇기 때문에 인류가 기술의 첨단적 발전에 매달리는 이유가 단지 편리라는 공리적 실용적 이득만을 위해서라는 얘기는 옳지 않아 보인다.

기술과 자연 사이의 이중적 역설

그렇다면 그 이유는 무엇인가? 기술 경쟁이 편리라는 단순한 공리성 이상의 이득을 가져다주기 때문일 것이다. 나는 그 이유를 기술이 첨단화될수록 자연에 복종하고 편입될 가능성이 더 커지기 때문이라고 제시하고 싶다. 이것은 기술이 첨단화될수록 자연을 더 많이 극복하게 된다는 상식에 반대되는 역설이다. 기술이 첨단화될수록 더 많이 극복하게 되는 것은 자연이 아니다. 자연이 설정하고 부가하는 제한적 상황이다. 기술이 첨단화될수록 오히려 자연에 복종하고 편입될 가능성은 더 높아진다. 아니 더 근본적으로 기술은 원래 자연을 극복하기 위한 것이 아니라 자연에 복종하고 자연에 가까이 가기 위한 수단이었을 뿐이다. 실제로 서양에서도 적지 않은 사상가들이 기술 발전의 역사를 자연사의 일부로 본다.

역설로 들릴지 모르지만 중세 때까지 기술의 의미는 그랬다. 그리스 시대에는 '테크네 techne'가 기술의 의미였는데 이는 요즘 우리가 아는 예술과 기술을 합한 장르였다. 예술과 기술이 분리되지 않았다는 뜻이며 그 목적은 자연에서 점점 멀어져가는 인간을 자연에 가까이 다가가게 하기 위한 데 있었다. 인간의 사유가 발전하면서 현상 환경으로서의 자연과 점점 멀어지는 반면 사유의 힘을 빌려 자연을 자꾸 원리로 파악하려는 경향이 심화되어갔다. 이에 예술의 힘을 빌려 그 간극을 좁히기 위한 시도도 함께 커져갔으며 이를 실제로 실행하는 기술이 개발되었다. 이 둘을 합한 것이 테크네였다.

이런 사실은 기계문명 시대인 지금에도 변함이 없고 기술이 더 발전하게 될 미래에도 변함없을 것이다. 르네상스와 산업혁명을 거치며 표면적으로는 기술과 자연이 완전히 분리되어 보이지만 기술 발전의 목표는 늘 인간이 자연에 완전히 편입되는 데에 있다. 이런 사실을 사람들은 본능으로 안다. 그러나 이것은 숨겨진 본능이다. 그렇기 때문에 사람들은 깨닫지 못한다. 기술과 기계문명이 발전할수록 사람들의 불안이 커져가는 것도 이 때문이다. 기술이 순전히 자연을 정복하기 위한 것이기만 하다면 기술이 발전할수록 비록 완전하지는 않더라도 불안감은 줄어들어야 한다. 하지만 우리 사회나 인류 전체를 보더라도 불안 증세는 날로 커

7 알렉산더 호그Alexandre Hogue, 〈버려진 모태의 땅Mother Earth Laid Bare〉(1938)

져가고 있다. 기술이 본래 의미에서 이탈해서 잘못된 방향으로 가는 데 따른 부작용이다.그림 7 원 궤적에서 이탈했음을 무의식적인 본능으로는 알 수 있기 때문이다.

발달한 기술이 가져다줄 혜택을 생각해볼 때 들뜬 기대 옆에는 항상 또 무슨 더 큰 폐해가 따라나올까 하는 막연한 불안감과 불쾌감이 함께 한다. 이것은 어떤 기술이 개발될 때에라도 항상 있는 것이며 그 누구도 자유로울 수 없는 기술의 영원한 불완전성이다. 기술이 발전해도 항상 무슨 예기치 못한 일이 일어날 것 같은 막연한 불안감은 해소되지 않는다. 오히려 기술 발전에 비례하여 더 커져가는 것일지도 모른다. 이러한 불안감은 자연에 대해 인간이 항상 불완전한 존재이기 때문에 일어나는 본능적 열등의식이다. 기술 발전이란, 일차적으로는 이러한 열등의식을 없애기 위한 목적에서 시작되었다. 그런데도 기술이 발전할수록 열등의식에서 나오는 불안감은 더 커지게 마련이다. 자연을 극복하여 존재 의지를 확보하기 위해 탄생한 기술이라는 것이 발달하면 할수록 불안감이 더 커져가는 반비례의 역설은 편리라는 단세포적 가치로는 절대 설명될 수 없다. 불안감이 더 커진다는 이야기는 존재 의지 확보라는 기술의 본래 목적과 반대되는 것이기 때문이다.

이처럼 불안감이 더 커짐에도 인류가 기술의 첨단 발전에 더 매달리는 이유는 편리 이외에 더 큰 이유가 있기 때문이다. 바로 자연에 복종하고 편입될 가능성이 더 커짐으로써 존재 의지의 안정성을 그만큼 더 확실하게 보장받을 수 있기 때문이다. 사람들은 이것을 숨은 본능으로 안다. 이런 사실은 원시 시대 이래 인류가 척박한 자연 속에서 건축 문명을 일구면서 알게 된 것이다. 그 이후 초기 조건의 절대성을 가지고 인류의 유전자 속에 늘 존재하며 전수되어왔다. 기술만으로는 절대 부족하며 기술을 포괄하는 더 큰 정신적 가치에 의해 자연에 복종할 때에 비로소 존재 의지가 확보되고 자연에 대한 열등의식에서 오는 불안감이 해결될 수 있다. 기술 단독으로 문명을 이끌고 문명사적 가치를 결정짓는 상황 속에서 인류는 오히려 더 불안할 수밖에 없다. 자연이 극복된 것 같을수록 자연에 대한 열등의식이 주는 불안감은 커져간다. 이것은 기술이 발전할수록 존재 의지의 확보라는 본래의 목적에는 더 철저히 실패함을 의미한다. 그 이유는 기술을 포괄하는 더 큰 정신적 가치와 함께하지 못했기 때문이다.

자연에 대해 인류가 갖는 존재 의지는 기술을 포함하는 더 큰 정신적 가치에 의해서만 확보될 수 있다는 교훈을 우리의 본능은 조금도 잊지 않고 명확히 기억하고 있다. 우리의 유전자 속에 생생히 살아서 엄연한 현실로 전수되어 우리의 존재를 위한 조건들을 결정한다. 이런 본능에 어긋날 때 자연에 대한 열등의식은 한없이 커지고 막연한 불안감 역시 따라서 커져가는 것이다. 본능은 숨어 있고 가려져 있으며 잊기 쉽다. 기술이 가져다주는 편리함이라는 표피적 가치에 매달릴 때 곧 잊게 된다. 그러나 누구도 떨쳐버릴 수 없고 벗어날 수 없다. 표피적 가치에 매달려 잊을수록 불안감은 저 깊은 본능 속에서 더 크게 우리의 일상을 지배한다.

대부분의 사람들은 숨어 있는 본능의 교훈을 모른 채 기술이 가져다주는 눈앞의 단것에 자신의 존재 의지를 팔아버린다. 존재 의지가 팔려 정신이 비어 있는 사람은 조그마한 환경 변화에도 불안해한다. 주변에서 오는 자극을 흡수하여 중화해낼 탄력성을 상실한 병적인 마음 상태에 빠진다. 주변에서 자극이 들어올수록 당장의 불안을 해소하기 위하여 기술의 표피적 열매에 더 의존하게 된다. 그러나 그럴수록 불안의 원인은 깊어만 가고 다시 기술의 표피적 열매에서 그 치유를 찾으려는 악순환의 고리에 강하게 천착하게 된다.

표피적 가치에 현혹되어 이상의 교훈을 잊을수록 인류의 생활과 삶은 더욱 불안해진다. 불안한 정서는 난폭하고 공격적인 성격을 낳는다. 생활 속에서 자잘한 충돌과 마음속 증오는 커져만 간다. 존재 의지를 얻기 위한 마음의 안정은 기술이 더 큰 정신적 가치에 포함되어야 한다는 본능적 교훈에 충실할 때 얻어진다. 기술이 첨단화되고 치열해질수록 이것을 포함하는 정신적 가치도 그만큼 더 커지고 치열해져야 한다. 기술이 첨단화된다는 것은, 적어도 지금까지 인류 문명이 진행되어온 역사에 비추어 경험적으로 볼 때, 자연에 대해서 더 난폭해지고 폭력적으로 되는 것을 의미한다. 그렇기 때문에 이것을 포괄하는 정신적 가치 역시 폭력성을 가두어 다스리기 위해서는 그만큼 치열해져야 한다.

1장

그리스 생태사상, 땅에서 자연을 찾다

비례론은 그리스 신전을 구성하는 기본 법칙이기도 했다.

신전의 모든 부재는 기둥의 반지름을 모듈로 삼아 이것의 배수나

분수로 치수가 결정되었다. 인공 건축물인 신전에 비례 법칙을

적용한 까닭은 신전이 신이 거주하는 신성한 장소이기 때문이었다.

신전도 당당한 우주와 자연의 일원으로 우주와 자연을 구성하는

법칙과 같은 법칙으로 지어야 한다는 믿음이었다.

이렇게 함으로써 신전은 종교를 담당하던 신성한 장소에 합당한

정신적 가치를 획득할 수 있었다.

1

첫 번째 자연
통합적 자연관과 가이아

소크라테스 전파, 인간을 포함하는 자연을 정의하다

서양에서 자연에 대한 철학적 사유는 기원전 6세기 이전 그리스에서 처음 시작되었다. 흔히 소크라테스 전파pre-Socratics로 통칭되는 이오니아 지역의 사상가들에 의해서였다. 이들은 자연의 의미를 여러 내용으로 정의했는데 핵심은 '통합적 자연관' 으로 요약할 수 있다. 자연은 인간을 포함하는 포괄적이면서 독립적인 존재 구조를 갖는다. 그 스스로가 총체적 생명체로서 독립성을 갖는다. 인간의 물질 욕망을 위한 수단으로서 인간에 종속된 하부 존재가 아니라는 뜻이다. 인간의 이해득실 밖에 중립적으로 보장된 존재 근거를 가지면서 오히려 인간의 존재와 생활까지 포괄한다. 서양 최초의 자연주의로 명명할 수 있는 세계관으로, 여기에서 생태학의 기본 의미가 정립되는데 그 핵심은 요소론과 독립성이다.

　'요소론' 을 처음 거론한 철학자는 엘레아의 파르메니데스Parmenidēs 로, 그는 그리스 사상의 핵심 주제인 자연의 본질에 대해 기록한 최초의 철학자로 알려져 있다. 그는 눈에 보이는 것과 본질 사이의 괴리를 파악하고 모든 존재의 본질은 유일하고 불변이며 모든 변화하는 것은 감각에 의한 착각일 뿐이라고 주장했다. 그의 주장은 이후 그리스 철학자들에게 큰 영향을 끼쳤는데, 그 방향은 존재유일론을 받아들여 극단화한 플라톤Platon과 이것을 수정한 원자론atomism의 둘로 나눌 수 있다.

원자론은 불변하는 자연의 본질을 감각적 경험과 통합하려는 시도였다. 본질은 여전히 불변하는 것으로 봤지만 이것이 하나가 아니라 여럿이라는 쪽으로 수정이 가해졌으며 아울러 이것들 사이의 상호작용에 의한 형성 과정도 자연의 중요한 본질이라고 보았다. 원자론은 특히 자연을 요소의 구성으로 보려 했다. 이런 시각은 주로 기원전 5세기 때 유행했는데 자연의 구성 요소를 흙, 물, 불, 바람으로 본 엠페도클레스Empedoklēs의 4원소가 대표적인 이론이다. 역사 초기에 인류의 행동과 존재는 자연 요소의 영향을 강하게 받았는데 철학자들이 그 핵심 4요소를 찾아낸 것이다. 엠페도클레스는 자연의 구성 요소를 확장시키는 데 기여했지만 아직 개별 요소 하나하나의 독립적 작용에 더 관심이 많았고 이것들 사이의 상호작용에 대한 개념은 희박했다.

상호작용 개념을 정착시킨 것은 아낙사고라스Anaxagoras로, 그는 자연이 무한대로 다양한 종류의 씨앗들의 혼합으로 이루어진다고 보았고 레우키포스Leukippos와 데모크리토스Dēmokritos는 원자가 움직이는 상태에서 모였다 분리되었다 하면서 그 자체가 변화의 법칙을 이끄는 다원적 성격을 갖는다고 보았다. 이들 원자론자는 원자의 성질은 한 가지인데 크기와 형태가 변하면서 다양한 상태로 나타난다고 보았다. 물질의 변화는 이런 원자가 진공(=공간) 속에서 움직이면서 크기와 형태가 변하면서 나타나는 것이다. 자연의 경우, 이런 변화는 일정한 내적 질서를 갖는데 이것이 자연을 살아 있는 총체적 존재로 본 핵심 근거이다. 자연은 스스로의 법칙에 따라 끊임없이 변화하면서 물체를 형성시킨다. 물체의 형성 과정 자체가 자연이 되기도 하는데 '자연(=natura)'이라는 단어가 '성장(nascor)'과 같은 어원을 갖는 것도 이 때문이다.

이런 생각은 자연이 스스로 규범적 힘을 지닌다는 생각과 같은 의미이다. 자연은 수동적으로 존재하면서 외부에서 인간의 지배를 받는 것이 아니라 스스로 작동하는 독립적 규범에 따르며 오히려 인간에게 영향을 끼치고 인간을 지배한다는 것으로, 바로 자연의 '독립성' 개념이다. 자연은 최종 결과물인 물질로 존재할 뿐 아니라 이것을 만들어내는 '형성되는 과정'도 자연의 중요한 일부이다. 모든 과정을 스스로 조절하고 결정해서 생산하는 독립적 존재인 것이다. 형성되는 과정은 눈에 보이지 않는 원리적 작용이기 때문에 물질적 욕심을 채우기 위해 함부로 손을 댈 수 없다. 자연은 인간의 도구적 목적의 대상이 아니라 오히려 인간이 그 속에 포함되어야 할 존재적 배경이 된다. 그리스 천문학에서는 자연의 이미지를 독립적 생명력과 지성으로 가득 찬 상태로 파악한다. 마치 살아서 성장하는 유기체와 같다고 본 것이다.

자연에 대한 요소론적 세계관과 독립성 개념을 합하면 생태학의 기본 의미가 성립된다. 생태학의 영어 단어인 ecology는 그리스어 oikos오이코스에서 유래하는데 가족household이나 정주定住, living place라는 뜻을 지닌다. 철학적으로는 이런 어원에 군집의 의미를 더한 oikumenē오이쿠메네라는 개념을 사용하는데, '거주, 서식 단위의 커뮤니티'라는 뜻을 지닌다. 둘을 합하면 '일정한 존재 단위가 모여 사는 집합적 사회'라는 뜻인데, 일정한 존재 단위가 요소론의 개념이고 집합적 사회가 독립성의 개념이 된다. 단위의 집합이 사회로 유지되기 위해서는 외부의 영향을 이겨내고 스스로 작동하는 독립성이 전제되어야 하기 때문이다.

오이쿠메네는 철학적 개념이었을 뿐 아니라 당시 지중해 일대의 여러 고대 종교에서 공통적으로 사용되던 종교적 개념이기도 했다. 물질적 현실, 행성, 신성, 사회적 안정, 생명체의 위계 등 자연의 여러 존재상태 사이의 균형적 일치가 핵심 내용이었다. 이것은 지중해 고전주의 종교가 자연의 힘을 인격화하며 인간의 목적을 위해 한정 짓던 한계를 극복하기 위한 목적을 가졌다. 스토아학파에서는 확장된 오이쿠메네의 의미를 받아들여 천문학과 윤리학을 연계시켜 '범세계적 시민정신'이라는 개념을 정립했다. 참다운 시민은 '개인-사회-우주' 사이의 위계적 균형 정신으로 무장한 자연인이라는 뜻이다. 이런 시민만이 신성이 통치하는 사회질서에 참여할 수 있었다.

　　의사 선서로 유명한 히포크라테스Hippokrates는 이런 생태학의 개념을 최초로 인간의 몸에 적용시켜 환경 철학으로 발전시킨 장본인이다. 그는 '히포크라테스의 육체Hippocratic Corpus'라는 개념을 정립시켰는데, 여기서 육체가 무엇을 의미하는지에 대해서는 다소 이견이 있으나 '우주-지구-인간의 몸'에 이르는 자연 위계를 지칭하는 것으로 봐도 무방하다. 그는 질병의 원인으로 인간의 몸과 자연환경 사이의 균형이 깨진 상태를 들었다. 그 치유법은 따라서 인간이 자연의 진행 과정의 일부로 편입될 때, 즉 자연 섭리를 거스르지 않고 그것을 좇아 살 때 얻어진다고 보았다. 모든 사물은 제각기 가장 자연스러운 존재상태를 갖는데 이것을 지키는 것이 질병에서 벗어나는 길이라고 보았다. 인간은 자연환경의 지배를 거스르지 않을 때 건강하다고 봄으로써 환경이 사람과 문화에 끼치는 영향을 강조했다.

생명 잉태와 다산의 상징, 가이아

땅의 여신인 가이아는 그리스의 통합적 자연관을 대표한다.^{그림 1-1} 가이아는 카오스 다음에 나타난 최초의 존재 요소로 생명 잉태와 다산을 상징했다. 단순히 땅의 여신일 뿐 아니라 올림포스 산의 신들 이전에 나타나 이들을 잉태하고 낳은 태초의 신 가운데 한 명이었다. 스스로 우라노스(하늘의 신), 산, 폰토스(바다의 신)로 변신하면서 이것들을 탄생시킨 뒤 이 가운데 아들 우라노스 등과 결혼해서 여섯 명의 신을 낳았으며 다시 손자 크로노스와 결혼해서 여섯 명의 신을 더 낳았다. 가이아는 계속해서 이 열두 명의 신과 결혼하는 등 존재 형성에 개입하면서 다시 제우스, 아폴로, 아르테미스, 포세이돈, 프로메테우스, 아테나 등 우리에게도 친숙한 신들을 포함해서 수없이 많은 그리스의 신들을 탄생시켰다. 이렇게 해서 그리스 신의 가계가 형성되었는데 이를 타이탄이라 부른다.

이런 신들은 우주와 지구를 구성하는 자연 요소와 존재 요소를 나누어 담당했기 때문에 신들의 탄생은 곧 천지창조의 작업이었다. 가이아는 모든 생명과 존재가 발생한 천지창조를 담당한

1-1 가이아 여신 조각상. 코르푸Corfu 섬의 아르테미스 신전 Temple of Artemis 서쪽 박공, 기원전 600년경

주인공이었다. 자신이 낳은 아들이나 손자 등과 결혼해서 다른 신을 계속 생산한 것은 지금의 근친상간 같은 성적 개념으로 이해해서는 안 되며, 앞에 얘기한 소크라테스 전파의 요소론을 신화로 옮긴 것으로 볼 수 있다. 여러 신과의 결혼은 곧 자연을 구성하는 요소 사이의 상호작용이며 이를 통해 세상 만물과 자연 생명이 탄생하듯 다른 신들이 탄생한 것이다. 가이아는 이 모든 작용이 일어나는 모태이자 근원 상태였다. 이것이 바로 가이아의 땅의 생명력이 생명 잉태와 다산을 상징할 수 있는 근거이다. 잉태란, 단순히 암수의 성적 결합이 아니라 모체와 부체가 각자 건강한 생명력을 유지한 상태에서 자연의 작동 원리에 따라 유기적으로 결합하는 생명 작용인 것이다.

이렇게 탄생한 신들은 처음에는 아버지를 무서워해서 공포에 떨었는데 이들을 품어 보호한 것이 가이아의 품이었다. 가이아는 모든 존재가 둥지를 틀고 생명을 영위하는 지상의 땅 전체를 의미하게 된다. 이후 가이아는 신들을 자신의 몸에서 내보내 독립시켰는데 이들이 정착한 곳이 올림포스 산이었다. 신들이 이곳에 거주하며 각자 맡은 임무에 따라 본격적인 활동을 시작하면서 그리스 신화가 형성되었다. 또한 제우스에게 조언을 해서 그가 그리스 신의 수장이 되도록 승리를 도운 것도 가이아였다. 그리스 신화는 그리스 사람들이 우주와 세상을 바라보는 통로이자 세계관이었다. 세계가 구성되고 작동되는 원리를 인간요소와 탈 인간요소의 합으로 그린 것인데 그 터전이 바로 가이아였다.

가이아는 중요도나 근원성에 비해 그리스 신화 이야기 자체에는 그리 많이 등장하는 편이 아니다. 가이아에 관심이 쏠린 것은 오히려 현대에 들어와서다. 생태 위기가 심해지면서 이를 극복하기 위해서 생명사상의 모범으로 가이아에 눈을 돌리게 된 것이다.그림 1-2 인간 역사가 지속적

1-2 가이아 여신을 소재로 한 마크 코플랜드Mark Copeland의 〈떠오르는 태양The Rising Sun〉(1991)

으로 자연을 파괴해온 것으로 보는 일부 생태학자들은 인간혐오증을 보이기도 하는데 제임스 러브록James Lovelock이 1979년에 발표한 가이아 이론이 좋은 예이다. 그는 지구에서 살아가는 생명체의 진화와 지구 자체의 진화가 하나의 동일한 동적 체제로 작동한다고 보면서 이를 가이아라 이름 붙였다. 그리스 신화에 나오는 가이아의 상징성을 현대 자연과학과 연계시켜 생태사상의 한 전범을 주창한 것이다.

가이아 이론에 의하면 지구는 단순히 광물질의 집적이 아닌 그 자체가 하나의 생명체이다. 지구를 구성하는 대기, 바다, 강, 토양, 산, 암석 등은 우리 몸의 장기나 세포와 같은 것이어서 지구가 최적의 생명 활동을 할 수 있는 조건을 만들기 위해 유기적으로 협력한다. 나아가 지구에 사는 생명체의 활동에 대해 능동적으로 반응하며 유기적으로 함께 작동한다. 이때 가이아는 기본적으로 지구 생명체에 우호적이고 가능한 한 많은 생명체가 잘 살아가기 위해 돕는 쪽으로 작동한다. 지난 수십억 년 동안 지구는 고맙게도 생명체가 활동하기에 가장 좋은 조건을 만들어주는 방향으로 작용해왔으며 그 결과 정주다움habitability이 확보될 수 있었다.

문제는 지구 위 수많은 생명 활동의 총합이 언제나 지구의 수용 능력을 넘어선다는 데 있다. 따라서 모든 생명체는 어느 선까지는 지구에 의해 생명 유지에 필요한 에너지와 자원을 무상으로 공급 받아 성장하고 증식할 수 있지만 생명체마다 한계가 있다는 것이다. 생명체는 환경을 취하고 이용할 권리를 갖지만 동시에 환경에 의해 제어당하고 제한을 받는 쌍방향 관계가 작동하게 되어 있다. 인간도 지구 위 여러 생명체 가운데 하나이기 때문에 이런 가이아 이론에서 벗어날 수 없는데 산업혁명 이후 기계 문명이 그 범위를 벗어나 가이아의 균형에 심각한 위기를 초래하고 있다.

가이아 이론은 처음에는 선언적 주장 정도로 폄하되며 과학자들에게 많은 비판을 받았으나 1980년대에 들어와 생태학이 본격적으로 시작되면서 오히려 해양학, 진화생물학, 생물화학, 지리학, 기후학 등 여러 과학 분야에 의해 많은 부분이 정확한 사실로 판명되기도 했다. 러브록은 자신의 주장을 증명하는 종합과학인 가이아 과학을 주창한 뒤 1988년에 지질생리학으로 이름을 바꾸면서 새로운 학문을 창시했다. 가이아 이론은 인간을 둘러싼 여러 고통──빈곤 같은 사회적 고통에서 개인이 겪는 심리적, 정신적 공포와 불안, 나아가 여러 질병 등까지──마저도 인간의 자연 파괴의 결과로 본다. 인간이 가이아라는 종합적인 작동체제를 망가트렸기 때문에 인간의 유기적 작동도 망가질 수밖에 없다는 것이다. 왜냐하면 인간과 가이아는 한 몸이기 때문이다.

이런 생각은 질병의 원인으로 인간의 몸과 자연환경 사이의 균형이 깨진 상태를 든 히포크라테스의 주장과 같다. 실제로 과학기술이 발전할

수록 질병 발생률과 불임률이 비례적으로 증가하는 현상은 좋은 증거이다. 기계문명이 물질적 풍요를 주장하며 시작되었지만 그런 기계문명이 깊어질수록 인간의 심리나 정서 상태를 보여주는 일차적 지표들이 오히려 나빠지는 역설이 일어나고 있다. 이는 기계문명의 가정과 존재근거, 목적과 가치가 잘못되었다는 증거이다. 의학기술의 발달로 치료율, 인간수명, 인구 등은 계속 늘고 있지만 환경 위기가 계속된다면 이것들이 어느 순간 물거품처럼 될지 아무도 모를 일이다.

우리는 환경 위기의 항목으로 지구온난화, 오염, 해수면 상승 등 지구의 상태에 대해서만 걱정하지만 인간의 몸이라는 중요한 요인을 잊고 있다. 예를 들어 가이아 이론에서는 가이아의 종합적 작동 체제가 망가진 데 따른 직접적 영향으로 정자 수의 감소와 불임률의 증가를 든다. 이는 실제로 증명된 사실이다. 가이아에 담긴 생명 잉태와 다산의 기능이 망가졌기 때문에 이는 당연한 현상이며 질병률의 증가도 같은 맥락에서 설명할 수 있다. 환경 파괴가 심해질수록 어느 순간 의학기술의 발전을 무력하게 만드는 예상치 못한 대대적인 생체 파괴가 벼락처럼 들이닥칠 수도 있는 것이다.

2

첫 번째 자연의 건물

그리스 신전

자연의 정신을 받드는 그리스 신전과 탁선소

첫 번째 자연을 대표하는 건물이 그리스 신전이다. 그리스 신전은 여러 면에서 통합적 자연관과 가이아와 유사성을 갖는다. ^{그림 1-3} 그리스 신전은 탁선소(託宣所=oracle=신탁의 장소)에 세워지는 중심 건물이었는데^{그림 1-4} 탁선소라는 개념은 원소론과 통합적 자연관이 집약된 의미를 갖는다. 4원소는 '근원 요소'라 부를 수 있는데 정령, 다이몬(그리스 신화에 나오는 신과 인간 사이의 초자연적 수호신), 자연 장소 등과 한 몸으로 작동한다고 믿어졌으며, 이런 믿음이 자연의 신성함을 결정하는 기본 조건이었다. 자연에는 기본적으로 정신이 함께 작동하며 이것이 집약되어 신과 소통하고 신의 지배를 받는 특별한 장소가 있다고 믿었는데 이런 장소를 '탁선소'라 불렀다. 인간에게 닥칠 우주의 불행을 신이 막아 인간을 보호해주는 것으로 믿던 장소였다.

헤로도토스Herodotos는 그리스 본토와 소아시아에 모두 열한 곳의 탁선소가 있었다고 기록하고 있다. 도도나Dodona나 올림피아Olympia에 있던 제우

1-3 케레스 신전Temple of Ceres, 페스툼Paestum, 이탈리아, 기원전 500년경 (위)
1-4 린도스Lindos의 아크로폴리스 추측 복원도 (아래)

1-5 기원전 4세기의 그리스 도자기에 그려진 아폴로 신전 그림. 신전 속에 아폴로 신상이 있고 오른쪽 밖에 아폴로 신의 모습이 있다.

스의 탁선소는 제우스 신에게 만사를 상의하고 빌던 곳이었으며 장소에 따라 병의 치유를 빌거나 망자를 기리는 등 신에 의존해서 생사와 길흉화 복의 인간사를 맡겼다.^{그림 1-5} 플루타르코스Ploutarchos는 자신이 살던 기원전 400년경 델포이Delphi, Delphoe의 아폴로 탁선소는 도시 전체가 '수확, 목축, 건강, 제식'에 대해 상의하고 빌던 곳이었다고 기록하고 있다.^{그림 1-6} 경우 에 따라서는 출병을 할지 말지 등과 같은 도시 전체의 운명이 걸린 중대사 도 신에게 물었다. 원래는 가이아 등 다른 신의 탁선소였는데 아폴로가 대 신한 것으로 전해진다. 델포이의 아폴로 탁선소에서 행하던 제식은 그리 스 전체에 모범이 되며 탁선소 문화 형성에 큰 영향을 끼쳤다.

탁선소에는 신전을 세워 제식을 주관했다. 그리스 전체로 보면 탁선 소의 숫자가 부족했기 때문에 탁선소 이외의 여러 곳에 신전을 세워 탁선 소의 기능을 약식으로 대행하게 했다. 그리스 신전은 신이 거주하면서 전 쟁, 정치, 농업, 경제, 학문, 예술 등 그리스의 모든 일상을 지배하고 돕는 신의 집이었다. 신전 이름에 봉헌 대상의 신 이름을 넣은 것도 이 때문이 었다. 포세이돈 신전, 제우스 신전, 아폴로 신전 하는 식이었다. 건물이기

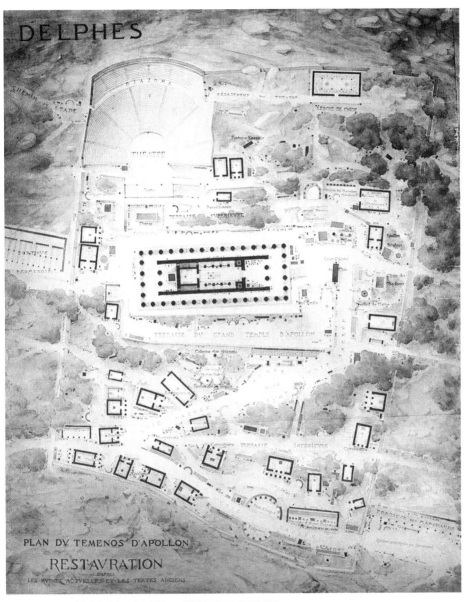

1-6 델파이의 탁선소 폐허 복원도. 정중앙에 아폴로 신전이 있다.

1-7 엘레우시스Eleusis의 텔레스테리온Telesterion과 중앙에 안치된 데메테르Demeter(농업, 풍요, 결혼의 여신) 신상. 빅토르 블라베트Victor Blavette의 1885년 상상 복원도이다.

보다 신의 형상을 담는 캔버스 또는 박물관에 가까웠다.그림 1-7 실내는 신상 하나만으로 가득 채웠으며 프리즈frieze와 지붕 박공에는 신화, 전쟁, 제식 등과 관련된 내용을 돋을새김으로 조각했다. 신상은 열린 문을 통해 신전 앞에서 행해지던 제식을 받아들이면서 사람들이 묻고 신탁하는 일을 주관했다. 돋을새김은 일회성 행사인 제식을 일 년 내내 유지하기 위한 기록이었다.

　　그리스 신전이 탁선소의 대행 장소라는 사실은 신전을 구성하던 부재의 명칭에서 확인할 수 있다. 기둥과 지붕 사이에 들어가는 보인 엔타블레이처entablature는 제단을 뜻하는 타블룸tablum이라는 단어에서 왔다. 실제로 엔타블레이처 주변에 들어가는 부재들은 제사에 쓰이던 제물과 어원이 같다. 프리즈에 들어가는 트리글리프triglyph는 제단에 놓던 세 개의 뼛조각을 옮겨놓은 장식 부재이다. 주두의 부재인 에키너스echinus는 제단을 장식하던 식물의 한 종류에서 유래한다.그림 1-8 주초와 주신 사이에 들어가는 곡면 부재인 스코티아scotia는 피를 담던 항아리라는 뜻이다.

탁선소로서의 신전은 곧 가이아의 몸과 동의어가 되기도 한다. 그리스 신전 하나하나에는 모두 봉헌된 신이 있는데 이것들을 모아놓고 보면 그리스 신의 가계인 타이탄이 된다. 따라서 집합적 의미의 그리스 신전은 가이아가 되는 것이다. 기능과 상징을 기준으로 봐도 그리스 신전은 신의 활동과 도움에 힘입어 땅 위 인간사의 안전과 행복, 풍요와 형통을 비는 장소였다. 이것은 가이아가 여러 신들을 탄생시켜 이들의 활동에 따라 우주와 세상이 작동되도록 한 것과 같은 목적이 된다. 아테네에는 아크로폴리스 근처에 가이아와 데메테르 여신을 함께 모시는 성소를 두고 제식을 거행했다. 신화에 의하면 가이아는 델포이에 있는 아폴로 탁선소의 원래 주인공이기도 했다.

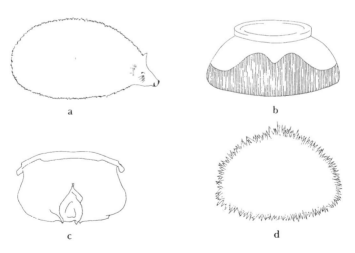

a   b

c   d

1-8 그리스 신전의 부재 가운데 하나인 '에키너스' 라는 이름으로 불리던 그리스 시대의 여러 이미지들.
a. 고슴도치 b. 주둥이가 넓은 항아리 c. 목 척수 d. 성게

그리스 신전의 대표작, 파르테논

이처럼 그리스 신전에 담긴 자연과의 일치는 신을 매개로 한 우주와 인간 사이의 종교적 소통이었다. 시기적으로 봐도 그리스 신전이 초기의 고졸 古拙 상태에서 벗어나 완성도를 보이기 시작한 시점이 통합적 자연관이 완성되어가던 시기와 일치한다. 그리스 신전의 형성 배경은 여러 갈래일 수 있는데 그중에 통합적 자연 사상을 바탕으로 한 종교적 배경이 중요한 위치를 차지했다. 또다른 연관성의 증거로 요소론과 비례론 사이의 유사성을 들 수 있다.

비례론은 세상 만물이 일정한 비례 법칙으로 구성된다는 주장으로 그리스 사람들이 세계를 이해하던 중요한 시각이었다. 피타고라스 Pythagoras의 수학 철학을 대표적 예로 들 수 있으며 이것을 응용해서 예술에서 특히 융성했다. 피타고라스의 관심은 자연은 무엇으로 이루어지는가가 아니라 자연의 구조는 무엇인가였다. 피타고라스는 자연과 우주가 수학적으로 기술 가능한 형태와 구조로 이루어진다는 사실을 여러 단계에 걸쳐 증명했다. 이때 구조는 기하학적 형태와 비례 법칙이었다. 황금비, 루트비, 정수비 등 여러 비례 법칙을 찾아 제시했다. 엠페도클레스가 자연의 구성요소로 4원소를 제시했듯이 피타고라스는 비례 법칙을 제시한 것이다.

비례론은 그리스 신전을 구성하는 기본 법칙이기도 했다. 신전의 모든 부재는 기둥의 반지름을 모듈로 삼아 이것의 배수나 분수로 치수가 결정되었다. 기둥의 반지름만 결정되면 신전 전체를 지을 수 있었다. 예를 들어, 도리스식 신전에서 기둥 높이는 14모듈, 기둥 사이의 거리는 4와 2분의 1에서 5와 2분의 1 모듈, 주두의 높이는 1모듈, 주두의 폭은 2와 6분의 1 모듈, 아키트레이브architrave의 높이는 1모듈, 트리글리프의 높이는 1

과 2분의 1 모듈, 구티guttae의 높이는 6분의 1 모듈 등이었다. 인공 건축물인 신전에 비례 법칙을 적용한 까닭은 신전이 신이 거주하는 신성한 장소이기 때문이었다. 신전도 당당한 우주와 자연의 일원으로 우주와 자연을 구성하는 법칙과 같은 법칙으로 지어야 한다는 믿음이었다. 이렇게 함으로써 신전은 종교를 담당하던 신성한 장소에 합당한 정신적 가치를 획득할 수 있었다.

파르테논은 성처녀 아테나Pallas Athena에게 봉헌되어 기원전 447년부터 기원전 438년 사이에 지어졌다. 부지인 아크로폴리스는 수세기 동안 아테네의 요새이자 성소였다. 아테네 시내에 우뚝 솟은 언덕 위에 신전 단지가 형성되었으며 전시에는 전쟁 본부를 겸하는 등 종교와 군사 양면에서 아테네를 수호하던 중심지였다. 현재의 파르테논 이전에 최소

1-9 전성기 아테네의 아크로폴리스
상상 복원도

두 채의 도리스식 신전이 있었으며 기원전 479년에 페르시아가 침입해왔을 때 구舊 파르테논이 반쯤 지어지고 있었다. 이 침입으로 아크로폴리스 전체가 크게 파괴되었고 파르테논도 전파되었지만 곧 이들을 격퇴했다. 페리클레스Periklēs의 지도 아래 아크로폴리스가 복원되었고 현재의 파르테논도 이때 지어졌다.

이후 아크로폴리스 전체의 정문에 해당되는 프로필라이아Prophylaea가 세워졌고 아테나 니케 신전과 에렉테이온 신전 등이 연달아 세워지며 아테네를 수호하는 성소로서의 면모를 갖춰갔다. 아크로폴리스 내뿐 아니라 주변 언덕 기슭에도 돌아가면서 주요 시설들이 지어졌다. 남쪽 기슭에는 세 채의 성소와 디오니소스 극장이, 서쪽 기슭에는 스토아Stoa, 소형 극장, 리시크라테스 기념비Lysicrates Monument 등이 세워졌다. 동쪽과 북쪽에는 여러 종교 조직의 본부가 있어서 수시로 제식이 벌어졌다. '아테네의 난로'인 프리타네이온Prytaneion도 그 사이에 있었다. 북서쪽 기슭에는 의회와 법정이 있었다. 또한 북서쪽 아래 평지 일대에는 아테네 도시생활의 중심지인 아고라가 있었다.그림 1-9 이처럼 아크로폴리스는 신탁 아래 아테네의 모든 운명을 지켜주고 일상생활에 평온을 가져다준 성소 중의 성소였다. 사도 바오로가 이곳을 중요한 전도 장소 가운데 하나로 삼은 이유도 이 때문이었다.

파르테논은 그리스 신전 가운데 신을 위한 박물관이라는 사실을 가장 잘 보여주는 건물이다. 흔히 미학적으로 그리스 건축, 나아가 서양건축에서 최고봉의 건물로 평가되지만 종교적 관점에서도 가장 화려한 신상을 담고 가장 많은 돈을새김으로 무장한 건물이었다.그림 1-10, 1-11 실내에 안치된 아테네 여신의 신상은 당대 최고의 조각가 페이디아스Peidias가 금과 상아로 조각한 십이 미터 높이의 작품으로 화려함의 극치를 이룬 것으

1-10 파르테논 신전의 프리즈 돋을새김과 지붕 추녀 조각상. 브느와 로비오Benoit Loviot의 1881년 그림이다. (위 왼쪽)

1-11 파르테논 신전의 몰딩과 프리즈 장식 (위 오른쪽)

1-12 알렉시 파카르Alexis Paccard의 『아테네 건축 법칙의 조사An Investigation of the Principles of Athenian Architecture』(1845~46)에 나온 파르테논 정면도 (아래)

로 전해진다. 프리즈에 새긴 돋을새김도 마찬가지였다. 헤라 여신과 제우스 신이 옥좌에 앉아 있고 여성 성직자가 이들에게서 방석을 받는 모습이 새겨져 있는데 이는 신이 제식 중 땅 위에 재림했음을 알리는 장면이었다.그림 1-12 신의 모습 이외에 제식 행렬을 묘사한 돋을새김도 있다. 행렬을 이끄는 두 명의 여자와 헌주獻酒를 머리에 이고 가는 남자, 말을 타고 가는 두 명의 남자 등이 대표적 내용이다. 지붕 박공에는 디오니소스로 추측되는 신을 비롯하여 전쟁과 신화 속 영웅들이 새겨졌다. 지붕 박공의 전 면적을 돋을새김으로 꽉 채운 건물은 그리스 신전 전체를 통틀어 파르테논이 유일했으며 프리즈에 새긴 것까지 합하면 돋을새김의 숫자가 가장 많은 신전이었다.

3

첫 번째 위기
플라톤의 이분법

플라톤, 현상 대 이데아라는 이분법으로 자연과 인간을 가르다

기원전 6~5세기에 형성된 통합적 자연관에 모호함이 있다고 생각하는 사상가들이 나오기 시작했다. 특히 철기문화가 자리 잡아 산업이 발전하고 사회가 복잡해지면서 명확한 사회 질서와 규범이 필요해짐에 따라 이를 뒷받침하기 위해 사상도 정확한 편 가르기를 시도하는 쪽으로 변해갔다. 산업이 발전하면서 물질을 도구적 목적으로 다루어야 할 일이 증가했기 때문에 자연을 물질로 파악하고 대하려는 경향이 나타났고 이에 대한 반대급부로 정신적 측면을 극단으로 이상화하는 경향이 함께 나타났다. 서양사상 최초의 이분법 혹은 이항 대립의 출현이었다.

　이분법 태도는 통합적 자연관을 성립시킨 사상가들도 다른 한편에서 제기했다. 아낙사고라스는 자연과 인공 세계가 공존할 수 있는 생각의 법칙을 추적했는데 이것에 의하면 인간은 우주와 분리되어 땅 위에 인간만의 인공 세계를 건설해야 물질적 풍요를 누릴 수 있었다. 엠페도클레스의 이론도 4원소 이론으로 끝난 것이 아니었다. 그는 4원소가 집합했다

분산하는 법칙을 추가해 세계의 역사를 분산된 개체의 재결합 과정으로 파악했다. 분산된 개체는 물질이 되고 이것이 재결합된 상태가 사회가 되는 것이다. 파르메니데스는 '독사doxa' 라는 개념의 일직선적 생각이 인간 문명의 요체라고 주장하면서 통합적 자연관을 부정했다.

플라톤의 '이데아 이론' 은 이런 이분법의 집대성이었다. 그는 물질 현상 이면에는 이것을 일으키는 법칙이 있다고 보면서 여기에 정신적 가치를 부여하고 둘을 명확히 구별했다. 낮은 단계에서는 천문학이나 수학의 원리 등이 정신적 법칙의 예가 될 수 있는데, 플라톤은 그 가운데 최고의 법칙을 이데아idea라 가정했다. 우주와 자연의 존재상태 가운데 현상을 지배해서 작동하게 하며 현상이 닮아야 할 가장 이상적 상태를 이데아로 가정한 것이다. 그 자신도 이데아가 정확히 무엇이고 어떤 상태인지에 대해서는 정의하지 못했다. 다만 사회가 점점 복잡해짐에 따라 인간 활동과 물질 현상은 이데아를 지향하고 닮아 이데아에 가까워질수록 조화롭고 이상적 상태에 도달할 수 있다고 주장했다.

플라톤의 이분법은 기본적으로 '자연(=물질현상) 대 초자연(=이데아)' 의 구분이었지만 자연 자체에 대해서도 동일한 구분을 적용할 수 있다. 자연 하나를 이데아와 현상의 두 가지 상태로 분리해서 파악한 것으로 해석될 수 있다. 이데아로서의 자연을 낳은 정신적 법칙을 '성스러운 공예divine craft' 라는 개념으로 정의한 반면 현실로서의 자연은 단순한 물질로 보았다. 자연을 구성하는 두 가지 상태를 하나로 통합해서 자연을 파악하고 정의한 소크라테스 전파의 통합적 자연주의가 분리되기 시작한 것이다. 하나의 자연에서 두 개의 자연으로 분리된 이분법의 출현이었다.

플라톤은 소크라테스 전파의 통합적 자연주의가 형이상학적으로 잘못되었고 도덕적으로도 유해하다고 비판했다. 자연 세계는 성스러운 힘의 결과물인데, 자연 세계가 요소들의 단순 합이고 이 요소들은 각자의 본성에 따라 작동한다는 이들의 주장은 자연에 내재된 신성을 부정하는 것이라며 비판했다. 이것은 도덕적, 정치적 행위의 근간과 기준을 이루는 영원불멸의 규범이 결핍된다는 것과 같다고 보았다. 신이 우주를 절대선과 영원불멸의 규범에 따라 창조했기 때문에 인간은 자연이라는 성스러운 예술 속에서 그 규범을 찾아내 그것에 따라 살고 도시도 건설해야 한다는 주장이었다. 플라톤에 와서 자연은 상식적으로 통용되는 감각에서 성스러운 정신으로, 우연은 성스러운 명령으로 대체되었다.

플라톤의 기여는 양면적이다. 자연의 정신적 가치를 정의해 신성을 부여한 것은 인간이 자연을 어려워하며 자연에 경외감을 느끼게 만들었다. 혼란스러운 현실 세계에서 살아가는 사람들에게 모범으로 추구해야 할 절대 상태가 있다는 사실을 제시함으로써 정신 활동의 분발을 촉진했다. 반면 부정적 영향은 너무 컸다. 정신적 가치가 성립되기 위해서는 이것과 대비되는 열등한 짝인 물질이 전제되어야 했다. 나아가 플라톤은 물질이 정신의 불완전한 모방 상태라고 정의함으로써 물질을 정신에서 분리시킨 뒤 열등한 것으로 폄하하는 이분법을 정착시켰다. 이런 이분법은 예기치 못한 결과를 가져왔는데 물질이 열등한 것이기 때문에 마음대로 해도 된다는 인식을 사람들에게 심어준 것이었다. 이는 곧 자연을 사람들 마음대로 개발하고 가져다 써도 좋다고 허용해주는 것이 되었다. 자연을 자원으로서의 물질로 보는 시각의 시작이었다.

시기적으로 보더라도 플라톤이 활동하던 시대는 그리스 문화가 정밀한 심미성을 자랑하던 고전주의 전성기를 지나 후기 그리스기로 접어들면서 규모의 경쟁에 돌입하던 때였다. 플라톤의 의도가 그리스 문화가 물질적으로 변해가는 것을 막기 위해 정신적 가치를 강조한 순수한 것이었을 수 있지만 문제는 그의 이분법 사고체계가 물질을 열등한 짝으로 가져야 성립될 수 있다는 데 있었다. 사람들은 플라톤이 의도한 바와 달리 자연의 성스러운 정신적 가치를 좇아 살지 않고 자연을 개발 대상인 물질로 보는 데 대한 면죄부를 얻어갔다. 탐욕이라는 인간의 본성에 대한 제어장치나 안전장치를 마련하지 못한 채 제시된 이상주의는 그의 의도와 정반대 방향으로 현실화된 것이다.

종교의 탄생과 기술의 자연 정복

자연을 정신과 물질의 이분법으로 구분한 플라톤의 사상은 종교와 기술의 분리도 초래했다. 먼저 종교의 탄생을 가져왔다. 플라톤 이전에는 엄밀히 얘기해서 종교는 아직 나타나지 않았고 신화가 유행했다. 신화에 나오는 신은 변덕스럽고 신격은 불완전했다. 인간의 현실 세계 구도에 초월적 힘을 부여한 정도에 지나지 않은 것으로 볼 수도 있었다. 이것이 플라톤을 거치면서 변화가 지배하는 현실은 열등한 것으로, 영원불변한 이데아는 완벽하고 절대적인 것으로 고착되면서 절대적 존재라는 종교의 기본 가정이 성립되었다. 플라톤 사상을 고대 미신에 접목시키면 절대적 존재를 모방함으로써 유한하고 죽음으로 끝나게 되어 있는 현실의 한계를 극복하고 영원불멸의 세계로 도피할 수 있다는 유일신 종교로 발전하게 된다. 플라톤은 아직 기독교적 의미의 하나님의 존재로까지 나아가지는 않았지만 이후 기독교 교리와 사상이 플라톤 사상에서 결정적 영향을 받아 성립된다.

　　종교는 기본 개념이 잡히면서 기술과 분리되었다. 플라톤 이전의 그리스 문화에서 신화와 기술은 명확하게 분리되지 않았다. 기술은 신화를 지상에 구현하는 예술적 공예에 가까웠다. 이 시기 기술은 예술과 제작술을 합한 개념이었다. 현대적 의미의 technology라는 단어는 아직 없었으며 그 어원에 해당되는 'technē테크네' 라는 단어가 쓰였다. 이는 숙련된 기능과 공예 능력을 통한 모든 종류의 생산 활동을 의미했다. 머릿속으로 생각하는 인식 요소와 구체적 물리체를 만들어내는 생산 요소를 합한 개념이었다. 일정한 지식이 필요했지만 지나친 상상력이나 영감은 피했으며 솜씨의 훈련에 치중했다. 신화에 의해 소재가 제공되고 대상이 정해졌으므로 불필요한 상상력과 영감은 사실성을 해칠 수 있었기 때문이다.

그리스 시대에는 이상과 같은 의미의 테크네가 'art아트'와 동의어였다. 아트는 근대적 의미의 창작 예술이 아니라 제작술과 합해진 포괄적 의미를 지녔다. 여기에는 목공, 직물, 도예, 건축, 조각, 회화, 시학, 음악 등 여러 장르가 속했다. 이는 다시 육체적 수고와 노동의 강도에 따라 '자유 아트free art'와 '봉사 아트servile art'로 나뉘었다. 자유 아트에는 시학과 음악이, 봉사 아트에는 목공, 도예, 건축, 조각이 속했으며 직물과 회화는 중간 정도였다. 요즘 의미를 기준으로 하면 순수예술과 응용기술을 합한 개념이었는데, 이 둘이 분리되어 세분화된 것은 18세기 계몽주의와 19세기 산업혁명을 거치면서였다.

세분화는 '미beauty'의 개념의 변천과도 일맥상통한다. 그리스 시대에 미美는 '즐거움을 주는 것'으로 그 범위가 광범위했다. 이 속에는 조화harmony 같은 정신적 요소와 직능이나 공예 같은 기술적 요소가 분리되지 않고 하나로 통합되어 있었다. 이후 서양 건축의 역사는 이 둘의 분리 과정으로 볼 수 있다. 산업혁명 이후 분리는 고착화되고 기술적 요소가 기계문명과 물질주의와 결합하면서 직능과 공예는 기술로 대체된다. 이후 현대 건축은 테크네의 통합적 요소 가운데 인공성이 독립해서 비정상적으로 극단화되어가는 과정으로 전락하면서 정신의 실종을 낳게 된다. 이 과정은 현대 기술에 의한 자연 파괴와 그에 따른 생태 위기와 고스란히 맥을 같이한다.

자연에 대해서도 마찬가지였다. 인공 기술로 산을 깎아내거나 강을 다스리는 일은 생각할 수 없었다. 자연에 순응해서 땅 위에 신을 위한 성소를 축조하는 일이 기술의 급선무였으며 이 과정에서 인공 흔적을 최소화하려 했다. 그러다 플라톤의 이분법을 거치면서 자연에 기술이 개입할 여지를 연 것인데 신화가 종교로 변한 사실을 중요한 원인으로 들 수 있다. 일상생활과 함께 작동하며 현실성이 높던 신화가 추상적 절대 존재에 의존하는 종교로 변하면서 기술과 하나가 될 필요성도 함께 없어졌다. 신전 속에 하나로 녹아 같이 존재했던 신은 추상적 절대 존재로 떨어져 나와 정신 상태로 독립했고 건물은 물질 구조로 남았다. 생활 속에서 정신적 장소를 만드는 장르였던 기술이 그런 의무에서 해방되면서 물질로서의 자연보다 우위에 서게 되었고 자연을 기술의 각색 대상으로 보게 된 것이다. 필요에 따라 이데아로서의 자연을 종교적으로 찬양하면 되었기 때문에 기술로 자연을 파괴하고 개발하는 일에 책임감이나 죄책감을 느낄 필요가 없어졌다. 종교라는 이름으로 자연의 추상적 절대 상태에 매달리는 것으로 물질로서의 자연을 훼손하는 행위에 대해 허락 받았다고 착각하게 되었다. 혹은 자연 개발이 본격화되면서 그런 허락을 위한 장치와 제도를 의도적으로 만든 것으로 볼 수도 있다. 실제로 플라톤의 이데아 사상이 정착되어 현실에 영향을 끼친 시기는 정밀한 그리스 고전주의 건축이 갑자기 그리고 급격히 붕괴되는 시기와 일치한다.

기술이 자연을 물질적 개발 대상으로 보면서 기술과 자연 사이의 대립이 발생했다. 신화라는 보호막 아래 자연과 하나였던 기술이 그 보호막이 사라지면서 자연과 대립하게 된 것이다. 이런 현상은 플라톤 이후 그리스에 나타난 과도한 자연주의를 보면 잘 알 수 있다. 식물 같은 자연 형태를 화려하게 모방하는 과도한 장식 자연주의나 반대로 자연을 위압하는 거석 영웅주의의 이분법은 좋은 예이다. 정밀한 비례 체계와 교정 능력의 산물이던 도리스 양식이 쇠퇴하고 순수 장식 양식인 코린트식 신전이 등장한 것은 장식 자연주의의 대표적 예이다. 다른 한편에서는 마케도니아 왕국을 거치면서 디디마Didyma의 아폴로 신전, 에페소스Ephesos의 후기 아르테미스 신전, 아테네의 올림포스 제우스 신전 등에서 보듯이 백 미터가 넘는 거대 신전이 시대를 이끌어갔다.

사상에서도 키니코스학파the Cynics(=견유학파)의 유행은 균형과 조화가 깨진 극단적 자연관을 보여주는 예이다. 이 학파는 플라톤 다음 세대 철학자인 시노페Sinope의 디오게네스Diogenes가 대표하며 유행시켰는데 자연과 인간 활동을 극단적으로 대비시키면서 자연에 따라 살기 위해서는 인간 지성이 발명한 것을 모두 버리라고 주장하며 실천에까지 옮긴 사조였다. 이들은 행복은 외적인 조건에 좌우되는 것이 아니라고 보고 자신의 본성에 따르는 자연스러운 생활을 목표로 삼으면서 모든 사회적 습관을 무시하고 문화적 생활을 경멸했다. 집, 옷, 요리한 음식, 사회조직 등을 모두 자연스럽지 않은 것으로 보면서 그 사용을 최소화한 생활을 살았다. 포도주 통에서 살면서 가죽, 깃털, 비늘 같은 자연 껍질 한 겹만 몸에 두르고 물도 개처럼 핥아 먹었으며 모든 사회적 의무를 거부했다.

알렉산드로스Alexandros 대왕에게 햇볕을 가리지 말라며 비켜 달라고 한 사람이 바로 이 디오게네스였다. 그는 필요한 것이 적을수록 신의 뜻에 가까워지는 자유로운 인간이 되는 것이라는 극단적 극기주의를 표방하며 스스로 실천에 옮기는 생활을 했다. 심지어 불의 사용도 거부하며 날고기를 먹은 것으로 전해진다. 키니코스학파의 이런 비현실성은 이데 아로서의 자연이라는 극단적 추상화에 대한 반대급부로 볼 수 있다. 혹은 기술의 자연 정복에 대한 반발이 균형을 잃고 한쪽으로 극단화되어 나타 난 현상으로 볼 수 있다. 모두 이분법이 낳은 부정적 산물이었다.

아리스토텔레스의 해법, 목적론적 자연

아리스토텔레스Aristoteles는 플라톤의 이분법을 극복하려 했다. 플라톤 이 전에 나온 소크라테스 전파의 자연주의를 복귀시키되 새로운 내용을 첨 가한 변형된 형식을 제시했다. 아리스토텔레스도 소크라테스 전파의 자 연주의 시각을 문제가 있는 것으로 인식하기는 했지만 플라톤보다는 약 했고 핵심적인 면에서는 보조를 같이한 것으로 볼 수 있는 측면도 많다. 플라톤이 둘로 갈라놓은 자연을 다시 하나로 합한 통합적 자연관을 제시 하되 소크라테스 전파의 요소론과 달리 절대 상태의 존재를 인정하는 선 위에서였다. 경험적 현상과 현실적 물질로서의 자연을 인정하되 이것을 작동시키는 정신 작용이 자연 속에 스스로 존재한다고 보았다. 플라톤과 의 차이는 이 둘 사이에 우열 관계를 두지 않고 둘이 하나로 작동한다고 봄으로써 이분법을 통합하려 한 점을 들 수 있다. 특히 현상과 물질을 작 동시키는 절대 상태를 이데아라는 추상적 존재로 정의하지 않고 가능한 한 현실에서 경험 가능한 상태로 제시하려 했다.

이러한 차이는 질료matter와 형식form 사이의 관계에 대한 두 사람의 정의에서 잘 드러난다. 플라톤은 이데아가 겉으로 드러난 상태를 형식이 라고 불렀는데 이데아가 절대 상태이기 때문에 이것의 형식 역시 절대적 이고 고유하다는 뜻에서 대문자 F를 사용해서 'Form'이라 불렀다. 우리

말로 번역하기 힘든 단어인데 내용으로 볼 때 '절대 형식' 정도로 부를 수 있다. 질료는 절대 형식이 겉으로 드러난 상태로, 일반적으로 통용되는 '물질'이라는 뜻과 크게 다르지 않다. 플라톤은 이런 Form이 어떤 것인지에 대해서 구체적으로 제시하지 못했다. 다만 그러한 상태가 있다고 가정만 했으며 질료는 Form의 표피적 현상이기 때문에 열등한 것이며 이것을 닮기 위해서 노력할 때에만 의미 있는 것이 되고 사회질서가 유지된다고 보았다. 플라톤이 이데아와 Form을 구체적으로 정의하지 못한 채 다만 그런 상태를 좇아야만 한다고 제시함에 따라 이 주장은 현실적으로 수없이 악용될 소지를 낳았다. 예를 들어 정치 지도자가 사회질서를 명분으로 강요하는 법제 같은 것도 이데아나 Form의 한 종류가 될 수 있었다. 이런 식으로 플라톤 이후 서구문명 2,400년을 이어온 법과 관습과 각종 가치관의 억압 구도는 바로 이같은 플라톤의 이데아와 Form 위에 태어난 것이었다.

아리스토텔레스는 달랐다. 그 역시 자연을 질료와 형식 사이의 상호작용으로 파악하기는 했지만 일단 Form에 대문자가 아닌 소문자 f를 사용함으로써 형식을 살아서 활동하는 것들의 근원 정도로 보았으며 절대상태가 아닌 일상 속 실제로 형식이 드러난다고 보았다. 질료도 단순한 물질이 아니라 형식이 발현되어 사람들에게 수용되는 매개나 통로로 정의했다. 변화와 활동의 가능성이 농축된 잠재력의 집합체인 것이다. 나아가 형식을 실제로 작동시키는 원리로까지 보았다. 결국 질료는 자연 만물과 생명의 근원 요소이며, 형식은 이런 질료의 잠재력이 드러나는 방향을 지시하고 그 정도를 한정해서 질료가 특정 존재로 형성되도록 결정하는 역할을 한다. 플라톤의 이데아 사상에서 양 극단으로 갈린 형식과 질료 모두를 좀 더 중간 위치로 옮겨 다시 정의한 것이다. 형식은 질료 쪽으로,

반대로 질료는 형식 쪽으로 조금씩 옮겨 재위치시킴으로서 이분법을 극복하려 했다.

아리스토텔레스의 이런 생각은 소크라테스 전파의 한계를 극복함과 동시에 플라톤에 의해 우열 관계로 갈라진 자연의 이분법을 통합하려는 이중의 시도였다. 아리스토텔레스가 보기에 소크라테스 전파가 내놓은 자연주의의 문제는 자연의 존재상태를 단순히 모든 생명에 공통적인 물질 요소로만 파악한 데 있었다. 유형 사이의 차이를 구별하는 형식 개념이 결여된 것이다. 사람과 물고기는 모두 같은 화학 원소로 구성되지만 물리적 골격, 생리적 작동 체계, 존재 이유와 목적 등이 다른데 자연주의는 이런 차이를 인식하지 못한 것이다. 아리스토텔레스는 자연을 세분해서 봄으로써 자연철학을 과학과 연계시켜 자연에 대한 지식과 이해의 폭을 넓혔다. 소크라테스 전파의 통합적 자연관을 받아들이되 과학적 정확성을 높여 막연한 신비주의를 깨고 현실 속 실재實在로 드러나게 했다.

플라톤의 이분법에 대해서는 형식 안에 질료의 개념을 섞고 질료 안에 형식의 개념을 섞는 식으로 교차 통합시켜 둘 사이에 우열의 서열 관계를 약화시키고 간극도 좁혔다. 형식은 질료 없이 정의될 수 없으며 질료는 형식 없이 잠재력을 발휘할 수 없다. 결국 형식과 질료는 한 몸으로 작동한다. 이 둘이 이렇게 통합된 상태가 바로 자연이며 나아가 이분법에 의한 자연의 극단화도 막을 수 있다. 아무도 본 적이 없는 자연의 절대 상태에 대한 무조건적 맹종과 이것을 면죄부로 삼아 물질로서의 자연을 물욕의 충족 대상으로 삼는 양쪽의 극단적 행위 모두 플라톤이 내놓은 이분법의 산물인데 아리스토텔레스에 의해 이런 행위를 막을 사상적 기틀이 닦인 것이다.

아리스토텔레스의 새로운 자연 개념은 흔히 '목적론'으로 분류된다. 자연 현상은 형식을 물질로 실현시키려는 목적을 갖는다는 뜻이다. 이 과정에서 구성 요소들의 다양한 조합과 분리가 일어나지만 궁극적 목적은 형식을 형성해서 혹은 형식을 통해서 드러내는 것이다. 우주로서의 자연은 형식에 의해 생명을 얻고 수정되며 변화한다. 자연이 끊임없이 연속적인 작동 과정을 거치면서 살아 움직이는 것은 순수 형식에 내재된 실재와 현실의 가능성이 씨앗처럼 발아해서 구현되기 때문이다. 질료는 이런 작용을 받아내는 통로이다. 자연으로 하여금 다양한 구성 요소가 성스러운 작동 원리를 모방해서 현상으로 드러내도록 장려하는 잠재력이라는 뜻이다. 따라서 질료를 물질로만 봐서 함부로 개발하고 훼손한다면 자연의 성스러운 작동 원리까지 함께 망가지게 된다.

모든 생명체와 사물은 스스로에게 가장 적합한 생존 형식과 작동 형식을 실현하려는 목적을 지닌다. 이 과정에서 각자의 고유한 본성을 갖게 되며 이것을 밖으로 드러낸다. 인간의 능력과 감정은 생물학적으로 주어진 다음 사회적으로 다듬어지게 된다. 이때 개개인의 특질과 사회적 제도 사이에 갈등이 없는 포괄적 상태를 지향하게 되는데 형식과 질료가 통합된 자연이 그 모델이 될 수 있다. 사회의 복지는 갈등을 줄이고 절제를 전제해야 되는데 자연의 작동 원리에서 가르침을 찾을 수 있다.

아리스토텔레스는 통합적 자연으로 돌아감으로써 플라톤에 의해 위기를 맞은 첫 번째 자연을 복원하려 했다. 그 결과는 절반의 성공이었다. 가장 큰 성공은 이후 서양문명 이천 년에 중요한 영향을 끼친 점이다. 반면 동시대에는 의외로 큰 영향을 끼치지 못한 측면이 있다. 이미 동시대 문명이 그의 생각을 세밀하게 반영하기에는 너무 거친 경쟁의 시대로 넘어가 있었다. 흔히 플라톤과 아리스토텔레스는 그리스 고전사상을 이끈 핵심 사상가로 그리스 문명이 탄생하는 데 크게 기여했다고 생각하기 쉽지만 이는 사실과 차이가 있다. 작은 예로, 아리스토텔레스는 알렉산드로스 대왕의 선생님이었다. 그의 사상을 제국의 욕망과 과장이 판치던 동시대 문명 양상과 비교하면 차이가 큰 것을 알 수 있다.

몇 가지 연대기를 살펴보면 잘 알 수 있는데, 파르테논의 건립년도는 기원전 447~438년이고 플라톤과 아리스토텔레스의 생몰년도는 각각 기원전 427~347년과 기원전 384~322년이다. 파르테논이 그리스 고전문명의 정점을 이룬 뒤 고전주의가 갑자기 쇠퇴한 것을 보면 플라톤과 아리스토텔레스는 그런 쇠퇴기를 이끈 이들이 된다. 이 연도를 기준으로 보면 파르테논이 소크라테스 전파 때 형성된 첫 번째 자연 개념의 집약체로 완성된 뒤 이것을 깨고 첫 번째 위기를 불러온 장본인이 플라톤이며 아리스토텔레스는 이를 잠시 봉합한 것이 된다.

아리스토텔레스의 진가는 후대에 걸쳐 두고두고 나타난다. 자연사상과 관련해 보면, 중세 사상가들이 자연에 대한 탐구를 시작한 것도 그의 영향이 컸다. 토마스 아퀴나스Thomas Aquinas나 마이모니데스 Moses Maimonides 같은 기독교 신학자는 물론이고 이븐시나 Ibn Sina=Avicenna나 이븐 루시드Ibn Rushd 같은 이슬람 사상가들도 형식이 질료를 통해 드러난다는 아리스토텔레스의 자연 개념을 이어받아 연구했다. 중세 이슬람 사상가들은 물질과 신체를 연구하는 과학과 의학을, 정신을 연구하는 철학, 신학과 연계시키는 종합화 경향을 보였는데 이는 형식과 질료 사이의 관계를 이분법적 통합으로 본 아리스토텔레스의 사상을 좇은 것이었다.

반면 기독교 신학자들은 이 논제를 주로 신의 존재나 신성을 표현하고 증명하는 방법으로 사용했는데 아퀴나스도 그중 하나였다. 아퀴나스의 신학은 아리스토텔레스의 사상 없이는 성립되기 힘든데, 『이교도에 대한 반론Summa Contra Gentiles』(1264)에서는 피조물의 형식이 다양할수록 신성을 드러내는 데에 더 가까워진다고 주장했다. 아리스토텔레스의 목적론도 중요한 영향을 끼쳤는데, 신이 자연을 창조한 목적은 신성을 드러내기 위해서이며 신이 창조한 존재 방식은 다양성과 중복성이라고 했다.

2장

중세 가톨릭과 빛으로서의 자연

로마네스크는 "로마답다"는 뜻이며 말 그대로 로마 건축술을 받아들여

시작했지만 로마 시대보다 벽체가 유난히 두꺼워졌다.

이는 돌이라는 자연재의 물성을 맘껏 표현하고 흠뻑 느끼기 위한 목적에서였다.

돌을 실용적 재료로 보면서 자연을 개발하는 도구로 활용한

로마 건축과 완전히 달라진 태도였다.

로마네스크 건축에서는 땅을 개발 대상으로 보기보다

땅과 하나가 되려 했는데 이때 땅은 다름 아닌 자연이었으며

이를 통해 하나님의 섭리에 더 가까워질 수 있다고 보았다.

1

자연을 개발 대상으로 삼은 로마 문명

로마 현세주의와 탈자연

플라톤의 이분법은 이후 서양사상의 전개에서 최소한 12세기까지 막대한 영향을 끼쳤다. 로마 철학에서는 플라톤의 사상에 나타난 현실과 초월세계 사이의 고민이 반복되었다. 플라톤은 현실과 초월세계라는 이분법 문제에 대해서 모호함을 보였다. 초월세계가 현실 속 인식에 의해서 파악될 수 있다는 주장과 파악될 수 없다는 상반된 주장을 동시에 남긴 것이다. 로마 철학에서는 플라톤 사상이 제기한 양면성의 문제가 통합되지 못하고 각각 극단화되었다. 로마 철학가들은 각기 필요에 따라 현실 개념과 초월세계의 개념을 단독으로 수용하면서 극단화하였다. 여기에 로마 사회가 처한 시대 상황과 로마인의 민족성이 더해졌다. 그 결과 플라톤 사상에 대한 변형적 수용에 기초한 '다원주의' 라는 로마 철학만의 특징이 형성되었다. 이데아 대 현실의 이분법에 따라 현실 세계가 독립적으로 떨어져 나오면서 현실 세계를 구성하는 하부 매개가 융성해졌고 이것이 로마 문명의 근간을 이루게 되었다.

로마는 자연에 대해 이렇다 할 사상적 고민을 남기지 않았다. 생태사상 역사에서 로마는 공백으로 남는다. 로마 문명 전체로 보더라도 철학은 많이 쇠퇴한 편이었다. 철학이 학문과 예술, 나아가 일상 사회생활까지 지배한 그리스와 비교하면 큰 쇠퇴였다. 로마 사람들은 철학적 사유를 하기에는 너무 실용적이고 현실적이었다. 로마 제국은 철학적 사유에 빠져 있기에는 너무 넓었고 급박하게 돌아갔다. 생태사상의 관점에서 볼 때 로마가 한 역할은 그리스 사상을 이어받아 기독교에 접목시켜 넘겨준 것이 핵심적 내용이었다.

건축을 대입시켜보면 이런 사실은 좀 더 명확해진다. 건축은 최일선에서 자연과 접하며 부딪히는 분야이기 때문에 어떤 식으로든지 자연에 대한 태도가 나타나게 되어 있다. 로마 건축이 자연에 대해 취한 태도는 셋으로 나눌 수 있다. 현세주의를 구성하는 3대 축에 대응될 수 있으며 생태사상의 기준에서 보면 두 번째 위기를 불러온 주범이었다.

첫째, 자연을 개발의 대상으로 보는 토목기술이다. 앞에서 보았듯이 플라톤의 이분법을 거치면서 기술은 정신과 분리되었다. 정신 활동을 구현하는 공예의 의미를 갖던 그리스의 테크네에서 물리적 효율만을 추구하는 순수 인공 기능으로 변질되었다. 이런 변화를 이끈 것은 '합목적성'이었다. 필요한 목적이 생기면 가용 수단을 총동원해서 그에 합당한 방법을 찾고 이것을 현장에서 가장 효율적 기술로 구현해서 원하던 것을 취한다는 뜻이다. 예를 들어 영토 확장과 물류 이동을 이루기 위해서는 계곡과 강을 가로질러 다리를 놓으려는 목적을 이루어야 한다. 다리를 놓기 위해서는 기둥 개수를 최소화한 장 스팬long span이 필요한데 그리스에서 이어받은 가구식 구조는 부적합하기 때문에 이 문제를 해결한 아치arch라는 새로운 구조를 발명한다. 이론으로 존재하는 아치를 현장에서 정밀하게 시공하는 기술력을 확보한 뒤 방수 기술과 유지관리 기술을 더해서 종합적 다리 기술을 완성한다. 이를 효율적으로 운용해서 군사를 보내 제국을 넓히고 수로를 끌어와 농업을 일으켜 제국을 뒷받침한다.

계산적이고 실용적인 이런 일련의 과정은 분명 그리스 시대의 기술 개념인 테크네에는 없던 전혀 새로운 것이었다. 로마 사람들은 이를 로마 문명만의 정체성으로 자랑스러워했으며 로마 시민의 역량으로 이룩한 새로운 발명으로 보았다. 자신들이 발명한 새로운 기술로 스스로에게 물질적 풍요의 혜택을 누리게 하는 로마식 자립 정신이었다. 시민 주도로 진행시킨 이런 일련의 물질적 업적을 'civic' 혹은 'civil'이라 부른다. civic은 '도시민의'라는 뜻이며 civil은 '문명화된'이라는 뜻이다. 물질주의와 기능주의에 기초를 둔 서양식 시민정신과 문명의 탄생이었다.

토목공학을 뜻하는 civil engineering에서 civil의 원래 뜻도 '토목'이 아닌 이런 것이었다. 이 개념 아래에서 자연은 더 이상 성스러운 작동 원리를 지닌 정신 체계가 아니었다. 인간의 목적을 위해 극복되어야 할 대립적 존재이거나 이용해야 할 물질 수단으로 변질되었다. 인간의 이익을 가로막는 방해물일 때에는 파괴해서 돌파해야 했고 풍요를 돕는 물질일 때에는 적극적으로 개발해서 취해야 했다. 자연 개발이라는 서양문명의 오랜 역사는 이처럼 civil engineering이라는 개념에 의해 그 서막이 올랐다.

둘째, 인공 낙원의 의미로서 파라다이스이다. 파라다이스는 로마 사람들이 현실적 가능성 내에서 생각하고 꿈꾼 가장 살기 좋은 세계이다. 실현 가능성이 전제되어야 한다는 뜻으로, 상상 속의 이상적 조건을 내건 그리스의 유토피아와 대비되는 개념이다. 로마의 파라다이스는 인공성, 현세성, 쾌락을 기본 배경으로 하였다. 자연은 파라다이스의 주요 구성 요소였다. 그러나 인간의 손으로 다듬어지고 인간의 인식 안으로 잡혀 들어와 건축 영역 안에 가두어지는 자연이었다. 균형과 정제에 의해 눈에 보이지 않는 조화와 비례라는 정신적 가치로 해석되던 그리스의 유토피아를 이룬 자연과 반대되는 현상이었다.

건축과 자연 사이의 관계에서도 마찬가지였다. 그리스의 유토피아에서 건축은 자연의 일부로 남아 자연의 섭리를 땅 위에 구현하려 한 반면, 로마의 파라다이스에서 건축은 그 자체로 하나의 완결적인 인공 세계였으며 자연이 오히려 이것의 부분 요소로 차용되었다. 자연을 경치라는 볼거리로 만들어 인간의 즐거움을 위해 사용했다. 파라다이스에서는 자연을 직설적이고 실용적으로 활용했는데 현세적 쾌락이 주요 목적이었다. 자연과 초자연, 인간과 초인간 사이의 이분법이 화해하지 못하고 대립적 상태로 남아 있었다.

로마 파라다이스의 대표적 예로 빌라와 왕궁을 들 수 있다. 빌라는 교외에 지어진 상류층의 고급 주택을 일컫는다. 부유한 상류층은 복잡한 도시 생활을 떠나 휴식을 즐기기 위해 교외에 빌라를 지었다. 속세의 긴장에서 벗어나 유유자적하는 도피적 쾌락의 대상으로 자연을 활용했다. 빌라 속에서 자연은 인간의 손을 통해 현세적 대상으로 전환되었다. 자연은 더 이상 경이롭고 성스러운 존재태가 아니라 일정한 부만 있으면 누구나 손에 넣고 변질시켜 즐길 수 있는 대상이 되었다.

셋째, 장식적 대상으로서의 자연이다. 로마 건축은 컴퍼지트Composite 양식, 개선 아치triumphal arch, 벽기둥engaged column, 조적 장식 등 그리스 건축에는 없거나 자주 사용하지 않던 자신들만의 장식을 탄생시켰다. 고전주의 건축에서 발명된 대표적인 장식 어휘인 이오니아 양식과 코린트 양식이 크게 유행한 것도 좋은 증거이다. 로마 사람들은 장식 자체를 즐겼다기보다 과시적 경향의 하나로 장식을 활용한 것 같다. 로마 건축에서 장식은 의외로 많이 화려하지 않고 섬세한 예술적 가치도 떨어지는 편이다. 예술심의 발로로 자연발생적으로 이루어진 것이 아니라 인위적으로 급조된 느낌을 띤다.

로마 건축의 장식 경향을 낳은 배경으로 욕망을 들 수 있다. 과시욕과 합해진 점에서 더욱 그랬다. 중소 규모에 맞을 법한 섬세한 장식 양식인 이오니아 양식과 코린트 양식을 대형 건물에 거대 기둥으로 사용한 점이 좋은 예이다. 이런 현상은 로마 문명이 자연을 장식이라는 또다른 인공 매개의 대상으로 봤음을 보여주는 예이다. 두 양식 모두 이전 문명에서 자연주의를 대표했다. 이오니아 양식은 양의 뿔이나 소라 같은 이오니아 지방의 자연 생명체를 직접 모방한 것이며 코린트 양식은 아칸서스라는 식물을 직접 모방한 것이다. 이전 문명에서 두 양식은 섬세한 공예다움을 유지하면서 소규모 건물이나 실내 등에 많이 쓰인 데 반해, 로마 사람들은 이것을 받아들여 거대 기둥으로 만들어 대형 신전이나 공공 건물에 과시적으로 사용했다. 자연주의는 섬세한 심미성을 표현하는 예술의 장에서 과시욕을 자랑하는 욕망의 장으로 넘어갔다.

스토아학파, 신플라톤주의, 쾌락주의

로마 건축이 자연을 대하던 세 가지 태도는 로마 사상에서도 유사하게 관찰된다. 로마 철학은 크게 기원전 1세기에서 서기 3세기 초까지의 미들 플라토니즘기와 3세기의 신플라톤주의기로 나눌 수 있으며 미들 플라토니즘기에는 스토아학파, 쾌락주의, 회의론 등이 세부 사조로 유행했다. 이 가운데 스토아학파는 첫 번째 civil engineering의 탄생에, 신플라톤주의의 신비주의는 파라다이스에, 쾌락주의는 장식으로서의 자연주의에 각각 대응시킬 수 있다.

스토아학파는 극기적 무관심을 주창하며 그리스에서 처음 시작되었는데 이것이 로마의 스토아학파에 와서 절제된 행복 개념으로 바뀌게 된다. 이런 현상은 로마 제국 초기의 보수주의가 이끌었다. 초대 황제 아우구스투스Augustus는 공화정 말기의 혼란과 타락을 정리하기 위해 스스로 절제된 생활을 하며 사회 전반에 실용적 보수주의를 퍼트렸다. 쾌락과 욕망은 주춤해졌으며 이런 사회 분위기에 힘입어 스토아학파가 유행했다. 건축에서는 기원전 1세기에 크게 유행한 장식 경향이 사라진 대신 구조 실용기술, 즉 civil engineering이 자리 잡으면서 각 도시에 토목 인프라가 깔렸다. 비트루비우스Marcus Vitruvius는 아우구스투스의 건축정책에 중요한 영향을 끼친 조언자이자 건축이론가였는데, 그는 건축의 기본을 심미성, 구조기술, 적합성 등 세 가지로 들었다. 심미성을 3분의 1로 축소한 반면 실용기능주의를 3분의 2나 잡은 것이다.

이런 건축 현상은 로마 스토아학파의 사상과 일맥상통한다. 이들의 사상은 개인 감정의 극기적 절제 자체보다는 개인이 진정한 행복에 도달하는 길과, 공익과 평등에 기초한 이상적 단일 사회를 정의해내는 데 목적을 두었다. 합목적성은 토목기술을 구현하는 데뿐 아니라 이런 스토아 사상을 구축하는 데에서도 중요한 논리 구조였다. 스토아학파는 자연에 대해서 고민한 사상은 아니었지만 건축과의 유사성을 통해 유추해보면 자연을 개인의 행복과 공익적 목적을 위한 수단으로 가정한 것으로 볼 수 있다. 이런 점에서 civil engineering과 스토아학파는 로마 현세주의를 지탱하던 기술과 사상의 양대 축이었다.

쾌락주의는 공화정 말기의 시대 상황과 밀접한 연관을 보인다. 공화정 말기에는 동방 정벌에 따른 헬레니즘화의 일환으로 상류층을 중심으

로 사치와 향락이 유행했는데 건축에서 장식 경향과, 사상에서 쾌락주의
는 이런 사회현상과 일맥상통한다. 상류층은 집을 화려한 장식으로 꾸미
며 향락을 즐겼고 일상 공예품도 사치품으로 채워졌다. 이렇다 할 독자
적인 장식 모델을 갖지 못한 로마 사회는 동방건축을 선례로 삼아 모방
했다.

쾌락주의의 시작은 마케도니아 왕국의 철학자 에피쿠로스Epicouros였
다. 그는 적절한 행복에 기초를 둔 쾌락의 추구를 주장했다. 지나치게 감
각적으로 흘러 타락으로까지 나아가는 쾌락은 경계했지만 인간 활동의
궁극적 목적은 적당한 절제가 수반된 쾌락이 되어야 한다는 행복론을 서
양 최초로 주장한 것으로 볼 수 있다. 그는 쾌락의 근원이 되는 욕망을
필요한 것과 불필요한 것으로 구별했으며 바람직한 욕망의 한 가지로 평
온repose을 들었다.

그의 영향은 로마의 쾌락주의로 이어졌다. 쾌락은 로마 사회가 처음
누리는 물질적 풍요를 합리화하는 배경 사상이 되었다. 또한 급변하는 시
대 상황에서 개인이 느끼는 불안감에 대한 도피처 역할도 했다. 특히 죽음
의 공포를 제거하고 평화를 얻는 방법으로 쾌락을 제시했다. 쾌락이 반드
시 사회적 가치와 충돌하는 것은 아니어서 개인사가 공공사에 공헌할 수
있는 메커니즘을 탐구한 것으로 볼 수 있는 측면도 있었다. 사상운동으로
서 로마 쾌락주의는 큰 세력을 형성하지 못했지만 쾌락이라는 가치는 로
마가 멸망할 때까지 사회 전체에 지속적으로 유지되었고 이후 서양 사회
에서 빠질 수 없는 개인의 권리 가운데 하나로 자리 잡았다. 건축적으로
봐도 장식 경향은 2세기의 하드리아누스Hadrianus 황제, 3세기의 목욕탕과
바실리카 건축, 4세기의 콘스탄티누스Constantinus 황제 등을 거치며 꾸준히
지속되었다. 쾌락주의 역시 자연에 대해 직접적 언급을 거의 없는 편이나

자연을 쾌락을 얻는 수단으로 봤음을 쉽게 짐작할 수 있다. 이 역시 건축과 연계시켜보면 확실해지는데 폼페이니 티볼리 같은 상류층의 휴양도시 개발이 대표적인 예이다. 이 도시 속에 지어진 상류층의 별장 역시 앞에 소개한 빌라의 한 종류로서, 파라다이스 개념을 통해 자연을 인공 세계로 편입시키는 태도를 취했다.

 신플라톤주의나 이를 대표하는 플로티노스 Plotinus 사상 가운데 자연과 관련된 직접적 언급은 적은 편이나 간접적 연관성을 보이는 것으로 해석될 수 있는 내용은 제법 되는 편이다. 가장 중요한 것을 두 가지로 요약할 수 있다. 하나는 나 중심으로 자연을 본 점이다. 신플라톤주의는 종교적 체험을 사유체계의 중요한 출발점으로 삼는 점에서 신비주의 종교와 일정한 연관성을 보인다. 신플라톤주의의 주장에는 종교적 내용이 많이 들어 있으며 실제로 3세기의 신비주의 계열 종교와 서로 영향을 주고받았다. 기독교도 그 가운데 하나였다. 그러나 신플라톤주의에는 기독교에서와 같은 자기 성찰이나 인간의 불완전성에 대한 반성의 개념이 결여되어 있다. 신플라톤주의에서 모든 것의 기준은 '나' 이다. 또한 모든 사유 행위의 목적은 '나의 완벽한 평화' 에 도달하는 것이다. 이런 점에서 신플라톤주의는 쾌락주의의 범위 내에 머문 것으로 볼 수 있다.

 다른 하나는 자연을 예술의 대상으로서 보면서 아름다움의 출처로 삼은 점이다. 플로티노스는 플라톤의 이데아 개념을 받아들이긴 했지만 물질적으로 구체화해 여러 예술 형식에 적용할 수 있게 변형했다. 플로티노스가 생각한 이데아는 영혼의 신비스러운 힘에 제일 가까운데 빛이 온 천지에 스며들듯 이 힘이 지상의 모든 것에 아름다움을 선사한다고 보았다. 자연도 정확히 그 대상이라고 집어 말하지는 않았지만 그렇게 해석할 여지가 있으며, 자연을 인간의 손으로 형식화한 예술은 대표적인 예로 볼 수 있다. 자연을 이데아의 모방품이라며 평가절하한 플라톤과 달리 플로티노스는 자연 자체 및 이것을 아름다움의 대상으로 파악해서 예술로 형식화해내는 인간의 다양한 능력 모두가 인간이 스스로를 사랑하게 되는 발전에 작지만 매우 소중한 첫 번째 단계를 제공한다고 보았다.

이상의 두 가지 언급을 합하면 신플라톤주의에서 본 자연은 인간이 스스로의 행복과 발전을 이룰 목적으로 그 아름다움을 감상하고 즐길 수 있는 대상이 된다. 그 목적을 위해 지성에 의한 각색의 대상으로 보았다. 자연은 인간의 감각 작용에 의해 예술적 형식으로 드러날 때 비로소 존재 의미를 획득한다는 것이다. 자연의 형성 과정은 무한대로 다양한데 예술은 이것을 유한한 결과물로 정리해서 인공적 상징물로 만드는 기능을 한다. 이런 점에서 예술작품은 인간의 손으로 만들어낸 또 하나의 자연이 될 수 있다. 플로티노스는 이처럼 자연과 예술이 동일한 심미적 근거를 공유하는 것으로 파악했다. 한마디로 자연과 예술은 동등하다는 것인데, 이는 자연을 예술보다 우위에 둔 플라톤과 그 반대로 본 아리스토텔레스 사이의 중간 접점에 해당되는 것이었다. 자연의 형성 과정도 창작이고 인간의 예술 활동 역시 창작으로, 자연과 예술에는 동일한 힘과 형식이 작용한다고 본 것이다.

이상의 두 가지 의미, 즉 나를 중심으로 자연을 재편하면서 심미적 대상으로 정의한 태도는 파라다이스 개념에 대응시킬 수 있다. 파라다이스는 자연에 둘러싸이면서 오로지 나의 행복을 위한 낙원이되, 그 자연은 내게 즐거움을 주는 아름다운 감상의 대상으로 작용한다. 하드리아누스의 빌라는 좋은 예이다. 황제가 은퇴 뒤 말년을 보내기 위해 지은 휴양 단지인데, 120만 제곱미터(36만 4,000평)의 넓이에 십수 채의 건물을 지었다. 땅을 많이 훼손하지는 않았지만 건축의 모든 초점은 철저하게 즐기고 체험하는 데 모아졌다. 건물은 특이한 형태와 구조로 이루어졌고 기능도 일반 건물과 달리 연회와 천체 감상 등 유희 목적이 많았다. 자연은 이를 돕는 감상 요소로 처리했다. 자연은 배경이 되었다가 무대 위 감상 요소가 되는 등 건물과 함께 인간이 체험할 수 있는 신기한 환경을 다양하게 제공하며 신비주의 건축의 절정을 이루었다.

2

지속되는 두 번째 위기
기독교의 자연관

기독교의 반생태 속성과 이분법의 강화

이분법의 불균형이 심각해지면서 로마 문명은 급격히 쇠퇴했고 기독교가 그 폐해를 치유하며 대체했다. 그러나 기독교는 현실 세력 차원에서 로마 문명을 접수한 것이었지 로마 문명의 근본적 문제점인 이분법을 치유하지는 못하면서 그 위기상을 그대로 이어받은 측면이 강했다. 그 원인은 물론 플라톤의 사상을 오해한 데에서 기인한 측면이 많았다. 플라톤이 지상 위 현실 세계와 대비되는 개념으로 이데아를 정의한 목적은 현실 세계의 열매에 탐닉하라는 것은 절대 아니었고 오히려 그 반대였지만, 후대에서는 그렇게 받아들이지 않았다. 플라톤 사상은 서기 12세기까지 유럽의 거의 모든 사상이 기댈 수 있는 거의 유일한 언덕이자 선례 출처였다. 아리스토텔레스가 있었지만 그의 사상체계는 플라톤보다 복잡했기 때문에 서양에서 그 가치를 깨닫고 본격적으로 연구하기 시작한 것은 12세기 이후였다. 12세기까지 서양사상은 플라톤의 결정적 영향 아래 있었고 기독교도 마찬가지였다.

기독교에서 자연이나 생태는 중요한 개념이 아니었다. 기독교는 자연에 대해 플라톤과 마찬가지로 이분법의 구별을 가했다. 자연이 하늘이나 우주와 동의어가 되면 인간의 영역을 벗어난 신령스러운 것으로 보았고 눈에 보이는 지상 위 자연은 인간에 종속된 물질로 보았다. 성서도 자연이나 생태에 대해서 많이 이야기하지 않는다. 생태라는 개념은 아예 형성되지 않았으며 자연이라는 단어도 직접적으로는 나오지 않는다. 자연에 속하는 현상이나 물질에 대한 언급만 조금 있을 뿐이다.

성서의 주된 내용은 창조주와 피조물인 인간 사이의 관계 및 예수의 보혈에 대한 믿음을 매개로 원죄가 구원받는다는 데 모아진다. 좀 더 심하게 말하면 구약성서는 유대인의 구족救族 신화의 역사일 뿐이기 때문에 자연에 대한 내용은 없는 것이 당연하다는 주장도 성립될 수 있다. 예수의 행적도 교외를 배경으로 삼기는 하지만 자연이나 생태 문제에 대한 관심은 없었다. 초대 교회부터 기독교는 대도시에 정착해서 대도시를 뿌리로 삼아 성장했다. 이 때문에 기독교에서 자연을 어떻게 받아들이고 대하며 자연의 의미가 무엇인지에 대한 내용은 약한 편이다. 직접적인 언급은 없다고 봐도 좋으며 유추 해석이 가능한 내용이 조금 있는 정도이다.

많은 사람들이 심지어 기독교를 반反생태의 주범으로 보기까지 한다. 이런 비판은 타당성이 적지 않아서 성서 가운데 반생태적인 내용이 있는 것은 분명한 사실이다. 이 문제를 처음 본격적으로 제기한 사람은 린 화이트Lynn White, Jr.였다. 그는 1967년에 발표한 「우리의 환경 위기의 역사적 뿌리The Historical Roots of Our Ecologic Crisis」에서 기독교의 인간중심주의가 환경 파괴의 주범이라고 단정 지었다. 과학기술 역사학자인 그는 서양 기독교가 구약성서의 천지창조 부분을 잘못 이해함으로써 처음부터 강한 환경 지배 경향을 보여왔다고 주장했다. 이후 기술 중심의 가치관이 자연을 개발 대상으로 보고 실제로 대규모로 자연 파괴를 자행하는 데까지 이어졌다고 주장한다.

이 글은 엄청난 파문을 일으켜서 존 패스모어John Passmore의 "기독교가 기독교임을 중단하지 않는 한 생태윤리의 지속가능성에 아무런 기여도 하지 못할 것이다"라는 비판으로 이어지는 등, 환경문제에 대한 기독교의 무관심과 악영향을 비판하는 경향이 환경론자들 사이에서 하나의 조류를 이루게 되었다. 기독교는 초월과 영생 등 저세상의 일에만 관심을 두고 매달리기 때문에 이 세상의 문제에는 무관심하다는 비판이었다. 또한 그런 저세상의 일도 궁극적으로 개인의 구원과 영생에 초점을 맞추기 때문에 자칫하면 자기중심주의를 강화하기 쉽다. 이럴 경우 나 이외의 자연환경 역시 나의 행복을 위한 대상으로밖에 파악하지 못하게 된다. 이것이 기독교의 참 정신이 아님은 명확한 사실이지만 이 점을 깨닫기 위해서는 신앙심이 아주 굳건해야 하는데 현실 세계에서 이렇게 되기는 매우 어렵다.

반면, 파생과 유추를 통한다면 기독교에서도 자연과 생태에 대한 개념들을 찾아낼 수 있다. 기독교는 환경문제에 적극적으로 대처하지 않다가 최근에 생태신학을 탄생시키며 성서에 담긴 친환경 내용을 찾아 개진하고 있다. 이를 바탕으로 기독교 정신 속에서 신자들이 왜 자연 세계에 대해 관심을 갖고 걱정해야 하는지 설파하고 있다. 성서에는 인간이 자연에 대해 책임을 지고 보호하라고 가르친 내용도 많은데 이것을 인간이 잘못 받아들여 왔기 때문에 이를 바로잡아 성서의 참뜻을 밝히는 데 초점을 맞추고 있다.

성서가 친환경적이냐 반환경적이냐를 단적으로 판단할 수 없다. 비판론자와 생태신학의 주장이 모두 맞는데, 이는 성서의 문제가 모호함에 있음을 보여주는 증거이다. 물론 최선의 방향은 기독교가 하루라도 빨리 그리고 전격적으로 생태운동에 동참하는 것인데 이를 위해서는 생태신학 운동이 꼭 필요하다. 아울러 이 운동이 성공하기 위해서는 기독교가 지금까지 보여온 반환경적 태도에 대한 비판에도 귀를 기울일 필요가 있다. 성서는 환경에 대해 친, 반 가운데 어느 한 가지 태도를 명확하게 밝히지 않는다. 양쪽 모두로 해석될 수 있는 소지가 많은 모호함을 보이는데 이는 비판론자나 생태신학자 모두 동의하는 사실이다. 이 모호함은 플라톤의 이분법을 해소하지 않고 그대로 수용했기 때문이다. 플라톤의 '이데아 대 현실'의 이분법이 기독교의 신앙체계에 맞춰 여러 종류의 이분법으로 분화되었다.

관건은 이분법을 어떻게 해석하고 어느 것을 받아들이느냐는 문제가 되어버렸다. 불교처럼 처음부터 분명한 친환경적인 가르침 한 가지만을 주지 못하고 사람들의 손에 맡겨지게 되었다. 이기심과 욕심으로 가득 찬 인간이 이 가운데 어느 것을 받아들일지는 뻔한 일이었다. 친환경의 가르침은 책임과 절제를 요구하는 반면 반환경의 내용은 물욕을 채워주기에 적합했기 때문에 인간은 당연히 성서를 후자로 해석해서 받아들였고 이것이 그대로 기독교의 역사가 되어버렸다. 자신들의 욕심을 채워줄 내용만 선별적으로 받아들여 마치 믿음만 있으면 하나님이 그런 욕심 채우기를 허락한 것으로 곡해했다.

성서의 가장 큰 약점 가운데 하나가 인간의 욕심을 허락하고 집착을 부추기는 것으로 오해될 소지가 많다는 것인데 이것이 자연 해석과 환경 문제에서도 그대로 나타난 것이다. 물론 기독교의 참 정신은 이와 반대지만 문제는 성서 전반에 걸쳐 이런 악용의 위험성에 대한 통제나 견제 장치를 너무 약하게 설정한 것이다. 이런 오해는 서양에 기독교가 정착한

이래 줄곧 계속되어왔으며 급기야 17~19세기 때 자연과학의 발달과 산업
혁명에 올라타, 혹은 그 하부구조에 편입되어 자연 개발과 환경 파괴를
심화하는 주범 역할을 하게 되었다. 이 기간에 기독교는 급속히 쇠락하지
만 기계문명과 자본주의에 파고들어 변질된 모습으로 남아 생태 위기를
가져온 주범이 되었다.

이렇게 보면 결국 성서의 기본 정신과 인간의 손으로 운영해온 기독
교 역사 사이에 괴리가 있게 된다. 해결은 단순하다. 성서에 나온 양면적
내용 가운데 반환경적인 것을 버리고 친환경적인 것을 선별해서 실천하
면 된다. 이것이 기독교 신앙의 기본이 되어야 한다. 중세 가톨릭에서는
반환경과 친환경의 두 가지 현상이 모두 일어났다. 중세는 아직 지금처럼
환경 오염의 구체적인 현상이 없던 시기라 주변 상황에서 영향을 받지 않
고 성서 고유의 내용을 해석하는 데 치중할 수 있었다. 처음에는 이분법
을 심화하면서 반환경 경향에 치우쳤다. 이는 로마 문명에서 시작된 두
번째 위기가 내용과 매개를 바꿔가며 계속된 현상이었다. 그러나 세속 이
교 문명인 로마와 달리 기독교는 영성과 정신을 담당하는 유일신 종교이
기 때문에 그 해결책도 마련하는 데 성공했다.

성스러운 예술작품으로서의 자연 대 인간중심주의

중세 가톨릭에 나타난 이런 두 가지 현상 가운데 먼저 이분법에 대해서
살펴보자. 성서에 제시된 자연의 이분법은 여러 종류인데 두 가지를 대표
적인 내용으로 들 수 있다.

첫째, '성스러운 예술작품으로서의 자연' 대 '인간중심주의' 사이의
이분법이다. 자연을 인간보다 우월한 것으로 보느냐 열등한 것으로 보느

냐의 문제인데, 기독교에서 자연을 보는 양면적 시각과도 관계가 있다. 현실 학문에서는 '인간도 환경의 일부이다' 라는 주장이 별 어려움 없이 성립될 수 있지만 인간과 절대신 사이의 신앙적 믿음에 초점을 맞춘 기독교에서는 이 문제가 그리 간단하지 않다. 니케아 공의회Nicaea Council에서는 자연을 선하고 좋은 것으로 선언한 반면 성 아우구스티누스Aurelius Augustinus나 칼뱅Jean Calvin의 글에서는 자연을 타락한 것으로 보는 대목이 나온다. 이는 다시 자연과 하나님을 한 몸으로 보느냐 분리된 것으로 보느냐의 문제가 되기도 한다. 한 몸으로 볼 경우 자연은 경외의 대상인 반면, 하나님은 자연의 창조주로서 자연보다 초월적 존재로 보는 시각도 있다.

분리된 것으로 볼 경우 자연은 탈신성화 과정을 거치면서 인간을 위한 개발의 대상이 된다. 한 단계의 논리 구조만 거치면 하나님을 향한 신성경외가 자연 개발과 동의어가 되는 기막힌 상황이 벌어지는 것이다. 이런 이분법은 한 사람에게서 동시에 발견되기도 하는데, 클레르보의 베르나르Bernard of Clairvaux가 좋은 예이다. 중세 신학자인 그는 클레르보의 거친 계곡을 보고 성령과의 신비롭고 깊은 일체감을 느끼면서 하나님에 대한 헌신의 대상으로 삼은 반면 이곳을 인간이 살기에 좀 더 편하고 순하게 개발하려는 노력도 동시에 했다.

이분법 가운데 자연을 하나님의 성스러운 예술작품으로 보는 시각은 전통적 신학관인 '계시록적 자연관(하나님이 스스로의 존재나 은혜를 인간에게 깨닫게 하는 방식이 있다고 믿으며 자연도 그 가운데 하나라고 믿는 기독교관)' 과 관계가 있는데, 하나님이 자연을 통해 스스로의 존재를 드러냈다는 뜻이다. 눈에 보이지 않은 추상적 절대신인 하나님을 믿어야 하는 일은 인간들에게는 힘든 일이다. 이 때문에 기독교인들은 하나님이 자신의 존재를 드러내는 방식에 관심이 많은데 자연 자체가 그중 하나라는 것이다. 이는 플라톤 사상 가운데 '솜씨 좋은 장색匠色으로서의 신Divine as Artisan' 개념을 이어받은 것으로, 신은 스스로 안에 자연의 성스러운 형식을 포함한다고 보았다. 기독교에서 이런 시각은 자연을 창조주의 사랑과 신비로움이 반영된 또 하나의 성서로 보는 시각으로 발전한다. 자연을 또 하나의 성서로 본다는 것은, 창조주가 자연을 창조한 뜻을 잘 헤아려 받들어 성서를 섬기듯이 자연도 성스럽게 대하며 찬양해야 한다는 뜻이다. 한마디로 자연이 하나님과 같다는 주장인데, 자연을 하나님의 피조물로 보는 시각이 우세한 한국 기독교에서는 낯설거나 심지어 이단으로까지 몰릴 수도 있는 주장이지만 서양 기독교에서는 주류의 한 흐름을 형성하는 큰 주장이다.

성스러운 예술작품 개념은 이미 「창세기」 곳곳에서 관찰된다. 하나님의 창조를 혼돈에서 질서를, 공허 즉 무에서 유를 창조해가는 과정으로 해석하면 이는 곧 인간의 머리로는 도저히 이해할 수 없는 성스러운 행위가 된다. 그렇게 해서 창조된 우주와 자연은 너무나 복잡하면서도 한 치의 틀림도 없이 정교해서 절대적 힘이 개입한 성스러운 예술작품이라고 볼 수밖에 없는 것이다. 특히 빛과 어둠을 나누어 낮과 밤을 만들고 모든 생물을 창조했다는 구절 등 창조가 반복되는 여러 곳에서 "그대로 되니라"와 "보시기에 좋았더라"라는 구절이 계속 따라 나오는 대목이 이런 해석을 공고하게 뒷받침해주는 증거가 될 수 있다. 인간을 제외한 모든 종류의 생명체, 나아가 자연 전체가 모두 하나님이 힘을 기울여 창조한 역작이며 그렇기 때문에 "그대로 되었을 때" 하나님이 크게 기뻐하신 것이다. 혹은 1장 22절의 "하나님이 그들(=큰 물고기, 물에서 번성하여 움직이는 모든 생물, 날개 있는 모든 새)에게 복을 주어"라는 구절도 이런 해석을 뒷받침해준다. 인간이 미물이라 여기는 하등동물들에게도 인간에게 준 것과 똑같은 "복"을 골고루 나누어준 것이 되기 때문이다.

이 반대편에 인간중심주의가 있다. 이는 구약성서 「창세기」 1장 26~30절을 근거로 한다. "우리가 사람을 만들고 그로 바다의 고기와 공중의 새와 육축과 온 땅과 땅에 기는 모든 것을 다스리게 하자 하시고, (중략) 그들에게 이르시되 생육하고 번성하여 땅에 충만하라, 땅을 정복하라, 바다의 고기와 공중의 새와 땅에 움직이는 모든 생물을 다스리라 하시니라. 하나님이 가라사대 내가 온 지면의 씨 맺는 모든 채소와 씨 가진 열매 맺는 모든 나무를 너희에게 주노니 너희 식물이 되리라"가 그 내용이다. 모든 자연을 정복하고 다스리라고 하나님이 명령하고 허락했다는 내용인데, 그 근거를 하나님의 사랑에서 찾는다. 하나님이 인간을 너무나 사랑해서 자연 만물을 선물로 주었다는 해석이다. 특히 위 구절 사이사이에 나오는 "하나님이 그들에게 복을 주시며"나 "너희에게 주노니" 같은 말은 이런 선물론을 정당화하기에 충분한 구절이었다. 하나님이 인간을 너무나 사랑하사 자연을 먹고살 선물로 주었다는 것이다. 이는 확장하면 인간이 자연을 마음대로 사용하고 개발하는 일을 허락받은 것으로 해석할 수 있다.

인간중심주의의 가장 큰 문제점은 인간을 자연과 분리시켜 별도의 존재로 인식하게 만든 점이다. 적어도 위의 「창세기」 구절만을 문자 그대로 해석하면 인간은 자연보다 상위 존재로 정의된다. 자연은 인간을 제외한 주변의 원생 환경으로 정의되며 인간에 의해 정복되고 다스림을 받는 하위 존재가 된다. 이런 인식은 20세기 후반 현대 생태학이 탄생하기 전까지 서양의 자연관을 수천 년 동안 지배하게 되는데 그 근거를 성서의 「창세기」가 제공한 셈이 되는 것이다. 가장 큰 책임은 '충만하라', '정복하라', '다스리라'의 세 단어에 있다. 억누르고 또 억눌러도 끝도 없이 삐

쭉삐쭉 솟는 것이 인간의 탐욕인데, 이를 허용하거나 심지어 부추기는 것으로 오해될 소지의 이런 단어가 세 번이나 반복되며 나온 구절은 위험하기 짝이 없는 것이다.

　인간중심주의의 근거를 더 찾아 들어가면 구원론과도 맞닿아 있다. 하나님이 인간을 구원할 계획을 세워두었기 때문에 그 조건인 믿음만 전제된다면 인간에게 무한대의 물질적 풍요를 선물할 것이라는 것이다. 이런 구원론은 지상의 그 누구도 개입하고 판정할 수 없는 하나님과 나와의 일대일 문제이기 때문에 기독교 특유의 이기주의나 개인주의로 귀결된다. 문제는 이것이 계몽주의와 산업혁명 이후 기계문명과 자유주의와 합해지면서 인간의 집단적 이기주의로 커진 데 있다. 자연을 대규모로 개발할 물리적 수단을 손에 넣은 인간은 그 죄책감을 떨쳐줄 면죄부를 찾게 되는데 고맙게도 성서의 인간중심주의가 그 역할을 해준 것이다. 인간은 하나님이 자신들의 자연 개발을 허락한 것으로 믿으며 열심히 산과 강을 파헤치고 공장을 세워 공산품을 생산해댔다. 자연을 경제적 이득을 가져다주는 자원으로 받아들이며 하나님이 인간에게 이것을 무한대로 선물했다고 스스로를 합리화하고 속였다. 자연과 자원은 모두 유한하다는 인식을 잊게 해주는 자기최면 같은 것이었다.

청지기론 대 '집 잃은 존재'

둘째, 청지기론stewardship 혹은 집사론 대 '집 잃은 존재'의 이분법이다. 청지기론은 위의 「창세기」 구절을 인간중심주의와 반대로 하나님이 인간에게 자연을 잘 관리하도록 소임을 맡겼다고 해석한다. 청지기라는 개념은 이보다는 좀 더 포괄적 의미로 '인간은 하나님을 대신해서 하늘의 영광과 섭리를 지상에 구현할 소명을 받은 피조물'이라는 뜻인데, 자연을 잘 보존하고 가꾸는 것도 그중 하나로 본다. 이런 시각은 앞에 나온 성스러운 예술작품으로서의 자연과 연관이 깊다. 자연에 대해 이런 책임을 느껴야 하는 이유는 자연이 하나님의 뜻을 드러내는 매개이기 때문이다. 지상의 피조물들은 우리에게 위탁된 것이며 우리는 언젠가 하나님 앞에서 이런 책임에 대한 결산보고를 해야 한다.

청지기론에 의하면 인간의 문명 활동은 하나님의 창조적 작품을 따라 행해져야 한다. 자연도 그 가운데 하나이기 때문에 자연에 손을 댈 때에는 함부로 해서는 안 되며 하나님의 섭리를 따라야 한다. 하나님의 창작 작품으로서 자연은 단순히 사용될 목적만 지니는 것이 아니다. 우리는 그 무궁무진한 다양성을 하나님의 능력이 드러난 것으로 믿고 기뻐하고 자랑하며 찬양해야 한다. 나아가 이를 잘 보존하고 지켜야 한다. 이것은 안식일 휴식이나 주일의 의미이기도 하다. 땅 위의 망치 소리를 잠시 멈추고 주기적으로 쉬라는 의무인데, 기독교적 의미에서 쉰다는 것은 세속적 의미의 휴식과 달리 하나님의 영광을 찬양하는 일이 되는데 자연의 위대함도 그 중요한 대상이 되어야 한다.

이 청지기론의 반대편에 '집 잃은 존재'로서의 자연 개념이 있다. 종교학의 관점에서 보았을 때 기독교도 다른 종교와 마찬가지로 인간을 절대 진리나 절대선에서 분리되어 방황하는 존재, 즉 '집 잃은 존재'로 본다. 지상 세계의 유한함에서 나온 것으로, 그 궁극적 도피처를 하늘 세계의 영원성에서 찾게 된다. 기독교의 이런 교리는 자연을 포함한 지상 세계를 열등하고 끝이 있는 상태로 보면서 영원불변하는 이데아와 대비시킨 플라톤 사상을 받아들여 형성되었다. 지상의 자연환경은 인간의 원죄를 구원하는 데에는 아무 도움이 안 되며 모두 유한한 존재로서 오히려 해를 끼칠 수 있다고까지 본다. 따라서 자연 세계를 인간의 고향으로 삼으라는 생태학의 기본 주장과 상반되기 쉽다.

구약성서의 「출애굽기」는 좋은 예이다. 아브라함은 하나님이 약속한 땅 가나안으로 가는 것을 축복으로 생각하고 조상들의 고향이자 지금 사는 곳을 떠나라는 명령을 이행한다. 그 여정 또한 험했지만 더 나은 유토피아가 있다는 믿음으로 이를 참고 견딘다. 이를 확장하면 유대교의 이상적 구도인 엑소더스exodus의 전형이 된다. 가나안조차 궁극적 종착지는 아니다. 종착지는 하나님의 품으로서의 천국만이 될 수 있기 때문이다. 이 세상은 어느 곳이든지 인간의 원죄 때문에 결국 타락하고 불완전할 수밖에 없으며 여기서 벗어나는 길은 믿음을 통한 구원밖에 없다는 것이다.

사후 심판을 통해 구원 받는 천국 개념 이외에 에덴 동산도 기독교의 또다른 이상적 안식처가 될 수 있다. 인간이 원죄에 의해서 이곳을 망치고 쫓겨났기 때문에 결국 인간은 지구에서 살아가는 이 생 동안 영원히 '집 잃은 존재'가 될 수밖에 없는 것이다. 이런 시각은 지구를 구원으로 가는 길목에 있는 중간 정착지 정도로 인식하게 만든다. 「히브리서」 11장 13~16절이 좋은 예인데, "이 사람들은 다 믿음을 따라 죽었으며 약속을 받지 못하였으되 그것들을 멀리서 보고 환영하며 또 땅에서는 외국인과 나그네로라 증거하였으니. 이같이 말하는 자들은 본향 찾는 것을 나타냄이라. 저희가 나온바 본향을 생각하였더면 돌아갈 기회가 있었으려니와, 저희가 이제는 더 나은 본향을 사모하니 곧 하늘에 있는 것이라 그러므로 하나님이 저희 하나님이라 일컬음 받으심을 부끄러워 아니하시고 저희를 위하여 한 성을 예비하셨느니라"라는 말이 나온다. 구원에 대한 믿음은 인간을 지상에서 낯선 이방인으로 만들며 완벽한 안식처는 천국에서 찾을 수 있다는 뜻이다. 기독교는 분명 지상의 번영을 미덕으로 여기지 않는다. 잘해야 믿음에 대한 가벼운 은혜 정도로 여길 뿐 지구 본연의 가치를 인정하지 않는다. 지구의 고유한 가치를 박탈한 상태에서 은혜로 인식되는 지상의 번영은 인간의 물욕과 집착을 키우는 데 사용될 뿐이다.

이런 시각은 인간이 지구를 더 나은 곳으로 바꾸어야 한다는 사명감에 시달리게 만든다. 이것이 인간중심주의와 합해지면서 자연에 손을 대고 훼손하는 결과를 낳는다. 인간은 지구에 사는 동안 스스로를 안식처에 완전히 정착하지 않은 중간적 머무름에 있는 것으로 생각하기 때문에 끊임없이 자연을 개발해서 낙원을 가꾸려 한다. 월터 라우션부시Walter Rauschenbusch는 "지난 과거에 인간은 자연에 대해 높은 우월적 지위를 잔인하게 행사해와서 노랫소리를 내야 할 지구의 목소리는 괴로운 신음소리를 내고 있다"고 반성한다.

3

두 번째 자연
빛으로서의 자연

이분법을 통합한 자연신학

중세 신학자들은 성서에 내재된 이분법의 위험을 안 것으로 보인다. 이들의 교리를 보면 이분법을 해소하려는 노력으로 해석할 수 있는 내용이 많다. 기독교의 반생태적 내용에 대해서 최초로 종합적인 인식을 했으며 현대 생태신학에서 하고 있는 고민을 시작했다. 시기로 보면, 중세 플라톤주의가 절정에 달한 12세기에 시작해서 아리스토텔레스주의로 넘어간 13세기에 절정을 이룬 뒤 14세기까지 계속되었다.

이분법에 대한 인식은 플라톤 철학을 받아들이면서 시작된 것으로 볼 수 있다. 샤르트르 학파의 플라톤주의가 대표적인 예인데 이들은 자연과학의 발달을 기독교에 접목시켜 정신과 물질의 이분법을 하나로 통합하려 했다. 콩세의 윌리엄William of Conches이 대표적인 예로 그는 물리학의 관점에서 정신 작용을 물질의 작동으로 설명하려 했다. 이는 투르의 베르나르 실베스터Bernard Silvester of Tours에 영향을 끼쳐 샤르트르 학파가 형성되는 데 기여했다.

이분법 극복의 본격적 성취는 아리스토텔레스를 이해하면서부터 나타났다. 핵심 내용은 아리스토텔레스가 제시한 "자연은 질료를 통해 형식을 드러낸다"라는 개념을 이어받아 자연의 다양성을 탐구하는 방향으로 잡혔다. 예를 들어 토마스 아퀴나스는 피조물의 형식이 다양할수록 하나님의 존재를 더 잘 증명할 수 있다고 하면서 하나님이 창조한 존재 방식의 비밀은 복수성과 다양성에 있다고 주장했다. 드디어 자연을 지나친 성스러운 존재로 보거나 혹은 개발 대상으로서의 물질로 보는 이분법을 극복하고 자연 자체의 통합적이고 일원론적인 속성에 눈을 돌리기 시작한 것이다.

자연신학의 역할도 중요했다. 이는 초대 교회 때 단편적으로 논의되다 중세 때 하나의 성서해석운동으로 완성된 신학이다. 하나님에 대한 지식은 계시가 아닌 인간의 이성에 의해 얻어질 수 있다는 믿음인데 「로마서」 1장 19~21절이 근거로, "이는 하나님을 알 만한 것이 저희 속에 보임이라. 하나님께서 이를 저희에서 보이셨느니라. 창세로부터 그의 보이지 아니하는 것들 곧 그의 영원하신 능력과 신성이 그 만드신 만물에 분명히 보여 알게 되나니 그러므로 저희가 핑계치 못할지니라. 하나님을 알되 하나님으로 영화롭게도 아니하며 감사치도 아니하고 오히려 그 생각이 허망하여지며 미련한 마음이 어두워졌나니"라 하였다. 중세 자연신학에서는 "저희 속에 보임", "분명히 보여 알게 되나니", "미련한 마음이 어두워졌나니" 등의 구절을 인간의 이성 작용을 통해 하나님을 알게 된다는 뜻으로 해석했다. 이를 위해 당시 새롭게 발전하기 시작하던 자연과학과 자연철학의 내용과 논리를 도입해서 기독교 교리와 접목했다.

자연신학은 언뜻 종교철학 쪽에 가까워 보일 수 있으나 자연과의 연관성도 많다. 자연신학에서 '자연'은 일단은 숲이나 강 같은 자연이 아니라 인간 본성의 의미에 더 가깝다. 인간이 스스로의 본성을 하나님이 처음 인간을 지으실 때 상태로 맞춤으로써 하나님을 올바로 알 수 있게 된다는 믿음이며 이것이 인간 이성에 의해 가능하다고 주장했다. 이런 믿음이 중세 수도회와 연관이 깊기 때문에 '이성'에는 일정한 극기의 의미도 포함된다. 여기에 더해 실제 저술된 저서를 기준으로 하면 숲이나 강 같은 구체적인 자연에 대한 관심도 컸다. 식물, 동물, 광물 등 자연사에 대한 연구와 관찰을 「창세기」 내용과 대응시키면서 「창세기」에 주석을 다는 형식의 저서가 중세 기독교 이론서 가운데 중요한 부분을 차지했다.

　이런 주장이 나온 배경에는 숲과 강 같은 자연에 대한 기독교의 태도를 명확하게 규정하려는 노력이 중요한 부분을 차지하며, 그 출발점은 다시 기독교에 내재된 이분법의 위험성을 극복하려는 노력에서 시작한다. 인간의 이기적 욕심을 비는 기복 신앙과 하나님의 존재에 대한 지나친 신비주의가 갖는 미신의 위험성 모두가 기독교의 기본 정신과 어긋난다는 각성 위에 둘 모두를 극복하고 하나님을 올바로 알려는 노력의 필요성을 주창했다. 이런 노력에서 숲과 강으로서의 자연은 중요한 부분을 차지한다. 중세 자연철학자들은 하나님을 알게 되는 통로로 하나님이 창조한 작품과 인간 영혼 사이의 일체적 교감을 들었기 때문이다.

　이때 하나님이 창조한 작품이 바로 숲과 강으로서의 자연이며 인간 영혼에서는 인간의 본래 본성이 중요한 부분을 차지한다. 하나님의 작품과 인간 영혼이 하나로 일치함으로써 인간 영혼은 자유와 영생, 즉 구원을 얻게 된다고 믿었다. 자연은 하나님을 올바로 알고 만나게 되는 통로가 된다. 자연은 절대 열등한 것도 아니며 인간의 이기적 욕심을 위해 함부로 개발하고 훼손할 대상은 더더욱 아니라는 결론에 이르게 된다. 그 방법론으로 수도회를 중심으로 한 극기주의가 유행했다. 자연에 대해 극기의 태도를 취함으로써 하나님을 올바로 알게 될 수 있다는 이러한 주장은 종교개혁 때 청교도에 의해 부정되는 등 여러 논의를 거치다가 1회 바티칸 공의회(1869~1870)에서 가톨릭 교리 가운데 하나로 공식적으로 인정받게 된다.

자연신학의 등장은 중세 자연과학과 자연철학의 발전과 연관이 깊다. 자연신학은 한마디로 자연철학과 기독교를 통합한 것으로 볼 수 있다. 그 전성기는 17세기 과학 발전을 거친 뒤 18세기 말~19세기 초인데 중세 때 초기 골격이 잡혔다. 12세기에 유럽에 대학교가 설립되면서 자연에 관한 학문에 큰 발전이 있었고 기독교에서 이것을 받아들여 유일신 개념에 대한 교리와 이론을 세우는 과정에서 자연신학이 탄생했다. 13~14세기 때 자연철학의 가장 보편적인 접근 방식은 아리스토텔레스의 자연 연구에 대한 주석 형식이었으며 이후에는 기독교와 접목되면서 여기에서 벗어나 독자적 영역을 이루었다. 아리스토텔레스의 세계관이 기독교 교리와 충돌하는 부분에 대해서 중세만의 해결책을 찾으면서 하늘, 지옥, 천사 등에 대한 기본 개념이 잡혔다.

중세 수도원과 로마네스크 건축

중세 때 자연에 대한 기독교의 이분법을 극복한 대표적 신학자로 프란치스코 수도회의 창시자인 성 프란치스코St. Francesco를 들 수 있다.그림 2-1 그는 스스로를 생태학자들의 후원자라고 칭하면서 자연, 특히 동물에 깊은 애정과 동질감을 느꼈다.그림 3-2(170쪽) 그 근거로 하나님도 자연을 자신이 보살펴야 할 대상으로 보면서 자연에 대해 깊은 사랑을 지니고 있다는 사실을 들었다. 이를 근거로 하나님을 따라서 살아야 할 인간도 자연에 대

2-1 아시시Assisi의 성 프란치스코St. Francesco 수도원 정면 전경, 이탈리아, 1228~53

2-2 프랑스 농촌 풍경. 교회를 중심으로 아직 중세 상태로 남아 있다.

해 동일한 태도를 취해야 한다고 주장했다. 인간에게 자연은 하나님을 향한 깊은 신앙적 사랑을 가질 수 있는 중요한 대상이자 통로이다. 이는 물질로서의 자연과 하나님의 신성한 예술작품으로서의 자연이 하나가 될 때 가능하다.그림 2-2 그는 자연의 다양성에 대해서 잘 알고 이를 바탕으로 자연과 하나가 되는 인식과 삶이 여기에 도달하는 핵심적 방법이라고 주장했다. 이런 시각은 자연철학과 합쳐져 하나의 큰 흐름을 이루면서 지구, 자연, 세계 등을 수없이 많은 관계와 단계 들이 서로 얽혀 있는 거대한 사슬로 보는 친자연적 기독교 교리를 탄생시켰다.

자연신학이 도달한 결론을 단순화하면 자연을 성스러운 예술작품으로 보는 것이었다. "치품천사의 박사 Seraphic Doctor"라는 별명으로 불리던 보나방튀르Bonaventure는 자연을 성서와 동일하게 여기면서 해독할 책으로 정의한 인물이었다. 자연신학은 중세 수도원이 부흥하는 데 사상적 밑바탕이 되었다. 중세 수도원은 당시 현실 세계에 너무 많이 개입하며 심하게 타락한 기독교를 치유하기 위한 내부 자정운동의 성격이 강했는데 이를 위해 정신훈련과 육체적 노동 사이의 균형을 강조했다. 극기적 생활과 기도는 여기에 도달하는 가장 중요한 덕목이자 수련 방법이었다. 그림 2-3

중세 수도사들의 생활은 기도로 시작해서 기도로 끝났으며 중간 시간에는 직접 논을 갈고 일상생활의 모든 일을 손수 했다. 그림 2-4 노동의 가치를 하나님을 섬기는 형식의 하나로 인정한 것이다. 물질은 생존에 필요한 최소한만 취했다. 이런 수도생활에는 자연을 성스럽게 바라보는 태도도 들어 있었다. 이들은 기독교가 타락한 이유를 성서의 내용을 곡해했기 때문으로 보았는데, 자연과 관련한 내용도 대표적인 경우로 받아들였다. 당시 발흥하던 자연신학은 중세 수도사들에게 자연을 새롭게 바라보는 시각

2-3 중세 수도원 생활 모습 (위)
2-4 시토 수도원 생활을 그린 그림. 노동과 농사가 주요 생활임을 보여준다 (아래)

을 불어넣었는데 그 내용이 극기적 수도생활과 일치하면서 이들의 고립된 집단생활에 대한 정신적 타당성을 제공하는 역할을 했다. 그림 2-5

이런 경향은 중세 유럽의 수도회를 양분한 도미니크회에서도 유사하게 나타났다. 토마스 아퀴나스가 대표하는 도미니크 수도회는 아리스토텔레스의 자연론을 전면에 등장시켰다. 아리스토텔레스가 제시한 형식과 질료 사이의 일치 개념을 받아들였으며 이 가운데 형식에 해당되는 자연의 정신적 가치에 더 치중했다. 이들은 자연 현상과 계시적 진실이 동일한 신격을 갖는다고 보았다.

자연을 성스러운 예술작품이라고 주장한 사람은 프란치스코회 소속의 보나방튀르였지만 이런 생각을 누구보다 섬긴 곳은 도미니크 수도회였다. 자연은 하나님의 성스러운 작업이며 신앙생활은 이것을 섬기는 것

2-5 시토 수도원Abbey of Citeaux, 프랑스, 1098~. 극기정신을 바탕으로 자연과 하나 되는 삶을 추구했다.

2-6, 2-7 성 도미니코S. Dominico, 시에나Siena, 이탈리아, 13~14세기. 실내와 외관. 유난히 검소한 건축
적 특징은 자연을 물질이 아닌 하나님의 성스러운 창조물로 보려는 세계관의 산물이다.

을 목적으로 삼아야 한다고 보았다. 하나님이 창조한 자연의 성스러움은
자연이 작동하는 법칙 속에서 밝혀지고 증거된다. 이것을 현실에 적용하
면 가장 깊은 형이상학 단계에서는 인공 형식과 자연 현상 사이의 구별이
무의미해진다고 보면서 자연을 물질로 받아들여서는 안 되며 일상생활
은 자연의 성스러움을 좇는 것이 되어야 한다고 주장했다.^{그림 2-6, 2-7}

　　수도원은 기독교적으로뿐 아니라 건축적으로도 중세 건축을 이끈 주
요 동력이었다. 수도원은 땅에 뿌리박은 하나의 작은 도시로 구성되었다.
종교적으로는 하늘의 예루살렘을 지상에 옮겨놓은 기독교다운 이상향으
로 정의되면서 하늘과 땅을 이어주는 매개 역할을 했다.^{그림 2-8, 2-9} 이를 통
해 하늘의 뜻을 지상에 구현할 수 있다고 보았다. 다양한 각종 시설로 채
워지면서 건축적으로 새로운 실험을 하는 장을 제공했다. 또한 중세 농업
문명의 본거지 역할을 통해 친자연적인 태도를 견지하는 주축이 되었다.
농촌의 장원제도에서 정신적 중심지로서 농촌 단위로 농업을 일구어 농촌

2-8 프랑스 아를Arles의 중세 전경 (위)
2-9 몽생미셸 수도원Abbey of Mont-Saint-Michel, 프랑스, 12세기 (아래)

부흥의 기틀을 닦았으며 농촌 교역의 중심지 역할을 했다.

수도원이 자연과 친화적이었음을 보여주는 미시적 예로 물의 존재를 들 수 있다. 수도원은 도시에서 멀리 떨어진 곳에 물줄기를 끼고 세워지는 것이 통상적이었다.^{그림 2-10} 도시에서 떨어진 이유는 현실사에 간여하지 못하게 하기 위해서였고, 이것은 곧 자연을 물질로 보는 시각을 경계한다는 것과

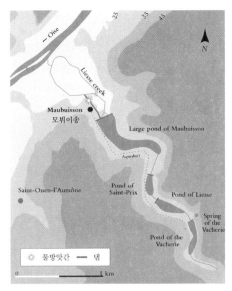

2-10 모뷔이송 수도원Abbey of Maubuisson의 물줄기 지도

같은 뜻이었다. 물의 존재를 무엇보다 중요하게 여겼는데 이는 수도승들이 재계나 성작聖爵 정화 등을 통해 타락한 몸과 마음을 씻기 위함이었다. 자연을 물질로 보지 않고 정신적 승화를 돕는 성스러운 요소로 본 것이다.

로마네스크 건축에서 벽체가 유난히 두꺼운 것은 땅의 정신을 반영한 결과로, 이 역시 친자연적 현상의 하나로 볼 수 있다.^{그림 2-11, 2-12} 로마네스크는 "로마답다"는 뜻이며 말 그대로 로마 건축술을 받아들여 시작했지만 로마 시대보다 벽체가 유난히 두꺼워졌다. 이는 돌이라는 자연재의 물성을 맘껏 표현하고 흠뻑 느끼기 위한 목적에서였다. 돌을 실용적 재료로 보면서 자연을 개발하는 도구로 활용한 로마 건축과 완전히 달라진 태도였다. 로마네스크 건축에서는 땅을 개발 대상으로 보기보다 땅과 하나가 되려 했는데 이때 땅은 다름 아닌 자연이었으며 이를 통해 하나님의 섭리에 더 가까워질 수 있다고 보았다.

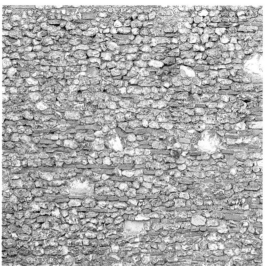

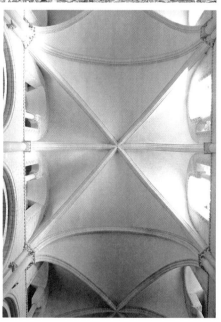

2-11 퐁트네 수도원 교회Abbey Church of Fontenay, 코트도르Côte-d´Or, 프랑스, 1139년경~47 (위 왼쪽)

2-12 세인트올번스 성당St. Albans Cathedral, 영국, 1077. 인공적 손질을 가하지 않고 돌 자체의 고유 형상을 지킴으로써 자연의 물성을 정신과 합하려는 일원론적 태도를 보여준다 (위 오른쪽)

2-13 퐁트네 수도원, 기숙사 천장 목구조, 프랑스, 12세기 초~15세기 (아래 왼쪽)

2-14 생테티엔St. Etienne(=Abbaye-aux-Hommes), 캉Caen, 프랑스, 1060/65~1120년경 (아래 오른쪽)

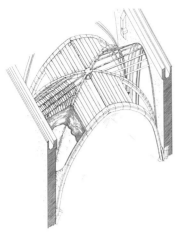

2-15 중세 천장의 표준 방식인 리브 그로인 볼트 공사 장면 (왼쪽)
2-16 고딕 성당 축조 장면 (오른쪽)

　　자연신학이 반영된 건축적 예로 구조 기술의 발전을 들 수 있다. 자
연과학의 발전은 기술 발전에도 영향을 끼쳤는데 당시 첨단기술을 이끈
것은 건축술이었다. 기독교 문명에 맞는 새로운 성당 건축을 탄생시키기
위해서였다. 제일 중요한 문제는 천장을 만들어내는 기술이었는데 이것
을 이끈 것은 프랑스의 부르고뉴와 노르망디 지방의 기독교였다. 당시 이
지역에는 접합식 구조로 이루어지는 목조 천장이 전통적 건축술로 내려
오고 있었다. 여기에 로마의 전통적 석조 조적술이 도입되면서 둘을 하나
로 합하는 일이 성당 건축에서 중요한 과제로 떠올랐다. 그림 2-13, 2-14

　　이는 새로운 실험을 요구했는데 자연과학을 도입하고 인간의 이성
에 의존하려는 자연신학의 방법론이 중요한 돌파구가 되었다. 교계는 장
인을 불러 모아 새로운 실험을 할 여건을 갖춰주고 지원했다. 그 결과 석
조 리브 볼트rib vault 천장이라는 중세 기독교 건축만의 새로운 기법이 완성
될 수 있었다. 그림 2-15, 2-16 이런 발전 자체는 자연과 직접적 연관성은 약하

지만 고딕건축에서 빛으로서의 자연 개념이 탄생하는 데 없어서는 안 되는 밑바탕이 되면서 두 번째 자연을 완성시키는 일등 공신이 되었다.

빛으로서의 자연, 스콜라철학, 고딕건축

중세 가톨릭에서 이분법의 통합 노력은 빛으로서의 자연을 찾아내는 성과를 이루었다. 서양 생태사상에서 두 번째 자연에 해당되는 내용이었다. 플라톤에서 로마 기독교를 거치면서 계속되던 정신과 물질 사이의 이분법을 하나로 통합한 자연 개념이었다. 기독교의 관점에서 빛은 주변에서 흔히 볼 수 있는 자연 현상 가운데 하나이면서 하나님의 신비로운 절대성을 드러내기에 적합한 매개였다. 또한 자연과학과 자연철학의 발전 내용과도 연관을 보이면서 자연신학의 개념을 표현하기에 적합했다. 예를 들어 파리와 옥스퍼드의 프란치스코 수도회를 대표하던 자연신학자 로저 베이컨Roger Bacon은 자연에 대한 관심을 이성적으로 유지하고 끌고 가기 위한 방법론으로 '경험'을 제시했다. 빛은 여기에 가장 적합한 매개였다. 빛 작용은 또한 자연신학에서 주장한 자연에 대한 극기적 관심에 과학을 접목한 상태를 가장 잘 나타내는 구체적 대상이기도 했다.

기독교에서 빛은 특별한 의미를 갖는다. 성서에는 빛에 관한 구절이 수도 없이 나온다. 대표적인 예를 몇 가지 들어보면, 「마태복음」 5장 14~16절에는 "너희는 세상의 빛이라. 산 위에 있는 동네가 숨기우지 못할 것이요. 사람이 등불을 켜서 말 아래 두지 아니하고 등경 위에 두나니 이러므로 집안 모든 사람에게 비취느니라. 이같이 너희 빛을 사람 앞에 비취게 하여 저희로 너희 착한 행실을 보고 하늘에 계신 너희 아버지께 영광을 돌리게 하라"라는 문구가 나온다. 빛은 하늘과 땅이 만나는 합일점인 동시에 정신과 육체가 결합된 상태로 제시된다. 더 궁극적으로 하나님의 영광을 땅 위에 드러내는 이상적 신앙생활의 단계도 빛으로 은유된다.

「요한복음」은 빛 얘기가 가장 많이 나오는 복음서이다. 1장 4~9절에는 "그 안에 생명이 있었으니 이 생명은 사람들의 빛이라. 빛이 어두움에 비취되 어두움이 깨닫지 못하더라. 하나님께로서 보내심을 받은 사람이 났으니 이름이 요한이라. 저가 증거하러 왔으니 곧 빛에 대하여 증거하고 모든 사람으로 자기를 인하여 믿게 하려 함이라. 그는 이 빛이 아니요 이 빛에 대하여 증거하러 온 자라"라는 구절이 나온다. 8장 12절도 좋은 예로, "예수께서 또 일러 가라사대 나는 세상의 빛이니 나를 따르는 자는 어두움에 다니지 아니하고 생명의 빛을 얻으리라"라 했다. 이외에도 「요한복음」 12장 45~46절, 「누가복음」 8장 16~18절 등 여러 곳에 빛에 대한 언급이 등장한다.

성서에서 빛은 하나님의 존재를 증명하는 증거이자 예수와 동의어이며 어둠의 사탄을 물리치는 구원의 끈으로 은유된다. 빛은 소금과 함께 타락한 세상을 구원하고 건강한 상태를 유지하는 하나님의 섭리이자 선물이다. 예수는 빛으로 와서, 주님을 잃고 어둠에서 방황하는 인간을 밝은 곳으로 인도하신다. 주님이 우리를 비출 때 평온이 오고 봄날도 오고 구원도 있다. 예수는 우리에게 세상에서 사랑의 빛이 되라고 가르치신다. 사랑과 구원은 빛으로 완성된다.

빛을 신봉한 중세 자연철학자와 자연신학자들은 빛을 제1의 유형적 형식으로 보았다. 빛은 우주의 모든 육신의 존재를 드러내주고 설명해주는 존재의 근원이다. 세상은 빛의 확산, 농축, 희석 등에 의해 구성된다. 신이 창조한 한 줄기 빛이 퍼져나감으로써 유한한 크기를 갖는 구가 만들어지고 이것이 우주가 된 것으로 생각했는데 현대 물리학의 빅뱅 이론과 흡사하다. 빛의 확산력의 한계가 창공을 결정하고 이것이 거꾸로 빛을 되돌려 발산하면서 지상을 한정 짓고 생명 요소를 탄생시킨다.

빛은 스콜라철학에서도 중요한 주제였다. 아리스토텔레스의 신학과 철학을 받아들이면서 12세기에 시작되어 13세기에 전성을 누린 중세 기독교사상으로, 고대의 여러 학문과 문헌을 종합적으로 체계화해서 논리적 규칙을 세운 다음, 규칙들 사이의 동의사항을 좁혀가는 방식으로 그 이면에 숨은 유일한 내적 진리를 찾으려는 학문이었다. 종국에는 이런 방법론을 통해 기독교의 개념과 교리를 논리적으로 증명하려 했다. 사상가와 분파에 따라 기본 태도와 내용이 다양해서 그 방향을 한 가지로 단순화하기가 힘든데, 하나님의 존재를 증명하는 일도 중요한 흐름을 이루었다. 눈에 보이지 않는 정신적 존재로서 상징적이고 계시적으로 해석해야 된다는 생각에서 가시적 형식으로 드러낼 수 있다는 주장까지 다양했다.

후자로 갈수록 예술과 건축과의 연관성이 높아지는데 빛은 여기에서 중요한 매개였다. 빛 상징주의는 초대 교회 때 아우구스투스가 정리한 내용을 바탕으로 스콜라철학의 한 분파를 이루며 발전했다. 스콜라철학에서 빛은 자연을 바라보는 인식의 한 종류로 생각할 수 있다. 하나님이 우주 역사의 시작을 성스러운 작업에 의해 세팅해놓았으며 자연은 그 결과물이라는 인식 아래 자연에 나타난 하나님의 섭리가 어느 정도이고 구체적으로 무엇인지를 가능한 한 논리적이고 과학적으로 설명하는 시도가 있었다. 성스러운 예술작품으로서 자연 개념을 학문의 종합화에 의해 설명하려는 시도였다. 인간도 중요한 대상으로 "하나님의 형상을 따라 인간을 창조했다"라는 구절이 그 근거였다.

빛은 고딕건축을 탄생시킨 중요한 동인이었다. 성 디오니시오 수도원의 대수도원장이었던 쉬제Suger는 스콜라철학의 빛 상징주의를 구조적

2-17 성 디오니시오St. Denis 수도원 성당, 방사형 채플과 복도, 프랑스, 1140~44

으로 해석해내어 고딕건축을 탄생시킨 주역이었다. 그는 루이 6세의 친구로서 왕실의 지원을 바탕으로 12세기 중반 프랑스 가톨릭의 개혁운동을 이끌었는데 땅에 천착해 있던 로마네스크 성당에 하늘의 개념을 도입한 일이 중요한 업적이었다. 성 디오니시오 수도원 성당의 증축이 그의 이상을 실험하는 장이었다.

쉬제는 당시 노르망디 지방에서 새로운 발전을 보이던 성당 건축 기술을 이용해서 발전시키면 자신이 생각하던 빛 상징주의를 건축적으로 구현하는 것이 가능하다는 확신 아래 그곳의 장인들을 파리로 불러들여 파리 근교 샤르트르에 공방을 차리고 새로운 실험을 지원했다. 그의 노력은 큰 결실을 보아 건축에서도 자연신학과 같은 이름의 샤르트르 학파가 성립되면서 고딕건축을 이끌게 된다. 수도원 성당에서는 서쪽 출입구 전실과 동쪽 성가대석이 그가 증축한 부분이었다.^{그림 2-17} 그는 "새로 짓는

2-18 샤르트르 성당Chartres Cathedral, 스테인드글라스, 프랑스, 1194~1260

뒤쪽 부분이 앞쪽 부분과 합해지면 교회의 중간 부분은 밝게 빛날 것이다. 왜냐하면 밝게 빛난다는 것은 밝은 것끼리 밝게 짝을 짓는 일인 것이며, 새로운 빛이 가득 퍼져나가는 고상한 구조물이 바로 그러하다"라며 빛에 강한 집착을 보였다.

쉬제는 장인들을 현장에서 직접 지휘하며 증축을 완공시켰는데 이 부분은 고딕건축사에서 초기 고딕의 출발점으로 평가받는다. 리브와 한 몸으로 결합한 원형 기둥만이 볼트 천장을 받치는 새로운 기술로 이후 고딕건축의 다발기둥과 리브 볼트의 출발점을 이루었다. 그의 새 성당은 로마네스크 성당의 두꺼운 벽체와 비교해서 벽이 많이 얇아졌으며 창 면적도 넓어졌다. 쉬제는 1154년경 사망했지만 그가 새운 샤르트르 학파는 이후 고딕건축을 이끌며 신비로운 빛으로 가득 찬 높은 천장을 완성시켰다. 이런 빛 자체가 하나님의 존재를 증명하는 상징적 현상이었다. 나아가 넓어진 창으로 들어오는 빛이 있기에 스테인드글라스에 새긴 성화가 모습을 드러내며 기독교적 의미를 전파할 수 있었다. 그림 2-18

샤르트르 학파가 완성한 새로운 고딕건축술은 당시로서는 첨단기술이었다. 보기에 따라서는 혁명적이라고까지 부를 만했다. 건축에서뿐 아

2-19 아미엥 성당Amiens Cathedral, 프랑스, 1220~70 (왼쪽)
2-20 르망 성당Le Mans Cathedral, 성가대석, 프랑스, 1217년경~54 (오른쪽)

나라 중세 산업기술 전반을 통틀어서 그랬다. 이들이 기술에 대해 보여준 기본 태도는 더 많은 물질을 손에 넣는 데 있지 않았다. 정신과 육체의 합일, 말씀과 육신의 합일을 통해 하나님의 존재를 증명하는 데 있었다. 쉬제가 가르친 빛 상징주의는 이것을 표현할 구체적 매개였다. 이들의 건축 행위는 단순히 구조물을 짓는 토목 행위가 아니라 하나님을 향한 구도 행위였다. ^{그림 2-19, 2-20} 성서에 나타난 모호한 양면성은 해석에 의해 극복되어야 하는데 그런 극복을 보여주는 모범적 해석의 예일 수 있다. 이런 점에서 고딕 성당의 실내는 '영적 울림'이라는 교회 공간의 첫째 조건을 만족시킨 대표적인 예가 되었다.

3장

18세기 낭만주의와 감성으로서의 자연

건축에서도 감성으로서의 자연을 개입시킨 여러 해석운동과 사회운동이 활발하게 일어났다.

해석운동의 대표적인 예로 폐허운동을 들 수 있으며 그리스 신전이 대표적인 대상이었다.

자연 상태에 방치된 채 폐허로 발굴된 과거 시대의 유적에서 건축이 자연과 감성적으로

하나가 될 수 있는 가능성을 찾은 것이다. 사회운동의 대표적인 예로 중농주의와

혁명 정신에 따른 농촌개혁운동을 들 수 있다. 기계론적 자연관에 의한 자연 개발이 점점

도시화로 귀결되자 이에 대한 대안 운동으로 낭만적, 감성적 자연관을 사회적으로

확대해서 농촌개혁운동을 이끌었으며 이것의 사회적 동인으로 중농주의와 혁명사상에 기댔다.

1

세 번째 위기
종교개혁과 과학혁명

물질적 자연과 거친 자연

중세 가톨릭이 기독교에 내재된 반생태적 속성에 대한 해법을 제시한 이
래 중세 말기로 오면서 가톨릭은 부패했다. 이에 대한 비판적 대안으로
인본주의와 종교개혁이 이끄는 르네상스 문명이 등장했다. 하지만 생태
사상의 역사에서 보면 인본주의와 종교개혁은 하나로 합해져서 자연에
대한 세 번째 위기를 초래한 것으로 볼 수 있다. 일반 문명사에서는 이 둘
이 부패한 중세 가톨릭의 질곡에서 서양을 구원하고 문명의 전개 과정에
서 새로운 장을 연 것으로 보고 있지만 자연과의 관계라는 관점에서 보면
그 반대이다. 인간이 자연에 맞서 자연을 극복하고 나아가 다스려야 한다
는 인간중심주의가 문명의 중심에 공고하게 자리 잡게 만든 것이 바로 이
둘이 이끈 새로운 문명 전환이었다.

이 둘은 뒤따라 등장할 과학혁명과 산업혁명으로 곧바로 이어지면
서 본격적인 자연 정복의 서막을 열었다. '르네상스–종교개혁–과학혁
명–산업혁명'의 역사적 끈은 '고대–중세'와 '초기 근대–근대'를 가르는

중요한 분기점에 해당된다. 일반 문명사에서는 근대 문명의 등장을 이끈 이 네 가지 문명 전환을 '혁명'과 '발전'이라고 부르지만 자연과의 관계에서 보면 기계를 이용한 자연 훼손이 본격적이고 대단위로 시작되는 출발점에 불과할 뿐이다.

인본주의는 초기에 피렌체를 중심으로 가톨릭과 차별성을 보이며 시작되었다. 그러나 15세기 말 로마가 르네상스의 중심지가 되면서 곧 교황청과 연합했고, 르네상스 기독교라는 새로운 기독교 유형을 창출하는 선에서 멈추었다. 가톨릭 내부에서도 여러 종류의 내부 개혁운동이 있었고 15~16세기에는 인본주의로 무장한 이른바 인본주의 교황들이 등장해서 이를 이끌었다. 인본주의가 기독교의 진로에까지 영향을 끼치면서 자연을 바라보는 시각도 바뀌게 되었다. 인본주의가 시도한 인간의 가능성에 대한 탐구는 16세기부터 구체적 결과물을 내기 시작하면서 17세기 과학혁명으로 이어졌다. 르네상스 때에 건축과 군사학을 중심으로 현장 기술을 중시하는 실사구시 학풍이 유행한 것이 중요한 역할을 했다. 눈에 보이는 실질적 현상을 바탕으로 구체적 결과를 만들어내는 물질주의의 씨앗을 뿌린 것인데, 이런 태도는 자연에는 치명적인 것이었다.

종교개혁의 영향은 더욱 컸다. 기독교에서 자연을 바라보는 시각 자체가 변하게 되었으며 아울러 과학혁명을 촉발한 배경으로 작용했다. 종교개혁은 가톨릭 권력자들이 독점하던 성서 해석과 계시 제시에서 일반인을 해방함으로써 기독교 정신의 확장을 가져왔다. 성서가 각 나라의 지역어로 번역, 보급되면서 사람들은 더 이상 가톨릭의 역사 동안 쌓인 관습적 지침을 따르지 않게 되었고 성서 자체의 정확성을 기초로 다양한 해석을 독립적으로 하게 되었다. 성경 중심으로 돌아가자는 목적에서 '믿음'을 기치로 내걸면서 가톨릭 시대와 다른 새로운 기독교 정신을 제시했다. 그 가운데에는 긍정적인 것도 많았지만 자연에 국한시켜보면 부정적 영향이 더 컸다.

　청교도가 등장하면서 자연에 대한 기독교의 생각이 잘못된 방향으로 변한 대표적인 예로 자연에서 정신 작용을 박탈한 것을 들 수 있다. 당시까지 자연은 하나님의 성스러운 창조물이며, 살아 있는 독립적 존재로 인식되었다. 「창세기」에 나오는 인간중심주의의 위험성을 인식하고 있었고 그 대안으로 자연의 작동 원리는 성스러운 계획에 의한 정신적 작용이라고 보았다. 자연은 대문자 'N'으로 표기되었으며 피동적 대상이 아닌 능동적 주체였다. 이것은 곧 자연이 예측 불가능하다는 것을 의미했다. 인간의 머리로 하나님의 성스러운 계획을 다 알 수 없듯이 그런 계획의 일부인 자연에 대해서도 마찬가지라는 것이었다. 자연의 작동 법칙을 찾아 공식으로 만드는 것은 불가능하거나 최소한 비현실적으로 받아들여졌다.

　청교도는 자연과학과 손잡고서 이런 인식을 깨고 자연현상을 공식화하려는 시도를 했다. 청교도가 자연에 대해서 재발견한 생각은 자연은 성스럽지도 않고 살아 있는 독립적 존재도 아니며 기본적으로 기계적 속성을 갖는다는 것이었다. 이런 생각은 종교개혁 직후 발전하기 시작한 근대 자연과학의 세계관과 일치하는 것이었다. 청교도는 과학혁명의 발전을 적극 수용하고 지원했으며 이 과정에서 서로 영향을 주고받았다. 이런 연대는 이후 산업혁명과 자본주의의 등장에까지 이어졌다. 자연은 과학혁명에서 산업혁명으로 이어지는 근대적 기계론에서 핵심 대상이자 요소였다. 과학혁명을 이끈 분야의 9할 이상이 자연을 관찰 대상으로 삼는 학문이었으며 산업혁명은 그 결과를 실제 기계로 구현해서 자연의 한계를 극복하고 개발해서 더 많은 물질과 부를 얻으려는 몸부림이었다.

기계론과 물질주의 세계관에서 자연은 성스럽거나 정신 작용을 하면 안 되었다. 단순한 물질로만 구성되어야 하며 작동 원리는 사람의 공식으로 예측 가능하고 환원 가능한 하나의 기계 같은 것이어야 했다. 보일의 법칙으로 유명한 로버트 보일Robert Boyle은 급기야 자연을 스트라스부르 대성당의 시계에까지 비유했다. 톱니바퀴, 레버, 스프링 등 기계적 구성 요소 사이의 관계적 법칙으로 시계의 작동을 설명할 수 있듯이 자연과 우주도 같은 원리로 움직인다고 보았다. 자연에서 정신적 가치와 목적론을 제거한 '기능적 목적론'의 탄생이었다. 보일은 창조주가 이런 기능적 목적론을 자연에 주입했다고 보았다.

보일의 생각은 청교도와 같았다. 자연에 목적, 의도, 의지 같은 것을 주는 존재는 인격신인 하나님이기 때문에 자연 스스로 이런 것을 가질 수 있다고 보는 게 오히려 불경스럽다고 생각했다. 창조주 이외의 모든 것을 단순 피조물로 보는 것이 오히려 성경의 내용에 더 충실한 해석이라는 주장이었다. 자연에서 성스러움을 제거하면 자연은 더 이상 경외의 대상이 아니게 되며 비로소 인간의 손으로 연구하고 실험할 수 있는 단순한 물질적 대상이 된다. 더 나아가 개발하고 훼손해서 물질과 부를 손에 넣을 수 있는 자원으로까지 전락하게 된다. 인간중심주의가 기계와 만나 벌어진 근대적 비극을 합리화하는 '물질적 자연관'의 탄생이자 세 번째 위기의 시작이었다.

청교도가 새로운 과학 발전에 유난히 우호적이었고 산업자본주의와 손을 잡았다는 사실에 대해서 한때 다소 논란이 있었으나 이제는 엄연한 역사적 사실로 밝혀졌다. 예를 들어 1988년에 로버트 머튼Robert C. Merton이 조사한 바와 같이 영국의 로열 소사이어티Royal Society 초기 멤버 가운데에는 퓨리턴의 비율이 유난히 높았다. 이런 사회적 증거는 무수히 많거니와 교리로 볼 때에도 루터Martin Luther와 칼뱅의 생각 가운데에는 자연을 거칠고 혼란스러운 상태로 보는 내용이 주를 이룬다. 두 사람의 자연관은 양면적이어서 자연에 대한 경외감을 드러내는 내용도 있긴 하지만 주된 흐름은 자연을 물질적 대상으로 보는 것이며 심한 경우에는 타락한 상태로까지 보기도 한다. 이런 생각은 자연스럽게 인간의 손으로 자연을 더 나은 상태로 만들어야 된다는 개발론으로 이어지면서 자연과학의 자연관과 같아지게 된다. 프랜시스 베이컨Francis Bacon은 둘 사이의 연관을 보여주는 좋은 예로, 그는 자연의 비밀을 드러내기 위해 '여성다운 자연'을 정복해서 개발할 것을 주장했다.

초기 근대 때 아메리카 대륙의 발견과 이곳으로의 이주는 이러한 연관을 보여주는 또다른 좋은 예이다. 아메리카의 발견은 유럽인에게 여러 면에서 자연에 대해 새롭게 생각하게 하는 계기가 되었다. 지구가 평평하다는 속설과 지구의 나이 등 기존 이론을 전면적으로 뒤집게 되면서 중세 때 형성된 기독교적 자연관 전반에 대해 반박과 뒤집기가 시도되었다. 지구가 둥글다는 사실을 알게 되자, 지구가 유한하다는 것을 깨닫는 등 긍정적 결과도 나타났으나 전체적으로 자연에는 가장 혹독한 대가를 치르게 하고 만다. 루터와 칼뱅이 주장한 '거칠고 혼란스러운 자연'을 증명하는 증거로 받아들여지면서였다.

아메리카의 손대지 않은 원생림과 원주민을 이런 증거로 여기면서 자신들의 주장이 옳다고 확신한 것이다. 확신은 이곳을 정복하고 손을 대서 개발하고 교화하는 일이 하나님이 인간에 내린 명령이라고 단정 짓는, 인류 역사상 가장 무식하고 잔인한 오해를 낳았다. 아메리카의 발견은 '미개 대 문명'의 이분법을 성서의 선민의식과 중첩하는 결과를 낳아버렸다. 미선의 의무감에 사로잡힌 청교도들은 성서를 앞세워 원주민을 무자비하게 학살하고 원생림에 끝도 없이 손을 대고 파헤쳤다. 중세 가톨릭을 인간사에 함몰되어 타락한 것으로 규탄하며 시작된 청교도는 그것을 능가하는 만행과 학살, 자연 파괴를 저질렀다. 거대한 신대륙 아메리카를 자신들만의 손으로 개발하는 데 한계를 느끼자 급기야 아프리카에까지 노예 사냥을 떠나서 1,500여만 명의 노예를 '사냥' 해 데려왔으며 이 과정에서 1억 명 이상의 흑인이 사망했다.

칼뱅의 인간중심주의

칼뱅 신학이 자연에 대해 갖는 시각은 양면적이다. 분명히 자연을 '성스러운 예술작품' 으로 보면서 '청지기론' 을 주장하기도 했다. 칼뱅은 신을 전 우주에 퍼져 있는 성스러운 예술작품의 창조주라 했다. 월터 라우션부시는 "지난 과거에 인간은 자연에 대해 높은 우월적 지위를 잔인하게 행사해와서 노랫소리를 내야 할 지구의 목소리는 괴로운 신음소리를 내고 있다"고 반성했으며 카를 바르트Karl Barth는 "인간의 문명 활동은 신의 창조 행위를 따라 행해져야 된다"고 했는데 이런 주장들이 모두 칼뱅 신학의 자연관을 이어받은 것이다. 안식일 휴식(=주일)의 의미를 자연과 연계해서 정의하면 '창조' 와 '속죄' 가 된다.

하나님도 6일간의 천지창조 후 7일째 안식하셨을 뿐 아니라, 인간이 이것을 따르는 것은 신의 천지창조가 완성된 것을 찬양함으로써 지은 죄를 속죄하는 것이기 때문이다. 칼뱅 신학도 이런 교리를 받아들여 핵심 내용으로 제시했다. 이 교리에 따르면 피조물은 단순히 사용될 목적만 갖는 것이 아니다. 우리는 그 '현란한 다양성' 을 기뻐하고 자랑하고 찬양해야 한다. 인간중심주의를 보여주는 문제의 「창세기」의 관련 구절에 대해서도 청지기론을 주장한다. "지상의 피조물들은 우리에게 위탁된 것이며 우리는 언젠가 하나님 앞에서 이런 책임에 대한 결산보고를 해야 한다"고 했다. 칼뱅의 이런 시각은 표면적으로는 전통적 가톨릭 신학이나 중세 스콜라철학의 자연관에서 바라본 자연 개념인 성스러운 예술작품과 청지기론과 크게 다르지 않다. 거슬러 올라가면 성스러움을 창조 예술가로 본 플라톤 사상에까지 닿아 있다.

문제는 깊이 들어가면 칼뱅의 이런 시각이 양면적일 수 있고 오해를 불러일으킬 수 있다는 점이다. 칼뱅은 자신의 이런 시각이 적용되는 구체적 대상을 자연이라고 꼭 집어 말하지 않고 우주, 피조물 등으로 포괄적으로 표현했다. 이런 가운데 자연에만 국한해보면 칼뱅의 사상에는 자연을 타락한 상태로 보는 내용이 자주 등장한다. 가톨릭의 관습중심주의를 중세 기득권층의 권력욕으로 비판, 타파하면서 '믿음'과 '조정'을 내걸었는데 이 둘 모두 주관적 판단이 개입할 소지가 많았다. 가톨릭 관습을 만들고 유지하는 과정에서 형성된 중간층을 없애고 진실한 믿음을 전제로 하나님과 나와의 직접 소통이 구원으로 가는 길이라고 보았으며 그 대신 성서를 해석할 때는 융통성을 허용했다. 성서를 독일어 등 지역 언어로 번역한 작업은 좋은 예이다. 여러 동시대 문명이나 인간의 심리, 생활의 지혜 등 현실과 연계시킨 성서 해석이나 자본주의와의 연계를 장려한 점 등도 또다른 좋은 예이다.

이런 주장이 신학사상이나 교리가 아닌 당시 현실에 적용될 경우 본래 취지와 다르게 변질될 가능성이 매우 크다는 점이 문제의 핵심이었다. 당시 유럽의 시대 상황은 아메리카 신대륙 정복을 놓고 정치–기독교–신新 과학 등이 얽히면서 복잡하게 진행되고 있었다. 청교도는 가톨릭과의 경쟁에서 승리하고 세력을 확장해서 하나의 독자적 종교로 정착하기 위한 전략으로 문명 발전을 수용할 수밖에 없었다. 자연을 어떻게 바라보느냐는 연대의 핵심 고리였다. 정치와 신과학의 현실 세력과 반드시 손잡아야 했고 이를 위해 이들의 세속적 자연관인 개발론에 동조할 근거를 찾아야 했다. 자연을 타락한 상태로 보는 칼뱅의 주장이 그 역할을 했다.

이런 배경 아래 청교도는 신과학과 손을 잡았고 아메리카를 세력 확장의 장으로 삼았다. 늙은 대륙 유럽에서 청교도의 세력 확장은 한계가 큰 반면 아메리카 신대륙은 무주공산으로 청교도가 독점할 수 있는 신천지였다. 원주민과의 충돌은 신앙의 관점에서 보면 강력한 믿음에 의해 타락한 이교도를 정복해서 하나님의 영광을 증명해야 할 기독교적 미션으로 받아들여졌다. 이런 현실 상황을 거치면서 자연을 인간의 손에 의해 극복, 개발할 대상으로 보는 인간중심주의가 아메리카 신대륙에 굳게 뿌리내렸다. 청지기론도 자연을 잘 보존하고 최대한 손을 대지 않고 하나님께 바치거나 되돌려드려야 하는 것으로 해석한 게 아니라, 그 반대로 가능한 한 번듯하게 개발하는 것으로 잘못 해석했다. 이런 개발이 하나님의 영광을 드러내는 일이라 여기게 되었다.

이분법을 강화한 데카르트와 칸트

청교도가 신과학과 손을 잡았다는 사실은 교리나 사상의 측면에서 보면 청교도에 와서 이분법이 강화된 것과 같은 맥락으로 보인다. 기독교에는 하나님과 자연, 하나님과 인간, 인간과 세속 세계, 인간과 자연 등 여러 종류의 중요한 이분법이 있다. 기독교 정신의 핵심은 이런 여러 이분법이 하나님의 섭리 속에서 하나로 조화롭게 통합되는 데 있다. 사랑과 이해를 바탕으로 화해하고 조화롭게 어울리는 데 있다는 신神 중심주의이다. 르네상스 이후에는 청교도뿐 아니라 르네상스 가톨릭까지도 과학기술의 발전을 수용하면서 이분법의 대립이 강화되었고 기독교의 화해 정신이 많이 훼손당하게 된다.

신과학은 자연을 인간과 대립적 존재로 가정하고 인간의 능력과 학문으로 이를 극복하고 이용한다는 가치관을 기본 태도로 갖기 때문에 신과학에서는 이분법이 강화될 수밖에 없다. 기독교가 이것을 받아들여 손을 잡고 청교도가 세속 세계에서 가톨릭에 이어 또 하나의 현실 세력으로 자리 잡는 과정에서 이분법은 통합되지 못하고 악화되었다. 앞서 언급한 칼뱅 사상의 오해는 좋은 예이다. 구체적 결과는 인간중심주의가 대폭 강화되는 쪽으로 나타났다. 하나님의 관심은 모든 피조물의 구원이 아닌 인간의 구원에만 국한되었으며 자연은 정신이 결여된 단순 물질로 결론 났다. 인간과 다른 피조물, 인간과 자연, 정신과 물질 사이의 이분법이 통합되지 못하고 악화되었다.

인간중심주의를 견제할 수 있는 것이 신 중심주의인데 근대 기독교에서 신과학과 자본주의가 결합한 근대 세속주의를 받아들이면서 이런 견제 능력이 크게 약화되었고 그 결과 이분법이 악화되었다. 신과학에서는 자연이 양적 분석 대상이고 기계론적으로 공식화할 대상이지 그 자체가 정신이나 신성함을 지니지 못하는 것으로 보는데, 기독교에서 이런 관점을 받아들이면서 자연에 대한 기본 인식에 큰 변화가 생겼다. 자연의 복잡 다양한 의미를 가능한 한 단순화하게 되었는데 그 결과는 당연히 인간중심주의였다.

이분법의 악화는 데카르트René Descartes에서 칸트Immanuel Kant에 이르는 초기 근대 철학에서도 동일하게 나타난다. 데카르트는 플라톤의 '질료 대 형식'의 이분법을 인간이 주변 대상을 바라보는 관계에 적용해서 새로운 근대적 이분법으로 만들었다. 정신과 물질을 서로 통합할 수 없는, 근본적으로 다른 것으로 보면서 정신을 인간의 작용으로, 물질을 자연의 상태로 각각 한정시켰다. 인간의 정신 작용에만 존재론적 의미를 부여하고 자연은 물질로만 이루어져 독립적 존재가 될 수 없는 것으로 보았다.

이는 데카르트의 '주체 대 객체'의 이분법 세계관의 하나로, 자연은 인간의 마음에 의해서만 그 의미가 파악되고 존재가 확립되며 궁극적으로 인간이 자기중심적으로 다스릴 대상으로 정의되었다. 데카르트는 철학자인 동시에 자연과학자였는데, 자연과학자의 시각을 철학에도 적용했다. 자연에서 색, 소리, 맛 등 감각과 관련된 부분에 대해서도 연구를 많이 했지만 기본적으로는 자연에서 정확한 측량이 가능한 부분만 객관적 사실성을 가지며 이런 부분이 자연의 일차적 본질이라고 보았다. 나머지 감각적인 부분은 이차적 상태로 여겼다.

데카르트의 이분법은 자연을 개발 대상으로 보던 청교도의 인식과 유사한 면이 많다. 데카르트의 시각은 기본적으로 기독교가 아닌 세속과학인데, 중세까지 하나로 합해져 있던 신학과 세속과학을 분리하는 결과를 낳았다. 신학은 신의 영역에 속하는 '일차 동인의 디자인'만 다루어야 하고 경험적으로 구별 가능하고 자연법칙 속에 형성되어 있는 '이차 동인'은 자연과학이 다루어야 하는 것으로 구별했다. 뉴턴Isaac Newton이 이런 구별을 정착시킨 대표적 인물이며 프랜시스 베이컨, 데카르트, 토머스 홉스Thomas Hobbs, 스피노자Baruch Spinoza 등 17세기 후반부 계몽주의를 대표하는 인물은 대부분 이런 분리론을 기본 시각으로 가졌다. 그리하여 신학에 의해 제어받고 신학과 통합되어 있던 자연과학이 독립해서 독자적 물질관을 세운 뒤 이 물질관이 다시 청교도로 흘러들어가는 결과가 생겨났다.

데카르트 이후 청교도에 영향을 제일 많이 끼친 철학자는 칸트이다.

칸트의 철학 자체가 데카르트보다 강화된 이분법과 인간중심주의를 보인다. 4세기와 12세기 등에 기독교 교리가 완성될 때 플라톤과 아리스토텔레스의 철학에 의존한 것과 마찬가지로 청교도는 초기 근대기에 현실 세계에 뿌리내리는 과정에서 자신들의 정황에 합당한 기댈 언덕이 필요했는데 칸트의 철학이 좋은 대상이었다. 데카르트가 자연을 사람의 정신 작용과 다른 별도의 물질 상태로 정의했다면 칸트는 한발 더 나아가 자연을 인간의 정신 작용이 만들어내는 것으로 보았다. 별도의 독립적 존재상태를 갖지 못한 채 인간의 정신 작용이 그려내고 인식하는 상태가 자연의 존재라고 보았다. 이것은 기독교의 전통적인 인간중심주의를 변형, 강화한 것으로 볼 수 있다.

인간의 육체적 나약함 같은 약점을 기준으로 삼아 자연 속에서 인간의 위치와 의미를 정의하려는 시각은 상반된 두 방향으로 나타난다. 육체적으로 부족한 대신 정신적 능력이 있다는 사실을 강조하게 되거나 반대로 부족한 항목인 육체다움에서 나약하지 않다는 것을 증명하기 위해 자연과 물질적 승부를 벌이려 한다. 고대와 중세까지 이 둘은 대체적으로 하나로 통합되어서 서로 보완, 견제하는 역할을 했는데 르네상스 이후 기술과학이 발달하면서 분리되어 이분법 구도를 이루게 된다. 데카르트에서 칸트에 이르는 초기 근대 철학이 꽃피던 당시는 이분법의 분리가 심화된 시기였다.

천문학의 발달은 인간에 대한 인식을 새롭게 바꿔놓았다. 윌리엄 드러먼드William Drummond of Hawthornden나 파스칼Blaise Pascal은 광활한 대우주 속에서 지구라는 존재의 미약함을 깨닫고 그 위에서 버둥거리며 살아가는 인간의 부질없음을 설파했다. 반면 청교도의 인간중심주의에서 보면 자연의 광대함은 거꾸로 하나님이 인간의 중요성을 담보해준 증거나 근거가 될 수 있다. 칸트는 이런 청교도의 인식을 받아들이고 그 위에 데카르트 철학을 더해 자신만의 강화된 인간중심주의를 정의했다. 자연이 아무리 광대해도 인간은 이것을 마음으로 담아내 그려낼 수 있으며 이때에 한해서만 그 존재와 의미가 정의된다고 보았다.

칸트의 예술적 천재론은 이런 시각을 보여주는 좋은 예이다. 천재론은 르네상스 때 다빈치Leonardo da Vinci, 라파엘로Raffaello, 미켈란젤로Buonarroti Michelangelo의 3대 거장에 의해 본격적으로 제기되는데, 이때만 해도 중세 신학의 영향이 남아 있어서 천재성은 인간의 이성으로는 판정할 수 없는 신이 내린 능력으로 정의되었다. 자연은 인간의 천재성을 가늠하는 척도여서 자연을 경외하고 찬양하고 모사하는 능력이 천재의 조건이자 순수예술의 근거였다. 인간의 셈법과 언어로는 설명할 수 없는 '무엇인가 잘 모르는' 것이 개입한다.

칸트에 오면 천재론은 완전히·인간을 중심으로 재편된다. 이 과정에서 자연은 인간에 종속되는 대상으로 전락한다. 칸트는 순수예술이 미에 의해 잉태되고 기술에 의해서 완성되는 것으로 보았다. 철저하게 인간만의 능력으로 순수예술이 이루어진다고 보았으며 자연도 그 대상 가운데 하나일 뿐이었다. 숭고미 등과 같이 자연의 위대함을 새로운 시각에서 발견하기는 했지만 모든 것은 인간의 인식 범위 내에 머무는 것으로 보았다. 인간의 손으로 만들어내는 보기 좋은 형태만이 사유를 위한 개념적 가치를 갖는다고 보았다.

2
자연과학의 발전

계몽주의와 '산업화된 인간중심주의'

기독교의 인간중심주의는 르네상스 이후 편의에 따라 인간이 자연에 대해 이기적 위치를 점유하는 데 결정적 근거로 활용되었다. 과학자는 자연을 수학 공식의 작동 모델로 삼았으며 엔지니어와 자본가는 개발 대상으로 삼았는데 그 근거를 매번 기독교의 인간중심주의에서 찾은 것이다. 이것은 엄밀히 얘기하면 인간을 또 하나의 창조주로 삼는 새로운 창조론일수 있다. 실제적 물질과 현실로서의 자연이 하나님에 의해 한번 창출된후 다음 단계로 인간만이 그 존재론적 의미를 결정하고 정의할 수 있다는태도이다. 이는 기독교의 인간중심주의를 인간이 접수한 뒤 다음 단계로전개한 것으로 볼 수 있다. 자연은 하나님이 인간을 매우 사랑해서 준 선물이기 때문에 인간 마음대로 해도 된다는 인식이 분야별로 본격적으로발아하면서 급기야 자연은 인간의 머리와 마음속에서 원하는 대로 정의하고 주무를 수 있는 대상이 되었다.

계몽주의가 꽃피운 18세기는 이런 태도들이 종합적으로 일어나면서 한곳에서 만난 시기였다. 그만큼 자연에 대한 인간의 이기적 욕심이 본격적으로 커지기 시작하던 때였고 이는 19세기 산업혁명의 기틀이 되었다. 각자 다양한 입장과 목적에서 겁 없이 자연에 칼을 들이댈 수 있는 용기는 결국 하나님이 허락했다는 종교적 확신에서 나온 것이었다. 계몽주의를 이끈 유럽의 주요 인물들은 표면적으로는 대부분 기독교를 부정하거나 최소한 비판적 수정론자였지만 이들이 대안으로 제시한 내용의 이면을 보면 역시 대부분 기독교의 인간중심주의가 바탕을 이루고 있었다. 이들은 모든 자연은 기본적으로 하나님이 인간을 위해 마련해준 삶의 터전이라고 보았고 인간의 복리와 행복을 증진하기 위해 자연을 개발하는 것은 이런 하나님의 뜻에 부응하는 것이라고 보았다.

피에르 드 라프리모다예Pierre de la Primaudaye가 말했듯이 "나는 인간의 우수함을 보고 아무리 놀라도 부족하지 않다. 지상의 모든 것은 그런 인간을 위해 창조되었고 유지된다"라는 지독한 기독교식 인간중심주의가 당시 계몽주의를 이끌던 많은 사상가, 개발론자, 부르주아의 공통된 인식이었다. 천문학의 발달로 우주의 크기가 무한대로 큰 것으로 밝혀지자 기독교의 인간중심주의는 중대 고비를 맞게 되었다. 지구 위 유한한 자연과 무한대의 우주 사이의 관계를 어떻게 설정할 것인가의 문제였다. 일부는 전통적인 인간중심주의가 위험한 것을 깨달으며 "우리가 우리 스스로의 가치에 대해 옳게 평가하기 위해서는 행성들 사이의 차원과 거리에 대한 평가 결과도 함께 고려해야 한다"라고 주장했다. 전 우주 속에서 물리적 크기를 기준으로 했을 때 인간 존재의 왜소함은 가볍게 넘길 일이 아니며 하나님이 우주를 이렇게 만들었을 때에는 그만한 이유가 있을 것이라는 인식이었다.

인간중심주의는 이번에도 이 문제를 피해갔다. 신학적 존재론적 가치를 기준으로 하면 오히려 우주의 범위가 커질수록 인간의 가치도 커질 수 있다는 논리였다. 왜냐하면 우주의 크기와 상관없이, 즉 우주를 처음에 안 지구 하나로 보든지 이후 천문학의 발전에 의해 확장된 것으로 보든지 우주는 결국 인간을 위해 만들어졌고 그 중심에 인간이 있기 때문이다. 새로운 과학적 발견이 전통적인 신학적 우주론과 합해지면서 인간중심주의의 내용이 강화된 것으로 볼 수 있다. 우주에 대해서 이렇게 된 이상 지구 위 자연은 더 이상 두려울 것이 없게 되었다.

확장된 우주를 바라보는 이런 양면성은 곧 계몽주의 이후 기술 중심의 문명에서 인류, 좁게는 계몽주의 기독교가 자연에 대해 취한 두 가지 상반되는 태도에 대응될 수 있다. 하나는 기술에 의존한 자연 개발을 이끈 산업문명이다. 그 근거를 인간은 이렇게 위대하기 때문에 새로운 기술을 이용해서 자연을 더 큰 범위로 개발하는 일을 하나님께서 허락했다는 주장에서 찾았다. 단순히 허락한 정도가 아니라 임무로 부여한 것이라는 '산업화된 인간중심주의'에서 태도의 근거를 찾았다. 다른 하나는 반성적 의미에서 자연으로 회귀하려는 낭만주의 운동으로, 자연에 대한 겸손과 절제를 바탕으로 인간의 가치를 자연 속에서 재정의할 것을 주장했다. 이런 움직임은 '르네상스-종교개혁-초기 근대 철학-과학혁명-산업혁명'으로 이어지는 초기 근대 기술문명이 유발할 자연의 세 번째 위기를 치유하는 세 번째 자연의 바탕을 이루게 된다.

그러나 세 번째 자연의 등장은 좀 더 기다려야 했고 그 사이에 세 번째 위기를 심화한 혁명이 하나 더 있었다. 17세기 말의 과학혁명이었다. 과학혁명은 곧바로 인문사회학과 결합해서 사회개혁의 이상을 기치로 내건 18세기 계몽주의를 탄생시켰으며 한 세기 뒤에는 산업기술과 접목되면서 산업혁명을 촉발하는 토대로 작용했다. 더 확장하면 20세기 근대과학이 이룬 눈부신 발전의 출발점이기도 했다. 과학혁명은 프랑스대혁명과 산업혁명과 함께 근대문명을 탄생시킨 3대 혁명 가운데 하나이기도 했다. 과학혁명은 이처럼 일반 문명사의 관점에서는 인류의 위대한 업적일 수 있지만 자연의 관점에서는 세 번째 위기를 고착시킨 주범이었다.

계몽주의는 인간의 가능성을 믿고 그것을 극대화하려는 시기였기 때문에 인간을 초월하는 존재에 대한 형이상학적 신학적 믿음이 사라진 시기였다. 자연에 대해서도 마찬가지였다. 자연은 더 이상 가치판단의 대상이 될 수 없게 되었고, 세속적 목적이 그 자리를 차지했다. 인간의 능력에 따라 마음대로 주무르는 일만 남은 것으로 생각되었다. 프랭크 램지 Frank P. Ramsey가 『수학의 기초Foundations of Mathematics』(1931)에서 말했듯이, "내가 그리는 세상은 투시도로 그려지지 일대일 스케일 모델로 그려지지 않는다. 이런 투시도 속에서 인간이 제일 앞자리를 차지하고 별들은 그 뒤로 3페니 동전처럼 작은 자리를 차지한다."

자연이나 초월자에 대한 정신적 종교적 가치 판단이 사라지면서 인간 스스로에 대해서도 같은 현상이 일어났다. 인간의 가치에 대한 판단은 우주론적 사유와 무관하게 내려져야 하며 그 가치는 지구 위 물질을 다루는 능력을 갖는 존재일 때 최대가 된다는 주장이 팽배했다. 자연은 이런 인간의 정의에 따른 부수적 종속 대상, 즉 개발 대상으로만 그 의미와 가치가 정해졌다. 인간의 가치를 정신적으로 정의해줄 기준을 상실했기 때문에 물질과 기술을 기준으로 자의적으로 부풀려 결정해버리고 자연의 존재는 그것에 맞게 끼워 맞추는 일이 문명 발전의 본질로 인식되었다.

이런 주장은 엄밀히 얘기해서 기독교의 전통적인 인간중심주의와도 다른 단순한 물질주의일 뿐이었다. 물질주의는 인류 역사와 늘 함께했기 때문에 이것의 등장이 별날 것은 없었지만, 문제는 이것이 정신적 영역을 다루는 분야에까지 침범했다는 데에 있다. 물질주의를 통제할 매개가 점점 약해지면서 자연 개발이 문명 서열의 맨 앞자리를 차지하고 인류의 운명을 좌지우지하는 것처럼 떠받들어졌다. 기독교도 마찬가지였다. 처음에는 문명 발전의 속도에 보조를 맞추고 새로운 과학적 발견과 상충하지 않기 위해 신과학과 손을 잡았지만 계몽주의를 거치면서 과학기술에 주인 자리를 내주면서 영성은 점차 퇴보해갔다.

자본주의까지 가세하면서 물신이 전통적인 기독교 신의 자리를 차지해버렸다. 과학혁명에서 계몽주의에 이르는 시기는 이런 근대적 비극이 본격적으로 시작된 서막이었다. 기독교는 지나치게 현실에 개입하다가 본래의 기능을 상실했고 물질주의가 판을 치기 시작했다. 과학기술과 물질에 오염된 '산업화된 인간중심주의'는 더 이상 기독교가 아니었다. 하나님을 부르짖으며 인간의 죗값을 대신해 육신을 갈갈이 찢어 바친 역사적 예수의 영성은 사라지고 물질문명과 손을 잡고 자연 개발에 나선 개발업자 같은 산업화된 변종 기독교만 남았다.

과학혁명과 자연 정복

과학혁명의 시작은 코페르니쿠스Nicolaus Copernicus와 갈릴레이Galileo Galilei였다. 지동설을 주장한 코페르니쿠스와 천문학, 역학 등에서 중요한 발견을 한 갈릴레이의 업적은 지금 기준에서 보면 미미할 수도 있으나 그 의미는 매우 큰 것이었다. 자연과 우주를 바라보는 인간의 시각을 완전히 바꾼 점에서 그랬다. 이전까지 서양의 학문은 철학과 기독교의 틀 안에 머물러 있었다. 목적도 모두 절대 진리 혹은 절대자(그것이 플라톤의 이데아이든 기독교의 하나님이든)를 찾는 데 맞춰졌고 이것에 도달하는 방법도 선험적이고 정신적인 사유가 주를 이루었다. 두 사람을 전환점으로 삼아 자연과 우주를 바라보는 시각이 물리적 작동 법칙을 찾는 쪽으로 반대로 바뀌었다. 그 목적은 결국 자연을 인간에게 이롭게 이용하자는 것이었으며 방법론도 실험과 관찰이라는 경험적이고 물리적인 방식으로 전환되었다. 기독교의 인간중심주의를 이어받되 이것을 허락한 주인을 하나님에서 인간 자신으로 대체하는 혁명적 변화였다.

이른바 과학혁명이었다. 인류 역사, 좁게는 서양 역사에서 흔히 신석기혁명, 철기혁명, 산업혁명, 프랑스대혁명을 4대 혁명으로 꼽지만 과학혁명도 절대 이들에 뒤지지 않은 결정적 전환점이었다. 산업혁명이나 프랑스대혁명도 그 이전에 시작된 과학혁명이 없었으면 불가능한 것이었다. 과학혁명까지 포함시켜서 5대 혁명으로 부르는 것이 타당할 것이다. 중요한 건, 이런 혁명들이 프랑스대혁명을 제외하곤 모두 인간이 자연을 대하는 도구적 효율성에서 획기적 발전을 이룬 경우라는 점이다. 뭉툭한 돌에서 날카롭게 갈아 만든 돌로, 청동기에서 철로, 하나님 중심의 세계관에서 인간 중심의 세계관으로, 인력과 마력에서 기계력으로의 전환 등 도구적 전환이 혁명의 근간을 이루었다. 자연을 인간의 손아귀에서 쉽게 다룰 수 있게 해주는 도구의 발전을 혁명의 기준으로 삼았다는 뜻이다. 이는 서양 자연관의 본질을 단적으로 보여주는 예이다.

이렇게 새롭게 정의된 자연을 연구하기 위해 관찰과 실험이라는 새로운 방법이 등장했다. 영국의 실험과학과 경험철학, 대륙의 합리주의와 과학주의 등이 명칭과 구체적 방법론이 다를 뿐 관찰과 실험이라는 과학적 방법론을 추구한 새로운 학문 사조였다. 이후 이어진 공리주의와 실용주의도 여기에 속한다. 항해자 윌리엄 와츠William Watts가 "철학자들의 사고는 예기치 못했던 관찰에 의해 모순에 직면한다"고 말했듯이 관찰이 사유보다, 경험이 전통보다 우선한다는 시각이었다. 프랜시스 베이컨은 사람들에게 "책을 팔고 난로를 지으라"고 권유하면서 실용주의를 주장했다. 같은 논리로 자연에 대해서도 정신적 가치 같은 것을 사유하지 말고 끊임없이 실험하고 관찰하는 귀납적 접근법을 주장했다. 이런 실용주의는 칼뱅주의가 성행한 네덜란드 같은 곳에서 특히 강세를 보였다.

이때 실험은 결국 지구와 자연을 다루고 조절하는 것을 의미했다. 베이컨은 이런 방법론에 대한 타당성을 여성을 지배하는 남성, 혹은 여성에게 자신의 의지를 강요하는 남성 같은 남성중심주의에서 찾았다. 거슬러 올라가면 이런 남성중심주의 역시 "아담의 갈비뼈로 이브를 만들었다"는 「창세기」 구절에 뿌리를 둔다. 과학혁명기에는 결국 기독교의 인간중심주의에 남성중심주의마저 가세하면서 자연 개발에 대한 기독교적 합리성이 두 겹으로 강화되는 결과를 낳았다.

성서에서 기술에 대해 언급한 부분도 마찬가지였다. 기독교에서 '기술'의 의미는 기본적으로 하나님의 천지창조 능력으로 귀결된다. 인간중심주의를 대표하는 구절인 「창세기」 1장 26~28절은 그대로 기독교에서 기술을 정의하는 기본 의미가 된다. 따라서 인간에게 기술이란 하나님이 천지를 창조하신 뜻을 잘 받들어 찬양하며 발전시켜 나가야 할 의무로 정의된다. 하나님이 허락한 한도 내에서는 인간의 기술 활동이 장려되는 반면 그렇지 못한 경우는 저주와 징벌의 대상이 된다.

「창세기」 4장 22절의 "씰라는 두발가인을 낳았으니 그는 동철로 각양 날카로운 기계를 만드는 자요"라는 구절이나 「신명기」 22장 8절의 "네가 새 집을 건축할 때에 지붕에 난간을 만들어 사람으로 떨어지지 않게 하라. 그 피 흐른 죄가 네 집에 돌아갈까 하노라" 등의 구절은 인간의 기술 활동이 하나님의 천지창조의 뜻을 이어받아 하나님의 섭리 안에서 인간을 복되게 하기 위한 것임을 말해준다. 반면 「미가」 4장 3절의 "그(여호와)가 많은 민족들 사이의 일을 심판하시며 먼 곳 강한 이방 사람을 판결하시리니 무리가 그 칼을 쳐서 보습을 만들고 창을 쳐서 낫을 만들 것이며 이 나라와 저 나라가 다시는 칼을 들고 서로 치지 아니하며"라는 구절이나 「창세기」 11장 4~10절의 바벨탑 관련 구절 등은 하나님의 허락을 받지 않은 이방인의 기술은 멸망과 징벌의 대상임을 말해준다.

이 둘을 합해서 일반화하면 기독교의 기본 기조가 그대로 한 번 더 반복된다. 성서는 고대 농경 시대 때 쓴 것이기 때문에 성서 전반에 걸쳐 농업과 전쟁과 관련한 구절이 여러 곳에 나오고 그 가운데 기술에 대한 개념이 중심을 이루는데 그 기술이 하나님의 허락을 받은 경우에는 그 민족과 나라를 부강하고 융성하게 해서 인간에게 복을 주는 반면 이교도의 것일 경우에는 처절하게 징벌을 당하게 된다. 이번에는 인간중심주의에 유대주의, 즉 유대인종 중심주의가 합해진 것이다. 따라서 과학혁명에서 계몽주의를 거치며 모색되기 시작한 대단위 자연 개발은 이것이 하나님이 허락한 것임만 밝히면 안전하게 그 근거와 타당성을 확보할 수 있었다.

여기에 대한 준비는 이미 충분히 되어 있었으니, 청교도와 과학기술의 연합이 그 통로였다. 연합은 청교도에도 큰 세력을 만들어주며 세속적 도움을 주었지만 기술과학 쪽에도 개발 행위에 대한 종교적 허락을 확보해주었다. 이로써 기독교와 성서에서 인간이 자신들의 이기적 물욕을 위해 곡해할 위험성이 가장 높은 세 가지 사항인 인간중심주의, 남성중심주의, 유대주의가 하나로 합해지는 인류 최대의 비극이 완성되었다. 모색기 동안 하나님의 허락을 받았다고 확신을 확보한 개발론자들은 드디어 산업혁명을 일으키며 자연에 무자비하게 칼을 들이대기 시작했다. 한발 더 나아가 이를 통해 축적되는 부를 하나님이 주는 선물로 받아들이는 인류 최대의 오해를 범하게 되었다.

이런 종교적 자기중심주의는 어느 종교에나 있는 것이지만 문제는 이것이 인간의 가장 취약한 부분인 물욕과 관계된 것이라는 데 있다. 기독교는 인간의 물욕에 대한 견제가 너무 약한 것이 단점이다. 물론 성서에도 "부자가 천당에 가기는 낙타가 바늘구멍에 들어가는 것보다 더 힘들다"는 구절처럼 행복을 세속적 성공이나 물질에서 찾지 말고 하나님의 은혜에서 찾으라는 가르침이 끊임없이 나오는 것이 사실이다. 그러나 이와 동시에 하나님이 허락한 것이면, 하나님께 기도만 하면 무엇이든 허락되는 것으로 곡해될 위험성이 너무 크다는 문제가 있다. 물욕을 둘러싼 상반된 방향이 반반 정도 차지하는 상황에서 인간이라는 탐욕적 존재가 어느 것을 택할지는 불을 보듯 뻔한 일이었다. 인간의 물욕이 적절한 통제를 잃을 경우 얼마나 무한대로 커지고 추악한 결과를 낳는지 모르지 않았을진대, 이에 대한 경제장치를 너무 약하게 둔 것이다. 이런 사실은 성서의 많은 부분을 차지하는 현실참여주의와 이것이 실제로 기독교의 역사에 반영된 수많은 증거에서도 잘 확인된다.

과학혁명 초반에는 코페르니쿠스와 갈릴레이의 뒤를 이어 케플러 Johannes Kepler와 뉴턴이 발전을 주도했으나 곧 현대 과학의 근간이 되는 다양한 세부 학문의 발전으로 이어졌다. 학문 외적으로는 각종 실험 도구의 발전과 과학 연구를 지원하는 아카데미의 설립이 중요한 배경이었다. 실험 도구에서는 망원경, 현미경, 온도계, 수압계 등 각종 정밀한 측정 장치의 발전이 특히 두드러졌다. 이외에도 진자나 시계 같은 작동 장치와 에어펌프 같은 힘을 배가시키는 장치 등에서 중요한 발전이 있었다. 이것 모두 자연을 관찰하고 실험해서 물리적 가능성을 최대한 이용하는 도구들이었다.

아카데미의 설립과 발전에서는 초반에 이탈리아의 역할이 중요했으며 17세기 중반 이후에는 프랑스와 영국이 이끌었다. 중세 후반부터 설립되어온 대학이 큰 역할을 하리라 기대되었으나 교회의 영향 안에 머물면서 과학혁명에는 이렇다 할 기여를 하지 못했다. 이를 만회하기 위해 과학자들은 대학교 밖에 아카데미의 설립을 서둘렀다. 이탈리아에서는 이미 르네상스 때부터 메디치 가문이 피렌체 아카데미를 세워서 학자와 예술가의 활동을 도왔으며 이런 전통은 1657년에 갈릴레이의 두 제자가 주도한 아카데미아 델 시멘토 Academia del Cimento의 설립으로 이어졌다. 이후 영국과 프랑스에서 왕실이 주도하는 각종 왕립 아카데미로 이어졌다. 영국에서는 프랜시스 베이컨과 로버트 보일 등이 주축이 되어 1660년에 로열 소사이어티를 설립했다. 프랑스에서는 루이 14세의 지원을 바탕으로 1666년에 과학 아카데미 Academie des Sciences가 설립되었다.

과학혁명은 순수과학과 기술과학으로 나눌 수 있다. 순수과학에서는 수학, 역학, 광학, 열학, 음향학, 자기장학, 전기학, 기상학, 화학, 지리학, 지질학, 생물학, 식물학, 동물학, 해부학, 생리학, 의학, 미생물학 등 세부 학문으로의 분화와 발전이 있었다. 기술과학에서는 농업, 토목, 광업, 금속학, 역학공학, 증기엔진 등에서 중요한 발전이 있었다. 이런 내용은 분명 서양문명이 이룬 찬란한 발전의 증거로서 인류를 질병과 가난, 재해와 미신에서 구원한 것이 사실이었다. 그러나 이런 발전의 반대급부도 함께 보아야 하는데, 자연이 그 핵심에 있다. 인류의 복지 향상이 거저 얻어지는 것은 아닐진대, 그 대가로 자연 훼손을 치른 것이며 과학혁명이 그 출발점을 이루었고 산업혁명까지 이어져 자연을 희생시키는 핵심 역할을 한 것이다.

자연과 과학적 심미성

과학혁명은 자연을 개발하고 정복하는 물리적 도구의 발전만 가져온 것이 아니었다. 자연을 바라보는 인간의 기본 시각과 자연의 의미에도 심각한 변화를 가져왔다. 사상에서는 '공평성disinterestedness' 이라는, 기독교에서는 '성스러운 물리학' 이라는 새로운 개념이 각각 정립되었다. 공평성은 자연과 일정한 거리를 유지하면서 자연에 대해 과학적 분석을 함으로써 객관적 판단을 얻어낼 수 있다는 개념이다. 표면적으로는 자연을 감상의 대상으로 보는 숭고미나 픽처레스크picturesque와 반대편에 섰지만 구체적 내용에서는 이 두 개념이 탄생하는 데 일정한 역할을 하게 된다.

공평성 개념이 탄생한 곳은 영국이었다. 18세기 초 영국의 미학자들은 자연에 대한 미학적 판단과 과학적 객관성 사이의 연관성에 대한 연구를 시작했고 이는 대륙 철학과 구별되는 영국만의 전통으로 자리 잡게 된다. 조지프 애디슨Joseph Addison과 프랜시스 허치슨Francis Hutcheson 같은 영국 경험주의자들은 미학적 경험의 이상적 대상으로 예술보다 자연을 선택했으며 공평성을 그런 경험의 대표적 내용으로 제시했다. 이후 섀프츠베리Shaftesbury 등을 거치며 계속 발전해서 미학적 경험에 대응해서 연상해낼 수 있는 감성의 종류 및 이것을 개념화하는 틀을 늘려나갔다.

이런 경험의 대표적 대상인 자연풍경은 종교적 질곡에서 해방되었으며 감상자의 개인적 취향, 도덕성, 경제적 이익 등과 같은 주관적 판단의 대상에서도 해방되었다. 결론은 자연과학에서 자연을 바라보는 것에 최대한 근접한, 객관적이고 기계론적인 판단 기준을 심미적 경험에도 만들어내자는 것이었다. 이런 태도는 '숭고미' 라는 미학 개념이 탄생하는 데 일정한 역할을 했다. 산이나 광야 같은 거친 자연 상태를 위협적으로 느끼거나 마냥 무서워하면서 피하기만 할 것이 아니라 일정한 거리를 두고 그 특징을 파악해서 객관적으로 감상하자는 생각이며 그 대표적인 특징으로 숭고미라는 개념을 정의해냈다. 숭고미는 낭만주의 미학에서도 중요한 부분을 차지하는 양면성을 갖는다. 일찍이 칸트도 자연의 숭고미에 대해 정의한 적이 있는데 이는 숭고미라는 개념이 과학적 합리주의를 철학과 미학에 적용한 산물이라는 사실을 보여주는 증거이다.

　자연에 대한 공평성 개념이 탄생하는 데에는 프랑스 자연주의의 영향도 일정 부분 있었다. 조르주루이 르클레르 드 뷔퐁Georges-Louis de Buffon과 드니 디드로Denis Diderot 등이 이끈 사조로 과학의 발견을 철학에 접목한 통합 학문이었다. 출발은 뷔퐁의 자연과학 연구였다. 그는 뉴턴의 열렬한 지지자로 수학, 물리학, 동물학, 지리학, 식물학 등 자연과학을 종합적으로 연구해서 지구와 생명체의 탄생에 관해 진화론의 초기 학설을 정립했다. 이를 바탕으로 자연의 철학적 의미를 인과론과 기계관의 통합 시각으로 정의하는 자연주의를 세웠다. 예컨대 생명은 무수한 미립자로 이루어졌다는 유기분자설의 주창자인데, 이는 그대로 생명의 철학적 의미가 된다. 생명이란, 무수한 미립자의 총합 이상의 별도의 정신적 의미를 갖지 않는다는 주장이다. 파리왕립식물원장이 되어 동식물에 대한 모든 자료를 총 44권의 『박물지Histoire naturelle』(1749~1788)로 출판했는데 백과전서파이기도 해서 이 내용은 디드로가 편집, 출간한 『백과전서Encyclopédie』(1751~1772)에도 많은 부분이 수록되었다.

　공평성 개념에서는 자연과 예술은 동일한 감상 대상이 된다. 둘 모두에 대한 심각하고 깊이 있는 모델을 정의하는 일이 우선인데 이를 위해서는 본질을 잘 알아야 하며 다음으로 이런 본질에 대해 규범화된 기준에 따라 공정한 경험과 판단이 이어져야 한다. 예술작품의 본질을 알기 위해서는 사상, 의도, 사조 등 객관적 사실이 바탕이 되어야 하듯 자연의 본질도 자연과학이 제공하는 객관적 지식이 바탕이 되어야 한다. 공평성 개념으로 바라보게 되면 자연에 대해서뿐 아니라 예술작품에 대해서까지 심미적 감상을 거부하게 된다. 주관적 감성이 개입될 여지를 차단하기 때문이다. 이로써 자연에 대한 과학적 심미성이 확보되었다. 자연을 감상하는 심미적 태도에까지도 주관성을 차단하고 과학적 객관성을 주장했다.

공평성 개념은 이후 큰 호응을 얻지 못하고 18세기 일부 영국 경험주의자들의 주장에 머문다. 숭고미를 탄생시키고 자연을 물리적으로 개발하는 산업문명에 사상적 타당성을 만들어주는 등의 역할을 하는 선에 그치고 만다. 예술작품에 대해서는 물론이고 자연에 대해서도 잘못된 분석을 담고 있다는 반론이 곧 제기되었다. 낭만주의를 거치며 풍경이나 환경 등의 개념이 자연에 도입되면서부터였다. 자연은 단순히 산, 물, 굴, 나무, 동물과 같은 개별 요소가 아니라 이런 개별 요소에 사람을 합해서 포괄하는 종합적 환경이라는 주장이 등장했다.

주관적 심미성에도 개인의 감성만 있는 것이 아니라 지역, 민족, 역사 같은 집단적인 내용도 있는데 이런 것들이 복합적으로 작용한 결과가 '풍경으로서의 자연'이라는 개념이었다. 예를 들어 독일의 산하와 영국의 산하는 과학적 분석으로는 동일한 물질적 상태로 귀결되지만 이것을 받아들이는 여러 단계의 주관적 심미성에 따라 그 의미가 매우 다르게 된다. 공평성 개념은 자연의 개별 요소와 감상자 사이에 거리를 두기 때문에 이 둘의 복합적 상호작용을 원천적으로 봉쇄하게 되며 따라서 환경이나 풍경 개념으로 나아가지 못한다. 하지만 이 둘은 실제로는 서로 분리되어 독립적으로 존재하는 것이 아니라 항상 상호보완 작용을 하며 환경이라는 더 큰 개념에 속하게 된다. 환경에 대한 올바른 판단과 감상은 이런 상호 관계와 포함 관계 속에서 가능한데 이것을 분리해버렸기 때문에 올바른 판단과 감상이 불가능해진 것이다.

이처럼 공평성 개념과 낭만주의 사이에 오간 공방 과정에서 '환경'이라는 개념이 최초로 등장하게 된다. 물론 기계문명의 극심한 폐해를 거친 20세기 후반의 환경 개념과 차이가 많긴 하지만 자연을 종합적이고 포괄적인 존재 상태로 파악할 수 있게 된 것은 큰 선물이었다. 공평성에 대한 구체적 대안은 20세기 후반부의 본격적인 환경운동에서 환경 연대 모델environment engagement model이라는 개념으로 제기된다. 18세기 낭만주의에서는 그 전 단계로 객관성 대신 주관성, 거리두기 대신 몰입 등의 개념이 등장하게 된다.

성스러운 물리학으로서의 자연

자연이 과학적 분석의 대상이 되면서 기독교에서 자연을 바라보던 전통적 개념인 '성스러운 예술작품'의 개념도 큰 변화를 겪게 된다. 신학에 자연과학을 합한 자연신학이 대표적인 예이다. 자연신학은 어느 시대에나 있었는데 계몽주의 때에는 과학혁명의 결과로 신 중심의 전통적 신학관이 붕괴되는 결과로 나타났다. 영국에서는 18세기 말~19세기 초에 윌리엄 페일리William Paley가 해부학과 자연사를 종교철학과 결부시켜 탄생시킨 기독교 변증론이 대표적인 예인데, 그는 하나님을 성스러운 디자이너로 정의했지만 그 결과물은 인간의 자연과학에 의해 분석, 평가될 수 있다고 보았다. 브리지워터 문헌Bridgewater Treatises(자연신학의 여러 저자들의 논문과 저술을 모아놓은 책)도 중요한 역할을 했다. 가톨릭 국가에서는 자연적 진리와 계시된 진리가 동일한 것이라는 토마스 아퀴나스의 일원론을 이분법적으로 분리시켜 극단화하는 형식으로 나타났는데 볼테르Voltaire와 디드로 같은 계몽주의 철학자들의 신학적 회의론이 대표적인 예이다.

'성스러운 예술작품으로서 자연' 개념의 붕괴는 다윈Charles Darwin의 진화론에서 절정에 이른다. 자연은 '성스러운 물리학'으로 새롭게 정의된다. 말 그대로 물리적 연구 대상이되 신의 작품이라는 사실까지 부정하지는 않고 받아들여 성스러운 물리학으로 정의한 것이다. 신성성은 유지하되 인간의 지식으로 파악할 수 있다는 주장으로 전통적인 자연신학에 과학혁명을 합한 것으로 볼 수 있다. 그 방향은 둘로 볼 수 있다.

하나는 자연신학의 분화로, 이는 기독교를 주축으로 과학혁명을 수용한 결과이다. 구체적 양상은 세부 분야로 분화, 발전한 과학혁명과 비슷해서 자연과학의 세부 분야가 신학에도 등장한 것이다. 몇 가지 대표적 예를 들면, 우선 거시적 차원에서 모자이크 물리학을 들 수 있다. '피지카 사크라Physica sacra'라 불리며 '성스러운 물리학'이라는 명칭의 근원지이기도 한데, 17세기 후반부에 유행했으며 성서 해석을 또 하나의 책인 자연을 이해하는 열쇠로 삼으려는 시도이다. 두 책의 내용이 일치한다는 가정 아래 진행된 흐름인데, 요한 아모스 코메니우스Johann Amos Comenius가 대표적 인물이었다.

세부 분야에서는 물리신학physico-theology이 대표적인 예이다. 17세기 말에서 18세기 계몽주의 초기에 영국에서 처음 등장해서 유럽으로 전파되었다. 과학에서의 새로운 발견 내용을 신앙적 믿음과 결합시키려는 시도다. 표면적으로는 당시 과학의 발전에 따라 새롭게 등장하던 데카르트의 합리주의와 기계론적 세계관에 대응하기 위한 기독교의 반발운동이었지만 구체적 내용에서는 이런 세속학문을 신학에 접목한 결과로 나타났다. 프리드리히 크리스티안 레서Friedrich Christian Lesser의 『석판신학 Lithotheologie』(1735)이 대표적 예인데, 그는 이 책에서 동물, 식물, 천둥, 태풍 등 여러 자연현상에 대해 길게 기술하며 영적인 의미를 부여했다.

이런 흐름은 19세기까지 계속되었는데, 가장 대표적인 것은 인간의 몸과 전 우주 사이에 전자기가 흐르면서 둘을 하나로 이어준다는 이론이다. 과학에서 발견한 전자기라는 자연현상에 대해 신학적 의미를 부여한 것으로, 1789년의 갈바니Luigi Aloisio Galvani의 동 전기(화학 반응으로 일어나는 전기) 실험과 1800년의 볼타 전퇴voltaic pile 등을 거치면서 '전기 신학theology of electricity'라는 새로운 장르를 낳았다. 프란츠 안톤 메스머Franz Anton Mesmer의 이론이 대표적인 예이며 아르망–마리–자크 드 퓌세귀르Armand-Marie-Jacques de Chastenet, Marquis of Puységur의 동물 자기학과 같이 당시에 큰 인기를 얻으며 성공한 분야도 있었다. 이외에도 프리드리히 외팅거Friedrich Christoph Oetinger, 디비시Václav Prokop Diviš=Divisch, 프리커Fricker, 로슬러Rösler 등을 대표적 인물로 들 수 있다. 일부는 자연철학자로 분류되기도 하는데, 자연과학에서는 자연현상을 발견만 했지 이것을 창조한 주인까지 밝혀내지는 못했다는 전제 아래 이런 모든 자연현상마저도 하나님의 창조 작품이라는 주장이었다. 따라서 과학혁명 시대 때 신학의 역할을 새로운 자연과학의 발견에 기독교적 의미를 부여하는 일이라고 했다.

다른 하나는 기독교의 의미를 축소하는 대신 좀 더 일반적인 의미에서 자연에 존재하는 신성과 물리성 사이의 관계를 살펴보는 경향이다. 14세기 자연신학까지 거슬러 올라갈 수 있으며 15세기 니콜라우스 쿠자누스Nicholaus Cusanus를 거쳐 16세기에 파라셀수스Aureolus Philippus Paracelsus에서 중요한 발전을 이룬다. 파라셀수스는 인간과 신성 사이의 관계에 대해 중간적 지성의 존재를 믿은 점에서 신플라톤주의로 분류되긴 하나 이런 중간적 지성에 대한 영적 사유보다는 하늘과 인간 사이의 유추적 관계를 찾아내는 작업에 치중했다. 이때 하늘은 역동적이고 구체적인 살아 있는 상태로, 인간은 구성 요소의 총합으로 각각 정의했다. 다분히 자연과학적 정의이며 둘 사이의 유추적 관계를 연구하기 위해서 자연과학 지식을 비롯해서 모든 객관적 정보를 총동원했다.

자연에 대해서도 마찬가지인데, 자연은 성스러운 힘에서 직접 나타나지만 영적인 힘과 물리적 상태가 합해진 것으로 보았다. 빛을 예로 들면, 빛은 초감각적 상태인 성스러운 힘에 의해서 창조된 것인데, 두 상태로 구별된다. 하나는 은혜의 빛으로 성령의 세계에 속한다. 그 속에서 인간은 불멸의 성령을 통해 신비한 힘을 경험하게 된다. 다른 하나는 자연의 빛으로 독립적 힘에 의해 스스로를 드러냄으로써 자연과학의 대상에 속한다.

파라셀수스는 이런 두 가지 상태의 빛이 주고받는 상호작용에 의해 자연이 탄생한다고 보았고 이것은 곧 하늘과 인간 사이의 유추적 관계에 대한 하나의 모델이 될 수 있다고 했다. 그러므로 금속, 식물, 인간 육체 등 자연의 다양한 존재상태 사이의 일치와 조화를 해독하는 일이 곧 성스러운 피조물로서의 자연을 이해하는 길이라고 보았다. 자연에 대해 인간의 지성으로 사유함으로써 자연의 창조라는 신의 기적을 이해할 수 있다고 본 것이다. 자연을 인간의 지식과 과학의 대상 안으로 가지고 들어오는 중요한 분기점이었다.

이런 파라셀수스의 철학은 파라셀수스주의Paracelism이라 불리며 독일 전역으로 확장되어 초기 근대 독일 특유의 학문 경향인 전체론holism을 낳는 데 중요한 역할을 했다. 16세기 말부터 17세기 초까지에는 유럽으로 전파되었는데, 헤르하르트 도른Gerhard Dorn, 알렉산더 폰 주흐텐Alexander von Suchten, 오스발트 크롤Oswald Croll 등이 중요한 후계자였다. 이들의 철학과 자연과학은 독립적이지는 않고 스승과 마찬가지로 신학의 일부분으로 진행되었다.

이들은 이른바 '게으른 신deus otiosus' 개념을 거부하며 신에 이르는 여러 단계에 대해 고찰한 단계론적 성향을 보인다. 신은 자연의 여러 작동 과정에 개입한다고 보았는데, 이런 과정들은 절대 섭리에 의해 한 번에 모든 것이 결정된 것이 아니라 여러 단계에 걸친 유기적 통일 상태로 작동한다고 보았다. 유기적 작동 자체가 신의 창조 활동이며 심지어 신 자체와 동의어라고 보았다. 그 결과 세계와 자연은 중세 신학의 우주론이 제시한 것 같은 무미건조한 상태와 다른 '성스러운 물리학'으로 나타난다. 세계와 자연이 유기적으로 작동한다는 가정이 성립된다면 심지어 생리적 관점에서의 분석까지도 가능하다고 보았고 그 결과 생리 우주론 physiological cosmology이나 화학철학이라는 특이한 학문의 탄생을 가져왔다. 두 학문은 연금술에 뿌리를 두고 있긴 하지만 17~18세기 새로운 학문 경향에 의해 오히려 연금술의 미신적 성격을 지우고 합리적 경향으로 새롭게 탄생한 학문이었다. 이상과 같이 계몽주의 자연신학은 자연과학의 방법론으로 기독교 교리를 해석하려는 새로운 시도였다. 그 의미는 양면적이었다. 새로 탄생한 다양한 신과학으로 기독교를 해석하는 확장을 통해 기독교의 신성을 지킨 공로도 있긴 있었다. 그러나 큰 방향은 기독교를 자연과학에 종속시킨 결과를 낳았고 이는 결국 물질로서의 자연을 강화하는 쪽으로 작용했다. 신성한 정신 작용으로서의 자연은 점차 설 자리를 잃어갔다.

3

세 번째 자연
감성으로서의 자연

낭만주의와 세 번째 자연

르네상스에서 시작해서 종교개혁, 과학혁명, 계몽주의에 이르는 초기 근대기 3세기 동안 자연에 대한 위기는 지속적으로 누적되어갔다. 세 번째 위기였다. 그에 대한 대응도 대대적으로 일어나면서 낭만주의를 탄생시켰다. 낭만주의는 좁게는 문학, 음악, 미술 등 예술 장르의 사조 이름이지만 넓게는 철학, 미학, 종교, 정치, 사회 등 문화 전반에 걸친 큰 문명운동이었다. 이 가운데 생태운동과 관련된 내용은 자연을 감성적 감상 대상으로 보는 태도 전반을 가리킨다. 자연을 개발 대상으로 보면서 생긴 위기이기 때문에 그에 대한 대응은 자연을 감성적 감상 대상으로 정의하는 방향으로 나타났다. 감성으로서의 자연인 세 번째 자연이었다. 이전에 없던 자연을 바라보는 새로운 태도가 나타났고 자연도 새롭게 정의되었다.

이런 새로운 자연 개념은 특정 분야에 국한된 좁은 의미의 한 가지 사조로 나타나지 않고 여러 분야에 걸쳐 폭넓게 시도되었다. 그 내용을 요약하면, 우선 자연을 감성적으로 대하기 위해서 무엇보다 사람의 본성을 새롭게 정의하면서 보편적 인간 본성을 추구하는 흐름이 나타났다. 이를 바탕으로 자연을 바라보는 종교관도 새롭게 정의되었는데 자연종교의 유행이 대표적인 현상이다. 예술은 자연을 감성적으로 즐긴 최고의 분야였는데 이런 목적에 맞춰 탄생한 풍경화가 대표적인 예였다. 실제 자연과 풍경화 속의 자연 모두를 즐기기 위해서는 사상적 기반이 필요했는데 그 결과 라 벨르 나튀르la belle nature, 픽처레스크, 숭고미 등의 미학 개념이 정의되었다.

건축에서는 낭만주의에 따른 새로운 양식이 창출되지 못했다. 그럼에도 건축에서도 감성으로서의 자연을 개입시킨 여러 해석운동과 사회운동이 활발하게 일어났다. 해석운동의 대표적인 예로 폐허운동을 들 수 있으며 그리스 신전이 대표적인 대상이었다. 이외에도 로마와 고딕 시대의 유적도 이에 포함되었다. 자연 상태에 방치된 채 폐허로 발굴된 과거 시대의 유적에서 건축이 자연과 감성적으로 하나가 될 수 있는 가능성을 찾은 것이다. 사회운동의 대표적인 예로 중농주의와 혁명 정신에 따른 농촌개혁운동을 들 수 있다. 기계론적 자연관에 의한 자연 개발이 점점 도시화로 귀결되자 이에 대한 대안 운동으로 낭만적, 감성적 자연관을 사회적으로 확대해서 농촌개혁운동을 이끌었으며 이것의 사회적 동인으로 중농주의와 혁명사상에 기댔다. 농촌 개혁의 물리적 환경을 제공하는 건축 분야도 중요한 역할을 했다.

낭만주의 전파와 어린이 모델

이런 방향의 대응은 이미 르네상스부터 시작되었다. 자연을 미학적으로 즐긴다는 생각은 14세기의 페트라르카Francesco Petrarca에서 시작된 것으로 볼 수 있다. 단순히 경치를 즐기기 위해 산을 오른다는 '열정passion'이라는 새로운 개념을 제시했다. 그러나 이것도 잠시일 뿐, 이후 낭만주의 전까지 자연을 미학적으로 감상한다는 개념은 지속적으로 유지되지 않았고 나타났다 금방 사라지는 식이었다. 심지어 처음에는 산을 오르는 자연 감상이 종교적 전통에 의해서 폄하되기도 했다. 이것 역시 자연을 기독교적으로 어떻게 해석하느냐의 문제였다. 자연을 하나님의 성스러운 예술작품으로 정의하는 해석 아래에서는 경치를 즐기기 위해 산을 오르는 일이 하나님의 예술작품을 감상하는 행위에 포함될 여지가 남았다.

반면 인간중심주의 아래에서는 산을 대홍수 뒤에 버려진 난파 조각을 쌓아올려 만든 경멸의 대상으로 보기 일쑤였다. 더 일반화하면 성서에서 '거친 광야'라는 말이 지닌 뉘앙스에서 알 수 있듯이 문명의 손길이 닿지 않은 원시적 자연은 징벌과 회개의 대상이 되는 무서운 장소로 인식되었다. 모든 자연의 작용을 인간성이 상실되고 문명이 결여된 상태 혹은 완전한 조화에 대한 서투른 대체물 등으로 파악했다. 이런 시각은 그대로 자연 개발을 합리화하는 배경으로 작용했다. 이와 반대로 시간이 지나면서 자연을 개발 대상에서 해방시켜 감상 대상으로 온전히 지키려는 움직임도 커져갔다. 이것은 종교적 편견으로 덧칠된 자연을 본래 의미로 해방시켜 미학적 판단과 감상의 대상으로 새롭게 자리매김하려는 시도이기도 했다. 이런 움직임은 과학에 의한 자연의 객관화와 예술에 의한 자연의 주관화가 뒤섞인 상태로 진행되었다.

르네상스 때에는 페트라르카 이외에도 어린이 모델child model, 아기 예수, 빌라 등 자연을 감상 대상으로 보는 여러 시각이 더 있었다. 당시에는 하나의 운동으로 발전하지 못하다가 어느 선 이상으로 축적되면서 낭만주의라는 거대한 흐름으로 나타나게 된 것이다. 어린이 모델은 키케로

Marcus Tullius Cicero가 어린아이를 '자연의 거울'이라고 부른 데까지 올라간다. 르네상스 때 키케로 사상이 재등장하면서 그 가운데 하나로 어린이 모델이 나타났다. 때 묻지 않은 원생림의 독립적 가치를 정의하기 위해서 비유 모델이 필요했는데, 어린아이는 적어도 태어날 당시에는 인간적 고뇌와 인공적 가식에서 자유롭기 때문에 키케로를 중간 매개로 삼아 그 모델을 어린이에게서 찾게 된 것이다. 여기에 더해 르네상스 문명 전체가 늙은 중세를 갈아치우고 도로 젊어진다는 의미를 갖기 때문에 어린이의 장점과 매력은 르네상스 말기가 되면 일정한 근거와 문화적 권위를 확보하게 된다.

어린이 모델은 르네상스 때 등장한 이후 18~19세기를 거치며 낭만주의 때 꽃피게 된다. 윌리엄 워즈워스William Wordsworth는 어린아이의 순진무구함을 순결한 영혼의 상징으로 보면서 하늘에서 바로 내려온 상태라고 노래했다. 이런 상태는 본유本有, innate nature 관념 혹은 본유 지식으로 확대되면서 19세기에는 본유미의 상태에까지 유추되었다. 인간의 욕심과 편견이 개입하기 이전의 근원적이고 본유적인 관념, 지식, 미라는 뜻이다. 조지 엘리엇George Eliot이 소설 『사일러스 마너Silas Marner』(1861)에서 에피라는 여자아이를 통해 표현한 것처럼 소설가들은 어린아이의 순수함을 마술적 지혜의 소재로까지 사용한다. 『해리포터Harry Potter』도 이런 전통을 이어받은 것이다. 20세기에는 엘렌 키Ellen Key가 "어린아이의 세기"라고 불렀듯이 어린아이는 소설의 주인공으로까지 등장하게 되며 헨리 제임스Henry James는 어린아이의 시각에서 소설을 쓰기도 했다.

어린이 모델이 등장하면서 '아기 예수'라는 개념도 정착하게 된다. 영어로는 Child Jesus, Infant Jesus, Baby Jesus, Divine Infant, Christ Child 등 여러 가지로 불리는데, 사전적 정의는 태어나서 12세까지의 예수를 의미한다. 이미 4~5세기 초기 기독교 예술에서부터 성화의 소재로 등장했는데, 성모 마리아 품에 안긴 '마돈나와 아기 예수'가 대표적인 예이며 신약성서에 등장하는 12세 이전의 예수 생애가 주요 소재였다. 중세까지 아기 예수는 종교적 의미를 갖기보다는 성서의 내용을 충실히 옮기는 역사적, 사실적 경향을 유지했다.

14세기에 어린이 모델이 등장하면서 아기 예수도 숭배 대상이 되었다. 예수 본인이 「마태복음」 18장 1~5절에서 "천국에서는 누가 크니이까? 예수께서 한 어린아이를 불러 저희 가운데 세우시고 가라사대 진실로 너희에게 이르노니 너희가 돌이켜 어린아이들과 같이 되지 아니하면 결단코 천국에 들어가지 못하리라. 그러므로 누구든지 이 어린아이와 같이 자기를 낮추는 그이가 천국에서 큰 자니라. 또 누구든지 내 이름으로 이런 어린 아이 하나를 영접하면 곧 나를 영접함이니"라고 가르쳤듯이 때 묻지 않은 어린아이가 영성이 가장 풍부한 것으로 보는 시각이 기독교의 바탕에 깔려 있다. 동자승에서 보듯 여러 종교의 공통적 시각이기도 한데, 르네상스 때 아기 예수를 거치면서 손대지 않은 순수함이 독립적 가치를 갖는 것으로 인정받게 되었다.

자연에도 동일한 시각이 적용되어서 '성스러운 예술작품 대 인간중심주의'의 전통적인 이분법 이외에 원생림이라는 또 하나의 자연이 탄생하는 첫 번째 배경이 마련되었다. 이전에 원생림은 '성스러운 예술작품'의 범위 내에서 그것의 한 상태로서만 존재 가치를 가졌는데 이제 여기에서 벗어나 그 자체로 독립적 가치를 갖게 된 것이다. 어린이 모델이나 아기 예수의 개념이 원생림 자연에 적용될 수 있는 근거는 '자연적 인간' 개념이었다. 어린아이는 하나님이 빚은 최초의 자연적 인간의 모델이며 이것을 근거로 어린아이처럼 순진한 사람만이 하늘나라에 들어갈 수 있다는 생각이 핵심 고리였다. 인간의 손때가 묻지 않은 순수한 상태를 숭고하게 여기는 하나의 큰 흐름이 형성된 것인데, 같은 논리를 자연에 적용할 경우 '손대지 않은 자연nature untouched'이라는 뜻의 원생림이 탄생하게 되는 것이다.

낭만적 자연과 인간의 보편적 본성

기계론적 자연관과 낭만주의 사이의 각축을 만들어낸 배경은 여러 가지이다. 일반적으로 보면 '물질 대 감성'의 이분법이라는 상식적인 대립 구도로 단순화할 수 있다. 자연을 바라보는 태도라는 관점에서 보면 중요한 배경이 하나 더 있는데 '생성하는 자연'과 '생성된 자연'이다. 많이 알려지지 않고 숨은 배경인데, 낭만주의 탄생에 직접적인 영향을 끼치지는 않았지만 기계론적 자연관과의 대립적 구도 속에서 보면 감성적 자연관이 등장할 수 있는 중요한 통로 한 가지를 열어준 것으로 평가할 수 있다. 생성된 자연이 그 대상인데, 자연에서 정신적 가치를 박탈하고 자연을 순수 물질로 정의하면서 자연이 종교나 사유의 대상에서 감성적 감상 대상으로 변하게 된 것이다. 어떤 면에서는 기계론과 마찬가지로 인간 중심의 세속적 자연관일 수 있는데 자연을 손대지 않고 마음으로 즐긴다는 점이 기계론과 결정적 차이였다.

낭만주의 작가들은 이렇게 독립된 존재로 떨어져 나온 '생성된 자연'을 느끼고 감상하는 일이 낭만주의적 자연 찬양의 핵심이라고 여겼다. 워즈워스는 고대 고전주의자들이 샘과 나무, 심지어 바다에서까지 님프(요정)의 존재를 보고 느꼈다고 생각했다. 낭만주의 이전에 셰익스피어도 생성된 자연에서 유추 작용을 도출했다. 나무에서 혀를, 흐르는 냇물에서 책을, 돌에서 설교를 각각 느꼈는데 이는 모든 자연 존재에는 좋은 대상이 들어 있다는 주장이었다. 자연을 수동적 결과물로 보는 것이 아니라 살아서 생명과 감성과 감정을 만들어내는 유기적 메커니즘으로 본 것이다. 낭만주의는 이런 '생성된 자연'의 개념을 바탕으로 삼고 한걸음 더 나아가 인간도 그런 자연의 일부라는 사실을 중요한 형성 배경으로 갖는다. 자연과 인간을 동일시함으로써 감성적 일체를 느낄 수 있을 뿐 아니라 자연을 훼손하는 일은 자신의 육체를 해치는 것과 같다고 본 것이다.

자연에 따라 사는 삶은 자연이 무엇인가에 대한 지식을 요구하는데 이런 지식을 찾는 한 가지 방법은 민족에 따라 차이가 나지 않는 공통점, 즉 보편성이라고 부를 수 있는 것을 찾아내는 일이다. 보편적 자연 개념을 찾는 일은 자연 자체에서 찾기보다는 자연을 대하는 사람의 본성에서 찾는 것이 더 유용할 수 있다. 대상은 가만히 있는데 항상 대상을 바라보는 주체가 변해서 대상도 변하는 것처럼 보이기 때문이다. 고대 스토아학파에서는 인간의 본성에 뿌리를 둔 보편적 동의사항을 선으로 정의하며 숭배했다. 파스칼은 보편성을 가슴과 동일한 것으로 보았다. 이성만으로는 설명되지 않는 상식적 분별력의 의미였다.

그 외에도 여러 사람이 인간의 보편적 본성에 대해서 이런저런 주장을 폈는데 공통점은 '모든 사람들이 특별한 교육을 받지 않고도 본능과 상식으로 알고 있는 생각들의 집합', 즉 본유적 지식이라는 점이었다. 사조나 문명 장르에 따라서도 다양하게 정의되는데, 기독교에서는 하나님이 만든 첫 번째 인간인 아담의 원죄가 없는 상태를 의미했다. 낭만주의에서는 문명의 때가 묻지 않은 순수무구한 상태를 의미했다. 그 예로 어린이와 미개인이 있을 수 있는데 둘 모두 낭만주의 자연관을 이루는 중요한 배경이었다. 어린이 모델은 앞에서 살펴본 바와 같이 르네상스에서 시

작해서 낭만주의까지 이어졌는데, 어린이가 인간의 보편적 본성을 대표
할 수 있는 근거는 '본유' 라는 개념이었다.

미개인은 거의 낭만주의에서 처음 등장한 개념인데, 루소Jean Jacques
Rouseau와 포프Alexander Pope가 특히 주목한 인간상이었다. 자연을 있는 그대
로 받아들여서 감상하기 위해서는 인공 문명의 때가 제일 적게 묻은 사람
이어야 하는데 이런 상태를 보편적 인간 본성이라고 보면서 그 모델을 미
개인에서 찾은 것이다. 거꾸로 보면 인간은 자연 속에 있을 때에만 자신
의 본성에 충실한 삶을 살 수 있고 따라서 가장 행복할 수 있다. 이를 위해
자연을 훼손하지 않고 지켜야 한다. 결국 자연과 인간은 모두 인공화가
덜 된 상태에서만 서로를 지켜줄 수 있는 것이다.

어린이 모델과 묶어서 생각하면 어린이가 가지고 있는 본유적 생각
이 성인이 되어서도 훼손되거나 사라지지 않고 그대로 유지된다는 뜻이
었다. 루소가 기독교에 대해서 가진 태도는 양면적인데, 보편적 본성을
"사부아 왕가의 대목代牧이 되기 위해서 하는 신앙고백" 이라고 정의한 데
에서 알 수 있듯이 미개인의 모델로 아담도 생각하고 있었음을 알 수 있
다. 그러나 루소의 미개인 개념에서 대부분의 관심은 인공 문명에서 벗어
나 "자연으로 돌아가" 는 문제에 집중하고 있다. 하나님의 뜻이 잘 반영된
최초의 인간보다는 본유적 지식에 더 무게를 두었다는 뜻이다.

예를 들어, 인공 문명의 대표적 예로 예술을 들면서 이를 자연과 대
비, 구별한다. 예술은 인간이 자연 상태의 물질을 경험한 내용을 의식적
으로 정교하게 변질시키는 작업이기 때문에 그러한 처음 경험을 있는 그
대로 느끼고 지키기 위해서는 예술보다 자연을 우선시해야 되고 결국은
인간의 여러 지적 결과물과 문명 활동을 모르고 살아가는 미개인이 이에
가장 근접한 인간상이라고 보았다. 디오게네스가 인간의 본보기를 동물

에게서 찾았듯이 반지성주의자anti-intellectualist는 본능이라는 또다른 능력에 의존한다. 이들은 인간이 자연에서 가장 우수한 종이라는 사실을 거부하면서 동물은 자연을 따르는데 왜 인간은 못하는가라고 질문한다.

이런 관점에서는 인간을 자연에서 점점 멀어지게 만드는 예술이나 학문 같은 문명 활동이 인간을 가장 타락하게 만든다. 관건은 이런 타락에서 자유로운 인간상을 찾는 것인데 그것을 미개인으로 본 것이다. 미개인의 구체적 모델로 루소는 실제로 오지의 원주민도 가정하기는 했지만 다른 한편에서는 아담의 존재도 암시하는 등 그 내용은 다면적이다. 이 모든 것을 포함해서 자연을 가장 순수한 상태로 즐기고 자연과 하나가 되어 살아가는 가상의 인간상이 정확한 정의일 것이다.

영국의 낭만주의 시인 포프도 비슷한 정의를 한다. 『인간론Essay on Man』(1734) 제1권 90~95행에서 말했듯이 미개인을 "굴곡되지 않은 마음을 가지고 구름 속에서도 신을 보고 바람 속에서도 신의 소리를 들을 수 있는 사람, 혹은 오만한 과학(천문학이 대표적 예) 때문에 영혼이 길을 잃지 않고 태양이 비추는 대로 은하수를 따라 저 멀리까지 갈 수 있는 사람"이라고 정의했다. 포프의 생각을 확장하면, 자연은 원래 단순한 것인데 문명의 때가 묻은 인간의 본성이 이를 복잡하게 이해하고 복잡하게 만든다는 것이다. 단순한 자연은 '손대지 않은 자연'의 의미로서 원생림과 같은 뜻이다. 과학과 문명이 발달할수록 자연에 대해서 공식, 법칙, 물질 등 온갖 새로운 것을 발견하게 되지만 이것은 자연을 쓸데없이 복잡하게 만들 뿐 인간에 아무 도움이 되지 않는 무의미한 헛수고일 뿐이다.

똑같은 논리로 자연을 개발하고 훼손하는 일은 더 말할 필요도 없다. 이는 인간에게 가장 소중하고 절대로 없어서는 안 되는, 인간 스스로와 한 몸인 자연을 망치는 일이기 때문에 자연과 인간 모두에 최악이다. 자연을 가장 단순한 원생림의 상태로 놔두고 인간의 본성 역시 인공 문명에 의한 타락에서 자유로운 미개인의 상태에 머물면서 둘이 하나로 일치할 때만이 인간의 존재를 담보할 수 있다. 자연과 인간 모두 손대지 않고 처음 상태 그대로 놔두는 것이 최선인 것이다.

포프도 루소와 비슷하게 자연을 신을 직접 만날 수 있는 통로로 본 것이다. 자연에서 멀어지거나 자연을 훼손할수록 신에게서 멀어진다는 뜻인데, 넓게 보면 자연을 하나님의 성스러운 예술작품으로 보는 시각의 하나이나 이것을 종교적 찬양 대상이 아닌 낭만적 감상 대상으로 보는 점에서 결정적인 차이가 있다. 인간이 때 묻지 않은 미개인의 본성을 유지하는 한 단순한 자연은 "그의 희망에 부응하듯 구름 낀 언덕 너머로 겸손한 하늘나라를 주었다." 이 대목은 기독교에 반대하지 않되 구원이나 계시 같은 핵심 교리를 원생림의 의미에 견주어 새롭게 해석한 것으로 볼 수 있다. "하늘나라"는 절대 신이 사는 거창한 곳이 아니라 보편적 본성에 충실한 미개인이 원생림 속에서 살다 보면 이 땅 위에서 만나게 되는 수수한 자연 상태라는 뜻이다.

자연종교와 풍경화

한 가지 확실한 것은 루소와 포프 두 사람의 자연관은 기독교의 인간중심주의와는 정반대 편에 선다는 점이다. 하나님은 절대 인간에게 자연 피조물 모두를 자기 마음대로 지배하고 사용하라고 허락했거나 권한을 위임한 것이 아니다. 하나님이 인간을 그토록 사랑하시지만 인간이 원죄를 깨닫고 처음에 하나님에 의해 창조될 때 지닌 보편적 본성을 되찾는다는 가정이 필요하다. 원죄란, 다름 아닌 인공 문명에 의한 인간의 타락이다. 자연 피조물을 개발하고 마음대로 사용하는 것은 원죄를 심화하는 일이며 하나님의 바람과 반대되는 것일 뿐이다. 보편적 본성을 찾는다는 것은 이런 타락 상태에서 벗어나는 것이어야 한다.

이처럼 낭만주의의 원생림과 미개인 개념에는 일정한 종교적 해석이 따를 수밖에 없다. 실제로 낭만주의는 17~18세기에 유행한 자연종교와 보조를 같이한 측면이 많다. 보편성 개념도 마찬가지여서, 객관성을 기본 전제 조건으로 갖기 때문에 과학적이고 논리적으로 추론되지만 일부는 앞에서 본 것과 같이 신과 자연에 대한 개념과도 맞닿아 있다. 자연종교는 천계나 신착神着 없이 성립되는 종교이다. 이때 자연이란, 산과 하늘, 바람, 해 같은 '자연'에만 국한된 것은 아니어서 경배의 대상은 이런 자연을 포함해서 포괄적 범위에 걸쳐 있다. 마음속에서 자연스럽게 발생하는 종교적 현상과 신앙적 작용을 믿는다는 것이 정확한 정의일 것이다. 그 뿌리는 고대 샤머니즘이나 애니미즘까지 거슬러 올라갈 수 있다. 18세기 계몽주의에 특히 유행했는데 이때에는 자연 자체에 많이 집중했다. 자연에 대해서 기계론과 낭만주의 등 확장된 시각이 대거 등장한 데 따른 결과였다. 기독교에도 영향을 끼쳐서 이신교를 탄생시켰다.

세버리의 허버트Lord Herbert of Cherbury, 존 톨런드John Toland, 섀프츠베리, 볼테르, 루소 등이 대표적인 18세기 자연종교 사상가였다. 허버트는 자연 앞에 섰을 때 인간의 지성과 마음속에서 발동하는 내적 진실을, 톨런드는 자유사상에 의한 범신론을, 섀프츠베리는 자연과 교감하는 감성을, 볼테르는 자연을 파악하는 이성적 힘을, 루소는 자연과 하나가 되었을 때 샘솟는 감정을 각각 종교적 대상으로 꼽았다. 이처럼 편차가 적지 않았지만 공통점도 있었는데 자연을 대하는 내재적 본유만이 종교적 대상일 뿐 선험적으로 강요하는 교리는 제외했다는 점이다. 이때 본유란, 마음일 수도

3-1 폼페이에서 출토된 로마 시대 벽화. 목가풍의 경치를 보여준다. (왼쪽)
3-2 조토 디본도네Giotto di Bondone, 〈새들에 설교를 하고 있는 성 프란치스코St. Francis Preaching to the Birds〉(1295년경) (오른쪽)

있고 감성 또는 지성일 수도 있었다.

자연종교 사상가들은 신의 정의에 대해 외부에서 수혈받을 필요는 전혀 없었으며 각자 자신들만의 신을 가지고 있었다. 인간은 본유, 즉 보편적 본성에 의해 자연적으로 신의 존재를 정의하고 신과 만날 수 있는 각자의 계몽 형식을 내재적으로 갖추고 있다고 보았다. 인간이란, 창조주 하나님과 영적 소통을 하도록 만들어졌으며 기도가 그 통로라는 기독교 교리와도 일맥상통하나, 기독교에서는 신을 절대적 존재로 처음부터 형식화해버리는 데 반해 자연종교는 그 범위가 훨씬 포괄적이고 느슨하다는 점이 결정적 차이이다. 자연종교에서는 신의 존재가 집단적 무의식으로 먼저 형성된 뒤 개인의 본유로 구체화된다고 봤는데 이는 심리학에서 정의하는 원형적 지식 개념과 유사하다. 인간의 종교적 본성은 의외로 다양하지 않아서 몇 가지 원형으로 귀결된다는 생각으로, 이것을 기독교의 하나님 한 가지로 단순화하지 말고 최소한의 다양성을 유지하는 것이 인간의 본성에 더 합당하다는 주장으로 발전한다.

자연종교를 성립시키는 기본 개념인 '자연을 바라볼 때 마음속에 자연스럽게 일어나는 종교적 현상과 신앙적 믿음'은 세속적 매개로 표현하면 풍경화의 기본 개념과 연관성을 갖는다. 풍경화는 이미 로마 시대부터 인간이 자연을 대하는 중요한 태도 가운데 하나로 탐구되어왔으며 '인공낙원' 개념으로 처음 완성되었다.그림 3-1 기독교 문명이던 중세 시대에는 종합적 경치로서의 풍경은 회피하는 편이었으며 나무나 풀, 꽃 같은 개별 요소에 집중했다.그림 3-2 종합적 경치가 갖는 감성 작용의 가능성을 이미 알고 있었다는 뜻인데, 11세기 합리주의 신학자 성 안셀름St. Anselm은 자연 풍경 속에 앉아 있는 것조차 인간의 감각을 너무 즐겁게 한다는 이유로 금지했다. 르네상스 때에는 교외와 빌라 등의 사회적 성격이 강한 새로운 문명 현상이 등장하면서 풍경화도 부활했으며그림 3-3 이런 흐름은 그대로 바로크로 이어져 16~17세기 네덜란드와 독일 등에서 사실적 모사로

3-3 주스토 우텐스Giusto Utens, 〈프라톨리노의 메디치 빌라Villa Medici at Pratolino〉(1599)

3-4 마인데르트 호베마Meindert Hobbema, 〈미델하르니스의 가로수 길Avenue of Middelharnis〉(1689)

서의 풍경화가 절정에 이르렀다.^{그림 3-4}

18~19세기에는 프랑스와 영어권으로 중심지가 옮겨가면서 사실적 화풍보다는 미학 해석이나 사회운동 등과 결합된 확장된 예술운동이 되었다. 자연종교의 기본 개념을 회화와 미학과 결합한 새로운 시도가 대표적인데, 핵심 주제는 풍경화가 자연을 원래 상태 그대로 복사하는 작업인지 아니면 그보다 더 우월하게 각색하는 작업인지에 대한 고민이었다. 샤를 바퇴Charles Batteux는 예술이란 자연의 이런저런 뛰어난 상태를 선별해서 모은 뒤 인간의 능력으로 잘 각색하는 것이라는 라 벨르 나튀르 이론을 제시함으로써 풍경화가 더 우월하다는 주장에 대한 미학적 근거를 만들었다. 반대로 랠프 에머슨Ralph Emerson은 "인간이 예술작품에서 아무리 솜씨를 과시한다고 해도 주선主線은 결국 자연의 몫이다"라고 주장함으로써 자연의 본래 상태가 더 우월하다고 보았다.

이런 대립적 태도는 18세기와 19세기를 가르는 차이이기도 하다. 풍경화의 우수성을 믿는 태도가 18세기를, 자연의 우수성을 찬양하는 태도가 19세기를 각각 대표하는 것으로 대별할 수 있다. 18세기의 이런 태도는 풍경화에서 더 많은 즐거움을 느끼려는 경향으로 나타났다.^{그림 3-5} "자연의 작품은 예술작품을 닮을수록 우리를 더 기분 좋게 해준다"라는 조지프 애디슨의 주장이나 "화가는 자연을 시인의 눈으로 봐야 한다"던 조슈아 레이놀즈Joshua Reynolds의 주장 등이 대표적인 예이다.

레이놀즈의 주장은 특히 예술 장르의 표현 매체와 테크닉을 확장하는 흐름을 대표하는 문구이기도 하다. 우트 픽투라 포에시스ut pictura poesis가 대표적인 예인데, 말 그대로 "그림을 그리는 것처럼 시를"이라는 뜻이다. 이는 멀리 로마 시대에 이미 호라티우스Horatius, Horace가 한 번 주장한 것인데, 화가는 시인이 시를 쓰듯 그림을 그리고 시인은 화가가 그림을

3-5 니콜라 랑세르Nicolas Lancert, 〈어린아이들과 커피를 마시고 있는 정원 속 여인A Lady in a Garden Taking Coffee with Some Children〉(1742년경)

그리듯 시를 쓰라는 주장이다. 자연을 모사하는 대표적 두 장르인 회화와 시가 서로 상대방의 매체 테크닉을 사용함으로써 표현 능력을 향상시킬 수 있다는 생각이다. 이런 점에서 두 장르를 자매 예술이라는 뜻의 '시스터 아츠Sister Arts' 이론이라고 부르기도 한다. 18세기 미학과 예술에서 크게 유행했는데, 이는 그만큼 18세기 예술가들이 자연을 가능한 한 생생하게 그리고 표현해냄으로써 더 많은 즐거움을 주고 싶어 했음을 보여주는 증거이다. 그림 3-6 이는 자연을 바라보는 낭만주의 미학의 대표적 두 개념인 픽처레스크와 숭고미 가운데 18세기에는 픽처레스크에 무게를 더 많이 둔 점에서도 확인할 수 있다.

3-6 장-오노레 프라고나르Jean-Honoré Fragonard, 〈만남The Meeting〉(1771)

19세기 풍경화는 자연의 위대함을 찬양하는 쪽으로 바뀐다. 인간의 예술작품이 아무리 뛰어나도 자연이 보여주는 입신의 필치에는 절대 도달할 수 없으며 따라서 예술작품은 이런 자연의 우수함을 드러내고 찬양

3-7 조지프 터너Joseph Turner, 〈성 고타드의 샛길The Passage of the St. Gothard〉(1804) (왼쪽)
3-8 카스파 다비드 프리드리히Caspar David Friedrich, 〈바위 계곡Rocky Ravine〉(1823) (오른쪽)

하는 작업이어야 한다는 주장이다. 자연을 신비한 침묵의 상태로 그린 조
지프 터너Joseph Turner가 대표적인 예이다. 이는 숭고미를 표현한 것으로 볼
수 있는데 확실히 19세기 풍경화에서는 자연의 미적 상태를 픽처레스크
보다는 숭고미로 표현하는 흐름이 강세이다. 그림 3-7, 3-8

　　이런 차이를 보여주는 또다른 증거로 풍경화에 사람을 그려 넣을지
말지의 문제가 있다. 18세기 풍경화는 양치기, 농부, 여정, 마부, 산적 등
다양한 인간 군상을 포함시키는 것이 일반적인데, 이는 그만큼 자연 풍경
을 인간과의 밀접한 관계 혹은 인간의 시각으로 풀어내려 했음을 보여주

는 현상이다. 예를 들어 장 앙투안 바토Jean Antoine Watteau는 자연 속에서 춤 같은 기분전환 놀이를 하고 있는 신사 숙녀를 많이 그림으로써 자연을 즐거움의 대상으로 표현했다.그림 3-9 19세기에 오면 사람 없는 풍경화가 단독으로 성립된다. 자연을 사람의 손길이 닿지 않은 원생림으로 정의하려는 태도가 강화된 것인데, 이를테면 산업혁명 이후 자연이 대단위로 훼손되기 시작한 데 대한 안타까운 반격으로 이해할 수 있다. 오염으로 가득 찬 근대적 대도시가 사회를 지배하게 되자 그 반발로 농촌에 대한 향수병

3-9 장 앙투안 바토Jean Antoine Watteau, 〈원경The Perspective〉(1718년경)

3-10 카를 로트만Carl Rottmann, 〈마라톤Marathon〉(1848)

같은 그리움을 강하게 표현한 것일 수도 있다.^{그림 3-10}

에머슨의 『자연Nature』(1836)이라는 에세이가 좋은 예이다. 그는 봄날의 숲과 언덕, 시내와 늪에서 손길 같은 촉감을 느꼈다. 19세기 시에서 새나 동물에게 말을 거는 표현이 유행한 것처럼 에머슨도 꽃에 말을 걸어 대화를 했다. 이런 자연을 바라보는 것만으로도 도덕적 교훈을 배울 수 있다고 믿었다. 철쭉을 보면서는 "저 꽃의 아름다움은 그 스스로 존재에 대한 모든 이유이다"라고 했다. 바이런George Gordon Byron도 비슷해서 물새를 보면서 신이 새를 인도하듯 자신도 인도해 달라고 기도했다. 영어권에서의 이런 경향은 19세기 후반에 오면 이미지즘imagism(=寫像주의)으로 발전한다. 원래 의미는 1912년경에 일어난 시의 한 풍조로, 일상어를 사용하며 운율에 중요성을 두어 적확한 영상으로 표현의 명확성을 꾀한 사조를 말한다. 낭만주의 자연관과 연관해서 보면, 인간의 손이 닿지 않은 자연 풍경을 보는 것만으로 화가나 시인은 예술작품을 창조할 충분한 여건을 가진 것으로 보는 시각이다.

4
낭만주의 자연관을 담아낸
폐허운동

연상주의, 픽처레스크, 숭고미

자연종교와 풍경화의 등장은 자연을 바라보는 새로운 미학적 태도와 개념을 태동시켰는데 연상주의, 픽처레스크, 숭고미 등이 대표적인 예이다. 연상주의는 말 그대로 원인이 되는 요소와 이것이 유발하는 결과 사이의 관계를 연구하는 학문으로 20세기 이후에 자극과 반응 같은 생리현상을 연구하는 분야로 대표되지만 그 출발점은 18세기 낭만주의의 자연 해석이었다. 영국의 주관적 경험주의가 출발점으로, 이들은 자연 해석의 한 방식으로 사람이 자연을 바라볼 때 느끼는 감각과 마음속에서 발생하는 감성 등을 연구했다. 자연 대상과 이것이 유발하는 감각이나 감성 사이에는 일정한 관계적 법칙이 있다는 전제 아래 '연상'이라는 개념을 정립시켰다.

기초를 잡은 이는 섀프츠베리였다. 그는 형식과 각색이 단독으로 작동하거나 과도한 경우 모두를 경계하며 둘 사이의 통합을 주장했다. 그 모범으로 자연을 들었으며 이렇게 통합된 상태를 도덕성의 한 형태로 보았다. 자연의 도덕성을 인간 활동의 여러 분야에 적용했는데 예술도 대표적인 분야였다. 예술은 단순히 손재주를 발휘해서 감각적인 결과물을 만들어내는 분야가 아니라 자연의 교훈을 배우기에 적합한 분야로서 존립 근거를 갖는 것이다. 감각 작용과 선험적 형식이 통합된 심미 상태가 예술인데, 자연을 이것의 모범적 예로 생각했다.

예술은 자연의 외관만 모방해서는 안 되며 그 뒤에 숨은 구성 법칙과 작동 원리를 배울 것을 주장했다. 외관만 모방하면 미추의 판단 기준에 얽매여서 감각이나 형식의 어느 한쪽에 치우친다고 경계했다. 자연에서 배워야 하는 것은 스스로의 판단 기준과 교정 기능을 갖는 자기 완결 체계라고 했다. 이것은 유기성의 기본 개념으로 픽처레스크의 바탕이 되었다. 또 자연이 지닌 의외성, 놀라움, 경이로움 등의 매력을 인정했는데 이것은 숭고미의 기본 개념을 이루었다.

다음은 프랜시스 허치슨이었다. 그는 감각과 관념 사이의 연상관계를 외적 감각, 미적 혹은 쾌락적 감각, 공공 감각, 도덕적 감각, 명예 감각으로 분류하면서 연상주의를 최초로 정의했다. 예를 들어 사람은 질서, 조화, 규칙 등의 속성을 지닌 대상을 지각했을 때 마음속에 미적 감각을 느끼며 이것은 즐거운 감각이 된다고 주장했다. 아치볼드 앨리슨Archibald Alison은 허치슨의 주장을 극단화하여 연상주의를 완성했다. 우선 심미 작용에서 대상과 관념의 작용을 제외했다. 심미 작용을 관념이 개입하기 전의 첫 느낌이라는 의미로서 순수한 감성의 상태로 본 것이다. 사람들은 대상에 내재된 감각적 특질을 지각하는 순간 즉각 마음속에 감성이 일어난다고 보았는데 이런 즉각적 감성 작용이 바로 연상 작용인 것이다. 이런 주장은 예술에게는 버거운 '관념'이라는 중간 고리를 제거함으로써 자연을 보고 느끼는 감성을 즉각적이고 있는 그대로 예술운동으로 투입할 수 있는 근거를 제공했다.

픽처레스크의 원래 의미는 말 그대로 '그림답다' 는 것으로, 17세기 후반 이탈리아 회화에서 이런 화풍을 보이는 화가들의 그림을 지칭하는 말로 처음 사용하기 시작했다. 이후 1730~1830년 사이에 영국에서 자연 해석과 관련한 미학 사상으로 발전했고 낭만주의 미학의 기본 개념이 되었는데, 그 의미는 '자연의 풍경 가운데 회화답게 표현하기에 적합한 상태' 였다. 풍경화의 직접 대상이 되는 수목, 바위, 물, 구름, 빛 등의 조형성을 의미하는 것으로 비정형, 비인공성, 다양성 등이 구체적인 내용이었다. 나아가 자연의 이런 상태가 사람들의 마음속에 유발하는 순수한 원시성과 시적 감흥 등의 감성 상태도 의미했다.

낭만주의와 풍경화 운동이 발전하면서 픽처레스크 개념도 자리를 잡아갔는데, 유브데일 프라이스Uvedale Price의 『픽처레스크에 대한 소고 Essay on the Picturesque』(1794)와 리처드 페인 나이트Richard Payne Knight의 『기호 법칙에 대한 분석적 연구Analytical Inquiry into the Principles of Taste』(1805)라는 두 연구가 결정적 역할을 했다. 프라이스는 픽처레스크를 에드먼드 버크Edmund Burke가 구별한 숭고미와 심미성 사이의 중간에 위치시키면서 거칠음, 갑작스런 다양성, 비정형의 세 가지 상태를 대표적 특징으로 들었으며, 이를 바탕으로 픽처레스크의 상태를 물, 나무, 건물, 폐허, 개, 양, 말, 새, 여자, 음악, 회화 등 자연 창조물과 인간 예술 장르 등에 일일이 적용시키며 구체적 예를 들었다.그림 3-11, 3-12 이런 작업은 그때까지 분산적으로 퍼져 있던 픽처레스크 개념을 통일성 있게 정리한 점에서 중요한 업적으로 평가할 수 있다.

프라이스는 픽처레스크를 관찰 대상에 내재된 물리적 속성으로 보았다. 관찰자가 이것을 직접 봄으로써 마음속에 일어나는 내적 감흥 그

3-11 토머스 롤런드슨Thomas Rowlandson, 〈앰블사이드의 폭포를 그리고 있는 신택스 박사Dr. Syntax drawing the waterfall at Ambleside〉(19세기 초). 프라이스의 픽처레스크 개념에 해당되는 자연 요소를 보여준다. (위)

3-12 워릭셔Warwickshire의 웰포드온에이번Welford-on-Avon 농가. 프라이스의 픽처레스크 개념에 해당되는 건물 요소를 보여준다. (아래)

자체가 예술적 가치라고 주장했다. 이것은 특정 규범과 선험적 지식에 의존해야만 자연과 예술을 해석하고 감상할 수 있다는 고전주의의 전통적인 주장을 일거에 뒤엎는 파격이었다. 프라이스는 17세기 주요 화가의 풍경화 작품에서 자연이 갖는 픽처레스크 속성과 같은 특징을 찾아냄으로써 픽처레스크 개념을 예술운동의 명확한 예로 제시했다.

프라이스가 예로 든 화가는 살바토르 로사Salvator Rosa, 루벤스Peter Rubens, 렘브란트Harmensz van Rijn Rembrandt, 조르조네Giorgione, 피에르 프란체스코 몰라Pier Francesco Mola 등이었다. 이들은 석양을 보는 것 같은 명암 기법을 이용하여 모든 시각 요소들을 혼합했다. 소재의 형태와 위치를 가변적이고 복잡하게 얽히도록 그림으로써 빛과 음영 사이의 대비를 극적으로 처리했으며 감각적 색채를 도입해서 이런 효과를 도왔다.그림 3-13 이런 기법은 앞에 열거한 자연의 픽처레스크 특징인 거칠음, 갑작스런 다양성, 비정형에 해당되는 풍경화의 특징이었다.

숭고미는 그리스 철학에서 처음 나타난 개념으로 롱기누스Longinus(서기 1세기, 생몰연도가 213 혹은 217~273인 신플라톤주의자 Cassius Longinus와 혼동하지 말 것)가 최초로 정리한 것으로 되어 있다. 이후 18세기 초부터 문학이론과 문학비평에 먼저 도입한 뒤 시각예술로 확장하는 등 일찍부터 많은 사람이 간여한 중요한 논쟁 주제였다. 미학사상으로서 숭고미는 18세기 중후반 에드먼드 버크와 칸트를 거치면서 정립되었다. 버크는 『숭고미와 심미성 개념의 근원에 대한 연구A Philosophical Enquiry into the Origin of Our Ideas of the Sublime and Beautiful』(1756)라는 저서에서 숭고미와 심미성을 구별하는 방식으로 숭고미의 개념을 정의했다. 그는 사람의 본성 가운데에는 심미성보다 더 강렬한 감정을 원하는 상태가 있다고 가정했다. 쾌락을 목적으로 삼는 심미성과 별도로 자기 보존을 목적으로 삼는 더 강렬한 감정 상태가 있다고 했다. 이 감정은 인간을 둘러싼 자연적, 예술적, 지성적 공포를 유발하는 상황에 대한 명확한 인식을 바탕으로 심미성의 쾌락과는 다른 종류의 더 강렬한 즐거움을 추구한다. 사회에 대한 사랑은 이것의

3-13 렘브란트Rembrandt, 〈폭풍우가 밀려오는 풍경Landscape with Approaching Storm〉(1638년경)

한 형태일 수 있다. 버크는 이런 상태를 숭고미라 정의했다.

숭고미는 관찰자에게 기본적으로 공포감을 불러일으키는 상태를 의미했다. 이런 상태는 인간으로 하여금 경외감, 무기력함, 복종심, 넋 잃음 등을 느끼게 하는 거대하고 강력한 초월성을 특징으로 갖는다. 반면 심미성은 관찰자에게 사랑의 감정을 불러일으키는 상태로 부드럽고, 작고, 섬세한 특징을 갖는다. 버크의 숭고미는 사회적 집단미의 성격을 갖는데,

3-14 카스파 다비드 프리드리히, 〈안개 낀 바다 위에 선 방랑자The Wanderer above a Sea of Mist〉(1818
년경)

프랑스대혁명 때 수십만의 성난 군중이 노도처럼 거리를 메우며 행진하
는 장면 같은 것에 유추될 수 있다. 혁명으로 표출되는 인간의 집단 광기
가 숭고미의 대표적 예가 될 수 있는 것이다. 인간의 내재된 본성 가운데
하나인 폭력을 수반하는 포괄적 의미의 공포와 억압이 불러일으키는 감

정이었다. 이것은 자연 경치와 혁명 사이에 공통점이 있다는 직관에서 나온 정의였다. 자연을 시대 상황으로 해석해서 둘 사이의 공통점으로 찾아낸 것이 버크의 숭고미였다.

버크의 이론은 칸트로 발전했다. 칸트는 『심미성과 숭고미의 감정에 대한 관찰Observations on the Feeling of the Beautiful and Sublime』(1764)이라는 저서에서 버크의 심미성과 숭고미 구별 개념을 받아들여 발전시켰다. 버크가 숭고미를 자연이나 예술보다는 사회현상의 관점에서 집단적, 보편적 상태로 정의하려 한 데 반해 칸트는 이것을 감성이나 판단 같은 개인적 반응으로 보았다. 칸트는 이것을 주로 자연 해석에서 찾았다. 폭포 앞에 섰을 때 인간이 느끼는 감정은 좋은 예로, 기존의 심미성이나 공포감 같은 개념으로는 설명되지 않았다. 자연이 주는 낭만적 감성과 초월적 공포감이 합해진 새로운 감정 상태를 정의하는 개념이 필요했는데 숭고미가 그것이었다.

칸트는 나아가 숭고미의 종류를 공포감, 고결함, 찬란함의 셋으로 구별하며 각각의 대표적 상태로 거대한 깊이, 거대한 높이, 거대한 건물을 대응시켰다. 거대한 깊이가 주는 공포감은 백척간두의 절벽 위에 섰을 때 그림 3-14, 거대한 높이가 주는 고결함은 절벽 아래에서 위를 올려봤을 때, 거대한 건물이 주는 찬란함은 고대 거석 구조나 기념비 앞에 섰을 때 각각 느끼고 유발되는 감정에 유추할 수 있다.

폐허운동, 그리스 신전에서 고결한 단순성을 발견하다

낭만주의 자연관을 가장 잘 보여주는 건축 현상으로 농가 모델과 폐허운동을 들 수 있다. 앞에 소개한 보편적 본성, 자연종교, 풍경화, 연상주의 계열의 심미성 등과 관계가 높은 주제는 폐허운동이다. 앞 시대의 유적 가운데 폐허 상태에 있는 건물들에서 낭만적 심미성을 발견한 심미운동 및 이를 감상하러 간 그랜드 투어를 포함하는 문화예술운동을 지칭한다. 폐허라고 다 같은 폐허는 아니어서 낭만적 심미성을 갖기 위해서는 몇 가지 조건이 필요했다. 장소와 관련해서는, 로마 시내 같은 대도시 속 유적보다는 시골의 자연 속에 위치해야 했다. 시간과 관련해서는, 최소 몇백 년에서 길게는 1,000~2,000년 이상 사람의 손길을 타지 않고 잊힌 채 방치되어왔어야 했다.

폐허는 사람의 손때를 타지 않고 순수한 세월의 흔적만 쌓여 원시성을 가져야 심미적 감상의 대상이 될 수 있었다. 문명의 손때에서 자유로운 원본 혹은 원류의 의미로, 낭만적 자연관 가운데 보편적 본성에 해당되었다. 이것이 자연 속에서 진행됨으로써 인간의 셈을 뛰어넘는 종교적 신비함을 가졌는데 이는 자연종교의 개념에 해당되었다. 폐허가 자연 배경과 매우 잘 어울린다는 사실이 발견되어 수채화운동으로 발전하면서 둘을 합한 폐허 수채화운동은 18세기 낭만주의 풍경화 가운데 중요한 하부 장르를 형성했다.^{그림 3-15} 폐허는 또한 18세기 동시대의 시간과 공간을 초월하는 의외성을 지녔다. 르네상스에서 바로크에 이르는 기간 동안 대도시를 중심으로 진행되어온 인공 문명을 시간과 공간 모두에서 훌쩍 뛰어넘었는데, 이런 의외성에서 픽처레스크와 숭고미 같은 연상주의 계열의 감상 작용을 일으키기에 아주 적합한 대상이었다. 신화나 먼 옛날의 시조始祖처럼 신비롭게 구전되어오던 문명의 뿌리를 갑자기 접하게 된 데 따른 놀라움과 낭만적 풍경다움이었다.^{그림 3-16}

폐허가 이처럼 숨겨진 예술성이 높은 대상이라는 사실을 유럽 사회가 처음 깨달은 것은 18세기 중반경이었다. 단서는 그리스 해방이라는 의외의 곳에서 시작되었다. 18세기 초까지 그리스는 인접한 오스만튀르크

3-15 위베르 로베르Hubert Robert, 〈폐허 콜로네이드Colonnade en ruine〉(1780) (위)
3-16 안토니오 졸리Antonio Joli, 〈넵툰 신전Temple of Neptune〉(1759) (아래)

제국의 지배를 받고 있었기 때문에 유럽에서는 갈 수 없는 금단의 땅이었다. 그러나 그리스는 유럽 문명의 뿌리로서 유럽인의 마음속에 신화처럼 막연한 신비의 대상으로 생각되어오고 있었다. 직접 갈 수 없다는 제약은 호기심과 바람을 증폭시켰고 이는 신비로움을 키우는 작용을 했다. 그리스 건축에 대한 여러 가지 추측이 유행했는데 대부분 매우 화려하거나 아주 정밀하고 섬세할 것이라는 잘못된 추측이었다. 자신들의 원류 문명에 대해 오해한 것인데, 이는 동시대 바로크와 로코코의 화려한 장식주의에서 영향을 받은 측면도 있었다. 원본과 원류는 좋은 것이고 좋은 것은 화려한 장식으로 치장되어야 한다는 잘못된 가정이었다.

18세기 중반에 오스만튀르크 제국의 힘이 약해지면서 그리스는 여행을 갈 수 있는 곳으로 해방되기 시작했다. 그 전까지 로마 여행이 필수 코스로 되어 있던 예술가와 귀족들의 그랜드 투어의 전통이 그리스로 확장되면서 사람들은 그리스로, 그리스로 몰려들기 시작했다. 이렇게 처음 접한 그리스 신전 폐허는 큰 충격이었다. 처음에는 간결하고 검소한 폐허의 모습에 실망했지만 곧 엄밀한 해석이 뒤따르면서 심미적 정의를 내리기 시작했다.그림 3-17 그리스 예술 전문가 그룹이 등장했는데, 제임스 스튜어트James Stuart, 니콜라스 레벳Nicholas Revett, 쥘리앵 다비드 르루아Julien David LeRoy, 요한 요아힘 빙켈만Johann Joachim Winckelmann 등이 대표적 인물이었다. 이들은 영, 불, 독 세 나라를 각각 대표하기도 했다.

이들이 찾아낸 그리스 신전 폐허, 나아가 그리스 예술의 대표적 심미성은 빙켈만이 『그리스 미술 모방론Gedanken über die Nachahmung der griechischen Werke in der Malerei und Bildhauerkunst』(1755)에서 정의한 것처럼 '고결한 단순성noble simplicity'으로 요약할 수 있었다. 앞에서 설명한 보편적 본성, 자연종교, 풍경화, 연상주의 계열의 심미성 등 낭만적 자연관을 압축적으로 포

3-17 쥘리앵 다비드 르루아Julien David LeRoy의 『그리스의 가장 아름다운 폐허 기념비Les Ruines des plus beaux monuments de la Grace』(1758)에 실린 그리스 신전 폐허 수채화

괄하는 미학적 개념이었다. 자연을 손대지 않은 원생림으로 놔둔 채 감상하는 일을 자연에 대한 찬양으로 본 낭만주의적 자연관이 그대로 적용될 수 있었다. 시간과 공간을 초월한 원본의 오라aura 때문에 그리스 신전 폐허는 손을 대서는 안 되는 대상이자 신비로운 감상 대상으로 받아들여졌다. 실제로 대부분의 폐허는 주변의 자연환경과 잘 어울리는 상태로 발견되었는데 폐허가 시간과 공간을 초월해서 묻혀 있었듯이 자연환경 역시 원생림으로 볼 수 있는 거친 상태를 유지하고 있었다.

'고결한 단순성'의 의미를 그리스 신전에 대입시켜서 건축적으로 해석하면, 신화를 물리적 구조체로 표현해낸 정신과 물질의 합일, 안정된 비례를 통해 자연의 구성 원리를 반영한 상징성, 부재들 사이의 조화로운 관계 및 이것을 구현한 튼실한 시공 상태 등이 될 수 있다.그림 3-18 유럽인은 점차 이런 가치들이 그리스 이후에 시대와 국가와 건물의 종류를 초월

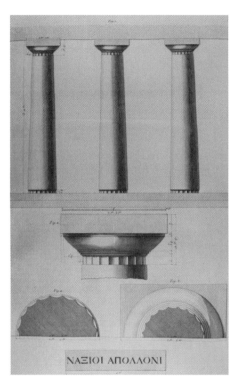

3-18 쥘리앵 다비드 르루아의 「그리스의 가장 아름다운 폐허 기념비」(1758)에 실린 그리스 신전 비례 구성도

해서 뿌리와 씨앗이 되어 유럽의 모든 건축으로 분화 발전해갔다는 사실을 깨닫게 되었다. 이는 낭만적 자연관이 인간에게서 찾으려 했던 보편적 본성에 해당되는 건축적 내용이었다.

루소와 포프가 밝혔듯이 보편적 본성을 지닐수록 미개인에 가까워지는데 이들은 자연을 가능한 한 단순하게 파악하는 대신 자연에서 신을 만날 수 있는 가능성을 찾는다. 이른바 자연종교의 개념인데 그리스 신전 폐허에 담긴 신화적 상징성은 여기에 잘 대응된다. 탁선소로 정의되면서 신화를 담아내는 상징체가 되었는데 이런 사실이 이후 전개된 문명의 손때에 훼손되지 않고 자유롭게 보존됨으로써 시간과 공간을 초월한 종교성을 확보하게 된 것이다. 루소와 포프가 찾은 인간의 보편적 본성에 해당되는 미개인이 건축에서는 그리스 신전 폐허가 될 수 있는 것이다.

숭고한 자연과 역사의 확장

그리스 신전 폐허 현장을 방문한 일은 18세기 유럽인에게는 엄청난 사건

3-19 장-바티스트 파테르Jean-Baptiste Pater, 〈베종스의 장The Fair at Bezons〉(1736년경)

이었다. 자신들의 뿌리를 직접 눈으로 확인할 수 있었으며, 이것을 18세기 최대의 지성적 주제인 자연과 연계시켜 해석해낼 수 있었기 때문이다. 이런 지적 작업은 여러 방향으로 파급효과가 컸다. 낭만주의에 대한 문명적 타당성을 확보해줌으로써 낭만주의가 서양문명의 한 축을 담당하는 주류 운동으로 자리 잡는 데 중요한 기여를 했다. 한 가지 예로, 폐허를 낭만주의의 예술적 소재로 삼고 자연 해석과 연관시켜 해석하는 시각이 다른 시대의 폐허 전반으로 확장되었다. 그림 3-19

　　로마 시대의 폐허에 대해서는 이를 대하는 시각에서 완전히 새로운 전환이 있었다. 로마 유적은 이미 르네상스 때 인본주의 교황에 의해 발

3-20 조반니 파올로 파니니Giovanni Paolo Panini, 〈로마 안티카Roma Antica〉(1755년경) (위)
3-21 조반니 바티스타 피라네시Giovanni Battista Piranesi, 『로마의 베두타Vedute di Roma』(1748)에
　　 실린 콜로세움과 콘스탄티누스의 아치Arco di Constantino (아래)

굴 작업이 진행된 적이 있었다. 이때에는 그야말로 물리적 유구를 찾아내서 무슨 건물인지 밝혀내고 예술가들이 스케치로 기록하는 정도의 객관적 발굴 수준이었다. 그리스 신전을 거치면서 로마 유적도 동일한 낭만주의 해석의 대상이 되었다. 원본의 가치라는 기준에서 보면 로마 유적은 그리스 신전에 비해 뿌리의 순도가 크게 떨어지는 것이 사실이지만 기준을 조금 바꿔서 유적의 규모와 숫자, 조형적 다양성과 지리적 역사적 확장성 등에서 보면 로마 유적은 그리스 신전과는 비교가 안 되는 큰 덩어리였다.^{그림 3-20, 3-21} 이런 큰 덩어리가 폐허운동의 대상이 되면서 낭만주의로 편입된 사건은 유럽 지성사에서 큰 중요성을 갖는다. 역사적 인식은 걷잡을 수 없이 확장되었고 낭만적 상상력의 소재는 무한대로 증폭되었다. 이런 확장은 폐허를 통해 낭만적 자연관을 공고히 하는 작업에도 똑같이 적용될 수 있었다. 로마 폐허 역시 그리스 신전과 마찬가지로 때 묻지 않은 자연 속에서 발견되었기 때문이었다.

고딕 성당은 처음으로 폐허운동의 대상으로 편입된 점에서 또다른 의미에서 유적과 역사의 확장을 가져왔다. 중세 기독교문명이 르네상스로 대체된 이래 중세 1,000년은 유럽사에서 큰 공백으로 남아 있었는데, 이것이 폐허운동을 통해 역사적 타당성을 확보하게 된 것이다. 고딕 성당은 기독교 건물이었기 때문에 폐허 상태로 발견되었을 때 신비로운 숭고미는 더 강하게 느껴졌다.^{그림 3-22} 고딕 성당이 갖는 역사성이 인간사에서는 1,000년 이내이지만 기독교의 시간성은 이것을 초월한 절대적 신성을 갖기 때문에 고딕 성당의 역사성은 신비로운 경외의 대상이 되었다. 이런 상징성은 성당 주변의 자연환경에 함께 적용되었다. 성당 폐허를 에워싼 자연은 성당이 갖는 초월적 시간성과 신비로운 숭고미 등을 고스란히 나눠 가졌다. 이제 자연은 기독교의 신성이 서린 대상이 되었다.

3-22 카스파 다비드 프리드리히,
⟨산 속의 십자가The Cross in
the Mountains⟩(1812) (왼쪽)
3-23 카를 프리드리히 싱켈Karl
Friedrich Schinkel, ⟨강가의 고
딕 성당Gotischer Dom am
Wassers⟩(1813) (아래)

고딕 성당은 또한 그리스나 로마의 고전주의 건물과는 전혀 다른 비정형적 조형성을 갖는데 이는 픽처레스크의 의미와 잘 맞았다. 특히 자연 속에 폐허 상태로 있을 때 더욱 그랬다. 고딕 성당은 그리스 신전과는 또 다른 의미에서 낭만적 자연관과 아주 잘 어울렸다.그림 3-23 둘을 합했을 때 비로소 역사성과 연계된 낭만적 자연관이 완성될 수 있었다. 고딕 성당이 폐허운동의 대상이 되면서 유럽의 역사는 비어 있던 반쪽을 채울 수 있게 되었다. 로마와 르네상스 사이에 끊겨 있던 반 토막이 이어지면서 한 토막으로 완성되었다. 18세기 낭만주의에 편입된 고딕 성당은 19세기 고딕 리바이벌로 이어지면서 유럽 역사에서 그 위치를 완전히 확보한다.

폐허운동이 이처럼 과거 모든 시대의 역사적 유적으로 확장됨에 따라 역사 자체를 바라보는 시각에 획기적 발전이 있었다. 역사가 오래된 유럽 문명에서 폐허는 비중이 큰 대상이다. 역사가 축적된 물리적 증거이자 곧 역사 자체와 동의어이다. 폐허의 중요성과 의미를 각성하기 시작했다는 것은 곧 자신들의 역사에 대해 생각하기 시작했다는 뜻이다. 특히 이것을 자연 해석과 연계시킴으로써 자연을 단순히 물리적 개발 대상으로 보던 편협한 시각에서 벗어나 사고체계와 세계관을 넓히는 전기를 맞았다. 폐허라는 것이 지어질 당시에는 인공 구조물이었을 텐데 이것이 시간과 공간을 초월해서 낭만적 자연관을 담보해주는 증거가 되었다는 사실은 역사와 문명의 아이러니일 수 있다. 루소와 포프가 자연 자체에 집중해서 자연의 숭고한 가치를 정의해냈다면 폐허운동은 인공 구조물이라는 물리적 증거를 통해 우회해서 이런 사실을 뒷받침했다.

이런 새로운 인식은 향후 20세기 기독교 생태주의에서 '하나님은 인간 역사의 주관자'라는 논제로 발전하는 모태가 된다. 기독교는 하나님의 초월적 시간성을 전제로 인류 문명사를 성서의 역사성과 분리해서 생각해왔는데 이것이 하나로 합해지는 토대가 마련된 것이다. 인류 문명사가 하나님이 주관하시는 대상이 되면서 문명 행위 하나하나에 심판의 신중이 가해지게 되었으며 자연을 대하는 태도와 행위도 그 가운데 하나가 되었다. 자연은 숭고해졌다. 낭만적 숭고미는 곧 종교적 숭고함으로 발전했다.

폐허운동은 낭만주의만 도운 것이 아니어서 의외로 그 반대편의 합리주의 운동도 촉발했다. 화려한 장식과 기괴한 형태 중심으로 진행되어오던 바로크 건축에 종지부를 찍고 18세기 합리주의 운동이 탄생하는 데 중요한 역할을 했다. 특히 그리스 신전의 폐허운동이 그러했는데, 그 근거 역시 '고결한 단순성'에서 찾을 수 있다. 이 말 속에는 "역학적으로 꼭 필요한 부재만으로 구조를 구성한다"는 뜻도 담겨 있기 때문이다. 이는 원시성과도 같은 의미여서 문명의 손때가 묻지 않은 원본의 가치는 인간의 탐욕으로 덧칠한 불필요한 장식이 없는 순수 구조와 동의어가 되기 때문이다.

4장

자연철학과 성스러운 작동 원리로서의 자연

팡테옹 설계를 시작할 당시는 로지에의 원시 오두막이 막 발표되어 논쟁이 뜨겁던 때였다.

수플로는 그레코 고딕 아이디얼을 받아들여 바로크 교회의 무거운 벽체를 최소화하고

원형 기둥만으로 돔을 받치는 과감한 시도를 했다. 교회의 전체 구성은 로마 교황청을

모델로 삼되 두꺼운 벽체의 살을 덜어내 건축의 기본 원리에 충실한 구조를 짜려 했다.

인간의 욕심을 덜어내고 자연법칙을 좇자는 이신교의 주장에 해당되는 건축적 대응이었다.

전체 구성을 고전주의로 잡았기 때문에 고딕 구조를 직접 구사하는 것은 무리였고

그 결과 펜덴티브를 받치는 네 귀퉁이와 네이브 월에 코린트식 오더 열을

세우는 방식으로 이 문제를 풀었다.

1

네 번째 위기
17세기 기계론과 뉴턴

자연을 순수 기계로 끌어내린 뉴턴주의

뉴턴은 자연에서 '1차 동인a first cause' 과 '2차 동인secondary causes' 의 구별을 정착시켰다. 데카르트에 의해 제기된 이분법을 과학적 증명을 통해 고착시킨 것이다. 1차 동인은 자연의 근원적 생성력으로, 신과 동의어이며 부정관사 'a' 를 붙여 단수로 표현했다. 2차 동인은 1차 동인이 구체적으로 작동하면서 나타나는 결과로, 경험적으로 파악할 수 있는 자연현상 및 이것을 과학 공식으로 규칙화한 자연법칙을 뜻한다.

뉴턴은 이런 구별을 고착시키면서 2차 동인만으로 구성되는 또 하나의 자연을 성립시켰는데, 기계론적 자연이었다. 신의 존재를 완전히 부정하지는 않았지만, 신의 영역에 속하는 것으로 믿어져온 자연을 인간의 영역으로 완전히 끌어내렸다. 전통적인 인간중심주의도 그 근거를 신의 허락에서 찾으면서 마지막까지 자연을 신의 영역에 남겨둔 데 반해 뉴턴의 기계론적 자연은 인간끼리 꾸려갈 수 있는 또 하나의 자연을 만들어냈다. 아슬아슬하게 지켜오던 이분법의 통합 노력이 완전히 붕괴되었다. 신의 존재 없이 혼자 작동하고 생성할 수 있는 기계적이고 물리적인 또 하나의 자연이 탄생했다.

앞에서 구별한 '생성하는 자연'과 '생성된 자연'의 구별과 유사성이 강한데, 직접적으로 대응되기보다는 이것이 한 번 더 분화한 것으로 볼 수 있다. '생성하는 자연'은 신의 영역으로 남겨둔 대신 '생성된 자연'이 스스로 안에 '생성하는 자연'과 '생성된 자연'의 이분법 구도를 한 번 가지면서 독립한 것이다. 수동적 피조물로만 인식되던 '생성된 자연'이 스스로 '생성하는 자연'으로 작동한다는 생각으로 과학 공식으로 표현되는 자연법칙 및 작동 원리가 여기에 해당된다고 보았다.

뉴턴은 신의 존재나 기독교를 부정하지는 않았지만 이전까지 하나로 통합되어 있던 기독교와 과학을 분리시켰다. 그는 과학으로 설명할 수 없는 공백을 남겨두었다. "우주는 절대 혼돈 속에서 저절로 생겨나지 않는다"라는 그의 말에서 알 수 있듯이 우주 창조에 신이 개입했음을 인정했다. 1차 동인을 신의 영역에 남겨두었으며 『프린키피아Principia』(1687)의 주석에서 자연의 고정된 법칙을 신이 선포한 칙령으로 정의했다. 그 대신 과학을 기독교에서 분리한 뒤 두 분야의 영역과 할 일을 명확하게 구획했다. 과학자는 과학만 다루어야 한다고 주장하면서 과학만으로 이루어지는 또 하나의 세계를 정의한 것이다.

뉴턴은 자연을 '순수 기계'로 보면서, "그 구조는 단순하고 작동 방식은 기계적이며 형태는 정적이다"라고 정의했다. 환원주의와 기계론이 그의 대표적 시각이라는 것을 알 수 있다. 자연의 작동 메커니즘을 원자라는 물질 덩어리가 빈 공간 속에서 서로 밀고 끌어당기는 힘에 의해 움직이는 것으로 보았다. 그리스 우주론에서 자연을 생명과 지성으로 가득 찬 살아 있는 유기체로 보던 것과 반대되는 시각이다. 그리스 우주론에서 자연의 이미지는 이렇게 살아 있는 하나하나의 생명 지성과 같은 신비로운 존재였다. 뉴턴의 기계론에서 자연은 이미지의 단순 합이나 수학 공식의 집합처럼 연속적으로 파악할 수 있는 논리 구조나 공식 같은 것이 되었다. 이런 기계론적 작동은 전 우주에 걸쳐서 일어나는 물리적 현상으로 확장되었는데 뉴턴의 이런 관점을 뉴턴주의Newtonianism라고 부른다.

　뉴턴은 신의 존재를 부정하지는 않았지만 우주나 자연을 만드는 일까지만 하고 손을 떼었다는 이신론과 같은 개념을 공유했다. 뉴턴은 이신론과 일정 부분 관계를 맺었지만 완전한 이신론자는 아니었다. 기독교와 이신론과 자연종교를 혼합한 자신만의 신의 개념을 가졌다고 보는 것이 정확할 것이다. 신을 시계공에 비유하기까지 했다. 시계처럼 정밀하게 작동하도록 만들어서 한번 세팅해놓은 다음에는 손을 떼었다는 주장이다. 우주도 마찬가지여서 작동을 시작하도록 한 다음에는 스스로의 법칙에 따라 움직이도록 놔두었다는 생각이다. 그 이후의 일은 더 이상 신의 영역에 속하지 않기 때문에 인간은 과학적 방법론에 의해 이런 우주(자연)의 작동 법칙을 찾아낼 수 있다고 믿었다.

　이런 생각은 기독교 플라톤주의Christian Platonism로 볼 수 있다. 실제로 17세기 과학혁명을 촉발한 많은 사상가들은 기독교 플라톤주의자였다. 자연을 설명하는 플라톤의 논리 구조를 새로운 과학 발전에 응용해서 자연의 작동 원리를 밝힌 다음 이것을 기독교의 자연 창조 개념에 대응시키는 사상 사조이다. 뉴턴주의를 이루는 기본 개념인 '자연의 수학적 법칙'은 플라톤의 '성스러운 질서가 만든 창작물로서의 자연'에 대응시킬 수 있다. 보일은 『자연 사물의 마지막 동인에 대한 논문Disquisition about the Final Causes of Natural Things』(1688)이라는 책에서 명백하게 플라톤의 '성스러운 장인' 개념을 사용하고 있다. '눈이 달린 손으로 자연의 오묘한 작동 원리를 디자인한 장인'이라는 뜻이다. 이런 작동 원리는 성스러운 목적을 돕기 위해 디자인된 것인데, 플라톤과 17세기 기계론 모두 그 목적을 우주의 조화로운 작동으로 보았다. 그러나 이것의 배경 혹은 2차 목적에서는 차이가 있다. 플라톤은 우주의 조화로운 작동의 목적을 '절대선' 혹은 '절대 질서'라는 도덕적, 정신적 가치로 본 반면 17세기 기계론자들은 효율로 봤다. 수많은 요소들의 상호 관계로 돌아가는 우주가 제일 효율적으로 작동하기 위해서는 일정한 규칙을 따라 움직여야 한다는 시각이었다.

이런 시각은 표면적으로는 기독교의 '성스러운 예술작품으로서의 자연'과 강한 연관성을 갖는다. 실제로 플라톤의 '성스러운 장인' 개념은 기독교의 '창조주 하나님'의 개념이 형성되는 데 중요한 영향을 끼쳤다. 그러나 기독교 플라톤주의는 기독교의 전통적인 절대신 개념과는 달라서 플라톤식 논리 구조에 의해 신의 존재와 그 창조 행위, 그리고 그 결과물로서의 자연의 작동 원리를 파악할 수 있다고 본다.

기계론적 자연의 등장을 거시적으로 보면 자연관의 큰 흐름에서 세 번째 단계에 해당된다. 첫 번째는 자연을 창조력을 갖는 근원적 존재로 보는 시각으로, 다원적 범신교의 단계이다. 주로 고대 종교에 해당된다. 두 번째는 자연을 지배하는 보편적이고 절대적인 하나의 힘이 있다는 시각으로, 기독교로 대표되는 절대 신 혹은 유일신의 단계이다. 세 번째는 인간과 비인간의 모든 존재를 스스로 안에 포괄하는 자연으로, 17세기 기계론적 자연관이 여기에 해당된다. 자연은 물질 세계가 통합된 상태로 정의된다. 스스로 창조력을 갖지는 못하지만 일정한 규칙을 따라 작동하는 것으로 파악되는데, 20세기 후반부에 오면 자연 스스로 창조력을 갖는다고 주장하는 기계론까지 등장하게 된다.

천동설과 지동설의 예

뉴턴 이전의 과학혁명 내용 가운데 기독교와 자연 해석 사이의 연관성과 가장 많은 유사성을 보인 것은 천동설이 지동설로 바뀌는 사건이었다. 우주 속에서 지구와 자연이 갖는 의미를 과학적으로 정의한 내용을 하나님의 섭리와 연결시켜 해석함으로써 사람이 자연 세계의 다른 부분들과 어떤 관계를 맺는가를 정의해냈다. 이런 관계 위에서 인간은 스스로의 중요성을 결정하는 한 가지 명확한 기준을 가질 수 있게 된다.

천동설은 지구를 우주의 중심에 뒀기 때문에 「창세기」의 인간중심주의와 잘 맞았다. 나아가 타락과 구원이라는 기독교의 핵심 교리가 벌어지는 우주 드라마의 장이기도 했다. 하나님의 천지창조는 인간의 창조에 의해 마지막 완성을 이루기 때문에, 즉 인간은 하나님이 창조한 전 우주에서 핵심적 주인공이기 때문에 인간의 타락과 구원은 곧 전 우주를 무대로 하게 된다. 따라서 이것이 일어나는 무대인 지구는 전 우주의 중심이 되어야 한다. 이것이 천동설과 인간중심주의가 잘 맞을 수 있는 공통점이다. 천동설은 지구와 인간에 예외적 특권을 부여함으로써 기독교의 핵심 교리를 뒷받침했다.

지동설이 나오면서 기독교계는 한때 교리가 흔들리는 것이 아닌가 하는 큰 걱정을 했다. 갈릴레이를 처형하는 등 지동설을 부정하고 지동설이 퍼져나가는 것을 막아보려 했다. 그러나 이번에는 기독교의 또다른 교리인 '성 대 속'의 이분법과 잘 맞는다는 것을 알게 되면서 기독교의 일부로 흡수되었다. 처음에는 이렇지 못했다. 지동설이 등장하자 지구는 하루 아침에 전 우주 중심에서 미천한 종속물로 전락했다. 지동설을 주장한 과학자 누구도 이런 말을 하지 않았고 그저 지구가 태양 주위를 돈다는 과학적 사실만 밝혀냈을 뿐인데, 사람들이 지레짐작으로 중심 자리를 내놓게 되었으니 열등한 대상일 거라고 조급하게 단정지어버린 것이었다.

잠시 기독교의 위기인 듯했다. 그러나 중심의 자리에서 밀려난 지구를 변덕스러운 죄로 가득 찬 불완전한 속의 세계에 대응시키고 우주를 영원불변한 진리로 가득 찬 성스러운 하늘나라에 대응시킨다면 지동설도 기독교의 교리에 포함될 수 있다는 해석이 제기되었다. 지구는「창세기」의 인간중심주의를 증명하는 장에서 타락과 구원의 역사가 진행되는 신약의 장으로 바뀌었다. 지구가 타락한 곳이라면, 그런 타락을 치유함으로써 구원의 개념도 함께 성립될 수 있는 양면성이었다. 그렇다고 지동설이 인간중심주의와 완전히 어긋난 것도 아니었다. 위기감에서 벗어난 기독교는 지동설의 주장을 좀 더 자세히 들여다봤고 그 결과 케플러나 코페르니쿠스 등의 저서에서 지구가 태양과 일정한 거리를 유지하며 그 나름대로 하나의 세계를 형성하는 것으로 정의되고 있음을 찾아냈다.

더욱이 인간이 지구의 주인이라는 사실을 부정하는 주장은 다윈이 나오는 19세기가 되어야 등장한다. 인간중심주의는 흔들리지 않게 되었고, 지동설은 타락과 구원이라는 기독교 교리를 증명하는 과학적 증거로 인식되면서 천동설과 똑같이 하나님의 천지창조를 유용하고 상징적으로 드러내는 현상이 되었다. 사람들은 흔히 지동설이 기독교의 역사에서 최대의 위기 가운데 하나라고 생각하지만 실제는 그 반대로 기독교를 강화하는 쪽으로 결론이 났다. 둘의 통합은 이후 청교도가 과학혁명과 산업혁명을 받아들여 잡는 배경으로 작용했다.

이를 확장하면 과학혁명은 인간의 존엄성을 점차 떨어트려 갔으며 기계론적 자연관에 오면 급기야 인간의 존엄성이 크게 훼손당하게 된다. 인간중심주의에서는 인간의 존엄성이 자연과의 관계 속에서 결정되는데 과학혁명이 시작되기 이전의 전통 기독교에서는 자연이 종교적 가치와 물질적 가치를 모두 지니는 것으로 정의되었기 때문에 이것을 마음대로 다스리라고 허락받은 인간 역시 두 가지 가치가 조화를 이루면서 일정한 존엄성을 유지했다. 그러나 과학혁명 이후 과학적 발견이 계속되고 기독교가 이를 받아들이면서 이런 안정적 인간중심주의는 흔들리기 시작했다. 지동설이 세속 세계의 타락상을 증명하는 현상이 된 것은 좋은 예이다. 기계론에 따라 자연이 물질적 개발의 대상이 되면서 인간의 존엄성 역시 자연을 개발하는 물질적 존재로 전락해갔다.

형이상학과 과학 발전 간의 관계에서도 비슷한 현상이 나타났다. 플라톤의 형이상학에서는 우주의 존재론적 가치를 이데아라는 절대 가치로 귀결시켰지만 인간을 존재의 사다리에서 존재론적 권위를 갖는 상위 등급에 위치시켰다. 신은 무한대의 생명 창조력을 갖는 것으로 정의되며 우주와 자연은 이렇게 창조된 대상 가운데 최상위에 포진하고 인간이 그 다음을 차지했다. 형이상학적 확신이 지배하던 시기에 인간의 존엄성은 그 자체로 확보되었다. 자연의 관찰과 연계시켜 억지로 추론해낼 대상은 아니었다. 이는 인간의 존엄성을 기독교의 인간중심주의가 정의한 것보다 더 높게 매긴 것이 된다.

형이상학이 비록 초월적 존재를 중심으로 세계를 구성하는 시각이긴 했지만 그럼에도 인간의 중요성에 대한 독립적 고찰은 유지되었으며 인간에게 일정한 중요성을 갖는 한 자리는 늘 마련되어 있었다. 오히려 인간의 존엄성을 더 강하게 지킨 측면도 많았다. 인간의 가치가 떨어지기 시작한 것은 형이상학이 힘을 잃고 기술과 물질이 그 자리를 채우기 시작하면서부터였다. 이런 전락은 인간을 세상의 중심에 둔다는 인본주의부터 시작된 것일 수도 있다. 아이러니일 수 있지만 역사의 진행 과정을 보면 실제로 그랬다. 인간을 중심에 둘 경우 인간의 속성상 어쩔 수 없이 욕망이 문명을 이끌 수밖에 없게 되고 이를 만족시키기 위해 각종 도구적, 공리적, 기능적 수단을 앞다투어 새로 발명하게 된다. 이 과정에서 인간 역시 이런 욕망을 만족시키기 위한 수단으로 스스로를 전락시킨다.

형이상학에서 인간 존엄성의 변질은 자연 해석과 관련해서 기계론이 개입하면서 나타난 현상인데 종교개혁 이후에 기독교에서도 유사한 현상이 나타났다. 청교도가 자연에 대해 취하던 대표적인 태도인 '의역 accommodation' 이다. 이는 자연에 국한된 것은 아니고 성서 해석 전반에 걸친 청교도의 태도이다. 루터는 가톨릭이 교단의 관습을 중시하면서 성서 본래의 정신에서 크게 벗어났다고 공격하면서 종교개혁을 일으켰지만 정작 청교도 자신도 성서 해석과 관련해서 응용적 의역을 할 것을 주장했다. 성령은 인간사 모든 곳에 임재하시기 때문에 그 뜻은 현실 세계의 형편에 따라 융통성 있게 해석되어야 한다는 칼뱅주의의 주장이 대표적인 예이다. 이는 가톨릭이 라틴어로만 되어 있던 성서 해석을 독점하고 이를 무기로 삼아 권력을 누리던 폐해를 견제하려는 목적도 있었다. 종교개혁 이후 라틴어 성서를 독일어 등 유럽의 각국 언어로 번역하는 과정에서 각자의 상황에 맞게 의역이 많이 일어난 것도 또다른 좋은 예이다.

반면 여전히 성서를 하나님(혹은 하느님)이 성령을 통해 계시적 가르침을 선포한 것으로 믿으면서 성서근본주의를 주장한 흐름도 굳건하게 남았다. 이들은 신·구교의 대결 구도와 상관없이 양쪽 진영 모두에서 나왔다. 성서 해석에서 의역이 허용될 수 있는 정도를 놓고 16~17세기에 또한 갈래의 대립 구도가 형성된 것인데, 이는 과학혁명과 기계론이 기독교와 합해지는 현상과 흐름을 같이했다. 의역을 폭넓게 허용하자는 진영은 과학혁명과 기계론을 받아들이는 데 열심이었고, 그 반대편에 이를 경계, 비판하는 성서근본주의가 있었다. 지동설 이후 본격적으로 등장한 '지구 타락론'을 둘러싼 논쟁이 대표적인 예이다. 성서의 의역을 주장하는 진영에서는 우주의 중심 자리를 놓고 초라해진 지구를 인간이 타락했음을 보여주는 증거로 받아들이고 이 역시 성서의 내용 가운데 하나라는 그야말로 '의역다운' 해석을 했다.

이런 태도는 결국 하나님이 인간에게 허용한 독점적 특권을 바탕으로 자연을 개선해야 한다는 주장으로 발전하면서 인간중심주의를 강화하는 방향으로 나타났고 이것을 고리로 기계론적 자연관과 손을 잡을 수 있었다. 인간중심주의를 하나님이 인간에 부여한 여러 능력을 통해 타락한 지구와 자연을 개선하라는 명령으로 의역해낸 것이다. 기계론과 산업혁명을 이런 능력이 최고로 발휘된 것으로 생각할 수만 있다면 기계문명을 통해 자연을 개발하는 일도 하나님이 인간에 부여한 의무라는 논리가 성립된다.

성서근본주의는 여기에 반대했다. 자연이 혹독하거나 적의가 있다면 그것은 자연이 인간의 타락한 원죄의 결과에 참여했기 때문이며 따라서 신이 의도한 인간의 존엄성과 목적은 이런 타락한 자연 속에서는 찾을 수 없다고 주장했다. 타락한 자연에서 분리되어 오로지 하나님의 계시적 말씀에서만 찾을 수 있다고 했다. 이런 자연을 인간의 손으로 개발한다고 해서 절대 나아지는 것이 아니려니와, 이런 개발을 하나님이 허락한 적이 절대 없다고 했다. 이들은 계속 등장하는 새로운 과학 발견의 내용에 대해서 이를 과학의 고유 영역으로 인정할 것을 주장했다. 종교와 과학의 분리를 현실로 받아들임으로써 인간의 전통적 존엄성을 잘 지킬 수 있다고 본 것이다. 이런 발견마저도 하나님의 작품으로 만들기 위해 여러 의역을 가해 기독교 안으로 끌어들이고 그 결과 자연 개발 역시 하나님의 뜻으로 해석하려던 진영에 대한 반격이었다.

2

네 번째 자연
작동 원리로서의 자연

기계론과 전통적 자연관을 끌어안은 자연철학

자연신학에서 제기한 '신성한 작품으로서의 자연'이라는 개념은 계몽주의를 거치며 두 방향으로 큰 변화를 겪었다. 한 방향은 볼테르나 디드로 등의 계몽주의자들이 주도한 것으로, 이들은 '성스러운'이라는 개념에 대해 신학적 회의론을 제기하면서 '작품' 개념만을 극단적으로 부각시킴으로써 자연신학을 붕괴시켰다. 이런 움직임은 뉴턴의 기계론과 맥을 같이 했으며 다윈에 와서 절정에 달했다. 다윈은 자연의 창조 작업의 비밀을 자연 자체에 대한 탐구만으로 설명하면서 기계론을 완성시켰다.

다른 한 방향은 자연철학이었다. 초기 낭만주의 때 싹터서 1790년부터 1830년까지 전성기를 누렸다. 프리드리히 셸링Friedrich Schelling, 요한 헤르더Johann Herder, 괴테 Johann Goethe, 루소 등이 이끌었으며 자연을 여전히 영적이고 성스러운 것으로 보되 그 작동 원리만은 철학적 논리로 설명할 수 있다고 보았다. 이런 점에서 당시 맹위를 떨치던 기계론의 영향을 일정 부분 받았다. 그러나 결정적 차이가 있는데, 자연철학자들이 논리적 설명의 대상으로 삼은 것은 자연의 물리적 현상이 아니라 영적이고 성스러운 작동이었다. 더욱이 이것을 과학 공식으로 설명한 것이 아니라 정신적 힘의 단계적 작용으로 설명했다. 한마디로 물리적 작동이 아니라 신성한 작동이었다.

자연을 작동 원리로 보되 이것을 만들어내고 드러내는 것은 물질로서의 '작품'이 아니라 정신 작용이라고 보았다. 자연을 창조한 신의 섭리가 물질적 작품에 있지 않고 정신적 힘에 있다는 것이다. 인간은 자연을 물질로서 개발 대상으로 받아들여서는 안 되며 정신으로서 그 작동 원리를 배우고 거스르지 않아야 한다. 기계론의 생각을 공유는 하되 이것이 물질과 기술 중심으로 나가는 것에는 반대했다. 전통적 신학관인 신 중심주의를 바탕으로 삼아 새로운 과학 발전을 접목시키되 이것이 인간중심주의에 의한 물질주의로 흐르는 것을 경계했다. 기계론을 거치면서 분리된 '생성하는 자연'과 '생성된 자연'을 하나로 합한 상태를 신으로 정의했다.

종합하면, 자연철학은 자연에 대한 기계론적 해석이라는 시대의 유행과 맥을 같이하되 이것이 지닌 물질 제일주의의 위험성에는 반대하면서 그 대안을 신학의 전통적 자연관에서 찾으려던 사상 사조였다. 기계론이 유발한 자연의 네 번째 위기를 '성스러운 작동 원리'라는 네 번째 자연 개념으로 극복하려 했으며 그 대표적 모델로 역동적 유기론을 제시했다. 철학 사조 내에서는 데카르트의 '정신 대 물질'의 이분법 대립 구도 및 이것의 영향을 받은 프랑스 백과전서파의 기계론적 물질주의에 모두 반대했다. 독일 관념론을 바탕으로 후기 고전주의와 낭만주의를 혼합한 사상적 배경을 갖는다. 괴테와 헤겔Georg Hegel 이후 급격히 쇠퇴했지만 명맥을 유지하면서 20세기까지 영향을 끼쳤다.

자연철학의 배경은 크게 넷으로 볼 수 있다. 첫째, 낭만주의로, 계몽주의의 과학적 객관주의가 유행하는 와중에서 자연을 신의 계시적 생명 작용이 역동적으로 드러난 것으로 파악하는 시각을 부활시켜 받아들였다. 루소의 『고독한 방랑자의 망상The Reveries of s Solitary Walker』(1782)으로 대표되는 자연회귀론의 영향을 받아 요한 피히테Johann Fichte, 헤르더, 셸링, 괴테 등이 자연을 직접적 경험의 대상으로 파악했다. 낭만주의의 감성적 일체와는 차이가 있어서, 자연 속의 성스러운 존재상태와 하나가 되어 조화를 이룰 것을 주장했다. 자연에 대해 직관적 접근을 하되 관찰과 경험을 합한 정보를 바탕으로 자연의 성스러운 생명 작용을 느끼고 파악할 수 있다고 보았다.

　　둘째, 스피노자로, 그는 신과 자연을 동일시한 대표적 철학자였다. 새로운 천문학 지식에 능통했는데 이것을 과학의 영역 내에 놔두지 않고 그 의미를 철학과 신학으로 풀어서 자연의 작동 원리에 정신적 가치를 실어내는 작업을 했다. 이는 신이 자연을 만들었기 때문에 자연보다 초월적이라는 기독교 근본주의와 다른 시각이었다. 새로운 과학적 발견에 심취해서 오랜 기간을 무신론자로 보냈지만 인생 후반부에 다시 기독교의 중심 주제로 돌아왔다. 그러나 그동안 연구한 내용을 접목시켜 기독교 근본주의의 전통적인 인간중심주의를 극복하는 새로운 자연 개념을 제시했다. 신과 자연이 동일하다는 전제 아래 그 핵심 실체로 최초의 에너지 중심을 제시했다. 이 중심에서 유기 생명체가 태어나서 성장하고 이것들이 군집을 이뤄 유한한 세계를 형성하며 궁극적으로 우주까지 나아간다는 생각이다. 자연은 이 에너지와 같은 것이며 이것이 곧 성스러운 작동 원리이자 나아가 신의 존재라고 주장했다.

　　셋째, 견신론theosophy(見神論=접신론=신지학)으로, 신학에 새로운 과학 지식을 결합하려는 시도이다. 원래 견신론의 사전적 의미는 '보통의 신앙이나 추론으로는 알 수 없는 신의 심오한 본질이나 행위에 관한 지식을 신비적인 체험이나 특별한 계시에 의해 알게 되는 철학적 종교적 지혜 및 지식'으로, 신비주의 속성이 강하다. 자칫 영지주의로 흐를 위험이 있기 때문에 기독교에서는 경계하는 편이었는데, 과학혁명을 거치면서 과학적 현상 속에서 신비주의 속성을 찾으려는 움직임으로 나타났다. 앞에 나온 물리신학이나 전기 신학과 같은 흐름에 속하는데 견신론은 이것들보다 먼저 탄생했다. 과학 쪽에서는 모자이크 물리학이, 기독교 쪽에서는 신계시주의와 기독교 신비주의가 같은 계통이다.

견신론은 17세기 초부터 야코프 뵈메Jakob Boehme에 의해 유행하기 시작했으며, 기독교의 전통적인 인격신에서 벗어나 신을 성스러운 존재로 정의한 뒤 신과 자연과 인간 사이의 역동적 조화와 일치를 추구했다. 역동적이라 함은 신이 자연과 인간을 만들었다는 기독교의 일방통행식 하향 구조를 거부하고 신과 자연과 인간이 능동적으로 조화와 일치를 만들어가는 동등한 관계라는 뜻이다. 자연의 역사에서 보듯이 태초에는 인간과 자연 모두 원초적으로 타락한 상태였는데 이것이 점차 질서를 찾아가는 과정이 바로 신의 창조 작업에 해당되는 자연의 작동인 것이다.

이런 역동적인 관계는 새로운 과학 지식을 바탕으로 계몽적 숙고에 의해 가능하다고 보았다. 이는 과학 지식이 기계론이나 물질주의 같은 단순한 물리적 영역으로 내몰리는 것에 반대해서 과학과 세계에 신성함을 부여하려는 노력이었다. 물리학이 기계론적 공식으로 구성되기는 하지만 그 본질을 성스러운 것으로 보고 물리학과 신학을 하나로 통합해내려 했다. 자연은 구성 요소들의 단순 합이 아니라 이것들을 결정하는 힘의 통일체이며 이런 통일체의 상태가 바로 신이라고 했다. 또한 인간은 이런 자연을 단순히 물질로만 보지 말고 이런 신성한 본질을 파악함으로써 자연과 신과 조화를 이루고 궁극적으로 일치될 수 있다고 보았다.

만유내재신설과 신화

넷째, 자연신학으로, 중세 때 탄생해서 발전을 이룬 이래 르네상스 이후 새로운 과학적 발견이 있을 때마다 이를 자연을 신학적으로 해석하는 데에 적용해서 새로운 의미를 찾으려는 시도이다. 자연신학은 시대에 따라 차이가 있는 편인데 18세기 이후에는 자연을 하나의 큰 조화와 균형으로 파악하고 이런 상태를 만든 우주의 힘을 신의 존재로 보는 시각이 우세했다. 자연신학자인 조지 버넷George Burnet, 존 우드워드John Woodward, 존 레이John Ray 등은 우주의 질서를 강조하면서 자연의 본유 구도인 생명 창조력도 여기에서 나온다고 보았다. 구성 요소 사이의 상호 균형을 바탕으로 얻어지는 작동과 조절 능력이 자연의 비밀이라고 보았다. 우주의 질서와 자연의 균형을 파악하는 데에 새로운 과학 법칙에서 영향을 받았다.

자연신학과 자연철학은 크게 보면 비슷한 시각을 공유했다. 자연을 일정한 작동 원리로 파악하되 그것이 전부가 아니고 그 뒤에 더 큰 정신적 작용이 있다고 본 점이 공통점이다. 차이점은 자연신학은 그런 정신적 작용을 신성한 존재라는 신으로 봤고 이 때문에 기독교와도 연관성을 갖는 반면, 자연철학은 종교성을 배제한 순수한 정신적 작용으로 보았다는 점이다. 스피노자는 자연철학자도 자연신학자도 아니었지만 그의 사상에는 둘을 연결하는 고리 역할을 할 수 있는 내용이 많다. 예를 들어 그가 생명 창조력의 근원으로 제기한 우주의 에너지 개념은 자연철학의 만유내재신설(萬有內在神設=panentheism)에 영향을 끼쳤다. 만유내재신설이란, 신이 자연의 모든 부분에 내재해 있다는 믿음이다. 우주 전체가 신 안에 있다고 보기 때문에 신이 우주보다 큰 존재가 된다. 신은 창조자일 필요는 없으며 그보다는 생명 창조력의 상태로 존재한다.

이 개념은 스피노자가 말년에 종교에 다시 관심을 가지면서 일원론적 만유신교라는 자연신학의 개념으로 발전한다. 만유신교pantheism는 신이 곧 우주 전체, 특히 물질적 우주라는 믿음이다. 우주 그 자체가 신이며 신과 우주가 동일하고 동등하다는 믿음이다. 이때 세계가 신에서 독립하는 것을 인정하는 광의적 만유신교와 독립을 인정하지 않는 협의적 만유신교로 나눌 수 있는데 스피노자의 일원론적 만유신교는 후자를 대표한다. 신은 우주 전체일 뿐 아니라 세상 만물의 작동도 신의 섭리로 귀결된다고 본 것이다. 일원론적 만유신교는 '만유', 즉 모든 존재에는 영적 상태가 내재한다는 생각에서 출발한다. 영성은 물질과 분리되어 따로 존재하지 않으며 물질과 하나가 된 상태로 존재한다. 자연도 마찬가지여서 영적 존재는 자연 그 자체와 하나가 되어 있기 때문에 초자연적 영역이라는 것은 없다고 믿는다.

스피노자의 생각을 합하면 결국 우주의 물리적 작동과 신성한 힘을 합한 상태가 신이라고 본 것이고 이 부분이 자연철학과 자연신학이 하나로 만날 수 있는 대목이다. 아메리카 대륙을 발견한 역사적 사건을 해석하는 데에도 유사한 시각을 공유했다. 기독교 근본주의자들은 새롭게 접한 아메리카의 원생림 및 원주민을 타락한 자연으로 받아들이면서 인간 중심주의를 발휘해서 개발할 대상으로 삼았다. 반면 자연철학자와 자연신학자는 이것을 지구가 평평하다는 기존의 속설과 나이 등을 수정하는 기회로 삼았으며 이를 바탕으로 지구의 생산성에 한계가 있다는 사실을 알게 되었다. 이는 다시 자연을 균형과 조화의 대상으로 인식하는 계기로 삼았다.

자연철학의 배경은 이처럼 여러 갈래이고 시작 시점도 17세기까지 올려 잡을 수 있지만 하나의 구체적 사조로 등장한 것은 18세기 말이었다. 같은 1798년에 출판된 셸링의 『세계의 정신에 관하여Von der Weltseele』와 프란츠 폰 바더Franz von Baader의 『자연 속의 피타고라스 사각형에 관하여 Über das pythagoräische Quadrat in der Natur』라는 두 권의 저서를 출발점으로 삼는 것이 통례이다. 두 저서 모두 여러 과학 분야의 다양한 지식과 외래 정보를 칸트 철학의 신 정신으로 결합해서 해석했다. 이후 비슷한 방법론을 구사하면서 형이상학의 시각으로 자연의 의미를 해석하는 저서들이 봇물처럼 쏟아져나오면서 자연철학이 본격적으로 모습을 드러냈다.

이런 다양한 저자들의 생각은 서로 다른 점도 많으나 네 가지 공통점을 갖는데 이것이 곧 자연철학에서 정의하는 자연의 핵심 내용이기도 하다. 첫째, 자연은 신화적 질서의 역사를 갖는다. 자연철학은 자연이 기독교적 의미의 신에 의해 창조되었다는 사실은 받아들이지 않는 대신 신화적 질서에 의해 만들어진 것으로 본다. 신화적 질서는 영원불멸하지는 않지만 세계가 만들어지는 데 역동적으로 참여해서 특질을 결정한다. 이 과정은 다시 네 단계로 이루어진다. 첫 번째 단계는 분별이 일어나기 전의 혼돈으로, 근원적 빛의 상태로 존재한다고 보았다. 여기에서 물과 불, 불과 빛, 남성과 여성, 인력과 척력 등 여러 쌍 개념이 나온다. 이것들은 서로 반대되면서 동시에 상호보완적인데 이들 각각의 상태가 두 번째와 세 번째 단계를 이룬다. 마지막 네 번째 단계는 이런 쌍 개념들이 하나로 통합되는 과정으로, 여기에서 세계가 탄생하게 된다. 쌍 개념이 대립 상태를 극복하고 공동의 생산물을 내는 창조의 단계이다.

자연철학자들은 기독교와의 차별성을 분명히 했지만 이들의 생각에는 기독교 교리에 대응될 수 있는 내용도 일정 부분 있는 것이 사실이다. 신화적 질서의 네 단계 구조도 좋은 예로, 셸링은 이를 '기독교의 숨은 신화 구도'와 같은 것으로 보았다. 성서는 언뜻 보면 서로 모순되는 내용이 여러 곳에 섞여 있는데 사람들은 이 가운데 자신들의 욕심을 합리화할 수 있는 구절만 따서 하나님이 그런 욕심을 허락한 증거로 사용한다. 하지만 기독교 정신의 핵심 역시 세속 세계를 가득 채운 모순되는 쌍 개념을 하나로 통합해서 화해시켜내는 데 있다. 쌍 개념의 통합과 화해는 대체적으로 신화 구도의 대표적 특징이라서 기독교 역시 이를 받아들여 사용하면서도 유일신의 순도를 지키기 위해 이를 억눌러 숨기고 있다. 이런 신화 구도를 파악하는 일은 기독교의 순도를 떨어트리는 일이 아니며 오히려 참다운 기독교 정신을 깨닫는 데 도움이 된다.

'구원받은 구세주Redeemed Redeemer'의 스토리 구조 역시 신화 구도로 짜여 있다. 갇힌 빛이 자유로운 상태에 있는 다른 빛에 의해 깨어나는 구조인데, 이는 전형적인 신화 구도 가운데 하나이다. 자연철학은 이 구도를 '빛 대 어둠'이 아니라 '빛 대 중력'의 쌍 개념으로 치환한다. 중력은 원시적 에너지를 삼켜 내재시킴으로서 여기에서 다시 에너지를 발산하는 상태이다. 빛은 이런 중력의 작용을 받을 때에 비로소 생명을 창조할 수 있게 되고 기독교적 의미에서 구원의 힘도 발휘할 수 있게 된다고 보았다. 뵈메도 이와 유사한 구도를 제시한다. 그는 자연을 불로 파악했는데 인간은 불이 타고 남은 찌꺼기를 재점화하는 의무를 가지며 그렇게 재점화된 불이 다시 인간을 구원한다고 주장했다. 이때 재점화하는 행위가 기독교에서는 유일신 하나님을 믿는 것에, 자연철학에서는 중력의 작용에 각각 해당된다.

정신 작용으로서의 자연과 조화로운 제3력

둘째, 자연철학자들은 자연을 정신 작용과 같은 것으로 보았다. 셸링이 처음 제기한 개념으로, 자연의 신화적 질서가 작동하는 과정에서 쌍 개념 가운데 부정적이거나 파괴적인 것을 제거, 극복하는데 이를 정신 작용이라고 본 것이다. 특히 유기체의 경우 자연은 최고의 생명 상태를 탄생시킬 뿐 아니라 생애 전 과정에서 항상 최선의 생명 상태를 유지하게 해주는데 이런 순기능을 정신 작용이라고 본 것이다. 이런 작용은 자연 내 모든 생명체와 모든 곳에 공평하게 적용되기 때문에 보편적이며 이것이 생명 창조의 근원을 이룬다는 점에서 기독교의 성령 개념과 동등한 것으로 보았다.

정신 작용의 개념은 신과 자연과 인간 사이, 혹은 기독교와 자연종교와 정령주의 사이의 공통점을 찾으려는 시도로 볼 수 있다. 이 셋은 사실 같은 것인데 인간 매개로 내려와서 운용되는 과정에서 다른 것이 되면서 서로 배척까지 하게 되었다. 자연철학은 자연의 진정한 교훈인 화해와 통합의 교훈을 적용해서 이런 구별을 극복하고 만유에 내재하는 공통분모를 찾으려 한 것이다. 예를 들어, 자연의 정신 작용은 자연에 본유로 내재하기 때문에 자연이 곧 정신 작용이 되는데 이는 원시적 자연종교의 '정령' 개념과도 유사하다. 기독교는 보통 정령주의를 배척하지만 자연종교와 자연철학을 중간 고리로 삼으면 하나의 끈으로 이어질 수 있는 가능성도 있는 것이다. 외르스테드Hans Christian Oersted는 『화학의 역사에 관하여 Considerations on the history of chemistry』(1807)에서 "자연과 정신 작용 사이의 동일성에 근접할수록 더 완벽함을 발견하게 될 것이다. 이 두 자연은 하나의 공통 뿌리를 이루는 두 개의 씨앗이다"라고 했다.

셋째, 자연은 화해와 통합에 의해 조화로운 제3력을 추구한다. 자연의 정신 작용을 매개로 한 화해와 통합을 셸링은 '동일시의 철학'이라고 불렀다. 자연철학은 철학사의 긴 끈에서 보면 플라톤이 제기하고 데카르트와 칸트를 거치며 고착화된 각종 쌍 개념의 대립 구도, 즉 이항대립을 화해시키려는 시도이기 때문에 '동일시의 철학'은 자연철학에서 제일 핵심적이고 암시하는 바가 많은 주제이기도 하다. 물론, 진정한 화해와 통합은 둘이 단순히 같아지는 것이 아니라 상호보완에 의해 조화로운 제3력에 도달하는 것이기 때문에 '동일시'라는 개념을 해석하는 데 주의를 요하는 것이 사실이긴 하다. 그러나 자연철학자, 특히 셸링의 주장을 보면 화해를 같아진다는 뜻의 동일시로 보지 않고 제3상태로의 통합으로 보는 내용이 많이 발견되기 때문에 '동일시'라는 단어는 통상적인 의미와 다르게 해석할 필요가 있다.

자연과 정신 작용 사이의 관계는 영원한 형이상학적 주제이기 때문에 이것을 해결하면 다른 이항대립 요소 사이에도 동일시가 일어난다. 나(주체)와 세계(객체) 사이도 마찬가지여서 나 스스로에 대한 이성적 인식과 세계에 대한 균형 잡힌 지식이 동일시 과정을 거쳐 함께 가게 되면 이것이 세상 만물이 '형성되어가는 과정(=the becoming=das Werden)'을 향한 초기 조건이 되는 것이다. 1차 원재료로서의 자연이 창조된 이후 인간이 이것을 어떻게 받아들이느냐의 문제인데, 데카르트와 칸트는 군건한 주체의식을 통해 나를 세계의 중심에 놓고 나머지 주변을 나의 세계에 맞춰 끌어들여 재편하라고 가르쳤다. 자연에 적용하면 기계론과 합해지면서 자연 개발을 합리화하는 역할을 했다. 셸링의 '동일시의 철학'은 이것을 지양하고 그 대안으로 나와 자연 사이의 인식론적 화해와 통합을 주창했다.

'형성되어가는 과정'이라는 개념이 성립될 경우, 그 속에는 질서와 무질서를 동시에 포함하기 때문에 그 특성은 매우 역동적이다. 폭발하듯 형성된 원시 질서가 점차 정리되어가는 과정이 자연의 역사일 수 있는 것이다. 이런 개념은 낭만주의 예술과 문학에서 동일하게 나타났는데, 자연을 대홍수나 지각 변동 같은 혼돈 상태에서 유래한 것으로 보면서 이것이 질서를 찾아 조화로운 일치에 이른 상태를 풍경의 본질로 보는 것이 대표적인 예이다. 견신론에서 제기한 신과 자연과 인간 사이의 역동적 일치 개념도 마찬가지였다.

넷째, 자연 전체는 구성 요소들이 상호 소통하며 연관되어 있는 살아 있는 연결망이다. 이는 자연을 전체론으로 정의한 것이다. 전체론은 자연은 구성 요소들의 단순 합을 뛰어넘는, 단순 합으로는 설명할 수 없는 새롭고 초과적인 성질을 갖는다는 이론이다. 대표적 예로 유기적 생명력을 들 수 있다. 생명은 생리적, 물리적 작용에 의해서만 유지되는 것이 아니라 정신에 의한 상징 작용이 더해진 총체적 존재이다. 여러 개별 과학이 제시하는 지식은 자연에 대한 포괄적, 총체적 지식의 첫 걸음 혹은 부분적 파편일 뿐이다. 사유에 의한 상징 작용의 해석을 더할 때 생명체는 비로소 완성된 유기성에 도달한다.

물질은 항상 상징으로 드러난다. 이 상징은 거꾸로 물질을 날줄과 씨줄로 삼아 보편적인 연결망을 짠다. 물질 자체는 정신과 생명이 없는 원재료지만 상징의 연결망을 거치면서 정신 작용을 받아 유기적 생명력, 즉 유기성을 획득한다. 자연과학과 형이상학, 실험과 사유는 동전의 앞뒷면처럼 항상 함께 작동한다. 현실의 파편들은 과학적 분석을 받은 다음 상징적 해석이 더해져 의미의 집합체를 만들어내야 한다. 이것이 전체론적 통합으로 자연의 기본 성질 가운데 하나이다.

전체론적 통합은 자연을 관찰하는 과학 분야 내에도 적용될 수 있다.

과학적 사실은 하나의 신호이고 신호는 서로 반응하기 때문이다. 화학에서 가져온 개념은 천문학이나 수학 등 다른 과학에 활용될 수 있다. 이런 통합 개념은 낭만주의 문학에서 '현명한 물리학자'라는 개념으로 유행하기도 했다. 독일 낭만주의에서 유행한 '격언aphorism'이라는 장르가 좋은 예인데, 노발리스Novalis가 이를 대표한다. 그는 자연과학과 피히테의 낭만주의를 바탕으로 자신만의 자연관을 피력한 문학작품을 발표했는데 위의 내용을 잘 보여준다. 이외에도 독일 낭만주의의 대표적 이론가인 프리드리히 폰 슐레겔Friedrich von Schlegel은 "통합적 마음이야말로 진정으로 예언적이다"라고 했다. 셸링은 통합적 시각을 종교에 적용해서 "일신론은 마음과 가슴에, 다신교는 상상력과 예술에"라고 하면서 교조주의를 배척하고 다신교를 옹호했다.

3
새로운 기독교의 등장

자연신학, 유니테리언파, 이신교

기계론적 자연관의 등장이 끼친 영향은 다방면으로 나타났다. 과학기술 쪽으로는 '과학혁명-산업혁명-다윈의 진화론'으로 이어지면서 20세기 기계문명을 낳았다. 사상에서는 앞에 살펴본 자연철학에 중요한 영향을 끼쳤다. 기계론적 자연관의 새로운 시각과 과학적 객관성을 받아들이되 이것이 물질주의로 흐르는 것을 경계하면서 자연의 정신다움을 밝혀내려는 사조였다. 기독교에도 적지 않은 영향을 끼쳤다. 기독교는 항상 새로운 과학과 기술의 발전에 대해 거부와 수용의 양면적 태도를 취해왔는데 이번에도 마찬가지였다. 큰 방향은 자연철학의 방향과 비슷했다. 기계론적 자연관이 던진 새로운 시각을 수용하되 물질주의의 위험성을 경계, 비판한다는 큰 방향 아래 기존의 신 중심주의와 인간중심주의로 나뉜 이분법의 자연관에 대해 제3의 새로운 시각을 제공하려는 시도였다. 구체적 경향은 셋으로 나눌 수 있다.

첫째, 자연신학이 부활했다. 앞에 소개한 버넷, 우드워드, 레이 등이 대표적인 자연신학자들이다. 레이의 『창조 작품에 드러난 신의 성스러운 지혜The Wisdom of God manifested in the works of creation』(1691)라는 책에서 볼 수 있듯이 이들은 자연과학의 새로운 발견과 지식을 활용해서 창조주의 성스러움을 밝히려 했다. 이런 점에서 이들은 통상 자연주의자로 분류되기도 한다. 스피노자는 정식 자연신학자는 아니었지만 18세기 자연신학의 주요 개념이 성립되는 데 일정한 기여를 했다. 전통적인 자연신학은 기계론의 등장과 함께 붕괴된 것이 사실이나 한 가지 재미있는 것은 17~18세기 기계론자들 가운데 자연신학과 교류한 과학자들이 많다는 점이다. 보일과 뉴턴이 좋은 예이다. 기계론을 일으킨 중심 인물들이지만 신의 존재에 대해서는 청교도와 많은 시각을 공유했다. 뉴턴은 자신의 자연과학 체계가 사람들에게 성스러운 창조자의 존재에 대한 믿음을 공고하게 해줄 것으로 기대했다. 보일은 한 발 더 나아가 '보일 강의록Boyle Lectures'을 만들어서 신과학이 갖는, 신의 존재를 향한 지시봉의 기능과 가치를 드러내는 데 힘썼다.

자연신학은 18세기에 대중적 장르로까지 발전했다. "자연을 바라보다가 자연을 낳은 신까지 올려다본다"라는 슬로건이 유행했다. 윌리엄 데르함William Derham의 물리신학이 좋은 예이며 심지어 곤충 신학이나 물 신학처럼 신학이랑 전혀 어울릴 것 같지 않은 대상마저도 자연물이기만 하면 신학의 대상이 되어 하나의 소 장르로 나타날 정도였다. 이런 유행은 19세기 초 영국의 성직자인 윌리엄 페일리에서 절정에 달했다. 다윈 논쟁 동안 자연과학자들에게 비난을 받기는 했지만 20세기까지 생명을 유지하며 가톨릭과 신교 모두에 적은 수나마 추종자를 가졌다. 카를 바르트의 유명한 비판도 견뎌내고 살아남아 물리학 연구의 부산물로 재탄생하기도 했다.

둘째, 유니테리언파Unitarianism라는 구체적인 기독교 운동이 새로 탄생했다. 뉴턴주의의 영향을 받아서 신의 존재를 인정하되 삼위일체를 믿지 않는 일신론자들이 창설한 새로운 종파였다. 삼위일체에 담긴 하나님의 인격화 개념, 즉 인격신 개념에 반대해서 하나님은 다른 형식으로 나타나지 않으며 본래의 한 가지 상태로만 존재한다고 보았으며 우주나 자연이 그것일 수 있다고 했다. 유니테리언파는 자연과학에 매우 우호적이어서 윌리엄 휘스턴William Whiston 같은 인물은 자연과학의 새로운 발견을 적극 수용했으며 뉴턴도 비밀스럽게 유니테리언파에 속했다. 조지프 프리스틀리Joseph Priestley는 과학자이면서 성직자였다. 18세기 영국에서 자연에 대한 과학적 연구를 가장 활발하게 장려하고 후원한 단체는 국교반대주의 Dissenting(비국교도Nonconformity와 유사)가 세운 여러 아카데미였는데 이들은 유니테리언파와 연합 활동을 펼쳐 자연과학을 후원했다.

셋째, 또다른 새로운 기독교 종파인 이신교理神敎, Deism가 탄생했다. 신이 자연을 고유한 기계적 법칙에 의해 작동하도록 창조했으며 전 우주는 이 법칙에 의해 스스로 분화, 발전한다고 주장하는 종파이다. 이는 기존의 신학관인 창조주 개념에 자연과학의 기계론적 자연관을 결합시킨 시각으로 볼 수 있으며 자연종교와도 맥이 닿아 있다. 하나님의 피조물에 계시가 담겨 있다는 전통적인 계시록적 자연관이 쇠퇴한 대신 하나님이 피조물을 돌보는 형식은 시계처럼 정밀하게 작동하는 우주의 기계론적 법칙에 있다고 보았다. 따라서 자연을 기독교적으로 이해하기 위해서는 자연과학의 객관화 과정이 필요하다고 했다.

이신교와 청교도는 모두 자연을 비정신적 상태로 파악한 점에서 유사한 시각을 공유했으나 차이점도 있었다. 청교도의 탈정신화는 창조주의 창조 행위의 신성함을 더 부각시켜 자연을 인간이 다스릴 수 있는 대상으로 정의하려는 목적을 가졌다. 반면 이신교는 자연을 스스로 작동하는 메커니즘으로 정의하면서 오히려 이와 반대로 인간이 함부로 손을 댈 대상이 아니라고 보았다. 이때 '스스로 작동'이라는 말이 살아 있는 주체로서 성스러움을 갖는 것으로 오해될 수도 있으나 그 반대인 기계론적 메커니즘을 정의하는 개념이다. 이신교는 자연을 하나의 주체로 본 점에서 자연을 객체로 보려던 청교도와 일정한 차이가 있다. 이신교의 자연신 주장이 결과적으로 청교도의 신과학 부흥과 유사한 결과를 냈을지는 모르나, 크게 보면 이신교는 기독교를 끼고 일어난 인간의 욕심에 대한 반성을 추구한 기독교 내부의 자정운동이었다. 이렇게 보면 자연을 개발 대상으로 보던 청교도의 욕심은 오히려 이신교의 반성 대상에 들어갈 수도 있는 것이다.

뉴턴은 이신교와도 일정한 공통점을 공유했다. 자신의 과학적 예언이 몇 가지 구체적 관찰과 정확하게 일치하지 못하게 되자 신의 존재를 개입시켰다. 이신교의 입장에 어느 정도 기댄 것으로 반半이신교semi-Deism라 부를 수 있다. 혹은 거꾸로 뉴턴의 기계론적 작동 법칙이 실제 자연현상과 완벽하게 일치했다면 그것이 오히려 이신교의 기본 태도와 가장 잘 맞는 것일 수 있기 때문에 이런 부분적 불완전함이 엄밀한 이신교에 들지 못한 이유라는 뜻에서 반이신교라 부를 수도 있다. 실제로 반이신교는 이후 2~3세기 동안 많은 청교도들이 좋아하는 종교적 성향이 되었다. 20세기에는 '틈새 속의 하나님God-in-the-gaps' 전략으로 비하되기도 하지만 뉴턴의 반이신교는 대중적 신앙으로 생명력을 유지했다.

코르드무아와 그레코 고딕 아이디얼 운동

새로운 기독교를 정의하려는 노력에 해당되는 건축의 예로 그레코 고딕 아이디얼Greco-Gothic Ideal 운동을 들 수 있다. 18세기 초반에 시작되어 중반에 절정에 달한 건축운동으로 말 그대로 "그리스 건축과 고딕건축의 좋은 점을 모아서 합한 이상적 건축 방식을 추구한 운동"을 의미한다. 당시까지 보편적으로 사용되어오던 바로크 교회 건축을 비판하면서 이상적인 교회 건축 모델을 찾는 운동이었다. 그 이유는 바로크 교회가 불필요한 장식으로 지나치게 화려하게 치장되었는데 이것이 기독교와 성서의 참뜻에 어긋난다고 보았기 때문이다. 그 대안으로 장식을 완전히 없앤 검소하고 순수한 건축 방식을 찾는 작업을 진행했다.^{그림 4-1, 4-2}

　　이런 생각은 이신교의 개혁운동과 매우 흡사했으며 실제로 이 운동은 건축가들이 아닌 이신교 성직자들에 의해 시작되었다. 바로크 교회의 화려한 장식은 이신교가 비판한 동시대 기독교의 현실 간여에 해당되는 건축적 내용이다. 이신교는 하나님은 세상을 창조만 해놓고 손을 떼었기 때문에 하나님의 이름을 걸고 현실 일에 끼어들어 물욕을 채우는 기독교의 행태는 하나님의 참뜻에 어긋난다고 비판했다. 이들은 자연법칙 자체가 하나님의 섭리이고 창조물이라고 보았으며 인간 세계 차원의 의식은 의미가 없고 자연법칙에 순종하며 따르는 것만이 하나님의 섭리를 지키는 것이라고 보았다. 하물며 현실적 권력과 재화를 취하는 일은 더더욱 하나님의 섭리에서 벗어난 것이라고 비판하며 기독교 내부의 개혁운동을 전개했다.

　　그레코 고딕 아이디얼 운동은 같은 논리로 바로크 교회를 비판했다. 금은보화와 각종 성화로 화려하게 치장한 바로크 교회 역시 하나님을 찬양한다는 종교적 이상을 내걸기는 했지만 이는 결코 기독교 정신에 부합

4-1 자코모 바로지 다 비뇰라Giacomo Barozzi da Vignola, 일 제수Il Gesu, 로마, 1568~73 (위)

4-2 자크-제르멩 수플로Jacques-Germain Soufflot, 성 주느비에브Se. Genevieve, 파리, 1755~80, 사후 완공. 바로크 실내와 비교했을 때 현저하게 가벼워진 벽체, 절제된 장식, 밝은 조도 등을 자랑하면서 이신교의 이상을 보여준다. (아래)

4-3 코스마스 다미안 아잠Cosmas Damian Asam & 에지드 퀴린 아잠Egid Quirin Asam, 장크트 요하네스 네포묵Sankt Johannes Nepomuk, 뮌헨, 독일, 1733~38 (왼쪽)
4-4 크리스토퍼 렌Christopher Wren, 월브룩의 성 스테파노St. Stephen, Walbrook, 런던, 1672~87. 이탈리아 바로크의 과도한 벽체와 화려한 장식을 거부하며 기둥과 빛만으로 이루어진 교회 실내를 추구한 대표적인 예로, 영국 이신교와 뉴턴의 영향을 받은 것이다. (오른쪽 위)
4-5 자크-제르멩 수플로, 성 주느비에브, 파리, 1755~80, 사후 완공. 프랑스 이신교의 이상을 반영한 대표적인 건물로 렌의 월브룩의 성 스테파노와 매우 유사한 모습을 보인다. (오른쪽 아래)

되지 못하고 결국 인간의 욕심을 위한 것일 뿐이라고 비판했다.그림 4-3 바로크 건축의 과도한 장식은 비단 교회사 내에서만 문제가 된 것이 아니었다. 바로크 건축의 비정형주의까지는 순수 조형적 차원에서 중요한 의미를 갖지만 금은보화로 치장한 과다한 표피 장식의 타당성에 대해서는 의문이 많이 제기되는 것이 사실이다. 교회 건축이 특히 그랬는데 그 출처를 따지면 문제가 더 컸다. 당시 유럽은 아프리카와 아메리카로 진출해서 많은 물자를 약탈해 들여오고 있었는데 이 자금이 바로크 교회로 흘러들어가 화려한 실내장식을 꾸민 것이다.

이신교 성직자들이 먼저 나섰다. 이들 가운데 건축에 관심이 많던 성직자들은 자신들의 개혁운동의 일환으로 바로크 교회의 화려한 장식을 대체할 새로운 교회 건축 모델을 찾으려 했다. 깃발을 올린 것은 장 루이 드 코르드무아Jean Louis de Cordemoy였다. 그는 해박한 건축 지식으로 무장한 신부였는데,『건축의 모든 것 혹은 축조술에 대한 새로운 소고Nouveau Traité de Toute l'Architecture ou l'art de bastir』(1706)라는 저서에서 앞과 같은 주장을 강하게 폈다. 새로운 교회 건축의 구체적 방향도 제시했다. 교회 건축에 요구되는 것은 자연법칙으로 존재하는 신의 섭리를 최소한으로 보여주는 것으로 가정했다. 중세 때 제시된 두 번째 자연 개념인 '빛'을 부활시킨 것이다. 그림 4-4, 4-5

건물 구성은 빛이 최대한 드러나도록 짜야 했는데 이는 바로크 교회와 반대되는 내용이었다. 바로크 교회는 성화와 장식을 많이 붙이기 위해 벽체가 두꺼웠기 때문에 실내에 빛이 많이 들어오기 어려운 구조였다. 벽체는 구조적으로 꼭 필요한 면적의 몇 배나 두꺼워져 있었는데 이는 자연법칙에 어긋나는 비만증 같은 것이었다. 이렇게 보면 바로크 교회는 반反기독교적 건물이었다. 교회 건축에서 기독교다움을 결정하는 것은 표피에 바른 화려한 장식이 아니라 하나님의 섭리인 자연법칙을 얼마나 잘 좇는가의 여부이기 때문이다.

이런 비판정신을 바탕으로 드 코르드무아는 하나님의 섭리에 합당한 진정한 교회 건축의 해답을 고딕건축과 그리스 건축에 공통적으로 나

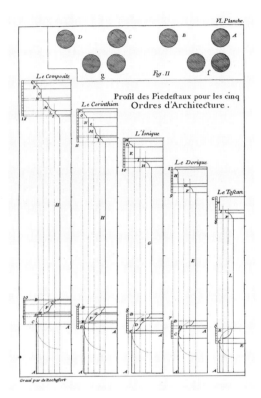

타나는 구조적 효율성에서 찾았다. 이런 주장은 여러 면에서 파격적인 것이었다. 순수 건축적 관점에서 보면 고딕건축과 그리스 건축은 서로 반대편에 서는 건축 양식인데 이 둘 사이에서 공통점을 찾아내 하나로 합할 생각을 했다는 것은 매우 뛰어난 예술적 창의성이었다. 종교적 관점에서도 마찬가지여서, 기독교가 이교도 양식이라며 거부

4-6 장 루이 드 코르드무아Jean Louis de Cordemoy의 『건축의 모든 것 혹은 축조술에 대한 새로운 소고Nouveau Traite de Toute l'Architecture ou l'art de bastir』(1706)에 나오는 고전주의 5오더의 프로필. 이상적 그리스 구조 양식을 찾으려는 그의 노력을 보여준다.

하는 그리스 건축의 구성 기법을 교회에 사용할 제안을 했다는 것 역시 혁명적 생각이었다. 그림 4-6

　　건축 양식의 관점에서 보았을 때 고딕건축은 구조적 효율성을 바탕으로 밝은 빛으로 가득 찬 높은 실내 공간을 완성한 양식이었기 때문에 이신교의 생각을 구현하기에 적합한 선례 모델에 틀림없었다. 가느다란 기둥과 리브 같은 선형 요소로 40미터가 넘는 구조를 짜냈으며 벽은 모두 창으로 채워서 실내에 밝은 빛을 끌어들였다. 하나님의 섭리를 자연법칙

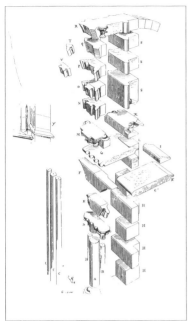
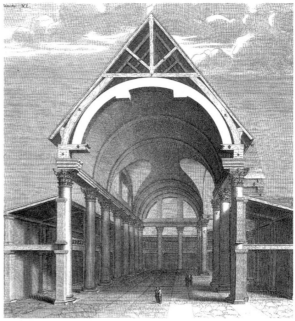

4-7 비올레 르 뒤크Viollet-le-Duc의 디종 노트르담Notre-Dame at Dijon 구조 체계 분석도 (왼쪽)
4-8 클로드 페로Claude Perrault, 비트루비우스Vitruvius의 파노의 바실리카Basilica at Fano 추측안. 성직자인 드 코르드무아의 주장을 가장 잘 보여주는 건축 구조이다. (오른쪽)

으로 보고 유기체의 구성 원리와 생명 작용의 교훈을 건축적으로 적용해서 얻어낸 결과였다.그림 4-7 문제는 그리스 건축이었다. 그리스 신전의 기둥은 두껍고 둔탁한 편이었으며 건물 높이도 높지 않았다. 그러나 앞서 빙켈만의 예에서 보았듯이 그리스 건축은 꼭 필요한 부재만으로 조화로운 구성을 한 점에서 구조적 효율성의 좋은 예로 볼 수 있었다. 성직자였던 코르드무아는 예술사학자 빙켈만보다 무려 50여 년 먼저 이런 사실을 알고 있었고 이것을 새로운 교회 건축 모델을 찾는 구체적 사안에 적용한 것이었다.그림 4-8

로지에와 파리 팡테옹

마크앙투안 로지에Marc-Antoine Laugier는 코르드무아의 주장을 이어받아 구체적인 예로 발전시켰다. 『건축 에세이Essai sur l'architecture』(1753)라는 저서에서 이상적 교회 모델로 원시 오두막을 제시한 것이다. 네 개의 기둥과 바닥, 보, 지붕만으로 구성된, 말 그대로 가장 단순하고 원시적인 오두막이었다.그림 4-9 이 개념은 숭고한 원시주의라는 낭만주의 사상과 이신교의 자연법칙 개념을 합한 파격적인 생각이었다. 원시 오두막만으로 교회를 이루는 것은 물론 비현실적이었지만 선언적 상징성은 그만큼 강했다. 자연법칙만이 하나님의 섭리이고 현실적 욕심을 억제하는 것이 기독교 정신이라면 교회도 원시 오두막 이상으로 필요할 이유가 없다는 선언이었다.

로지에의 주장은 교계의 기득권층에서 비판을 받았지만 젊은 성직자와 건축가들에게는 큰 환영을 받았다. 특히 건축에 끼친 영향이 컸다. 프랑스에서는 18세기 구조 합리주의가 본격적으로 시작하는 계기를 마련했고 영국에서는 존 손John

4-9 마크앙투안 로지에Marc-Antoine Laugier, 『건축 에세이Essai sur l'architecture』(1753) 속표지에 나오는 원시 오두막 그림

4-10 존 손John Soane, 해멀스 파크Hammels Park, 낙농실Dairy, 허트퍼드셔Hertfordshire, 영국

Soane의 원시주의에 결정적 영향을 끼쳤다.그림 4-10 이로써 자연 해석과 관련해서 '루소-낭만주의-폐허운동-이신교-구조 합리주의-원시주의'를 합한 새로운 큰 흐름이 형성되었다. 합리주의를 인공 문명의 산물로 보면서 원시주의와 반대편에 세우던 전통적인 이분법 시각이 허물어지는 지성사의 큰 변혁이었다. 적어도 자연을 앞에 놓고는 원시적인 것이 합리적인 것이라는 혁명적 주장이 성립되었다.

그레코 고딕 아이디얼 운동은 실제 건축물을 많이 남기지는 못했다. 실험적 성격이 강한 대신 실제 교회 건축에 재정을 대던 로마 가톨릭 같은 보수주의 기득권의 지지를 받지 못했기 때문이다. 그러나 중요한 걸작 하나를 남겼는데 파리 팡테옹이었다. 자크 제르멩 수플로Jacques-Germain Soufflot의 작품인데 그는 후기 바로크, 로마 고전주의, 고고학, 과학 정신, 합리주의, 토목공학 등 동시대를 이끌던 다양한 지식으로 무장한 실험정신이 강한 건축가였다. 팡테옹을 설계하기 이전부터 바로크의 문제점에 대해서 인식하고 있었으며 그 대안으로 역사 양식을 합리주의 정신으로 재해석한 프랑스 특유의 신고전주의를 실험하고 있었다. 특히 자신보다 먼저 17세기 말에 동일한 실험을 시작한 클로드 페로Claude Perrault의 영향을 강하게 받았다. 그림 4-8, 4-11

팡테옹 설계를 시작할 당시는 로지에의 원시 오두막이 막 발표되어 논쟁이 뜨겁던 때였다. 수플로는 그레코 고딕 아이디얼을 받아들여 바로크 교회의 무거운 벽체를 최소화하고 원형 기둥만으로 돔을 받치는 과감한 시도를 했다. 교회의 전체 구성은 로마 교황청을 모델로 삼되 두꺼운 벽체의 살을 덜어내 건축의 기본 원리에 충실한 구조를 짜려 했다. 인간의 욕심을 덜어내고 자연법칙을 좇자는 이신교의 주장에 해당되는 건축적 대응이었다. 이를 위해 고딕 구조의 유기성 원리를 차용했다. 전체 구성을 고전주의로 잡았기 때문에 고딕 구조를 직접 구사하는 것은 무리였고 그 결과 펜덴티브pendentive를 받치는 네 귀퉁이와 네이브 월nave wall 등에 코린트식 오더 열을 세우는 방식으로 이 문제를 풀었다. 그림 4-12

파리 팡테옹 돔의 지름은 21미터였는데 이것을 벽체가 아닌 독립 원형 기둥만으로 받치겠다는 발상은 이신교의 종교적 주장만큼 파격적이어서 엔지니어들조차 무모하다며 고개를 저었다. 수학적 검증은 롱들레 Jean-Battiste Rondelet가 전담하고 에밀리앙 마리 고테Emilland Marie Gauthey 등 구조 전문가가 팀을 이루어 수플로에 합류했다. 공사는 수플로의 의욕만큼 쉽게 진행되지 않아서 엔지니어, 성직자, 건축가 등 여러 이해당사자들이 뛰어들어 30여 년의 긴 논쟁을 치열하게 치른 뒤에야 겨우 안전성을 확보하는 선에서 타협을 보고 완공될 수 있었다.

발목을 제일 많이 잡은 이들은 의외로 엔지니어 그룹이었다. 종교적 건축적 논쟁은 이상에 머물 수 있지만 엔지니어링은 그만큼 안전성이라

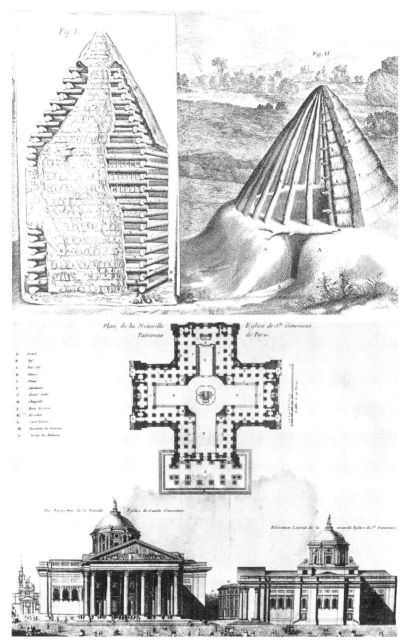

4-11 클로드 페로, 전원 오두막La cabane rustique, 17세기 후반. 자연과학자였던 페로는 루소와 이신교보
다 먼저 구조기술의 순도와 원시주의를 연결하는 새로운 건축 모델을 제시했다. (위)
4-12 자크-제르멩 수플로, 성 주느비에브, 파리, 1755~80, 사후 완공 (아래)

는 구체적 조건에 대해 직접적으로 판단할 수 있는 분야였기 때문이다. 의도가 순수하지만은 않아서 대형 돔을 독립 원형 기둥만으로 받친다는 혁명적 생각을 건축가가 완성시킬 경우 엔지니어는 자신들의 전공 분야를 빼앗기며 입지가 크게 약화될 것을 두려워한 측면도 강했다. 이런 실험은 역학적 문제였기 때문에 엔지니어들이 먼저 시작했어야 했는데 현실에 안주하면서 그러지 못한 것이다. 이들은 로마 교황청 건물을 모델로 삼아 교계나 왕실에서 발주하는 일거리를 받아 관습적 역학 계산이나 해주는 데 만족하고 있었다. 그 결과 바로크의 둔탁한 벽체는 사라지지 않고 습관적으로 반복되고 있었다. 이것이 역학적으로 꼭 필요한 것인지, 과한 것은 아닌지, 과하다면 무엇이 문제인지 등의 비판의식이 결여된 채 눈앞의 일거리에 안주한 결과였다.

최소한 두 명의 엔지니어가 구조적 무모함을 경고하며 공사에 제동을 걸었다. 첫 번째는 피에르 파트Pierre Patte로, 그는 롱들레까지 끌어들이며 반대했다. 롱들레는 정밀한 계산을 반복해봤지만 결론을 내리지 못했다. 그러자 두 번째 엔지니어인 프랑수아 프레지에Amedee François Frezier가 나서서 파트 편을 들었다. 이에 로지에가 나서서 수플로 편을 들면서 전선이 명확해졌다. 개혁적 성직자와 건축가가 합심해서 인간의 과도한 욕심을 자연의 섭리에 어긋나는 것으로 비판하면서 이상적 대안을 제시했다. 현실적 이익에 사로잡힌 중앙 가톨릭과 여기에 봉사해오던 무능한 엔지니어가 현실론을 내세우며 반대했다.

결과는 절반의 승리였다. 구조 보강 기술이 아직 본격적으로 등장하기 이전의 시기였기 때문에 수플로 진영은 독립 원형 기둥만으로 21미터 지름의 돔을 받치는 실험을 완벽하게 소화할 수 없었다. 그러나 벽체를 줄일 수 있는 한 줄여서 바로크의 둔탁한 구조에서 벗어나는 데에는 성

4-13 자크-제르멩 수플로, 성 주느비에브, 파리, 1755~80, 사후 완공

공했다. ^{그림} 4-2, 4-5, 4-13 네이브 월에는 고딕 구조의 원리를 좇아 천측창을
냈는데 건물 용도가 여러 유명 인사를 매장하는 집단 대형 무덤으로 바
꾸면서 실내 분위기를 엄숙하게 유지해야 했기 때문에 창을 모두 막아버

려 실제보다 훨씬 어둡게 되어버렸다. 그러나 창은 언제라도 열 수 있는 것이어서 실제 이뤄낸 창조적 실험은 지금 상태보다는 훨씬 혁명적인 것이었다. 팡테옹 공사를 둘러싼 논쟁 자체에서는 수플로 진영이 승리했지만 자신들의 이상을 감행하기에는 다소 역부족이었다. 실제 모습에는 아쉬움이 남긴 하지만 30여 년에 걸친 이 논쟁은 프랑스 지성의 힘을 보여주는 중요한 기록으로 남으면서 계몽주의 3대 논쟁 가운데 하나로 자리매김되었다.

5장

19세기 기독교 사회주의와 이데올로기로서의 자연

중세 때 예술이 영성과 성스러움이라는 기독교의 정신적 가치와 하나가 될 수 있던 것은
자연을 철저하게 창조주의 성스러운 예술작품으로 인식하고 그런 내용을
경건한 마음으로 작품에 반영했기 때문이다. 러스킨은 자신의 중세 이상이
가장 잘 구현된 구체적 예로 베니스를 들었다. 베니스에 머물며 그곳의 중세 건축을
관찰하고 연구한 끝에 중세 장식론을 성립시켰다. 베니스 중세 건축은 프랑스나 독일,
심지어 같은 이탈리아 내의 다른 도시들과 달리 돌을 이용한 뾰쪽 아치 장식을
대표적 특징으로 갖는데 러스킨은 여기에 매료되어 이것들을 스케치하고
그 정신적 예술적 뿌리를 추적하는 작업을 벌였다.

1

다섯 번째 위기
산업혁명

자연 개발 욕심이 드러난 원-산업혁명

과학혁명이 한 세기 가까이 계속되면서 그 연구 성과가 기술 분야로 옮겨 가기 시작했고 급기야 산업혁명으로 이어졌다. 기계력이 인력과 마력을 대체하면서 생산력이 이전에는 상상할 수 없던 대규모로 확장되기 시작했고 인간의 물욕도 통제력을 완전히 잃고 무한대로 폭발했다. 그에 따른 자연 파괴는 규모와 속도 등에서 형언할 수 없을 정도로 심해졌다. 산업 혁명은 기술적으로는 과학혁명을 직접적 기반으로 삼으며 그 외에도 중상주의, 자본주의, 계몽주의, 식민지 개척 등이 중요한 배경으로 함께 작용했다. 포괄하면 서양 특유의 실용주의와 현실주의가 르네상스 이후 여러 세기를 거치면서 과학기술, 정치경제, 문화사상, 군사 등 여러 분야로 세분화해서 발전한 뒤 하나로 합해지면서 집약된 결과로 볼 수 있다. 산업혁명은 당연히 과학기술의 발전 없이는 생각할 수 없었으며 아울러 이것을 실제 산업 분야로 집중해서 공장을 일으키고 대량생산을 감행하여 그 결과물을 국제무역으로 열심히 파는 종합적 운영 체제 또한 필수적이었다.

산업혁명의 시작 시점에 대해서는 이견이 좀 있는 편이다. 원 포인트 사건을 기준으로 하면 흔히 1769년 제임스 와트James Watt의 증기 기관차 특허 출원이 제일 널리 알려졌지만 1750년대를 출발점으로 보는 것이 통상적이다. 그러나 유럽에서 산업화는 이미 오래전부터 점진적으로 진행되어오고 있었다. 이런 관점에서 산업혁명의 또 한 가지 중요한 배경으로 원原-산업혁명proto-industrial revolution을 들 수 있다. 존 서스크John Thirsk가 만든 단어인데, 르네상스가 시작된 1400년부터 산업혁명 이전까지 유럽에 나타난 초기 단계의 산업화 현상을 뜻한다.

구체적 내용으로는 대규모 벌채, 토지집약적 농업, 광업의 활성화, 도시화, 석탄 연료의 사용 증가 등이 섞여 나타났다. 산림자원과 농업자원을 최대한 활용하고 채광을 늘리는 등 원재료의 생산을 극대화했으며 이것을 이용해서 도시 내에 가내수공업 형태의 공장을 많이 짓게 되었고 공장 생산의 효율을 높이기 위해 연료를 이전의 나무에서 석탄으로 대거 바꾼 것이다. 20세기에나 있을 것 같은 산업화의 폐해가 이미 14세기부터 유럽 곳곳에 나타났다. 자연 파괴는 심각하게 진행되고 있었으며 과밀, 수질오염, 스모그 현상 등 여러 도시 문제도 함께 나타났다. 벌목과 숲의 황폐화 때문에 갯벌이 침니沈泥(모래보다 곱고 진흙보다 거친 침적토)로 막혀 버리는 현상이 벌어졌다. 자원을 둘러싼 갈등도 심해서 벌채를 놓고 조선업자와 수공업자 사이에 충돌이 잦았으며 나중에는 이것이 토지 이용 문제로까지 확대되었다.

예를 들어 영국에서는 1660년대에 케임브리지서Cambridgeshire에서 식목 면적 확보를 위해 늪지대에 배수 공사를 하려 하자 이곳에서 대대로 농사를 지어오던 농민들이 폭동을 일으키는 사태가 발생했다. 프랑스도 마찬가지여서 1750년경 쇼 삼림지대Foret de Chaux의 22만 헥타르를 둘러싸고 자신들이 전통적으로 삼림권을 갖는다고 믿는 54개 마을과 증가하는 농촌 산업을 위한 연료를 이 숲에서 안정적으로 확보하려던 국가 사이에 극렬한 싸움이 벌어졌다. 이런 과정을 거치면서 유럽 각국은 대체적으로 숲을 확보하기 위해 삼림 수비대를 창설했으며 이들의 활동이 각 지역의 일반 시민과 충돌하는 양상이 잦아졌다. 이런 충돌은 1870년경까지 유럽 전역에서 계속되었다.

숲을 둘러싼 인간 욕심의 충돌은 심지어 중세까지도 거슬러 올라간다. 예를 들어 독일의 뉘른베르크에서는 13세기부터 숲을 놓고 전통적인 사냥 그룹과 새롭게 목재를 필요로 하는 세력 사이에 갈등이 심했다. 이후 1309년에 사냥 이외의 목적에 목재 공급을 보장해주는 뉘른베르크 법령이 반포되었다. 혹은 해상 도시국가였던 베네치아에서는 전함 건조에 필요한 목재의 수급이 국가의 존망에 영향을 끼칠 정도였다. 1470년 에우보이아Euboea 해전에서 패한 이유가 목재 부족으로 충분한 전함을 갖지 못했기 때문인 것이 밝혀지면서 베네치아는 국가 차원에서 목재 확보에 나서게 된다. 그러나 국가 전체적으로 숲의 면적이 충분하지 않은 상황에서 국제 정세는 점점 대규모의 군비 확장으로 치달으면서 베네치아는 결국 물량 경쟁에서 뒤져 해상강국의 위치를 점차 놓게 된다.

이처럼 산업혁명 오래전부터 자연자원을 이용해서 산업을 일으키려는 욕구가 유럽 전체에 광범위하고 매우 강하게 퍼져 있었으며 이 때문에 자연자원을 둘러싼 갈등과 충돌이 자주 발생하고 있었다. 이것을 보면 산업혁명은 결코 우연히 발생한 것이 아님을 알 수 있으며 자연자원을 이용해서 물질적 풍요를 이룩하고 부를 축적하려는 유럽인의 욕망 또한 그 뿌리가 깊음을 알 수 있다. 원-산업혁명 때 나타난 자연을 둘러싼 개발 욕심과 갈등 양상은 산업혁명 이후 19세기에 제국주의 시대의 상황을 축소해 놓은 것과 비슷했다. 유럽 각국은 충분한 숲 면적을 확보하고 목재를 안정적으로 공급하기 위해 경쟁했다. 경쟁에서 뒤져 쇠퇴한 베네치아와 달리 영국과 네덜란드 같은 다른 해상 강대국들은 숲을 해외에 별도로 개척하면서 쇠퇴를 면할 수 있었다. 영국은 아일랜드에, 네덜란드는 노르웨이에 각각 숲 면적을 확보했다. 이런 배경 아래 유럽 각국은 자연을 좀 더 효율적으로 개발할 수단을 발명하는 데 매달릴 수밖에 없었고 이것이 과학혁명과 맞물리면서 자연스럽게 산업혁명으로 이어진 것이다.

심지어 프랑스대혁명도 자연 파괴에 가세한 측면이 많았다. 정치적으로는 절대군주제를 붕괴시키고 시민들이 권력의 중심으로 부상하는 인류 역사상 가장 중요한 발전이었지만 생태적으로는 자연 파괴를 촉진하는 결과를 초래했다. 산업화에 의한 파괴보다는 원-산업혁명 때부터 있던 땅을 둘러싼 갈등이 계속된 측면이 많았다. 봉건제도에서 해방되었다고 믿는 농민들이 땅에 대한 권리를 행사하는 과정에서 땅을 향한 경건함을 잃어버리고 무분별한 벌채와 개발을 자행한 것이다. 이 때문에 홍수, 토사 유실, 급류, 산사태, 범람 등 여러 재해들이 빈번해졌다.

거시적으로 보면 프랑스대혁명이 산업혁명을 촉진한 측면도 아예 무시할 수는 없다. 단기적으로는 프랑스대혁명이 산업혁명에 장애물로 작용해서 프랑스의 산업혁명이 늦었다는 것이 정설이지만 장기적으로는 반대일 수 있다. 대혁명 결과 프랑스는 국가 차원의 공교육과 근대적 제도개혁 등 공공 분야의 발전이 영국보다 많이 빨랐는데 이것이 장기적으로 산업화를 돕는 결과로 나타났다. 또한 대혁명이 산업혁명을 이끌어간 핵심 주체인 부르주아의 지위를 공고히 하는 데 일조하고 이것이 산업자본주의의 발달로 귀결된 점도 같은 맥락에서 이해할 수 있다.

산업혁명과 인구 증가

산업혁명은 영국에서 먼저 시작했다. 이미 원–산업혁명 때부터 자연자원을 가장 안정적으로 확보한 나라였으며 이를 활용하는 자본주의가 가장 발달해 있었다. 해외 식민지 개척에서도 제일 열심이어서 원자재 수급과 생산품 소비 등에서 걱정이 없었다. 이미 토지와 농업을 바탕으로 한 자본주의가 자리 잡으면서 이를 산업화하는 데에서 일등을 달리고 있었다. 이를 위해 관세, 통행세, 하역료 등 각종 부가제도가 생산자와 운송업자에 유리하게 꾸려져 있었다. 식량을 안정적으로 확보하면서 도시화가 가장 먼저 제일 빠르게 진행되었고 이것은 거꾸로 산업혁명을 촉발하는 배경으로 작용했다. 무엇보다도 공격적 자본주의의 전통이 제일 강했으며 경제적 성공을 크게 존경하는 국민성이 있었다.

산업혁명의 시작은 목화산업과 증기기관이 양대 축이 되어 이끌었다. 기계 직물이 가능해져서 생산량이 크게 증가되었고 이를 증기기관차가 대규모로 실어 나르면서 입지 선정이 자유롭게 되고 시장도 크게 확대되었다. 영국 국내는 물론 국제시장에 기계로 짠 목화직물이 넘쳐났다. 그다음에는 철강산업이 가세했다. 석탄이 주요 연료가 되면서 철 가공 기술이 크게 발전했다. 전쟁, 각종 공장 건설, 농기구 생산, 각종 기계류 생산, 철도산업 등과 맞물리면서 철 생산량은 폭발적으로 증가했고 철강산업의 전성기를 맞았다. 풍부한 석탄 매장량이 큰 힘이 되었다. 맨체스터, 리버풀, 뉴캐슬 등 런던을 제외한 영국의 주요 도시 가운데 많은 수가 이때 철강산업의 발달과 함께 성장한 철강 도시이다.

대륙은 영국보다 많이 늦었다. 유럽은 영국에서 산업혁명이 제일 먼저 일어나게 한 여러 조건에서 모두 불리했고 뒤져 있었다. 프랑스대혁명을 거치면서 산업화보다는 구습 철폐에 더 힘을 쏟았다. 그 반작용으로 다시 나폴레옹에 의한 보수주의 제국이 들어서면서 산업혁명은 더 늦어졌다. 16세기부터 의회정치를 발전시키며 조금씩 그러나 꾸준히 권력 분산을 성공적으로 일구어온 영국이 상대적으로 대혁명 같은 급진적이고 대규모적인 에너지 소비에서 자유로울 수 있던 것과 대비되는 상황이었다. 이런 배경 아래 대륙에서도 프랑스를 필두로 1815년경부터 산업혁명의 기운이 싹트기 시작했으며 1830년경부터 본격적으로 돌입하게 된다.

19세기 중반에 들어서도 영국이 여전히 산업화에서 선두를 달리는 가운데 산업혁명이 유럽과 미국 등 서구 전역으로 확산되면서 정치, 경제, 군사에 큰 변화를 가져왔다. 생산량이 급증하면서 국내 시장의 벽이 허물어지면서 자유무역에 바탕을 둔 자유주의가 나타났다. 이를 효율적으로 관리하기 위한 산업자본주의도 탄생했으며 이 둘을 바탕으로 한 산업제국주의도 등장했다. 국내 시장에만 한정해서는 폭발적으로 늘어나는 생산량을 소비할 수 없었으며 충분한 소비가 보장되지 않으면 산업화가 계속될 수 없기 때문에 국가가 나서서 국제시장을 개척하게 되었다. 국경선은 무의미해졌고 국제시장을 효율적으로 점령하기 위해 군사력과 국제정치 등 국가의 물리력을 무한대로 증폭시키는 경쟁체제에 돌입하면서 제국주의가 탄생했다.

이 과정에서 자연 파괴의 문제점은 인식될 겨를이 없었다. 서구 각국끼리 무한경쟁에 돌입했으며 이런 경쟁 구도는 전 세계 식민지를 놓고 똑같이 벌어졌다. 물리력만이 국가와 국민의 안위를 보장해주었으며 오로지 물량 증가만이 미덕이 되었다. 산림과 농지 등 자연 자체가 대규모로 파괴되고 개발되었으며 대도시가 등장하면서 물과 공기의 오염이 심각해졌다. 노동자들의 생활은 비참하기 그지없었으며 이들은 대도시에 빈민가를 이루고 모여 살았다. 자연은 생산량 확대와 물량 증가에 사용될 원자재 이상의 의미를 가질 수 없게 되었다.

산업화에 따른 19세기에 자연 파괴, 오염, 대도시의 문제점 등이 얼마나 심각한지를 보여주는 통계자료는 이미 충분히 공개되었으므로 여기에서 반복하지는 않겠다. 한 가지 단적인 예를 들어보면, 런던과 벌링턴 사이에 철도를 깔기 위해 파낸 흙과 돌의 양이 250억 세제곱피트였으며 투입된 노동량은 이것을 1피트 높이로 쌓는 작업량과 맞먹었다. 이는 다시 160억 톤 무게의 피라미드를 쌓는 것과 같은 노동량이었는데 피라미드는 20만 명이 20년에 걸쳐 쌓은 데 반해 이 철도는 2만 명이 5년 만에 깔았다. 40배의 노동 효율인데, 이는 그만큼 자연 파괴도 40배로 가속화되었음을 뜻했다. 노동자 한 명이 하루에 20톤의 흙을 파내서 실어 나른 효율이었다. '런던-벌링턴' 철도 노선 하나가 이럴진대, 당시 영국, 나아가 서구 전체와 식민 지역에 걸쳐 진행된 각종 분야에서의 산업화를 감안하면 자연 파괴의 심각성은 충분히 가늠할 수 있다.

1870년경까지 유럽 전역의 산업화 비율은 그다지 높은 편은 아니었으나 영국은 상당히 높은 편이었다. 제국주의 체제가 본격화된 1870년 이후부터는 대륙도 본격적인 산업화 단계에 접어들게 된다. 산업화 때문에 자연 파괴가 대규모로 벌어지게 된 것은 자명한 일이었는데 이것을 일으킨 구체적인 현상으로 도시화와 인구 증가를 들 수 있다. 둘은 별개의 사안이 아니어서 함께 맞물려 진행되었다. 대도시는 이미 마케도니아 왕국 때부터 등장했지만 인구 증가를 수반하거나 유발하지는 않았다. 도시로의 인구 집중도도 그다지 높지 않았다. 이에 반해 산업혁명 이후 19세기 후반부에 나타난 근대적 대도시는 도시 규모와 인구 집중 면에서 이전과 비교할 수 없을 정도로 커졌다. 인구 증가를 크게 유발했으며 이렇게 증가된 인구는 다시 도시로 모여들었다.

인구 증가를 유발한 요인은 여러 가지이다. 산업문명이 발전하면서 전염병 감소, 공중보건 향상, 기본적 영양 상태 호전, 사망률 감소 등 순기능적인 측면이 많은 것도 사실이었다. 산업화에 따라 농노제도가 붕괴되면서 농사 지을 땅 없이도 결혼할 수 있게 되자 조혼이 유행하게 된 것도 중요한 요인이었다. 반면 억지로 인구를 증가시켜야 하는 상황도 발생했다. 생산량을 계속 늘려가야 경제가 유지되는 산업자본주의의 속성상 소비 인구도 지속적으로 증가해야 했기 때문이다. 산업제국주의의 등장도 국가가 앞장서서 인구 증가를 독려하는 원인으로 작용했다. 군사력 증강에서 병력이 차지하는 비중이 절대적이기 때문이었다.

현재 우리나라가 겪고 있듯이 인구 증가가 멈추는 일은 핵전쟁보다도 더 위험하다는 인식이 자리 잡게 된 것도 이때였다. 그 이전까지 세계인구는 아주 느린 속도로 조금씩 증가해왔으며 심지어 감소하던 때도 있었다. 이런 상황이 경제에 타격을 줄지언정 문명 전체의 존망을 좌우할 정도는 아니었는데 이것이 산업혁명 이후에는 사활이 걸린 문제로 변질되어버렸다. 이제 인류는 지속적으로 인구를 증가시켜야만 문명이 멸망하지 않고 유지되는 경제체제에 스스로를 옭아매어 버렸다.

인구가 계속 증가해야 된다는 것은 곧 경제가 매해 일정 수준으로 성장해야만 된다는 것과 동의어였다. 그래야만 물질생활과 일자리 등 모든 것이 현 수준으로 유지되거나 더 이상 나빠지지 않기 때문이다. 이는 인류 전체에 더할 수 없는 압박으로 작용하게 되었으려니와 지속적 경제 성장을 위해 자연과 자원의 사용량 역시 지속적으로 증가하게 되었다. 인구 증가는 자연 파괴 속도를 크게 증가시켰다. 인류가 자연과 자원 모두 유한하다는 사실을 깨닫게 된 시기가 20세기임을 생각해보면 19세기 때 인구가 증가해야만 망하지 않고 유지되는 경제를 정착시킨 것은 인류 역사상 가장 큰 실수라 할 수 있다.

일부일처제가 완전히 자리 잡은 것도 산업혁명과 때를 같이하는데 이는 일부일처제가 임신 확률이 제일 높고 따라서 인구 증가에 제일 유리한 가족 형식이기 때문이다. 가장 근대화되고 선진화된 결혼제도로 도덕적으로 포장되어 있지만 실은 일부일처제는 인구 증가에 가장 유리한 제도이기 때문에 정착된 것이다. 이를 위해 가족 도덕률이 사회 전반에 강하게 퍼져나갔으며 이를테면 프로이트Sigmund Freud의 심리학도 이를 공고히 해서 노동 인구와 소비 인구 모두를 항상 안정적으로 확보하기 위한 사회적 안전장치에 가까웠다.

2
다윈과 진화론

'성스러운 예술작품으로서 자연'의 붕괴

1859년 다윈의 『종의 기원On the Origin of Species by Means of Natural Selection』이 출간되었다. 다윈의 진화론은 과학, 산업, 기독교 등 여러 분야에 큰 영향을 끼쳤다. 과학적으로는 과학혁명과 계몽주의를 거치면서 진행되어오던 자연에 대한 기계론적 설명이 중요한 완성을 이룬 것으로 평가되었다. 산업 분야에 끼친 영향도 컸는데, 무엇보다도 일직선적 발전이 자연의 법칙임을 증명한 것으로 받아들이면서 산업문명이 지향하던 일직선적 발전에 대한 과학적, 정신적 근거를 확보한 것으로 해석되었다. 서구 사회는 의혹과 죄책감에서 벗어나 산업화에 가일층 속도를 낼 수 있게 되었다. 기독교의 관점에서 보면 일단 표면적으로는 창조론을 뒤흔드는 큰 위기로 받아들이면서 더욱 공고한 방어 논리를 개발한 것으로 되어 있지만 실제 기독교에서 진화론을 바라보던 입장은 복합적이었다. 어느 관점에서 보느냐에 따라 다양하고 정반대의 해석도 가능한데, 자연 파괴라는 관점에서 보면 진화론은 산업혁명에 면죄부를 줌과 동시에 기독교와도 손을 잡음으로써 그 면죄부를 종교적으로까지 더욱 공고하게 굳혀 19세기 산업화와 그에 따른 자연 파괴를 가속화한 주역이 되었다. 장로교의 헨리 드러먼드Henry Drummond나 영국 국교회의 찰스 킹즐리Charles Kingsley 등이 대표적인 경우였으며 미국 복음주의자인 아사 그레이Asa Gray나 찰스 하지Charles Hodge 등은 한술 더 떠서 다윈주의를 자신들의 포괄적 신학 체제 안에 포함시키며 열심히 방어했다.

연결 고리는 인간중심주의였다. 다윈의 주장은 일반적으로 자연을 바라보는 기독교 시각 전체에 반대되는 것으로 알고 있지만 사실은 그렇지 않았다. 기독교가 자연을 바라보는 두 가지 시각인 성스러운 예술작품과 인간중심주의 가운데 전자를 현저하게 약화시킨 반면 후자와는 오히려 손을 잡고 후자의 시각을 공고하게 다져주는 역할을 했다. 인간중심주의가 자연을 물질과 개발 대상으로 보는 서구 사회의 자연관에서 핵심을 이루는 시각임을 볼 때 진화론은 결국 기독교와 연합해서 산업화에 의한 자연 파괴를 장려하고 도운 셈이 된다. 진화론이 기독교 전체를 무력화하고 인간에게서 영성을 통째로 빼앗아갔기 때문에 전 지구적으로 참혹한 자연 파괴가 감행된 것이 아니라, 기독교의 일부 세력과 연합했기 때문에 더욱 힘을 얻어 이런 결과를 자행하게 된 것이라는 뜻이다.

진화론은 분명 그 내용이 창조론과 대치되지만 좀 더 세분화해서 살펴야 한다. 창조론 가운데에서도 자연법칙을 신의 창조물로 보는 자연신학의 시각, 즉 자연이 하나님의 신성한 예술작품이라는 시각만을 현저하게 약화시켰다. 심지어 같은 기계론적 자연관 내에서도 뉴턴과 보일의 시각이던, 자연세계를 성스럽게 창조된 정밀한 기계로 보는 시각을 현저하게 약화시켰다. 뉴턴과 보일의 시대까지만 해도 자연과학은 자연신학의 형태를 일정 부분 공유하면서 성스러운 예술작품의 시각을 어느 정도는 바탕에 갖고 있었기 때문이다. 즉, 자연에 대해 인간중심주의를 주장하면 서도 성스러운 예술작품의 시각을 완전히 버리지 않고 둘을 통합한 시각을 어느 정도 유지하고 있었다. 따라서 자연신학 내에서도 성스러운 예술작품과 인간중심주의 사이에 완전한 이분법적 대립이 나타나지는 않고 있었다.

이것이 진화론을 거치면서 둘이 완전히 갈라지면서 이분법적 대립 구도를 명확하게 확정지었다. 기독교 내부에서도 둘 가운데 하나를 선택해야 되는 상황이 도래했다. 성스러운 예술작품을 선택한 기독교 진영은 진화론과의 논쟁이 무의미함을 깨닫고 과학과 종교의 분리를 더 강하게 믿으면서 기독교 내부에 갇혀 고립되어갔다. 반면 인간중심주의를 받아들인 기독교 진영은 막강한 물질적 부를 축적하기 시작한 현실 세력과 손을 잡으면서 번성과 호황을 누렸다. 마치 그 먼 옛날 콘스탄티누스의 권력 투쟁에 참여해서 막센티우스를 무찌르는 데 일등공신이 된 뒤 그 대가로 현실 세계에서 권력을 부리고 물질적 풍요를 누리며 가장 강력한 정체 세력으로 등장한 상황과 흡사했다. 산업화라는 다른 조건 아래에서 모습만 달리하고 반복된 것 같았다.

진화론이 성스러운 예술작품 개념을 약화시킨 것은 두 가지 사항에서 기인한다. 하나는 자연에 대한 논쟁의 대상이 기존에는 자연 전체였는데, 진화론에서는 생명체와 인간으로 좁혀진 것이다. 더욱이 인간의 진화에 대한 증거가 많이 부족한 점이 문제였다. 인간이 원숭이와 같은 조상에서 시작해서 중간에 갈라져 나와 별도로 진화한 결과물이라는 주장을 담기는 했지만 19세기 진화론의 많은 부분은 인간을 제외한 다른 생명체에 관한 것들이었다. 이 과정에서 '선택받은 인간'이라는 「창세기」의 여러 주장은 많이 흔들리지 않았으며 오히려 공고해진 측면도 컸다. 이는 다시 다른 생명체를 다스리고 정복하라는 「창세기」의 명령을 뒷받침하는 쪽으로 작용하기까지 했다. 인간을 포함한 모든 자연을 동등하게 보면서 포괄시키던 성스러운 예술작품 개념은 크게 손상되었고 인간중심주의는 크게 강화되었다.

다른 하나는 자연에 대한 논점을 디자이너에 대한 논쟁, 즉 누가 창조했는가에서 디자인에 대한 논쟁, 즉 어떻게 창조되었는가로 바꾼 것이다. 이전의 논쟁에서는 주역이 여전히 하나님이었다. 누가 자연을 창조했는가라는 질문의 관점에서 하나님이 자연을 창조했다는 전제는 여전히 유효했고 다른 논의는 이 전제 아래에서 진행되었다. 자연의 성격과 의미에 대한 해석은 하나님의 뜻을 헤아리는 관점에서 행해졌다. 이것이 진화론을 거치면서 디자인에 대한 논쟁, 즉 누가 자연을 창조했는가가 아니라 어떻게 창조되었으며 피조물의 성질은 무엇인가의 문제로 넘어가버렸다. 피조물에서 창조주의 섭리가 제외되면서 피조물은 더 이상 성스러운 예술작품이 아니게 되었다.

진화론과 기독교 인간중심주의의 연합

이런 전환은 100여 년 전 계몽주의 자연신학에서 흄David Hume에 의해서 일어난 적이 있었다. 흄은 창조주의 절대 섭리에 대한 회의론을 펼치며 디자이너에 대한 논제와 디자인에 대한 논제는 분리되어야 한다고 주장했다. 디자인, 즉 피조물에 대해 생각하면서 디자이너 즉 창조주에 대한 생각에 의존하는 것은 무효라고 주장했다. 그러나 흄의 공격은 둘의 분리만 주장했지 디자이너에 대한 논제를 잠재우고 디자인에 대한 논제만 남긴 것은 아니었기 때문에 다윈보다는 훨씬 약했고 어떻게 보면 다른 차원의 문제였다.

반면 다윈은 새로운 종의 탄생, 즉 자연의 디자인이 생존경쟁에서 살아남기 위한 돌연변이의 부산물이라고 주장함으로써 생명체의 등장에서 신의 섭리를 완전히 지우려 했다. 이로써 자연에 대한 논쟁은 디자이너에서 디자인으로 넘어갔다. 그런데 문제는 그다음에 일어났다. 다윈의 주장이 충분히 과학적이어서 창조론 전체, 즉 성스러운 예술작품과 인간중심주의 모두를 완벽하게 대체했더라면 오히려 문제는 작았을 수 있다. 기독교가 진화론과 손을 잡을 여지가 생기지 않으면서 기독교는 산업화를 견제할 하나의 큰 세력으로 뭉쳐서 남을 수 있었기 때문이다.

실제는 그렇지 못했다. 다윈의 진화론은 과학적 설득력이 약했다. 돌연변이가 일어나는 근거로 생존경쟁이라는 논리를 댔지만 생존경쟁이 돌연변이를 일으키는 근거에 대해서는 정밀한 과학적 추적을 하지 못한 채 자연선택이라는 이유만을 제시할 수 있던 것이다. 이는 우연의 산물이라는 뜻이고 여기에 기독교가 스며들 여지가 크게 남았다. 진화론이 발표되고 나서 많은 신학자와 성직자 들이 그 내용을 기독교의 관점에서 면밀히 검토했는데 창조론과 완전히 대치되는 것은 아니며 기독교와 손을 잡을 여지가 충분하다는 것을 알게 되었다.

자연의 디자인에 대해서 여전히 우연이라는 틈을 남겨 놓았고 이것이 창조론을 완전히 부정하지 않은 것으로 해석될 수 있기 때문이었다. 생명체의 유기적 적응이라는 놀라운 사실에 대해 자신 있게 설명해줄 충분한 과학적 메커니즘을 제시하지 못하는 한, 이는 여전히 창조론의 범위 내에 머물게 되는 것이다. 기독교는 과학이 아니었기 때문에 다윈의 불완전한 설명에 대해 과학적으로 반박하기보다는 창조론의 범위로 끌어들일 궁리를 하게 되었는데 그 통로가 인간중심주의였던 것이다.

그 이유는 돌연변이에 의한 새로운 종의 탄생이라는 주장이 가장 먹혀들기 어려운 생명체, 즉 우연이 개입될 여지가 가장 크게 남는 생명체가 인간이기 때문에 인간을 고리로 진화론과의 연대를 시도했던 것이다. 돌연변이는 주로 물리적 기관과 이것의 기계론적 작동에 대한 설명이었기 때문에 인간의 영과 혼에 대해서는 별 설명이 되지 못했다. 이런 과정을 거치면서 기독교가 진화론을 받아들이면서 진화론은 자연에서 인간의 독보적 존재를 확인해주는 증거로 받아들여졌다. 최근에 등장한 지적 설계론도 진화론과 기독교 사이의 이런 양면적 관계를 보여주는 좋은 예이다. 표면적으로는 진화론이 더 발전하고 다듬어진 이론이지만 그 '설계자'가 누구인지, 자연에 설계의 개입이 일어난 동인이 무엇인지에 대해서는 여전히 설명이 불충분하다. 가장 근원적이면서도 마지막 질문에 대한 답이 창조주가 될 여지가 여전히 남는 것이다. 더 근원적으로 얘기하면 진화론은 기독교 교리의 출발점인 '무에서(ex nihilo)'에 대해서는 아무런 손상도 가하지 못한 것으로 판명났다. 어쨌든 당시 산업자본주의와 연합해야 할 급박한 필요성에 직면한 기독교는 이런 증거를 창조론의 한 축인 인간중심주의와 크게 어긋나지 않는 것으로 보면서 연합을 합리화하는 근거로 삼았다.

이처럼 기독교가 진화론을 바라보던 시각은 복잡했는데, 산업자본주의와의 연합이라는 현실적 목적이 이런 복잡성을 단순화해주면서 진화론을 창조론 가운데에서 인간중심주의와 잘 맞는 것으로 결론내리는 결과를 낳아버렸다. 진화론이 인간중심주의를 강화하고 과학적으로 뒷받침해주는 증거로 인식되면서 이후 기독교는 거칠 것 없이 산업화, 자본화되어가던 당시 사회에 깊이 뿌리 내리는 행보를 이어갔다. 산업화를 하나님이 준 선물이자 기회이자 의무로까지 생각하게 되었다. 왜냐하면 산업화가 인류에게 물질적 풍요를 바탕으로 한 전대미문의 혜택을 주는데 이는 구약성서 「창세기」 1장 28절에 나오는 "하나님이 그들에게 복을 주시며 그들에게 이르시되 생육하고 번성하여 땅에 충만하라, 땅을 정복하라, 바다의 고기와 공중의 새와 땅에 움직이는 모든 생물을 다스리라 하시니라"라는 명령을 구현한 것이 되기 때문이다. "땅을 정복하고 모든 생물을 다스리는" 일을 하나님이 주는 복으로 해석될 수 있는 구절인데, 이는 산업화가 주는 물질 풍요를 축복으로 여기려는 시각이 하나님의 섭리와 어긋나지 않는 것으로 해석하게 만들었다.

다윈의 진화론이 기독교의 관점에서 보면 이처럼 창조론과 통합될 여지가 많은 이론임에도 불구하고 표면적으로는 그 반대로 받아들여진 측면도 많았다. 특히 일반 대중이 그랬다. 적어도 표면적으로는 진화론이 기독교의 창조론의 반대편에 서는 것으로 보였기 때문이다. 일반 대중은 기독교가 진화론과 손을 잡았으리라고는 상상하기 힘들었다. 이런 위장은 역설적이게도 기독교가 산업화 시대에도 계속해서 생명력을 유지하는 데 큰 도움이 되었다. 사람들은 기독교가 물질문명의 위험성에서 자신들을 지켜줄 마지막 보루라고 믿을 수 있었기 때문이다. 많은 사람들이 어쩔 수 없이 산업화와 자본화의 고리에 걸려들어 물질을 좇으며 힘들게 살아가지만 마음 한구석에는 이에 대한 회의와 죄책감이 늘 크게 자리 잡고 있기 마련이고 여기에서 벗어날 안식처를 찾게 되는데 아직도 기독교가 그 역할을 하리라는 기대를 버리지 않을 수 있었던 것이다.

진화론은 분명히 표면적으로는 전통적 기독교가 인간에 부여한 신성을 부정하는 것처럼 보였다. 영과 혼을 제외하고 순수하게 기계론적 관점에서만 보면 인간도 자연의 작동 원리에서 예외가 아니기 때문이다. 인간과 자연 사이의 구별을 붕괴시킨 것이 된다. 전통적인 기독교에서는 인간을 자연 세계와 정신 세계 사이의 중간적 존재로 봤다. 반면 다윈은 인간을 동일한 영장류의 선조에서 자연선택과 돌연변이에 의해 태어난 우연의 결과로 본 것이다. 이는 인간을 신성한 질서를 갖는 자연법칙이 미리 계획해서 별도로 창조한 필연적 존재로 보는 기독교 시각과 어긋나는 것이었다. 이는 인간중심주의마저 붕괴시킬 수 있는 주장이었다.

그러나 이런 표면적 어긋남과는 반대로 내면적으로 19세기 기독교는 진화론을 받아들여 인간중심주의를 강화하는 쪽으로 대응했다. 이는 새로운 과학의 발견에서 물리적 이득만 취하고 그에 따르는 도덕적 책임은 등한시하는 물질문명의 폐해를 낳는 데 일조했다. 예컨대 병과 비위생은 도덕적 타락 때문이 아니라 박테리아 같은 자연현상 때문이라는 사실을 밝혀내면서 도덕에 대한 강박관념이나 도덕의 무게가 크게 약화되는 결과를 낳았다. 물론 이런 비과학적 미신을 타파한 것은 근대 과학의 큰 성과임에 틀림없지만 문제는 기독교마저 이에 동조하면서 이런 과학 발전까지도 하나님의 섭리로 여겼고 결국 도덕적 책임감을 담당할 주체가 사라졌다는 점이다. 과학 발견이 물질 숭배를 강화하는 한쪽으로 극단화됨에도 그에 따르는 책임을 주장할 수 있는 주체가 사라져버린 것이다.

기독교의 타락과 진화론의 수용

다윈주의는 19세기 동안에는 의외로 기독교 진영에서는 크게 공격받지 않았다. 진화론에 대한 기독교 진영의 반응은 여러 가지였다. 첫째, 가장 당연한 반응으로 창조론과 배치된다면서 반박했다. 둘째, 너무 황당해서 아예 무시하는 경우도 적지 않았는데, 이는 이미 뉴턴 때부터 나타난 현상으로, 과학과 종교는 한 가지 사실을 놓고 누가 옳은가를 다투기에는 너무 다른 분야라는 생각을 바탕에 갖고 있는 태도였다. 셋째, 의외로 다원주의와 연합을 꾀하는 경우도 적지 않았다. 연결 고리는 삼위일체설과 성서의 인간중심주의였다. 두 이론은 교리적으로 보면 서로 통하는 부분이 많은 것으로 해석될 수 있는데 다윈 이전까지는 특별한 통합을 하지 않고 각개 약진하는 식이었다. 그러다가 다윈을 계기로 기독교가 진화론, 더 나아가 산업화 세력이나 산업자본주의 세력과 손을 잡아야 할 현실적 이익에 직면하면서 이를 실현하기 위한 근거와 합리화 수단으로 둘을 하나로 합해 활용한 것이다. 이로써 인간이 자연을 정복하고 개발해도 좋은 당위성, 나아가 이것을 하나님이 부여한 명령을 수행하는 책무로까지 보는 시각은 세 겹 네 겹으로 공고한 허가서를 챙기게 되었다.

　물론 진화론은 준 충격도 큰 만큼 그에 대한 비판도 거셌다. 비판은 신학적인 것만은 아니었고 사회와 과학 등 여러 분야에서 있었다. 인간성을 비하했다, 사회적 불안을 야기할 수 있다, 과학적으로 증명되지 못했다 등이 주요 내용이었다. 다윈의 진화론을 강하게 반박한 쪽은 정통 기독교라기보다는 자연과학 분야거나 기독교와 자연과학을 통합하려는 쪽인 경우가 많았다. 물론 기독교 진영의 반발도 적지는 않았다. 일부 청교도는 「창세기」에 대한 명백한 공격이라며 분개했고 로마 가톨릭도 비슷한 반응이었다. 반면 많은 청교도들은 진화 역시 신이 선택한 작동 방식일 수 있다고 생각하면서 진화론과 연합을 꾀했다.

　기독교에서 다윈주의를 잘 받아들인 것은 하느님이 자신의 피조물과 다각도로 교류한다는 개념을 받아들인 것에 해당되는데, 이것은 18세기에 있었던 삼위일체설의 이신교 비판에 뿌리를 둔 것이다. 이신교는 하느님이 자연을 창조해놓고 손을 뗐다는 주장을 폈는데 이는 하느님이 피조물의 문제에 간여하지 않는다는 생각을 바탕에 갖는 것이다. 이를 근거로 기독교가 지나치게 현실 문제에 간여하는 것을 비판했고 삼위일체설이 다시 이를 비판하는 공방이 있었다. 다원주의가 발표된 뒤 이와 대립하고 싶지 않던 일부 신학자와 성직자 들은 삼위일체설을 이어받아 다원주의를 하나님이 인간사에 간여하는 대상 가운데 하나로 받아들이게 된다.

예를 들어 구약성서「창세기」1장 24절을 보면 "하나님이 가라사대 땅은 생물을 그 종류대로 내되 육축과 기는 것과 땅의 짐승을 종류대로 내라 하시고 (그대로 되니라)"라는 구절이 나오는데 이것이 이미 하나님이 진화론도 창조 섭리 안에 담고 있었음을 보여주는 증거로 해석될 수 있는 여지가 있었다. 이 구절은 창조의 1차 동인과 2차 동인이 별도로 있는 것이 아니라 모두 하나임을 보여준다. 다윈의 진화론은 주로 2차 동인이 순전히 기계론적 작동에 의해 일어난 것임을 주장하고 있는데 적어도 생명을 다루는 문제에서 1차 동인에 대한 해명 없이 2차 동인만 밝히는 것은 별 의미를 갖지 못한다. 새로운 종이 이전 종에서 파생된 것이라면 그 이전 종은 다시 어디에서 왔는가라는 순환의 문제가 끊임없이 이어지는데 다윈의 진화론은 이것을 전혀 설명하지 못하기 때문에 결국 '무에서ex nihilo'라는 창조의 절대 명제는 도전 받지 않은 것이 된다.

문제는, 이런 논리에 근거해서 기독교가 진화론을 무시하면 되었을 것인데 오히려 그 반대로 진화론과 손을 잡았다는 점이다. 순수하게 종교적으로 보면 진화론마저 하나님의 섭리 안에 포섭된다는 사실을 통해 하나님의 절대성을 증명하기 위한 것이었겠지만 현실적으로는 문제가 더 복잡했다. 진화론이 산업화에 타당성을 제공하는 이론 공급처 역할을 하게 된 마당에 기독교마저 진화론과 손을 잡게 되면서 이제 산업화를 견제할 세력이 거의 없어졌다는 점이다. 산업화와 자연 파괴에 따른 문명 차원의 폐해를 끝까지 비판하며 정신 차원의 대안을 제시하고 현실 사회를 영적으로 전도해야 할 기독교가 그 역할을 스스로 내던지며 산업자본주의와 손을 잡아 버린 것이다.

산업혁명이 산업자본주의로 구체화되고 다시 이것이 자유주의로 확산하는 과정에서 관세법을 비롯해서 산업자본주의에 유리한 수많은 새로운 경제 정책과 법령이 반포되었다. 이를 놓고 영국 사회, 나아가 유럽까지도 찬반으로 나뉘어 심각하게 대립하고 충돌했다. 이 과정에서 많은 기독교 성직자, 특히 청교도 계열의 신교 목사들이 찬성 쪽에 합류해서 이런 법령들이 무사히 통과되기를 기도했다. 나아가 산업자본주의가 가져다준 물질의 축복을 찬양하고 이것을 가능하게 해준 새로운 법령을 축복이라며 기도했다. 이들은 "국가에 의해 임명된 바른 교사들"이라는 별명을 얻으며 승승장구했고 그 대가로 국가에서 막대한 금전적, 물질적 지원을 받는 등 물질적 혜택을 누렸다. 산업화, 물질화, 자본화가 인간의 영성을 얼마나 떨어트리고 결국은 하나님의 영광마저 물거품으로 만들어 버리는지를 아는지 모르는지, 기독교는 스스로에게 독이 되는 일을 자발적으로 행하게 된 것이다. 이제 산업화를 견제할 세력이라곤 18세기 낭만주의의 마지막 단계인 19세기 낭만주의의 철부지 같은 감성론 정도밖에 남지 않게 되었다.

다원주의와 삼위일체설의 연합

거슬러 올라가면 과학의 새로운 발견 역시 하나님의 섭리로 여기며 기독교에 수용하려는 오랜 흐름의 일환이었다. 그러나 과학과 신학을 연결하려는 흐름 내에서 보면 이전과 구별되는 분기점이었다. 뉴턴의 기계론 이후 신학 쪽에서는 과학의 발견을 그대로 수용하기보다는 그 내용을 신학적으로 증명하는 데 힘을 쏟았고 이것이 17~18세기 자연신학의 주류를 이루었다. 이신교와 유니테리언파도 이런 흐름과 영향을 주고받으며 형성된 것이었다. 여기에는 과학의 발견이 물리적으로 극단화되는 것을 경계하려는 목적이 컸으며 신학적 증명의 대상이 된 과학 발견의 내용도 물리학, 화학, 천문학 등이었다. 18세기 삼위일체설은 정통 신학의 입장에서 이런 새로운 흐름에 반대한 것이었다.

산업혁명을 거치고 19세기 다원주의가 등장하면서 상황은 바뀌었다. 이제 기독교가 상대할 대상은 인간의 기원이 되었다. 과학과 신학을 분리한 뒤 신학으로 이 문제를 증명하기에는 너무 벅찬 주제였다. 더욱이 현실을 돌아다보면 다원주의는 산업혁명을 이끌어가던 산업자본주의 세력의 지지를 받고 있었다. 다원주의를 비판만 하다가는 엄청난 현실 세력과 맞서야 할 판이었다. 그렇다고 다원주의를 덥석 받아들이는 것도 기독교 내부에서 큰 반발을 받을 위험이 컸다. 이를 무마시켜줄 신학적 근거가 하나님이 현실 세계에 간여한다고 믿는 삼위일체설이었다. 다원주의를 받아들이는 것이 현실과의 타협이 아니라 그 역시 하나님의 섭리 속에서 이루어지는 일이라는 주장이었다. 연결 고리로 성육신Incarnation, 成肉身을 들었다. 성부 성자 성신의 삼위일체설의 핵심 내용이기도 한데, 하나님이 예수를 통해 인간의 몸으로 지상에 왔기 때문에 진화론 역시 하나님의 섭리 가운데 하나일 뿐이라는 주장이 성립될 수 있었다.

다원주의에 대한 기독교 쪽에서의 본격적인 비판은 오히려 한참 뒤에 나타났다. 현실에서 세력 다툼이 시작되면서였는데, 20세기에 들어와서 근대식 공공교육이 자리 잡은 뒤 학교에서 진화론을 가르칠지에 대한 문제가 대두되면서였다. 가장 극렬한 비판은 20세기 미국 복음주의의 분파인 '창조주의 운동creationist movement' 쪽에서 있었다. 성 제롬St. Jerome이 이끈 이 운동은 원래는 페트루스 롬바르두스Petrus Lombardus나 토마스 아퀴나스 같은 중세 신학을 바탕으로 개개 인간의 영혼마저도 하나님의 계획과 의도에 따라 창조되었다고 주장하는 종파이다. 인간의 영혼이 먼저 존재했다거나 인간의 육체와 함께 창조되었다고 주장하는 다른 종파에 반대하는데, 이는 구약성서 「창세기」 2장 7절의 "여호와 하나님이 흙으로 사람을 지으시고 생기를 그 코에 불어 넣으시니 사람이 생령生靈이 된지라"라는 구절을 그대로 받아들이는 입장이다. 이런 입장에서 보면 진화론도 절대 받아들일 수 없는 것이었다. 이후 진화론 교육을 금지하는 판결이 나오면서 창조주의 운동은 일정한 대중적 지지를 얻기도 했다. 이 과정에서 비로소 창조론과 진화론 사이의 차이에 대해서 진지한 논쟁이 벌어지게 되었다.

이 논쟁은 거꾸로 보면 「창세기」에 대한 논쟁이기도 하고 이는 다시 과학과 종교 전체 사이의 관계에 대한 문제인 셈이다. 결론부터 얘기하면 20세기 들어 일부 기독교 근본주의자들이 진화론을 심하게 공격하기는 했지만 이는 학교에서의 교육 문제라는 현실 이익을 놓고 표면적으로 벌어진 현상이었을 뿐이다. 실제 내면적으로는 이미 기독교에서 다윈주의조차도 하나님의 섭리로 받아들인 19세기 상황이 공고하게 굳어져 있었다. 그리고 그 이면에는 산업혁명 이후 물질 총량이 기하급수적으로 커져버린 산업사회의 현실과 기독교가 손을 잡기 위한 목적이 있었다. 이렇게 보면 기독교가 19세기 산업사회 현실을 손에 넣은 것인지 아니면 거꾸로 산업혁명과 다윈주의를 합한 거대한 물량사회가 기독교를 흡수해버린 것인지 모를 일이었다.

다윈주의를 이 관점에서 다시 조명해보면, 다윈의 진화론이 나오는 데 중요한 영향을 끼친 지질생물학자 찰스 라이엘Charles Lyell부터 살펴보아야 한다. 라이엘은 진화론의 초기 기초를 잡은 사람으로 알려져 있다. 자신의 『지질학 원리Elements of Geology』 1권에서 지구 역사를 통틀어 자연 생명체가 끊임없이 창조되고 멸종된 증거를 제시했으며, 2권에서는 라마르크Jean Baptiste Lamarck의 용불용설을 제1 동인의 반복적인 개입 없이 자연현상을 설명하는 좋은 증거로 인정했다. 이런 점에서 그는 스스로를 자연주의자라 생각했으며 이런 연구들은 젊은 다윈에게 중요한 영향을 끼쳤다. 다윈은 지구를 일주하면서 수많은 생물체와 화석 등을 탐사하고 돌아온 1836년, 새 종이 이전 종의 느린 변형에 의해 창조된다는 사실에 확신을 가지면서 자연선택과 자연 진화 등의 기본 개념을 정립하게 되는데 이 과정에서 라이엘의 영향을 크게 받았다.

그러나 정작 라이엘 자신은 다윈의 진화론이 발표된 뒤 자신의 연구는 인간을 제외한 새로운 종의 기원에 대한 것이었다고 시인했다. 인간만은 여전히 진화론이 아닌 창조론의 대상으로 믿었다는 뜻이며 하나님이 인간 창조와 관련한 개입마저도 하지 않았다는 사실만은 받아들이지 못했다는 뜻이다. 다윈 자신도 자신의 개념들이 창조와 관련해서 1차 동인을 설명하는 것인지 2차 동인을 설명하는 것인지를 명확하게 구별하지 않았으며 대체적으로 2차 동인을 설명하는 것임을 암시하는 주장을 지속적으로 했다. 기독교의 창조론의 핵심은 창조가 '무에서ex nihilo'이루어졌다는 것이고 이것이 1차 동인의 핵심 내용인데, 다윈이 앞과 같은 구별을 하지 못했다는 것은 1차 동인의 존재를 대체할 과학적 사실을 제시하지 못했다는 것이 되고, 이는 결국 기독교가 다시 한 번 진화론과 손을 잡는 틈을 마련한 것이 된다. 뉴턴과 비슷한 패턴이 반복된 것이다.

자연과학자 가운데에서도 천문학자 존 허셜John Herschel 같은 사람은 다윈에 영향을 끼쳤음에도 그 스스로는 자연선택을 뒤죽박죽된 법칙이라며 인정하지 않았는데 그 이유는 다분히 기독교적인 것이었다. 자연법칙을 신의 창조물로 보는 시각은 단순히 그것으로만 끝나는 것이 아니라 그런 법칙이 어떤 형식을 띠어야 하는지에 대한 시각을 연차적으로 수반하게 된다. 결정론적이어야 하며 그 결과로 질서를 창출한다는 것이 정답이다. 왜냐하면 하나님은 자신의 작품을 필수불가결한 결과물로 남기기 때문이다. 무엇 하나 이유 없이, 무질서하게, 허투루 창조하지 않는다. 자연선택은 이런 기준에서 보면 너무 불규칙적이고 전체적 절대성이 결여된 개별 사항의 집합이라는 것이 이유였다.

다윈 자신도 신의 존재를 완전히 부정한 것은 아니었다. 또한 자연의 법칙이 형성되는 데 신의 역할도 일정 부분 인정했다. 물론 전통적인 기독교적 의미의 하나님 개념은 더 이상 수용하지 않았지만 자연법칙이 신의 창조물이라는 생각을 완전히 부정한 것은 아니었다. 다윈은 『종의 기원』 1964년판 488쪽에서 생명체의 탄생과 멸종을 결정하는 2차 동인을 "창조주가 물질 위에 새긴 법칙과 같은 것으로 보인다"라고 말하고 있다. 신을 자연을 디자인한 주역으로 인정했다는 뜻이다. 그렇다면 왜 다윈은 신의 존재를 부정한 것으로 받아들여질까. 그것은 종의 탄생과 멸종이 우연에 의해 일어난다고 한 주장과 종의 자연 적응이 상대적이라고 한 주장 때문이었다. 이런 개념이 들어간 다윈의 자연법칙은 전통적인 기독교 신학에서 보면 전지전능한 창조주 하나님에 의한 창조물과는 다른 것이었다. 그러나 일반적으로 생각하는 것처럼 신의 존재를 완전히 부정하면서 기독교와 대척점에 선 것은 아니었다.

3

다섯 번째 자연
이데올로기로서의 자연

자연철학에서 기독교 사회주의로

인류 문명사의 발전 과정을 볼 때 산업혁명은 당연한 측면이 있었다. 인류 문명은 늘 더 나은 물질적 풍요를 위해 매진했으며 이를 위해 필요한 새로운 기술을 발명해왔다. 서양은 더 말할 필요도 없고 상대적으로 물질을 더 많이 경계한 것으로 볼 수 있는 동양도 예외는 아니었다. 이런 일련의 과정을 발전이라고 보는 것이 인간사의 상식이다. 문제는 폐해에 대한 견제 장치였다. 전통적인 인력과 마력 체제 내에서의 발전은 비교적 느리고 과격하지도 않았기 때문에 그 폐해에 대한 견제 장치가 함께 잘 작동하는 편이었다. 종교와 사상, 예술 등 정신적 가치와 감성을 다루는 분야의 역할도 비교적 굳건한 편이었다.

산업혁명은 달랐다. '혁명'이라는 단어가 의미하듯 단순한 발전이라고 보기에는 이전 사회와의 편차가 너무 컸다. 마력에서 기계력으로의 전환이었기 때문에 문명의 모든 분야에서 엄청난 변화가 일어났고 그에 따르는 폐해도 상상하기 힘든 규모로 증가했다. 기계에 의한 자연 파괴는 이전과 비교도 할 수 없을 만큼 대규모로 자행되었다. 공장으로 가득 찬 근대적 대도시가 탄생하면서 환경오염, 빈부격차, 빈민촌 형성 등 사회문제가 빠른 속도로 대두되었다. 문제는 이런 폐해를 견제하고 대안을 제시할 정신매체가 없었다는 점이다.

니체Friedrich Nietzsche, 아도르노Theodor Adorno, 벤야민Walter Benjamin 같은 비판적 사상가들은 19세기 말이나 되어야 등장했다. 물질문명의 폐해가 확연히 눈에 보이는 현상으로 자리 잡은 다음에야 이것을 보고 비판적 대안사상을 준비한 것이다. 물질문명의 폐해를 경계하고 인간의 영적 가치를 지켜야 할 기독교는 산업자본주의와 손을 잡으며 그 역할을 상실했다. 물론 모든 기독교가 이런 것은 아니었다. 많은 기독교는 여전히 전통적 가치관 안에 머물면서 자신의 자리를 지켰다. 문제는 이런 방식으로는 산업혁명이 가져다준 물질의 폭탄을 전혀 막을 수 없었다는 점이다. 사람들은 일요일에는 교회와 성당에 가서 예배와 미사를 드리며 믿는 척했지만 주중에는 이성을 상실한 채 물질을 좇는 데에 정신이 없었다. 기독교의 가장 큰 문제는 교회와 성당에 사람이 찬다는 이유만으로 이런 이중생활을 방치한 데 있었다. 이런 상황에서 일부 기독교가 산업자본주의와 손을 잡으면서 결국 기독교 전체가 영적인 힘을 상실해가고 있었다.

산업화를 견제할 세력이라곤 18세기 낭만주의의 마지막 단계인 19세기 낭만주의의 철부지 같은 감성론 정도밖에 남지 않게 되었다. 이런 상황에서 기독교 내부에서 자성운동이 일었다. 대표적인 예가 '기독교 사회운동' 이었다. 사회주의를 배경으로 삼기 때문에 '기독교 사회주의' 라고도 한다. 산업화, 자연파괴, 물질주의, 자본화 등을 경계하고 정신적 영적 대안을 제시해야 할 본연의 임무를 저버린 데 대한 반성적 대안운동이었다. 사회 전체로 보면 산업문명이 심하게 물질주의로 전도되는 데 대한 경계의 역할을 자임하고 나선 운동이었다.

　서구의 생태사상 전개 과정에서 보면 네 번째 자연이었던 자연철학의 뒤를 이어 다섯 번째 자연인 '이데올로기로서의 자연'을 제시한 운동이었다. 자연철학과 기독교 사회주의는 표면적으로는 연관성이 없지만 생태사상의 관점에서는 앞뒤로 이어지는 연관성을 갖는다. 자연철학은 탄생 후 60여 년이 지난 1850년경부터 소멸되기 시작했다. 자연철학의 시기는 인간이 자연 혹은 지구를 '자기 집 같은 편안함(=homeliness 혹은 at home)' 느끼던 마지막 시기였다. 이후부터는 점차 자연과의 분리와 소외가 일어났고 자연은 자꾸 낯선 대상으로 변질되어갔다. 자연과 하나가 되던 전통 사회가 붕괴되면서 나타난 현상이었다.

　자연을 지배와 정복과 물질 개발의 대상으로 보면서 대립이 일어났다. 자연은 변한 것이 없고 이전과 똑같이 그대로 있는데 자연을 바라보는 인간의 시각과 관점이 변했기 때문에 나타난 기현상이었다. 자연에 칼을 대기 위해서는 자연이 적대적이어서 '자기 집 같은 편안함'을 느끼지 못한다고 자기암시를 끊임없이 걸어야 했다. 일종의 부정적 합리화였다. 자연을 둘러싸고 '자기 집 같은 편안함' 대 '집 잃은 불안함(unhomeliness)'의 대립 구도가 나타났다. 자연을 불완전하고 타락한 상태로 보던 잘못된 자연관이 극단화된 개념으로 볼 수 있다. 아메리카 신대륙을 차지하고 원주민을 학살하기 위한 합리화 수단으로 사용되던 '타락한 자연' 개념이 산업혁명 이후 수백 수천 배로 규모가 커진 자연 개발을 위해 더욱 극단화되어 제시되었다.

　이에 대한 대응으로 나온 것이 기독교 사회주의라는 종교운동이었다. 계몽주의 자연철학까지는 양극화가 심하지 않아서 종교의 개입 없이도 대안적 자연 개념을 창출해낼 수 있었다. 이 과정에서 기독교는 꾸준히 중요한 역할을 담당했지만 기독교 단독으로 대안적 자연 개념을 제시한 적은 거의 없었다. 학문과 협업하는 범위 내에서였다. 학문이 종교를 압도하면서 쌍 개념 통합을 시도할 수 있었다. 19세기는 달랐다. 산업혁명이 진행되고 그 놀라운 물질적 결과물을 손에 넣기 시작한 인류는 전례 없이 강한 양극화에 직면하게 되었다. 양극화는 이제 인간의 이성에 기초한 학문으로 통합하기에는 너무 심각해져 있었다. 결국 종교에 의지하게 되었고 기독교가 나섰다.

산업혁명과 진화론을 겪으면서 기독교의 일부는 산업자본주의와 손을 잡으며 물질 열매를 탐했지만 또다른 일부는 그 위험성을 경계하고 대안을 제시하는 본연의 임무를 주창하며 깃발을 올렸다. 위대한 분열이었다. 종교개혁이 기독교 역사에서 가장 큰 분열이고 결국 서구 사회 전체를 둘로 갈라 종교전쟁을 일으키게 한 사건으로 기록되어 있지만 19세기 기독교의 분할도 이에 못지않은 큰 분열이었다. 그 성격도 판이하게 달랐다. 종교개혁 이후의 분열이 성서 교리와 기독교 정신의 해석의 차이에서 출발해서 결국은 현실 세계에서의 권력다툼 양상으로 전개된 데 반해 19세기의 분열은 물질을 탐하며 대규모의 자연 파괴를 자행하는 산업자본주의 세력(일부 기독교도 포함한)에 대해 현실적 탐욕을 그만 부리라는 성전을 선포한 것이었다. 그리고 새로운 다섯 번째 자연 개념을 제시하게 되었으니 이제 자연도 이데올로기로 보호되어야 할 대상, 나아가 이데올로기를 수행하고 이끌어가는 주체가 될 수 있고 되어야 한다는 선언이었다. '이데올로기'라는 단어가 갖는 강인한 대립적 이미지에서 알 수 있듯, 자연 파괴가 심했기에 자연을 보호하려는 움직임도 그만큼 극단적이 되었다.

기독교 사회주의는 당시 모습을 드러내기 시작한 사회주의에서 영향을 받은 것은 사실이지만, 이데올로기라는 다소 극단적 매개를 들고 나온 것은 당시의 물질적 탐욕 및 그에 따른 양극화 현상이 그만큼 심각했음을 보여주는 반증이기도 했다. 더욱이 기독교가 사회적 이데올로기를 수용하고 그것에서 영향을 받는 것은 위험한 모험일 수 있었다. 그러나 기독교의 일부 진영에서는 당시의 물질 탐욕과 자연 파괴를 매우 심각하게 받아들이고 있었고 이를 막을 유일한 세력은 영성을 매개로 한 기독교밖에 없다고 확신하고 있었다. 다만 이런 성스러운 의도를 현실 세계에 실천하는 방법론을 놓고 강한 충격 요법을 모색할 수밖에 없었고 사회주의 이데올로기가 가장 유용한 수단으로 판단되었다.

사회주의 이데올로기를 수용하는 위험을 최소화하기 위해 이들은 중세주의라는 종교에 의거한 과거회귀 경향을 선택했으며 이것을 구체화하기 좋은 매개로 예술을 들었다. 산업화에 따른 물질 탐욕에 대항하는 수단을 종교에 의거한 과거회귀 및 예술로 잡자는 주장은 이미 아르투어 쇼펜하우어Arthur Schopenhauer가 1819년에 출간한 『의지와 표상으로서의 세계Die Welt als Wille und Vorstellung』에서 제시된 적이 있었다. 그는 물질은 인간 의지에 의해 표상으로 이 세상에 드러나게 되는데 이 과정에서 인간은 인과적 연쇄에 의해 물질에 대해 맹목적인 욕구에 사로잡히기 쉽다고 경계했다. 이를 위해 타인과 끊임없이 경쟁하고 싸우게 되는데 이런 욕구가 곧 삶을 고통스럽게 만드는 주범이라고 보면서 여기에서 벗어나기 위해서 물질을 향한 인식 의지가 억제된 무욕구의 상태를 유지할 것을 주장했다. 여기에 도달하는 방법으로 인도철학이나 불교에서 과거 고승들이 수행하던 금욕과 해탈을 제시함으로써 종교에 의거한 과거회귀의 경향을 보였다. 또한 이런 수행을 돕는 가장 좋은 예술로 음악을 들었다.

옥스퍼드 운동

기독교 사회주의는 세 갈래로 진행되었다. 첫째, 기독교 내부의 자정을 이끈 순수 종교 운동인 옥스퍼드 운동Oxford Movement이었다. 기독교 사회주의 운동의 모태가 되는 운동으로 1833년부터 1845년 사이에 있었다. 둘째, 이것이 발전한 본격적인 기독교 사회주의 운동으로 1848년부터 1854년 사이에 있었다. 이들은 옥스퍼드 운동에서 씨앗이 뿌려진 사회의 어두운 구석에 대한 관심을 확장시켜 하나의 독립된 운동으로 전개시켰다. 특히 산업자본주의가 낳은 빈곤의 악에 대해 민감하게 반응했으며 그 대안으로 사회주의 사상을 받아들여 기독교 정신과 결합하려는 시도를 했다. 셋째, 이 두 운동을 실천하고 구체화하는 전략으로서 예술운동이었다. 중세주의로 통칭되는 19세기 중후반의 예술운동으로 영국을 중심으로 라파엘 전파Pre-Raphaelite Brotherhood, 미술공예운동, 고딕 리바이벌 등 다양한 형태로 나타났으며 대륙에서 영향을 끼쳤다.

옥스퍼드 운동은 옥스퍼드대학을 중심으로 1833년에서 1845년 사이에 영국 교회를 일신하기 위해 국교회 성직자들이 중심이 되어 벌인 운동이었다. 영국 교회는 산업혁명을 거치면서 많은 성직자들이 세속화되어서 교회 내부뿐 아니라 국민으로부터 합당한 존경과 신뢰를 받지 못하며 크게 추락하고 있었다. 세속화에 물들지 않은 성직자들은 아무 일도 하지 못하는 무기력한 상태였다. 산업혁명 이전의 전통 사회에서는 종교에 충실한 이런 태도가 유의미했지만 산업혁명 이후 물질이 판치는 사회에서 이런 태도는 종교 본래의 임무를 저버린 무책임하고 무능한 것이 되었다. 심지어 교회 개혁을 거꾸로 사회에서 강요하는 상황까지 벌어져 국회 내 분리주의파와 자유주의파가 나서서 교회 개혁안을 제출했다. 이 법령에 따라 실제로 1833년에 아일랜드에서 국교회 주교 열 명이 탄압받는 사건이 발생했다.

이에 위기와 책임을 느낀 교회 내 인사들이 스스로 자정운동을 전개하게 되었다. 1833년 7월 14일에 존 케블John Keble이 "국가적 배교National Apostasy"라는 설교문을 발표하면서 옥스퍼드 운동이 막을 올리게 되었다. 여기에 동조한 일련의 성직자들이 서퍽Suffolk 주의 해들레이Hadleigh 등 여러 도시에서 연달아 집회를 열고 조직을 결성하기 시작했다. 외부에서 교회에 가해지는 개혁 압력에 대항하기 위해 위원회를 조직하고 선언문을 발표했다.

그러나 케블, 리처드 프루드Richard Froude, 존 헨리 뉴먼John Henry Newman 등 이 운동을 이끌었던 핵심 멤버들은 이런 식의 조직운동으로는 어림없으며 영성 회복만이 영국 교회를 개혁할 유일한 길이라는 사실을 통감하고 있었다. 이를 위해 17세기 영국 교회 종파인 고교회High Church의 정신으로 돌아갈 것을 주장했다. 고교회는 종교개혁 이후 영국 국교회가 형성되어가던 과정에서 중세 가톨릭 정신의 유지를 주장한 종파였다. 영국 국교인 국교회가 표면적으로는 신교를 표방했기 때문에 고교회의 부활은 한동안 잊은 영국 가톨릭의 부활을 의미했다. 17세기 고교회에서 사용하던 『기도서 표준판the Book of Common Prayer』이 다시 등장했다. 뉴먼을 중심으로 신학 연구가 진행되고 그 결과물이 여러 중심 인물들의 저서로 나타나면서 많은 추종자를 거느리며 일정한 안정기에 접어들었다.

그러나 과격한 반청교도 주장은 그만큼 똑같은 극렬한 비판을 초래, 로마 교황청과 연대하는 기색이 드러나면서 영국 가톨릭 내부에서도 회의의 목소리가 나오는 등 일정한 반대에 부딪히며 1839년부터 1841년 사이에는 위기에 봉착한다. 뉴먼은 스스로의 방법론을 자체 비판하고 이를 바탕으로 소책자를 계속 출간하면서 소책자운동Tractarian Movement을 꾸준히 전개, 위기를 타파해나갔다. 이 과정에서 이 운동은 단순한 종교운동의 범위를 벗어나 사회운동으로 확산되면서 1848년부터 1854년까지의 기독교 사회주의 운동으로 이어졌다. 옥스퍼드 운동이 내건 주장은 다음 다섯 가지로 요약할 수 있다.

첫째, 중세 교회나 초대 교회, 심지어 원시 기독교의 부활을 주장했다. 기독교의 현대화가 영성의 타락과 물질적 세속화만 초래하기 때문에 결코 기독교 자신에 이득이나 축복이 되지 못한다는 판단에서 아직 영성이 살아 있는 기독교로 돌아가자는 주장이었다. 기독교의 영적 타락이 일어나기 시작한 단계를 르네상스, 종교개혁, 과학혁명 등으로 보면서 최소한 그 이전인 중세 교회, 가능하다면 역사적 예수의 가르침이 아직 살아 있는 초대 교회로 돌아갈 것을 주장했다. 혹은 여호와가 일상생활 깊숙이 들어와 함께한 구약 시대의 원시 기독교도 이상적 모델로 제시되었다. 이 운동을 이끈 주체가 가톨릭이어서 청교도에 대한 공격이 어느 정도 바탕에 깔려 있기 때문에 이런 주장이 나온 것인데, 기독교 내부에서의 이런 종파적 다툼을 떠나서 순수하게 역사와 학문의 중립적 관점에서 보더라도 청교도가 르네상스 이후 물질적 타락에 더 물든 것은 사실이었다.

둘째, 종교적 회귀의 구체적 내용으로 주교 제도와 기독교 의식의 강화를 제시했다. 성직자들이 12사도의 제자라는 전제 아래 주교를 중심으로 한 감독 제도를 부활시켰다. 미사를 강화했고 세례, 견진, 성체, 고백, 병자, 신품, 혼인의 일곱 성사聖事를 부활시키는 등 전통 의식으로 되돌아갈 것을 주장했다. 이 가운데 특히 성체 성사와 고백 성사를 강조했다. 그러나 과거 제도와 의식의 직설적 부활까지 가지는 않았다. 이런 운동은 새로운 교회 건축 운동과 맥을 함께 했는데 산업화를 거치면서 기능주의적 요구가 거세지던 상황에서 과거보다 많이 간결해지고 기능화된 결과로 나타났다.

셋째, 수도회나 수도원 제도의 부활도 함께 주장했으며 이것의 확장된 개념으로 새로운 기독교 공동체 건립 운동을 전개했다. 수도회는 중세 교회 때 기독교의 전성을 이끈 중요한 주체이자 제도였다. 나중에 와서 수도회 자체도 많이 타락하기는 했지만 시작은 이름 그대로 극기적 수도를 목적으로 했기 때문에 19세기에 물질적으로 타락한 기독교에 대한 대안으로서 이상적이었다. 현실적으로 보아도 중세 수도원은 사회의 중심체로서 '천상의 예루살렘'을 지상에 옮겨놓은 상징성을 가졌다. 기독교를 매개로 학문, 예술, 문화 등 정치 세력이 지원할 수 없던 정신 활동을 이끈 사회 중심체였다. 이런 모델은 물질에 찌든 19세기 영국 사회에 다시 한 번 잘 맞았다. 헨리 8세가 영국 국교회를 탄생시키는 과정에서 철폐한 수도원을 부활시키려는 움직임이 있었는데 이 운동은 너무 과격한 과거회귀여서 성공하지 못했으나 이것이 약식화된 개념으로 새로운 기독교 공동체 운동이 일어났다. 수도원 제도를 새로운 시대에 확대 응용해서 기독교가 중심이 된 농촌 마을 단위의 공동체를 구체적 모델로 제시했다.

넷째, 기독교 내부의 자정운동에 머물지 않고 여러 사회운동으로 확장되었다. 대도시 내 슬럼 구하기 운동 같은 순수한 사회개혁운동, 자신들의 이상을 전파하기 위한 예술운동, 일부는 사회주의와 연계하며 정치경제적으로 좀 더 깊숙이 국가 정책에 간여했다.

다섯째, 이런 여러 운동을 통해 궁극적으로 지상에 하나님의 왕국을 다시 건설하고자 했다. 기독교인들에게 시대를 초월한 영원한 임무는 하나님 말씀을 생활의 모든 중심에 두고 그 말씀이 인도하는 데 따라 영적인 삶을 사는 것이다. 그 마지막 단계는 교회가 중심이 된 하나님 왕국의 건설로 귀결된다. 르네상스 이후 세속적 가치와 제도가 하나님 왕국을 붕괴시키고 밀어내면서 그 자리를 차지해오다 산업혁명 이후 타락의 극에 이르게 되었다. 이런 어려운 상황을 타개하는 유일한 길은 기독교의 기본 정신으로 돌아가 하나님 왕국을 다시 건설하는 것이다. 하나님의 말씀은 과학혁명이나 산업혁명 같은 세속화, 물질화 따위에 흔들리거나 밀려나 자리를 내주기에는 너무 무겁고 엄숙한 진리이기 때문이다. 이런 운동은 다섯 번째 자연인 이데올로기로서의 자연이 탄생하는 데 핵심적 역할을 했다. 하나님의 왕국이 시커먼 연기를 내뿜는 공장과 돈에 찌든 자본주의 자들로 이루어질 리는 만무했기 때문에 자연스럽게 반물질문명 운동으로 귀결되었으며 자연의 교훈에서 그 해답과 모델을 찾으려는 움직임이 큰 흐름을 이루었다. 이렇게 해서 물질에 찌든 당시 사회에 등불이 되어 줄 자연으로서 이데올로기로서의 자연을 제시하게 되었다.

기독교 사회주의 운동

이런 여러 운동은 전개되는 과정에서 사회주의 이데올로기를 일정 부분 수용했다. 이는 기독교의 정통 교리와 어긋날 수 있기 때문에 표면적으로는 드러나지 않은 현상이지만 이 운동이 옥스퍼드대학을 중심으로 전개되는 과정에서 일부 급진적 지식인과 자유주의 교회운동 등과 연합하면서 이들을 통해 사회주의 사상이 흘러들어오게 되었다. 특히 당시 영국 교회의 위기가 산업화, 자본화에 함께 물들며 물질 탐욕에 끌려다닌 데에서 비롯되었다는 진단은 사회주의 사상과의 연합을 부추기는 작용을 했다. 옥스퍼드 운동과 사회주의 모두 산업자본주의에 반대하며 대안을 찾는 운동이었다. 사회주의가 정치, 경제 차원에서 공동 분배를 주장했다면 옥스퍼드 운동은 종교적 차원에서 반물질주의를 주장했으며, 특히 대도시 빈민 구제 사업은 둘의 연합을 도운 사회적 연결 고리였다.

기독교와 사회주의와의 연계는 19세기 영국에서 특히 활발했는데, 둘은 이념적으로는 함께하기 어려웠지만 산업자본주의의 등장 이후 황폐해진 영국 사회를 치유하고 구제해야 한다는 공동 목적을 수행하는 과정에서 일정한 연합을 했다. 옥스퍼드 운동 같은 기독교 쪽에서의 구체적인 자정운동이 도움이 되었다. 특히 기독교 내부적으로 볼 때, 기독교가 산업자본주의와 손을 잡으면서 세속적으로 타락해가는 현상은 "산업 현장에서 노동자들이 하늘을 향해 부르짖는 무서운 절규"에 대해서 전혀 모르고 있었다는 사실과 거의 동의어가 되었다. 따라서 기독교의 세속적 타락을 지적하며 일어난 기독교 내부의 자정운동은 상당 부분 하류층의 열악하고 불리한 삶의 환경과 생존 조건을 개선하는 운동으로 나타날 수밖에 없었다. 조금이라도 사회문제에 관심이 있던 성직자들이라면 더욱 그랬다.

당시 사회를 지배하던 법칙은 상업주의였다. 개인의 이윤 추구는 개인의 자유를 보장하는 것과 동일하게 여겨졌다. 산업화와 자본주의도 결국은 이 상업주의를 향한 제도였다. 상업주의는 이런 경제제도에 공리주의라는 사회철학과 윤리학까지 더해 가장 공고한 진리로 자리 잡았다. 에드먼드 버크는 급기야 "상업의 법칙은 자연의 법칙이고 하나님의 법칙"이라며 기독교가 자본화되어가는 현상이 하나님의 섭리에 순응하는 것으로 만들어버렸다. 이미 리처드 헨리 토니Richard Henry Tawney는 『종교와 자본주의의 흥기Religion and the Rise of Capitalism』(1926)라는 저서에서 르네상스와 종교개혁 이후 청교도가 "외형적으로 명백히 영적이지 않고 교회적이지 않은 일에 대해서는 관심을 갖지 않아도 하나님의 이름으로 비판을 받지 않는 것으로 생각했다"라고 했다. 자신들의 주머니를 직접적으로 채워줄 자본 세력과의 연합은 사회적 책무라며 열심이었지만 정작 종교의 중요한 진짜 책무인 사회에 대한 영적인 가르침과 사회의 어두운 구석에 대한 보살핌에 대해서는 눈을 감아온 것이다. 비단 청교도만의 문제는 아니었다. 이미 초대 교회 때부터 가톨릭은 다른 어떤 현실 세력보다도 세속적 욕심에 가장 탐욕을 부렸으며 중세 때에는 가장 큰 정치 세력으로 권세와 부귀를 누렸다.

산업혁명이 초래한 물질적 풍요와 지옥 같은 환경이라는 양면적 상황에 대한 당시 영국 기독교계의 반응은 정형적 패턴이 없었다. 크게 보면 복음주의가 상업주의를 옹호하며 산업자본주의와 손을 잡았지만 그와 동시에 섀프츠베리로 하여금 어린이 노동 문제에 대해 고민하게 만든 것도 복음주의 성직자들이었다. 국교회는 1832년 개혁법에 대해 "만장일치로 반대하는 유일한 계층"으로 인식되었을 뿐 아니라 산업자본주의를 옹호하고 자유주의를 실행하는 새로운 법령에는 적극 협조했지만 동시에 노동자의 권익을 위해 애쓴 국교회 성직자들도 많았다. 반대로 비국교도는 사회문제에 상대적으로 좀 더 관심이 많았지만 여전히 물질의 유혹 앞에 나약해졌다. 결국 종파를 떠나 당시 영국 기독교계는 자신들의 이해가 걸린 문제에 대해서는 망설임 없이 정치적으로 행동했고 이익을 챙길 수 있는 쪽에 섰다.

기독교가 사회문제에 관심 보이기를 두려워한 이유에는 스스로의 이익 챙기기만 있던 것은 아니었다. 사회주의 쪽에서 교회를 미워하는 움직임이 형성되어 있었기 때문이기도 했다. 예를 들어 영국의 대표적인 사회개혁자이자 사회주의자인 로버트 오언Robert Owen은 스스로 공장을 운영하면서 노동자와 아동들의 여러 현실적 문제를 경험한 뒤 1813년경부터 기독교를 포함한 기존의 종교나 절대 관습 등에 회의를 품는 생각을 발표했다. 그 가운데에는 기독교에 대한 공격도 들어 있어서 많은 성직자들은 이를 근거로 기독교와 사회주의는 함께 할 수 없다고 단정 지었다. 하지만 오언의 관심은 기독교 자체를 공격하는 것은 아니었다. 그의 관심은 사람의 인성과 특질을 형성하는 메커니즘에 있었다. 개개인의 인성과 특질은 자신이 다스릴 수 없는 사회와 환경의 큰 힘에 의해 형성된다는 결론에 이른 뒤 뉴레너크New Lanark에 열악한 노동 환경과 생존 조건을 개선한 이상적 공장 사회를 직접 운영해서 성공을 거두기도 했다. 기독교에 대해서도 교조화된 조직을 중심으로 세속화되어가는 현상은 강하게 비판했지만 기독교의 참 정신에 대해 다양한 해석을 근거로 실천적 종교를 수행할 것은 주장하는 등 기독교 전체를 부정한 것은 아니었다.

이렇게 보면 오언의 활동은 거꾸로 기독교가 사회주의와 연합할 수 있는 한 가지 방향과 패턴을 제시한 것으로 볼 수 있다. 기독교 정신을 제대로만 해석한다면 창조주의 진정한 바람이 인간 사회에 불행과 가난과 질병이 사라져 모든 사람이 골고루 혜택을 누리는 데 있다는 것을 쉽게 알 수 있는 것이고 이것이 근거가 된다면 기독교가 사회주의와 연합하지 말라는 법이 없어지는 것이다. 오히려 당시 기독교 내에서 기득권을 차지하고 있던 교조화된 성직자들이 반反기독교적이 되는 것이다. 역사적 예수가 보인 수많은 행적의 핵심은 헐벗고 굶주린 하층민에 대한 하나님의 사랑과 관심 그리고 기독교의 사회적 책무였다.

이런 흐름은 차티스트 운동Chartism과의 관계에서도 유사하게 나타났다. 이 운동은 1832년 개혁법 통과를 위해 노동자와 중산층이 함께 투쟁했음에도 그 열매가 중산층에게만 돌아가자 노동자들이 선거권과 세금 문제 등을 중심으로 한 여섯 개의 권리를 담은 '차터(헌장)'을 발표하면서 1838년에 일어난 운동이었다. 이 운동을 이끈 지도자들은 "교회와 성직자들이 돈 문제에 관심이 너무 많고 사례를 받을 목적으로만 기도하고 움직이고 있다"며 비판했다. 노동자들은 성직자를 경멸했고 기독교를 사기라고 생각하는 분위기가 팽배했다. 기독교인이라고 하는 사람들이 어떻게 공장과 농촌의 비참한 현실에 대해서 무관심하고 권력자만을 위해서 봉사할 수 있는지 도저히 이해하지 못했다.

이런 배경 아래 기독교 내에서도 열악한 사회 환경을 개선하는 실천 운동을 벌이려는 흐름이 형성되어갔다. 교회 내부로부터는 제지를 받았지만 기독교 정신의 참 뜻이 예수가 보여준 사회적 가르침이라는 확신 아래 이것을 이어받아 실천하려는 움직임이었다. 물론 당시 기독교계에서는 차티스트 운동을 비난하는 설교가 주류를 이루고 있었고 이것을 모은 『차티스트 운동에 대한 폭로』 같은 책은 19판까지 출간되기도 했다. 그 내용을 보면 사회주의가 내건 평등의 원칙이 성서에는 한 구절도 나오지 않는다거나, 성서에는 가난이 결코 없어지지 않을 것이라고 쓰여 있다는 등의 주장이 주류를 이루었다.

그럼에도 기독교 쪽에서 꾸준히 사회운동에 참여하는 사람들이 늘어났다. 존 맬컴 러들로John Malcolm Ludlow, 찰스 킹즐리, 프레더릭 모리스Frederick Maurice, 토머스 휴스Thomas Hughes, 토머스 칼라일Thomas Carlyle 등이 대표적 예이며 종파로는 유니테리언파가 차티스트 운동에 종파 차원에서 공감을 표시했다. 이런 움직임들이 하나의 운동으로 발전하면서 기독교 사회주의가 탄생했다. 교파로는 청교도 계열의 유니테리언파가 많았지만 옥스퍼드 운동을 일으킨 가톨릭도 또 하나의 중심 세력이었다. 이처럼 차티스트 운동은 청교도와 가톨릭을 망라하고 교파를 초월해서 기독교의 사회적 책무라는 공동의 정신 아래 사회 개혁에 참여한 운동이었다.

자연의 협동정신을 주장한 윌리엄 모리스

사회주의는 기독교에서 낯선 개념이나 제도는 아니었다. 성서에 나오는 '사랑의 공동체'라는 개념을 바탕으로 이미 중세 가톨릭 때부터 재산의 공동 소유를 주장하면서 기독교가 개인의 권력이나 물질 탐욕을 위해 사용되는 것을 반대하는 급진적 운동이 있었다. 이것이 종교개혁 이후 청교도에도 그대로 이어져 하나의 흐름을 형성했는데 이들을 지칭하는 단어가 다름 아닌 '좌파left wing'였다. 17세기에는 좀 더 조직화되어 영국에 디거스Diggers나 레벨러스Levellers라고 불리는 공동주의와 평등주의자들이 등장하면서 비로소 정식 이름을 얻게 되었다.

19세기 기독교 사회주의는 1848년 차티스트 운동이 실패로 끝나자 그 임무를 기독교가 떠맡아야 된다는 책임감이 공감대를 형성하면서 하나의 운동으로 구체화되었다. 이들은 사회 개혁을 연결 고리로 사회주의 이념과 실천운동을 받아들였지만 통상적인 사회주의 운동과는 결정적 차이가 있었다. 이것을 기독교 정신 내에서 역사적 예수의 사회적 가르침을 실천하는 길로 인식했으며 그 위에 기독교 정신과 접목된 사회개혁에 매진했다. 궁극적 목적은 기독교 정신의 승리에 있었으며 사회 개혁은 당시 영국의 열악한 현실이라는 시대 상황에서 그 승리를 드러내는 실천 전략이었다. 시대마다 사회 상황에 따라 실천 전략이 달라지는데 당시 영국 상황에서는 사회주의가 전략이 된 것이다.

산업화와 자본화가 하나님의 왕국을 지상에 건설한다는 기독교 정신에 반대된다는 판단 아래 왕국 건설을 위해 두 걸림돌에 대해 기독교 정신으로 위대하고 혁명적인 승리를 거둔다는 정신이었다. 이런 점 때문에 의외로 로마 가톨릭에서도 기독교 사회주의에 대해 일정한 응원과 지지를 보냈다. 이를 위한 세부 실천 사항에서는 개인주의적 자유방임주의,

산업자본주의, 상업주의, 이기적 경쟁 체제 등에 반대하며 그 대안으로 성서의 법칙인 자기 희생과 협동 정신을 제시했다.

이들은 산업화 자체를 반대하기보다는 이것이 자본주의와 손을 잡으면서 개인의 이기적 물질 탐욕을 극대화하는 쪽으로 변질되는 것에 반대했다. 성서가 가르치는 협동 정신의 영도 아래 공동 작업과 공동 분배를 장려했으며 이를 지키기 위해 여러 단체를 조직했다. 노동자 연합 촉진 평의회는 대표적인 예이며 이를 모델로 이후 많은 단체가 태어났다. 1852년에는 근대 협동노동운동의 마그나카르타라고 불리는 산업공제조합 조례가 통과되는 데 큰 역할을 했고 1854년에는 런던에 노동자 대학을 세웠다.

기독교 사회주의는 공식적인 운동으로는 1854년에 일차적으로 활동을 종료한 것으로 기록되어 있다. 모리스가 1854년에 노동자 대학을 설립하면서 초대 학장이 되는 등 중심인물들이 자신의 역할을 다했다고 판단하면서 집단운동을 중단한 것이다. 국교회는 여전히 기독교의 사회 참여와 사회주의와의 연대에 냉담했다. 그러나 기독교 사회주의가 제시한 기독교의 사회적 역할 모델은 이데올로기 장벽을 뛰어넘어 사회적으로나 기독교적으로 모두 지속적인 관심을 받으며 사라지지 않고 이어졌다. 1877년에는 소책자운동, 고교회 부활운동, 모리시의 신학, 기독교 사회주의 등이 연합해서 성 마태 조합Guild of St. Matthew를 결성했다. 이는 다시 1889년의 기독교 사회연합Christian Social Union으로 발전했다.그림 5-1

이상의 흐름을 보인 기독교 사회주의에서 자연에 대해 직접적으로 언급한 부분은 거의 없다. 그러나 이 운동은 19세기 낭만주의와 함께 영국에서 자연을 산업화의 개발 횡포에서 지킨 거의 유일한 운동이었다. 주로 간접 경로를 통해서인데 그 방향은 크게 셋으로 요약할 수 있다. 첫째, 산업화와 자본화에 반대하는 과정에서 이것들이 초래할 자연 파괴를 자

5-1 윌리엄 모리스William Morris와 기독교 사회주의의 영향 아래 설립된 해머스미스 사회주의 리그 Socialist League, Hammersmith 멤버

연스럽게 일정 부분 늦추고 막는 역할을 하게 되었다. 둘째, 모리스에서 킹즐리로 이어지는 협동 정신과 공동체 삶의 중요성을 주장한 대목에서 자연의 이치와 일치하는 내용이 일부 발견된다. 셋째, 자연을 지키려는 움직임은 예술에서 활발하게 일어났는데 회화에서 라파엘 전파 운동과 자연주의를, 공예에서 존 러스킨과 윌리엄 모리스 등이 이끈 미술공예운동 등을 대표적 예로 들 수 있다. 이 가운데 특히 러스킨과 모리스는 옥스퍼드 운동이나 기독교 사회주의와 일정한 연계를 가지며 활동했다.

모리스는 신학의 이름으로 경쟁적이고 상업적인 자유방임주의를 공격하는 과정에서 "경쟁이 우주의 법칙으로 제시되어 있지만 거짓이다"라며 자연의 법칙이 개체의 이기적 물욕을 채우는 데 있지 않음을 분명히

5-2 윌리엄 모리스가 기독교 공동체의 이상적 모델로 여겼던 머턴 수도원Merton Abbey를 그린 포콕
Lexden Lewis Pocock의 〈머턴 수도원의 연못The Pond at Merton Abbey〉(1881년 이후) (위)
5-3 머턴 수도원의 스테인드글라스 스튜디오 작업 모습. 1890년경 사진 (아래)

하고 있다. 모리스는 직접 자연에 대해 언급하지는 않았지만 자연의 전체론적 특징과 연계지어 그의 사상을 해석하면 협동적 자연, 나아가 사회적 공동체의 교훈을 가르치는 이데올로기로서의 자연이라는 개념을 추출할 수 있다.그림 5-2, 5-3 자연은 개체들이 서로 의지해서 큰 전체를 만들어낸다. 개체 하나하나는 작고 미약할 수 있으나 서로 어울려 협동해서 인간의 상상으로 헤아릴 수 없는 큰 자연을 만들고 대우주까지 나아간다. 이런 자연의 교훈을 협동적 자연이라고 부를 수 있다. 이것이 바로 하나님이 우주와 자연을 창조한 비밀이다.

　이것을 실천해서 서로 협동하며 살아가는 기독교적 공동체를 이루는 것이 하나님의 희망을 따르는 길인 것이다. 교회는 공동체 삶의 가르침 안에서 협동적 자연의 진리를 증거하도록 부름을 받은 사회이다. 이런 형제의 정신에 따라 사는 모습이 하나님이 인간을 처음 창조한 본래의 모습이며 영성도 바로 이런 원래 모습에서 나온다. 하나님이 자연을 수없이 많은 개체들이 함께 어울리도록 창조한 것과 마찬가지로 인간도 서로 모여 돕고 동반자로 삼아 살아가도록 창조했다. 이것이 에덴 동산에서 아담과 이브를 창조한

5-4 기독교 이상향을 그린 『존 볼의 꿈A Dream of John Ball』(1892)의 표지

화합의 정신이다. 그림 5-4 이것이 하나님의 섭리이며 곧 자연의 섭리이기도 한 것이고 인간 사회에 적용하면 보편적 형제애가 된다. 이기적 물질 탐욕을 위해 다투고 대립하는 것은 경쟁적 인간 사회의 법칙이지 하나님의 법칙이나 자연의 법칙은 아닌 것이다.

산업화와 자본화를 겪으면서 인간은 물욕의 포로가 되어 이기적 경쟁심에 사로잡혀 망가질 대로 망가져버렸다. 인간은 이런 본래의 모습으로 돌아가 영성을 회복해야 하는데 그 모범을 협동적 자연에서 찾아야 한다. 옥스퍼드 운동을 이끈 이들 성직자들의 생각이 일정 부분 사회주의와 공통점을 갖는 것도 사실이지만 사실 사회주의라는 용어는 사람들을 자극하고 흔들어서 진정한 기독교적 삶에 대해서 생각하게 만들기 위해 의도적으로 채택된 측면도 많다. 사회주의의 핵심 강령인 유물론, 노동자 사회, 공동 분배 등 가운데 기독교 사회주의와 완전히 일치하는 사상은 없기 때문이다. 이들은 특별한 경제적 이론을 채택하지 않았으며 정치적으로도 토리당과 휘그당, 과격파 가운데 어느 편을 들지 않았다. 물론 이들 정파 가운데 기독교 사회주의의 이상에 맞는 것은 하나도 없었지만, 기독교 사회주의는 모든 기준을 하나님의 영도 아래 보편적 형제애로 모여 사는 기독교적 공동체에 두었다.

기독교 사회주의는 협동정신의 이데올로기를 유물론이 아닌 자연의 성스러운 정신에서 배웠으며 그 실천 목적도 기독교적 공동체에 두었다. 단, 이들이 기독교 사회주의라는 용어를 선택한 것은 기독교와 사회주의 모두 인간이 이기적 경쟁심 때문에 서로 적대하고 충돌하는 것을 막고 서로 함께 일할 수 있는 사회 구조를 지지한다고 믿었기 때문이다. 이런 점에서 사회주의의 이상적 원리와는 일맥상통하며 그렇다면 기독교 사회주의라는 용어는 유효하다. 한 가지 확실한 것은 그 모델을 중세적 자연

5-5 해머스미스 사회주의 리그에서 디자인한 〈숲 태피스트리Forest Tapestry〉(1887)

개념에서 찾았다는 점이다. 자연은 함께 도우며 살라고 가르치며 이 교훈에 따라 산 중세 기독교 정신이 모델이었다.[그림 5-5] 사회주의는 인간이 이런 교훈을 제도로 만든 것일 뿐이다. 자연은 협동정신을 가르쳐줌으로써 이데올로기의 역할을 하게 되었다. 이데올로기로서의 자연이었다. 이때 형성된 협동적 자연과 이데올로기로서의 자연은 20세기 중반을 넘기면서 공공재로서의 자연이라는 현대적 자연 개념으로 발전하게 된다.

이데올로기로서의 자연을 예술로 구사한 존 러스킨

기독교 사회주의의 주장을 가장 적극적으로 실천에 옮긴 그룹은 예술가들이었다. 실천은 양방향에서 있었다. 한 방향은 기독교 사회주의 쪽에서 진행시킨 것으로, 자신들의 주장을 사회에 구현하기 위해 교회 건축과 교회예술 등에서 새로운 운동을 시도했다. 이를 위해 케임프리지 캠던 소사이어티Cambridge Camden Society라는 단체를 결성했다. 1839년에 존 닐John Neale 과 벤저민 웨브Benjamin Webb가 옥스퍼드 운동 및 기독교 사회주의의 주장을 구체화하기 위해 케임브리지에 세운 교회 건축과 교회예술 연구 단체이다. 1841년부터 『교회주의자The Ecclesiologist』라는 월간지를 발간했다. 1846년 본부를 런던으로 옮기면서 단체 명칭을 '교회주의 소사이어티 Ecclesiological Society'로 바꾸었으며 이 이름으로 1868년까지 지속되었다.

이 단체는 빅토리안 고딕과 연계해서 영국의 고딕 리바이벌 운동을 이끈 중요한 동력 가운데 하나였다. 특히 종교적, 사회적 측면에서 영향이 중요했다. 전체적인 방향은 중세를 모델로 한 기독교 공동체의 구체적 실현이었으며 교회 건축이 그 중심에 있었다. 교회가 마을의 지리적, 정신적 중심 역할을 하고 주위에 작은 농촌 마을이 포진하는 모델이었다. 농업을 기반으로 삼고 중세적 협동정신으로 뭉친 농촌사회였다. 건축가 중에는 초기 빅토리안 고딕(1831~50)을 이끈 오거스터스 퓨진Augustus Pugin 이 케임브리지 캠던 소사이어티 멤버로 가장 활발한 건축 활동을 전개했다. 그는 당시 영국 사회에 불던 중세 가톨릭 부활운동 및 기독교 개혁운동의 요구를 합해 새로운 시대에 맞는 교회를 100여 채 설계했다.그림 5-6 교회 건물뿐 아니라 실내장식, 제단, 스테인드글라스, 성구, 성의, 기독교 서적 디자인 등 교회 예술과 관련된 모든 분야를 디자인했다.

다른 한 방향은 예술가들 스스로의 자발적 운동에 좀 더 가까웠다. 여러 갈래로 진행되었는데 통칭해서 중세주의로 부를 수 있다. 중세 기독교 정신의 부활을 예술적 동기로 삼았기 때문이다. 영국과 대륙 모두에서

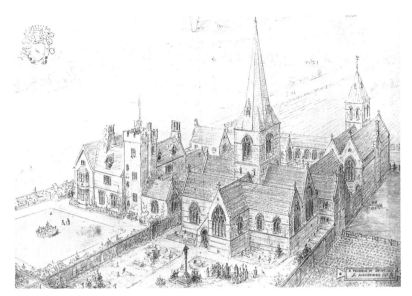

5-6 오거스터스 퓨진Augustus Welby Northmore Pugin, 세인트오거스틴 교회St. Augustine's, 램즈게이트Ramsgate, 영국, 1845~52

여러 장르, 여러 양식으로 폭넓게 나타났다. 시기도 19세기 초반부터 20세기 초반까지 100여 년에 걸쳐 계속되었다. 고딕 리바이벌, 빅토리안 고딕, 라파엘 전파, 자연주의, 미술공예운동, 아르누보, 상징주의 등이 여기에 속하는 대표적 양식 사조들이다. 산업화와 자본화에 따른 인간성 상실을 공격하며 그 대안으로 때 묻지 않은 인간 감성을 제시한 점에서는 18~19세기 낭만주의와 예술 이상을 공유했다. 이 과정에서 자연을 주요 모델로 삼은 점도 공통점이다. 그러나 그 궁극적 목적을 기독교 정신의 부활에 둔 점에서 낭만주의와 결정적으로 달랐다.

기독교 사회주의가 내건 이데올로기로서의 자연 개념을 예술로 구현한 사람은 존 러스킨John Ruskin이었다. 그는 옥스퍼드 운동이나 기독교 사회주의에 직접 참여하지는 않았고 케임브리지 캠던 소사이어티의 멤버도 아니었지만 그의 예술관은 이런 운동이 내건 협동적 자연과 이데올로기로서의 자연을 예술적으로 잘 정의해낸 대표적 예에 해당된다. 중세주의를 바탕에 깔고 예술의 힘과 기독교 정신을 하나로 합해내는 예술이론을 정립했으며 이를 사회주의에서 내건 사회 개혁에 적용했다. 자연은 이런 여러 이상을 관통하는 중심 주제였다. 중세주의가 위대한 이유는 예술이 기독교 정신을 지향했기 때문이며 자연과 하나가 된 건축을 통해 이것을 구체적으로 실현했다는 것이 러스킨의 생각이었다.

러스킨의 공식 직업은 예술비평가이자 사회개혁가였다. 사회 개혁의 임무를 예술의 힘으로 구현하려 했음을 알 수 있다. 그의 개혁 대상은 산업화와 자본화에 찌들어 영성을 잃고 타락한 당시 영국 사회였다. 그는 사회주의와 예술지상주의를 바탕으로 한 중세 기독교 정신의 부활을 통해 사회 개혁이 가능하다고 믿었고 그 수단이자 궁극적 목적인 예술을 미학 이상과 도덕 이상이 하나로 만나는 분야로 정의했다. 한 시대의 예술과 건축은 그 시대의 종교와 도덕을 압축적으로 담아 표현하는데, 이런 점에서 당시 영국 사회에 필요한 예술 모델로 중세를 꼽았다. 평생 여러 권의 저서를 통해 이런 자신의 예술 이상을 주장했는데, 『건축의 일곱 등불The Seven Lamps of Architecture』(1849)와 『베니스의 돌Stones of Venice』(1851~53) 등이 대표작이다. 특히 『베니스의 돌』의 「고딕의 자연」편은 고딕 리바이벌을 정착시켜 전성으로 이끄는 데 중요한 영향을 끼쳤다. 그림 5-7, 5-8

성장기에는 정식 학교에 다니지 않고 청교도인 어머니의 지도 아래 집에서 선별된 교육을 받았기 때문에 가톨릭을 중심으로 한 소책자운동 같은 사회 변혁운동의 흐름을 모르고 성장했다. 직업 활동도 순수 예술 비평에 가깝게 시작했다. 그러나 자신의 예술 이상을 만들어 전파하는 과정에서 당시 영국의 어려운 사회 현실을 보게 되었고 사회운동에 조금씩 눈뜨기 시작했다. 처음에는 사회주의 계열의 예술운동과 교류했다.

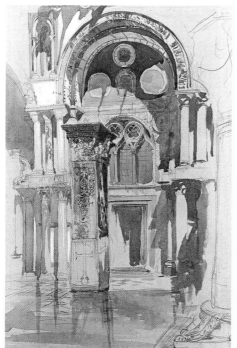

5-7 존 러스킨John Ruskin, 베네치아 산마르코San Marco, Venezia 스케치 (왼쪽)
5-8 베네치아 산마르코 (오른쪽)

사회성 짙은 중세주의 예술운동인 라파엘 전파 예술가들과 가깝게 지내며 이들을 위해 평전을 출판했다. 종교적으로도 어머니가 한정한 청교도의 틀을 깨고 가톨릭과 국교회의 재결합운동 등에 관심을 가지며 범위를 확장했다.

1860년에 『현대 화가 열전Modern Painters』를 완간한 뒤에는 사회, 경제 문제 등에 본격적으로 관심을 보이면서 자신의 예술 이상을 기초로 한 사회개혁가로 변신했다. 이 과정에서 자유방임주의에 바탕을 둔 산업자본주의가 영국 사회를 어렵게 만든 주범이라는 사실을 깨닫고 이에 반대하며 사회주의자가 되었다. 무상교육, 노동조합 결성, 노령연금 등의 사회주의 제도를 주장했는데, 이데올로기 중심의 골수 사회주의자는 아니었다. 자신의 예술 이상을 인간의 본성에 적용하는 과정에서 산업자본주의는 참다운 인간 권리를 지킬 수 없다는 것을 깨달았다. 다수의 국민을 고려한 국가적 차원의 집단 제도만이 이를 지킬 수 있다는 확신을 가지게 되면서 사회주의자가 되었다.

인간 본성은 원래 고결한 영성을 가지며 이것이 심미성을 통해 발전하고 구현되는 예술 중심 사회에서 인간은 가장 행복할 수 있는데 자유방임주의와 산업자본주의는 이것을 철저히 파괴한다고 보았다. 어머니에게 강요받은 복음주의를 버리고 종파를 초월한 보편적 일신론으로 바꾸었다. 그는 보통 로마 가톨릭으로 개종한 것으로 알려져 있지만 이 부분은 주의를 요한다. 그의 예술 이상을 기독교 교리나 당시 영국 사회의 종교 활동 등과 견주어보면 가톨릭에 가까운 것이 사실이다. 중세 가톨릭을 이상적 모델로 삼은 점도 그렇다. 하지만 그가 완전히 가톨릭으로 개종했는지는 확실하지 않다. 이보다는 보편적 일신론에서 시작해서 성서주의 혹은 성서 기독교에 계속 머문 것이 더 정확하다. 종파를 초월해서 기독교의 기본 정신과 하나님의 참뜻으로 돌아가 그 가르침에 맞게 사는 것만으로 충분하다는 종교적 소신이었다.

이를 실천하는 구체적 전략으로 교조적 강요에서 해방된 자유로운 기독교 왕국을 꿈꾸었다. 성직자는 국가에서 월급을 지불해서 세속의 물질적 유혹에서 자유롭게 해주어야 하며 사람들은 고결한 본성을 잃지 않고 이를 예술적으로 승화해 영적인 삶을 유지할 수 있어야 한다. 이를 뒷받침하는 경제 기반으로는 농업이 제일 이상적이며 농업을 중심으로 산업을 적절히 혼합한 경제 모델을 제시했다. 단, 기계산업은 가능한 한 줄여야 하며 생활용품은 모두 중세 이상을 좇아 수공예품으로 제작할 것을 주장했다.

1870년경은 중요한 분기점이었다. 1871년부터는 이런 이상을 실현하기 위해 성 조지 길드Guild of St. George를 조직해서 운영하는 등 좀 더 실천적인 노력을 기울였다. 이 길드는 성공하지 못했지만 그가 보여준 노력은 여러 형식으로 당시 영국 사회에서 힘들게 시도하던 사회 개혁에 중요한 영향을 끼쳤다. 러스킨에 앞서 퓨진도 비슷한 기독교 공동체를 주창하고 이를 건축으로 실현해보였는데, 퓨진의 공동체는 사회적 콘텐츠가 빠진 순수 건축 공동체였다.그림 5-6 성당을 중심으로 한 작은 마을의 물리적 골격까지는 제시했지만 그것을 이상적인 기독교 공동체로 꾸려나가는 데 필수적인 사회적 콘텐츠를 채우지는 못했다. 반면 러스킨은 자신의 이상적 공동체를 사회적 콘텐츠로 채웠으며 이것을 이론으로 놔두지 않고 직접 운영하는 실천을 한 점에서 그 의미가 컸다. 공동체 전체는 성공하지 못했지만 그 과정에서 시도된 여러 실험적 운동은 부분적으로 당시 사회 개혁운동에 수용되어 도움을 줬다.

이와 반대로 1870년에 옥스퍼드대학의 미술대학 1호 교수가 되면서 학술 연구를 기초로 한 순수 예술 이상을 더 다듬었다. 이때부터 중세주의 예술이론을 완성시키는 단계에 접어든다. 그의 중세주의 예술이론을 가장 집약적으로 보여주는 것이 『베니스의 돌』이었는데 이 책은 1850년대 초 그가 30대 초반일 때 쓴 것이었다. 그만큼 순수하고 열정적 이상으로 차 있지만 동시에 현실과의 괴리도 큰 편이었다. 옥스퍼드 기간 동안에는 이런 초창기 이상을 여러 사회운동에 접목하는 시도를 한 경험을 더해서 더 다듬었다.

중세주의와 자연 해석

러스킨은 케임브리지 캠던 소사이어티의 멤버는 아니었지만 '옥스퍼드 운동-기독교 사회주의-중세주의 예술운동' 등을 하나로 관통하는 사회적, 종교적, 예술적 흐름에 같이 속해 있었다. 이런 흐름을 자연, 특히 협동적 자연과 이데올로기로서의 자연이라는 관점으로 좁혀서 보면 러스킨의 자연관이 가장 대표적인 예에 해당된다. 그는 자신의 사상에서 자연을 전면에 내세우지는 않았다. 순수예술주의, 중세 이상, 사회개혁이 그의 사상을 구성하는 표면적 중심 개념이다. 러스킨에게 자연은 이것들보다 포괄적이어서 이 셋을 하나로 묶어 관통하는 개념으로 정의된다.

예를 들어, 러스킨은 표면적으로는 연관성이 없어 보이거나 심지어 대립적 위치에 있는 것으로 여겨지는 '그리스 예술-중세주의-터너의 풍경화'를 모두 종교심을 지향한 공통점을 공유한 것으로 보았는데, 이 셋을 묶어주는 연결 고리가 자연을 향한 경외심이었다. 그림 3-7(176쪽), 3-17(191쪽), 5-9 셋 모두 이런 경외심을 예술로 표현한 대표적 예로 꼽았다. 종교의 종류를 초월한 공통 이상을 공유한 동일한 계열로 분류했으며 기독교를 기준으로 하면 셋 모두 기독교 예술이라고 보았다. 초반에 기독교에 좁게 갇혀 있을 때에는 고전주의를 이교 양식이라며 비하하는 것 같은 태도를 취했지만 자연을 기준으로 삼으면서 이런 편협함에서 벗어나 문화사를 관통하는 더 큰 공통적 흐름을 깨닫게 되었다.

이런 관점에서 보면 땅의 정신에 충실한 그리스 예술은 자연을 향한 경외심을 신화에 맞게 표현한 것이다. 신화가 그리스식의 종교인 점을 생각하면 그리스 예술도 종교적 이상을 지향한 것이며 이런 점에서 기독교 예술과 다르지 않다. 중세 예술은 자연 경외를 기독교라는 명확하고 절대적인 종교적 가르침으로 구현한 점에서 가장 영적인 예술이었다. 터너는

5-9 존 러스킨, 베네치아 카사 로레단Casa Loredan, Venezia 스케치

하나님이 창조한 성스러운 예술작품으로서의 자연 개념을 인간의 감성과 시각으로 표현했다. 이런 점에서 기독교 예술의 현대적 재해석의 좋은 예에 해당되며 역시 같은 이유로 기독교 예술과 다르지 않다.

이처럼 러스킨에게 자연은 철저하게 영성이 살아 있는 종교적 주체였으며 참된 예술은 이런 영성을 표현하는 것이라고 주장했다. 기독교에서 자연을 바라보는 쌍 개념을 적용하면 성스러운 예술작품에 해당되는 것으로 볼 수 있다. 인간의 심미 작용과 미학적 욕구가 존재 이유를 갖는 근거 역시 자연의 영성을 소재와 대상으로 삼았기 때문이다. 거꾸로 그린 예술 활동을 통해 사회를 개혁하고 타락한 영성을 회복할 수 있다고 보았다. 러스킨의 자연에서 핵심을 차지한 것은 일차적으로 영성과 성스러움이었으며 이것을 바탕으로 사회주의 이상을 실천할 수 있다고 믿은 점에서 이데올로기로서의 자연의 대표적 예에 해당된다.

산업화와 자본화를 거치면서 물질적으로 타락한 영성을 기독교 본래 정신으로 되돌려 회복시키려 했는데 그 구체적 전략으로 자연을 향한 경외감에 의해 성립되는 심미 작용과 예술 활동을 들었다. 중세주의가 이상적 모델이었다. 공장과 자본주의 횡포가 없는 전통 기독교 사회로의 회귀를 주장했으며 중세를 모델로 삼아 일정한 봉건성을 전제로 한 기독교 공동체를 제시했다. 중세 시대 때에는 장인, 건축가, 예술가 등의 직업 활동이 단순한 예술이 아니라 그 자체로 구도를 향한 신앙생활이었다. 예술과 기독교가 분리되지 않고 하나로 작동했으며 이를 가능하게 해주는 봉건적 기독교 공동체가 사회의 중심을 지탱하고 있었다.

중세 때 예술이 영성과 성스러움이라는 기독교의 정신적 가치와 하나가 될 수 있던 것은 자연을 철저하게 창조주의 성스러운 예술작품으로 인식하고 그런 내용을 경건한 마음으로 작품에 반영했기 때문이다. 러스킨은 이런 생각을 사회개혁운동을 본격적으로 시작하기 전인 순수 비평가 때부터 가지고 있었다. 초창기 시절은 이런 예술 이상을 증명해줄 증거를 찾아 나선 노력으로 점철되는데『베니스의 돌』이 대표적인 예이다. 그는 자신의 중세 이상이 가장 잘 구현된 구체적 예로 베니스를 들었다. 베니스에 머물며 그곳의 중세 건축을 관찰하고 연구한 끝에 중세 장식론을 성립시켰다.

베니스 중세 건축은 프랑스나 독일, 심지어 같은 이탈리아 내의 다른 도시들과 달리 돌을 이용한 뾰족 아치 장식을 대표적 특징으로 갖는데 러스킨은 여기에 매료되어 이것들을 스케치하고 그 정신적, 예술적 뿌리를

5-10 존 러스킨, 베네치아 카도로Ca' d'Oro, Venezia 스케치 (왼쪽)
5-11 존 러스킨, 카도로 노트Notes on the Ca' d'Oro (오른쪽)

추적하는 작업을 벌였다. 그림 5-10, 5-11 자연과 연계된 체계화된 이론이나 해석을 제시하지는 못하지만 여러 저서에 퍼져 다양한 내용으로 제시된 러스킨의 예술 이론에 견주어 추적하면 다음의 해석이 가능해진다. 러스킨은 베니스의 중세 돌 장식이 자연 생명체의 디자인 비밀인 유기성을 차용해 적용한 것으로 본 것 같다.

　예를 들어 한 나무에 달려 있는 백 개의 나뭇잎을 어떻게 해석하느냐의 문제인데, 베니스의 중세 장인들은 나뭇잎들에서 유기적 조화와 픽처레스크의 원리를 찾아내서 뾰쪽 아치의 디자인에 적용시켰다. 유기적 조화란, 한 나무에 달려 있는 수많은 나뭇잎이 언뜻 보면 모두 같아 보여도 정밀하게 관찰해보면 모두 다른 형태를 하고 있다는 사실에서 출발한다. 이렇게 같은 것 같으면서도 실은 서로 다른 수많은 나뭇잎들은 상호간에 적절한 조화를 이루면서 보기 좋은 아름다운 모습과 질서를 유지한다. 이러한 조화의 비밀은 동일성과 차이 사이의 균형에 있다. 같은 종의 나뭇잎들은 동일한 생성 원리와 조형적 특성을 일정 부분 공통점으로 공유한다. 그러나 이와 동시에 서로 차이점도 일정 부분 보인다.

자연 형태나 경치, 나아가 자연 자체가 아름다운 것은 이처럼 구성 요소 사이에 동일성과 차이 사이의 적절한 균형을 유지하기 때문이다. 이것이 유기적 조화의 개념이며 그 결과 형성된 자연의 아름다운 상태가 픽처레스크이다. '주제와 변주에 의한 유형' 개념과도 일맥상통하는데 베니스의 중세 장인들은 이런 원리를 뾰쪽 아치에 적용해서 일정한 공통점을 공유하면서도 서로 조금씩 다르면서 각 개체의 정체성을 잘 지킨 작품을 디자인했다. 이런 원리를 잘 살리기 위해 대리석 같은 돌 재료 자체의 원색을 살려 장식 문양으로 활용했다. 그림 5-12, 5-13

5-12 윌리엄 버터필드William Butterfield, 올 세인츠 All Saints, 런던, 1849~59. 러스킨 사상을 가장 잘 반영한 대표적 기독교 사회주의 양식이다.

이런 원리가 산업화, 자본화된 19세기 사회에서 교훈적 대안이 될 수 있는 이유는 똑같은 나뭇잎을 바라보는 기계문명의 시각과 비교해보면 잘 알 수 있다. 기계문명은 나뭇잎을 물질 생산을 위한 재료로밖에 여기지 않는다. 그렇기 때문에 나뭇잎의 모습에서 효율적 생산에 유리한 동일성과 반복의 원리를 찾아낸다. 자연을 부의 축적의 대상으로 보는 물질주의의 전형이다. 백 개의 나

5-13 윌리엄 버터필드, 올 세인츠, 실내, 런던, 1849~59

뭇잎 사이에 존재하는 동일성과 차이 가운데 동일성만 취해서 극단화함
으로써 표준화에 의한 대량 생산의 근거로 삼는다. 한마디로 백 개의 나
뭇잎을 모두 같다고 단정 짓고 실제로도 모두 같게 표준화해버린다. 이는
곧 대량생산이 자연의 생성 원리에서 따온 것임을 주장하는 것이다.

　기계문명은 자연의 구성 원리의 두 축 가운데 동일성만을 봄으로써
자연 파괴의 길을 열어놓고 말았다. 기계문명은 자연이 아름다운 이유를
동일한 형태들이 반복되기 때문이라고 본다. 그렇기 때문에 일목요연한
질서가 얻어지며 이것이야말로 자연에서 근대 문명이 받아들여야 할 교
훈적 가치라고 단정 지었다. 자연이 동일한 형태들의 반복으로 구성되기
때문에 대량생산 역시 자연이 허락한 면죄부를 갖는 것으로 해석했다. 러
스킨의 장식론은 기계문명이 자연에 대해서 갖는 이런 잘못된 시각과 자
의적 해석을 거부하며 그 대안으로 유기적 조화와 픽처레스크의 개념을

제시했다.

러스킨은 이런 자연관이 사회 개혁을 이룰 수 있는 요체로 보았다. 당시 사회 위기는 산업자본주의가 기계문명의 동일성 원리를 부추기며 자연 파괴를 자행한 데서 발생하기 때문에 그 치유와 개혁은 올바른 자연관을 구축해야 가능한 것이다. 사회주의에서 내건 개혁 제도들은 중간 수단일 뿐 이것이 실제로 구현되어 잘 운용되기 위해서는 중세의 기독교 이상을 기초로 한 도덕 재무장 운동이 필수적인데 이 둘을 이어주는 연결 고리로 유기적 자연관을 제시한 것이다.

'이데올로기로서의 자연'이었다. 사회주의 이상을 실천할 가장 유용한 분야로 자연을 향한 경외감으로 이루어진 중세 예술을 든 것이다. 순수예술은 종교적 생명력으로 가득 차 있었으며 공예와 건축 등 실용 예술은 인간의 주거환경을 형성하면서 영적인 영향력을 끼쳤다. 모두 자연을 경외감의 대상으로 삼아 그 성스러움을 예술작품과 건물에 표현했기 때문이다. 중세에는 생산 활동 자체가 신앙심을 바탕으로 한 즐거운 구도 행위였다. 생산이 신의 섭리를 이 땅 위에 실현하는 것으로 정의되었기 때문에 생산에는 어떠한 욕심도 따라붙지 않았다. 생산을 함으로써 인간의 정신은 오히려 맑아졌다. 생산을 하면 할수록 정신이 타락하고 수많은 부수적 문제를 야기하는 기계문명과 완전히 구별되는 도덕적 우월성을 의미한다. 이런 자연관을 회복해야만 진정한 사회 개혁이 가능하다고 보았다.

인터루드
생태학의 탄생

환경운동의 발아

산업혁명에 따른 자연 파괴가 심해지면서 구체적 폐해가 나타나기 시작했다. 환경오염은 물론이고 홍수, 토사 유실, 급류, 산사태, 범람 등 여러 가지 재해가 빈번해졌다. 오염물질은 도시와 농촌 할 것 없이 기하급수적으로 증가했고 도시는 통제 불가능할 정도로 팽창했으며 하수와 산업폐기물 등도 따라서 증가했다. 이에 대한 반작용으로 현대 생태운동의 모태가 될 만한 보존운동도 급속도로 퍼져나갔다. 산업화의 폐해가 심해질수록 그에 대응해서 환경운동도 비례적으로 발전했다.

환경운동이 정확하게 언제 시작되었는지는 알 수 없으나 중요한 분기점에 대한 기록은 알 수 있다. 19세기 중반 농지와 토지를 공장단지로 변경하는 일이 대단위로 행해지면서 이전에 영국과 프랑스의 예술운동에 뿌리를 둔 보존운동도 더욱 강화되었다. 다윈의 진화론이 보존운동에 의외로 일정한 역할을 했는데, 보존론자들은 『종의 기원』을 생명 종이 멸종하는 원인 가운데 인간이 차지하는 비중에 대해서 각성을 촉발하는 계기로 삼았다. 미국의 언어학자 조지 마시George Marsh가 환경 보존의 중요성에 대한 경각심을 불러일으키기 위해 쓴 『인간과 자연Man and Nature』(1864)은 『종의 기원』과 반대편에 서는 책이지만 이런 관점에서 보면 같은 책이었다. 마시는 이 책에서 고대 지중해 문명이 숲을 무분별하게 벌채해서 토지가 쓸려나가 사람이 살 만한 땅과 경작지 등이 연달아 줄어들어 이에 따른 인구 감소로 멸망했다는 예를 통해 당시 미국에 불기 시작하던 자연 파괴에 대해 강하게 경고했다.

진화론이 한편으로 생명체의 일직선적 발전 논리를 통해 산업혁명과 기계문명을 합리화하는 이론을 제공했지만 다른 한편으로는 그 반대 급부로 환경운동이 본격적으로 발진하고 심화되는 동기도 제공한 셈이었다. 1865년에는 영국의 첫 번째 환경 로비그룹인 '공유지 보존협회the Commons Preservation Society'가 창립되었다. 사유화, 철도 건설, 자갈 채취, 도시 팽창 등의 개발 때문에 공유지가 망가지는 것을 막기 위한 환경운동 단체였다. 퀘이커 교도, 생물학자, 진보주의자, 변호사, 페미니스트 등이 이끌었으며 지속적으로 활동을 이어가 1891년에는 내셔널 트러스트National Trust라 불리는 명승사적 보존단체 결성 움직임을 지원해서 1895년에 창립시켰다.

이 단체는 보존의 대상을 '명승'과 '사적'으로 확장시킨 다음 둘을 하나로 인식시킴으로써 보존에 대한 전 국민적 관심을 끄는 데 성공했다. 자연을 '명승'이라는 개념으로 바꿈으로써 그 가치에 대해 감성적 평가를 개입시켰으며 여기에 '사적'이라는 역사 유적을 더해서 이를 더욱 강화했다. 사적은 특히 18세기 낭만주의에서 폐허운동의 대상으로 이미 유럽 사람들에게 감성적 대상으로 자리 잡고 있었으며 19세기 역사주의와 제국주의를 거치면서 민족적 자부심의 소재로까지 격상되어 있었다. 보존의 대상에 이것을 더한 것은 전략적 성공이었다. 민간단체로서 시민들의 자발적인 모금, 기부, 증여 등을 통해 확보한 기금으로 주요 보존 대상을 사들여 일반에 개방하는 일을 하는데, 이런 활동은 20세기 환경단체에 대한 글로벌 모델로 평가되면서 20세기 영국 보존운동의 중심에 섰다.

환경운동은 사회 전체적으로 보면 19세기에 다양하게 등장하기 시작한 여러 사회운동의 하나였다. 산업자본주의와 제국주의 같은 거대권력의 횡포에 대항해서 노예해방운동, 도시 공중보건운동, 주거환경 개선운동, 여성운동, 반전 평화운동 등 여러 사회운동이 탄생되는데 환경운동도 비슷한 목적을 띠었다. 예를 들어 1842년에 에드윈 채드윅 경Sir Edwin Chadwick이 발표한 『영국 노동자의 보건 상태에 대한 연구Report On The Sanitary Conditions Of The Labouring Population Of Great Britain』는 도시 내 새로 형성된 노동자 과밀 지역의 열악한 환경에 대한 각성을 불러일으켰다. 퀘이커 교도는 이런 관심을 동물보호운동과 효과적으로 연계시켰고 이는 다시 멸종 문제에 대한 관심으로 연차적으로 확장되었다.

보존 대상을 기준으로 하면 19세기 중반의 환경운동은 토지 보존에 대한 관심과 생물 멸종에 대한 관심이 양대 축을 이루었다. 이미 1820년대에 찰스 워터턴Charles Waterton 경이 요크셔의 웨이크필드Wakefield에 있는 자신의 농지에 펜스를 치고 야생조 보호구 및 자연보호구로 선포하면서 멸종 생물과 토지의 보존이 별개가 아니라는 인식이 형성되었다. 워터턴은 뛰어난 박제사였는데, 맨발로 브라질의 밀림 등을 여행하고 돌아온 뒤 동물이 잘 보호되기 위해서는 그 환경이 되는 토지 보존이 우선시되어야 한다는 사실을 깨닫고 자신의 토지를 자연보호구로 헌납한 것이었다. 1868년에는 영국조류 보호조례British Birds Protection Act가 반포되었다. 멸종 문제에 대한 관심은 19세기 말쯤 되면 곤충학자로 유명한 파브르Jean Fabre 등이 주축이 되어 숲 보존을 위한 이데올로기가 만들어지는 등 토지 보존 운동과 하나로 합해지면서 구체적 환경운동으로 모습을 드러내기 시작한다.

환경운동의 성패는 보호 대상에 따라 차이가 났는데 멸종생물 보호 운동은 상대적으로 더 성공적이었던 데 반해 토지보호 운동은 그렇지 못했다. 자본의 이익이 첨예하게 걸린 문제였기 때문에 환경을 앞세운 보호 운동은 번번이 패했다. 공장 건설, 철도 건설, 광산 개발, 주거지 개발 등을 위한 교외와 농촌 파괴는 점점 속도와 규모가 증가했지만 이것을 저지하는 보호운동은 지지부진했다. 특히 개인이 벌인 운동은 아무리 뛰어나고 명성이 큰 예술가라도 실패했는데 윌리엄 워즈워스가 대표적 예였다. 시기적으로 너무 이르기도 했지만 낭만적 감상에 기초한 보호운동은 자본의 힘 앞에 무기력하게 무너졌다. 그러나 그의 시도는 이후 19세기 말 환경운동이 낭만주의 정신을 이어받아 일정한 기반을 닦는 데 선구적 모델이 되기도 했다. 내셔널 트러스트는 좋은 예이다.

한편 요아힘 라슈케Joachim Raschke는 환경운동의 개념을 정치적 패러다임으로 확장, 정의했는데 그 기준은 갈등의 종류 및 이에 대응하는 방식의 변화였다. 이 기준에 따라 환경운동의 통사를 크게 세 단계로 구별했다. 첫째, 권위 패러다임으로, 주로 고대 때 일어난 환경운동이었다. 이때에는 환경운동이 식량 폭동이나 세금 반란처럼 자원의 불공평한 분배에 대항하는 형식으로 나타났다. 이는 곧 권력의 향배를 좇는 움직임이었기 때문에 권위 패러다임으로 부를 수 있다. 이런 경향은 고대에만 있었던 것은 아니어서 프랑스대혁명 때에는 정치권력을 놓고 시민 세력과 전통 왕조 세력 사이에 충돌이 있었다. 이런 관점에서 보면 프랑스대혁명은 시민이 인권을 지키고 정치권력을 나누어 갖기 위해 벌인 환경운동이었다.

둘째, 분배 패러다임으로, 1848년 혁명 이후 나타난 계급투쟁이 대표적인 예이다. 생산 수단을 독점한 자본가 계층을 향해 노동자 계층이 자본의 분배를 촉구하고 적절한 노동환경을 주장한 패러다임이다. 갈등은 독점을 둘러싸고 벌어졌으며 이에 대응하는 방식은 혁명에 의한 계급투쟁이었다. 셋째, 라이프스타일 패러다임으로, 1960년대부터 나타난 새로운 사회운동이 대표적인 예이다. 삶의 질이나 소수자 권익 보호 같은 비물질적 이슈, 문화 권리, 개인의 존엄성 등이 핵심적 관심사가 되어 이것을 지키려는 환경운동이다. 확장하면 좁은 의미의 환경운동도 여기에 속할 수 있다. 갈등 요인은 공공 권위의 횡포이고(전통의 잔재이든 산업사회 이후 새롭게 등장한 자본과 산업의 횡포이든) 대응 방식은 개인들이 연합한 사회운동이었다.

생태학의 등장

생태학ecology도 이런 보존주의의 한 형식으로 탄생했다. 생태학은 최근 들어 그 범위가 크게 확장되어 정확한 정의를 내리기가 쉽지 않지만 사전적 정의를 기준으로 하면, "한 유기체나 유기체 집단이 서로서로에 대해서 혹은 환경에 대해서 갖는 관계를 연구하는 학문"이 된다. 생태학의 기본 개념이 언제 잡혔는지는 명확하지 않다. 이미 19세기 전반부에 알렉산더 폰 훔볼트Alexander von Humboldt나 그리제바흐August Grisebach 같은 식물 지리학자들은 식물 종의 번식과 멸종이 상호경쟁과 호혜, 환경의 영향 등이 어우러진 복잡한 유기적 현상이라는 점을 밝혔다. 하지만 이들은 아직 생태학이라는 구체적인 학문 명칭을 만들어내지는 않은 것으로 보인다. 이들의 연구는 다윈의 진화론과 맬서스Thomas Robert Malthus의 인구론과 영향을 주고받으며 진행되었다. 다윈의 진화론과는 자연선택과 생존을 위한 종의 경쟁이라는 개념을, 맬서스와는 개체 수라는 인구학적 요소가 끼치는 영향을 각각 주고받았다.

생태학이라는 구체적인 단어를 학문의 이름으로 사용하고 그 정확한 개념을 정의한 사람은 에르네스트 헤켈Ernest Hackel이라는 것이 정설로 되어 있다. 발표 연도는 1865년이라는 설과 1866년이라는 설의 두 가지가 있는데 1866년에 출간한 『일반 생물형태학Generelle Morphologie』이라는 책에서 이 단어를 사용한 것만은 분명하다. 이 저서에서 "oekologie"라는 학문 명칭을 제시하면서 "동물과 유기적 비유기적 환경 사이의 관계에 대해서 연구하는 학문"이라고 정의했다. 그러나 ecology라는 단어는 같은 시기 혹은 몇 년 이른 시기에 이미 최소한 일곱 명의 다른 생물학 연구자들이 사용하고 있었다. 예를 들어 헨리 데이비드 소로Henry David Thoreau가 1858년에 ecology라는 단어를 사용했다는 기록이 있으며 이외에도 식물학과 생물학의 초창기 연구자들도 식물 지리학이라는 단어와 함께 생태학이라는 단어도 함께 사용하고 있었다.

이들은 주로 기후와 토양이 식물 종에 끼치는 영향을 연구했는데 이 과정에서 생물학을 생태학과 동의어로 인식하고 있었다. 이처럼 19세기에는 생태학이 주로 식물학, 동물학, 생물학 등 몇몇 자연과학의 주도로 진행되었다. 환경과의 관계도 연구하기는 했지만 주요 관심사는 생명체가 서로 맺는 상호의존적 관계나 생명연계web of life 등 주로 생명 개체 자체에 모아졌다. 20세기 중반을 넘기면서 19세기의 동물 생태학 전통은 점차 확장되었다. 미생물학의 발전으로 생명 개체의 대상이 다양해졌으며 관심도 생명 개체에서 환경과의 관계로 옮겨갔다. 이후 다시 인간 사회나 회사 조직 등 모든 종류의 군집으로 연구 대상을 넓혀가는 중이다.

ecology는 '가족 세대' 혹은 '삶의 터전'을 뜻하는 그리스어 oikos오이코스에서 유래했다. 19세기 후반부에 동식물학자들이 이를 '유기체가 환경 속에서 살아가는 방식을 연구' 하는 학문의 이름으로 차용했다. 배경은 진화론으로 대표되는 자연과학의 발달과, 산업혁명 이후 본격화되던 환경운동의 두 갈래였다. 환경운동을 하되 보존운동 같은 사회운동이 아니라 동식물의 생명 유기체를 연구하는 과학의 한 갈래이다. 단, 순수한 과학 연구만 하는 것이 아니라 이런 과학적 근거를 바탕으로 환경 보존을 주장한다.

생태학은 형성되면서 곧 개체생태학과 군집생태학으로 분화했다. 개체생태학은 유기 개체가 환경과 상호교류하며 생존하는 방식을 연구하며, 군집생태학은 특정 환경 단위 내에서 유기체 사이의 관계를 연구한다. 처음에는 유기 개체 단독에 관심이 더 컸지만 유기체는 단독으로 환경과 관계를 맺는 것이 아니라 다른 개체와의 관계 속에서 환경과도 관계를 맺는다는 것이 밝혀지면서 군집생태학이 생태학의 주류가 되었다. 이런 연구 결과에서 관계라는 개념에 치중하면 사회학적 관계로까지 확대, 적용될 수 있으며 이 과정에서 인간생태학도 탄생했다.

생태학은 이후 환경 보존이 필요한지 아닌지에 대한 논쟁을 거치는 과정에서 그 타당성에 대한 과학적 근거를 제시하는 중요한 역할을 했으며 환경 보존이 당연한 사실로 굳어진 다음에는 다양한 분야로 확대 적용되어 인간 사회의 여러 분야가 잘 돌아가도록 하는 데 큰 도움을 주었다. 그러나 이런 순기능만 계속 발휘한 것은 아니어서 여러 이데올로기를 공고히 하는 데에도 간여한 측면이 있다. 대표적인 예가 19세기 말 제국주의 체제 아래에서 삐뚤어진 민족주의와 결부되면서 우생학을 인종 차별로 몰고 가는 배경이 된 점이다.

우생학은 비록 악용될 위험성이 많기는 하지만 그 자체로는 중립적

과학으로 볼 수 있다. 1883년 영국의 프랜시스 골턴Francis Golton이 다윈의 종의 진화 개념을 바탕으로 인류를 유전학적으로 개량하면 우수한 인구의 증가를 꾀하고 열악한 인구를 감소시킬 수 있다는 주장을 하며 창시한 학문이다. 처음에는 그런 개량의 방법을 유전학적으로 연구하는 순수과학이었으며 멘델의 유전법칙도 여기에 뿌리를 둔다. 그러나 당시 유럽은 제국주의의 광기가 휩쓸고 있어서 이런 개념은 곧바로 배타적 민족주의의 차별적 도구가 되었다. 기독교 사회주의에서 내건 자연 개념에서 보았듯이 19세기 자연의 최대 화두는 이데올로기로서의 자연이었기 때문에 부정적 의미의 이데올로기에 악용될 소지도 다분한 것이 사실이었다. 이데올로기로서의 자연의 또다른 이면이었다.

생태학과 생태주의의 문제

이것을 이어받아 악용한 것이 히틀러였다. 히틀러Adolf Hitler는 유태인이나 유색인종에 대해서만 인종주의를 부린 것이 아니라 같은 백인종 사이에서도 영국이나 프랑스 등에 비해 게르만족이 우월하다는 믿음을 가지고 있었다. 이런 믿음을 공고히 하는 수단으로 히틀러가 채택한 전략은 의외로 농업 이상이었다. 대외적으로는 영국과 프랑스가 중심이 되어 이끌어 온 계몽주의와 산업혁명의 이성 중심주의를 하찮은 것으로 폄하하면서 그 대안을 제시한 것이었다. 독일 내부적으로는 게르만족이 우수하다는 증거를 땅의 힘에서 찾아 제시하기 위해서였다. 이를 위해 '피와 토양Blut und Boden' 이라는 유명한 선전 문구를 만들어 활용했다. 게르만족의 우수성을 낳은 배경을 독일의 토양에서 만들어지고 자란 혈통으로 보는 이데올로기였다. 토양이란, 토지로서의 고향이라는 개념인데, 혈통은 이런 자연적 힘에서 나온다고 보았다. 이 이데올로기를 만들어내는 데 생태학이 중요한 배경 역할을 했다. 유기체의 생명 작용은 환경과의 상호작용의 산물이라는 생태학의 기본 원리가 우생학과 결부되면서 '피와 토양'의 이데올로기를 뒷받침하는 과학적 토대가 되었다. 게르만족의 우수성에 대한 근거로 '환경의 힘'을 들고 나온 것이다.

독일은 유럽에서도 숲이 특히 많은 나라인데, 태곳적부터 만들어진 이런 장대한 숲과 그 사이를 흐르는 유구한 강이 바로 게르만족이라는 생명 유기체의 우수성을 창조해낸 환경이라는 주장이다. 게르만족은 이런 우수한 환경이 제공하는 땅 위에서 수천 년 동안 농사를 지어 종족을 번성시켜왔다. 그런 땅이 간직한 우성인자를 고스란히 지켜 대를 이어 유전시켰으며 이것이 쌓여 대를 거듭할수록 생물학적으로 더욱 우수해져갔다. 이런 주장은 바로 우생학의 기본 개념을 차별적 민족주의에 적용한 것인데 그 근거를 땅이라는 환경 요인에서 찾은 것이다.

이것을 과학적으로 뒷받침한 것이 환경의 역할을 강조한 생태학이었다. 땅은 곧 자연이고 자연은 성스러운 것이며 게르만족의 우수성은 이런 성스러운 자연이 준 것이기에 의심할 여지없이 확실하고 감히 도전할 상대가 없게 된다. 생태학이 탄생한 초반부터 일부 학자들은 이것을 순수한 과학으로만 보지 않았다. 생태학은 다른 자연과학과 달리 처음부터 인문사회학적 요소를 많이 담고 있었기 때문에 정치적으로 이용될 소지가 많았다. 독일의 제국주의가 대표적인 예였다. 이들은 생태학에서 생태학적 정신성을 찾아내어 독일 민족주의에 적용했고 히틀러가 이것을 이어받은 것이었다. 이데올로기로서의 자연이었다.

이런 구체적인 정치적 이데올로기와 별도로 19세기 후반으로 오면서 생태학 자체가 하나의 독립적 이데올로기가 되어가는 현상도 일부 관찰된다. 주로 물질적 이익을 지키려 환경운동을 공격하는 개발론자들이 생태학도 별 수 없이 하나의 이데올로기로 교조화되었다고 주장하는 논리이기는 하지만, 환경운동 내부나 순수학자들 사이에서도 현대 생태학이 또 하나의 우상을 강요하는 숭배 이데올로기 쪽으로 변질되어가고 있다고 걱정하기도 한다. 특히 20세기 중반을 넘기면서 생태운동도 자본과 결탁해서 또다른 자본의 논리로 변질되어가고 있으며 이 과정에서 환경 관련 데이터를 교묘하게 조작하거나 비과학적으로 해석하는 일이 잦아진다. '환경'과 '보존'이라는 단어를 전가의 보도처럼 휘두르며 대중 여론을 호도하기도 하고 이 과정에서 보편적 도덕률을 잃고 특정 지역이나 계층의 이익을 위해 봉사하는 님비NIMBY 같은 편협한 이기주의로 변질되기도 한다. 현대 생태학과 환경운동의 큰 흐름은 여전히 초심을 잃지 않고 지구가 치유 불가능하게 오염되는 마지노선에서 지구를 아슬아슬하게 지키는 마지막 보루 역할을 충실히 수행하고 있지만 일부 변질된 경우는 또다른 이데올로기에 함몰되어 부정적 의미의 '생태주의ecologism'로 교조화되고 있다. 아무 물건이나 초록색으로 만들어놓고 '그린'이라는 단어만 붙이면 더 잘 팔리는 현상은 실생활에서 벌어지는 변질된 생태주의의 좋은 예이다.

이런 현상은 생태학의 창시자 헤켈이 일원론적 만유신교자였다는 사실과도 연관이 있다. 종교적으로는 무신론자였지만 생태학과 관련해서 자연에 대해 가지고 있던 학문적 시각은 일원론적 만유신교였다. 물질과 분리된 영적 존재는 없으며 따라서 초자연적 현상도 없다는 믿음을 기초로 하며 이를 근거로 자연 자체를 영적으로 신성한 것으로 보는 종교 시각이다. 이런 시각은 자연스럽게 자연을 숭배의 대상으로 몰고 간다. 스피노자의 예에서 보았듯이 일원론적 만유신교는 기독교의 신 개념을 상당 부분 대체할 수 있는데 특히 자연을 향한 경외심이 지나칠 경우 그럴 가능성이 더 높아지게 된다. 여기에 자연을 감성적 감상 대상으로 보는 낭만주의 시각이 더해질 경우 대체 가능성이 더욱 높아지는데 실제로 생태학은 19세기 독일 낭만주의에서 중요한 영향을 받았다. 이 사실은 생태학이 하필 독일에서 창출된 이유에 대한 설명이 되기도 하려니와 '피와 토양'이라는 구호가 독일의 낭만적 민족주의에 뿌리를 둔다는 사실과도 연관성을 갖는다.

실제로 헤켈은 자연을 모든 형태에서 성스럽다고 봤다. 자연과 인간을 하나로 본 것까지는 자연을 보호하고 생태학을 탄생시키는 데 유익한 도움이 되었겠지만 자연을 성스러운 숭배의 대상으로 보는 시각은 이데올로기로서의 자연 개념과 합해지면서 새로운 종교 형태가 되는 현상이 일어났다. 문제의 핵심은 환경 보호나 자연 보호의 이유를 오로지 인간이 살아남기 위한 이기적 목적으로만 보는 데 있다. 전도된 형태의 또다른 인간중심주의에 가까우며 '성스러운 예술작품으로서의 자연'의 본뜻에서 벗어난 변질 현상으로 볼 수 있다. 환경과 자연을 보호하려는 목적은 우주나 자연의 질서를 원래 하나님이 창조한 상태로 되돌린 다음 그런 큰 틀 속에서 인간의 존재 목적과 의미를 경건한 마음으로 새롭게 정의하는 것이 되어야 한다. 그러나 현대 환경운동은 오로지 인간이 조금이라도 해를 덜 입게 하려는 이기적 집단주의일 뿐이다. 자연은 여전히 인간의 이익을 위한 수단이나 도구 이상의 의미를 갖지 못한다. 현대 생태학에서는 자연을 성스러운 숭배 대상으로 보지만 결국은 자연과 인간이 같이 작동하는 것이어서 자연이 망가지면 인간도 망가지기 때문에 자연을 보존하고 숭배해야 된다는 논리이다. 한마디로 자연을 보호하려는 이유와 목적이 인간이 좀 더 편해지기 위해서일 뿐인 것이다.

자연을 하나님의 성스러운 예술작품으로 보는 시각은 이미 중세 교회 때 형성된 것이지만 이때에는 하나님이라는 절대 창조주의 우산이 있었기에 자연 자체를 숭배의 대상으로 보지는 않았다. 하나님을 경배하는 중간 경로의 의미가 더 컸다. 더 거슬러 올라가면 원시 정령주의 종교도 자연을 성스러운 숭배의 대상으로 본 점에서는 현대 생태학의 종교화 현상과 공통점을 갖지만 차이점도 있다. 원시 정령주의는 당시 사회에서 문화를 이끌어가는 창조적 영역을 담당한 데 반해 현대 생태학의 종교화 현상은 '안티' 운동의 틀을 못 벗어나고 있다는 점이다. 애나 브램웰Anna Bramwell은 현대 생태학이 교조화되어가는 생태주의를 경계하는 대표적인 학자인데 그의 『20세기 생태학Ecology in the 20th Century』(1989)이라는 저서는 이런 분석을 대표하는 예이다.

6장

19세기 농촌 미학과 농촌으로서의 자연

생산과 소비 양 방향을 상징하는 건축기법이 고안되었다. 소비를 촉진하는 각종 화려한 장식 어휘들이 실내를 치장했다. 천장은 유리로 덮어 밝은 빛을 실내에 끌어들였다. 소비자본주의가 밝고 건강한 경제체제라는 확신을 심어주기 위해서였고 궁극적으로는 이런 분위기가 소비 욕구를 자극하기 때문이었다. 생산을 상징하는 방식은 표준화, 부품화된 부재들을 다량 접합하는 수정궁의 공법이 계속 쓰였다.

공장에서 부품들을 만들어내는 공정의 흔적을 가리지 않고 노출시켜 표현함으로써 자본주의식 대량생산의 자랑스러운 승리를 찬양할 수 있다고 믿었다. 이제 건물은 자연을 숭배하고 하나님을 찬양하는 상징체에서 기계문명을 숭배하고 물질주의를 찬양하는 상징체로 바뀌었다.

1

여섯 번째 위기
근대적 대도시의 출현

자본의 집약처, 근대적 대도시

산업혁명이 확산되어 19세기의 보편적 문명을 이끌어가게 되면서 서구
열강의 경쟁은 산업화로 집중되었다. 누가 빨리 더 광범위하게 산업화를
이루느냐가 관건이었다. 공학기술의 발전을 독려하면서 기계문명 시대
의 막이 올랐다. 산업은 대량생산 체제를 갖추고 공산품을 쏟아내기 시작
했다. 이 모든 것을 뒷받침하는 것이 자본이었기에 자본주의도 자본을 집
약적으로 모아 최고의 효율로 운용하는 무한경쟁의 시대로 접어들었다.
이 모든 것을 한 군데로 모아 가능하게 해준 것이 근대적 대도시였다. 공
장을 한 군데 모은 공단이 들어서고 노동자들도 공단 옆에 모여 살았으며
자본주의를 운영하는 기업들이 속속 모여들어 도심에 고층 건물을 짓고
집단으로 군집했다. 기술 집약, 산업 집약, 노동 집약, 자본 집약. 집약 또
집약이었고 이 모든 것은 부의 생산과 축적을 최대로 끌어올리기 위해서
였다. 효율만이 유일한 미덕이 되었다. 근대적 대도시는 집약 편집증이
광적으로 진행된 중심지였다. 모든 것은 대도시로 몰려 집약되었다. 일자

리도 대도시에서 나왔고 생산도 대도시에서 일어났으며 소비도 마찬가지였다. 이런 행위들의 열매인 자본은 대도시에 차곡차곡 집약되어갔다.

근대적 대도시가 등장하면서 자본주의도 바뀌었다. 19세기 중반을 넘기면서 초기 자본주의 시대가 끝나고 독점 자본주의가 시작되었다. 반세기 동안의 준비 기간을 거친 뒤 기계문명은 본격적인 대량생산 시대에 돌입했다. 자본주의를 운영하는 주체는 지역에 기반을 둔 소규모 가족기업에서 전국, 나아가 해외까지 상대하는 대기업 형태로 바뀌어갔다. 이런 현상은 사회 일반적인 측면과 건축적 측면 모두에서 유사한 방식으로 나타났다. 사회적으로 보았을 때 상품 생산과 소비가 늘면서 대량생산이 자본주의를 지탱하는 중심 방식으로 자리 잡기 시작했다. 이를 소비하기 위해 인구는 폭발적으로 증가하기 시작했고 이렇게 증가한 인구는 다시 생산 노동력으로 투입되었다. 생산에 필요한 원자재를 확보하고 소비시장을 확대하기 위해 제국주의의 식민지 침탈도 더욱 심해져갔다.

자본주의에 국한해보면 1870년 제2 산업혁명 이후 효율만이 유일한 최고 덕목으로 남았다. 산업이 확대, 집중되면서 기계와 공장의 스케일이 가속도로 커져갔다. 전통 기술은 완전히 사라지고 자본주의도 완전히 독점자본주의로 굳어졌다. 산업 스케일이 커짐에 따라 버려지는 폐기물의 양도 비례해서 늘기 때문에 효율의 중요성을 더욱 컸다. 공장을 짓는 일이 대형 투자가 되면서 들어간 돈을 뽑으려는 강박관념도 커져갔다. 생산량을 결정하는 데에도 투자한 돈 이상의 이윤을 뽑는 일만이 유일한 기준이 되었다. 이를 기준으로 손실 예측, 소비 예측, 소비 기대 등 기술 외적인 요인이 전체 생산량을 먼저 결정하면 그에 따라 개인의 하루 업무량이 할당되는 식이었다.

이런 변화는 산업자본주의의 두 축인 생산과 소비 사이의 관계라는 관점에서 보면 중요한 전환을 의미한다. 이전 초기 자본주의 시대와 비교했을 때 물량 확장주의가 도래했음을 알리는 변화였다. 이전에는 사업주와 노동자의 사정에 따라 하루 임금이 먼저 정해지고 그에 따라 생산량이 정해졌고 이것이 소비량까지 결정하는 식이었다. 노동자가 상식적, 관습적 범위 내에서 하루 생산하는 양이 곧 그대로 예측 생산량이 되었고 이것이 상당 부분 소비까지 결정했다. 사회 붕괴를 가져올 정도로 최저선까지 내려가지 않는 한 소비자들은 적당한 인내심과 절약정신을 유지하며 생산량에 맞춰 살았다.

제2 산업혁명 이후 상황은 완전히 바뀌었다. 대기업이 등장하면서 예측 생산량은 폭발적으로 커졌다. 노동자들의 노동량도 그에 비례해서 증가했지만 임금은 이에 훨씬 못 미쳤다. 사회적으로 보면 대폭 증가한 생산량이 소비를 부추기는, 즉 대량생산이 소비를 이끌어가는 시대로 바뀌었다. 이제 경제를 유지하기 위해서는 항상 일정량 이상의 소비가 필수사항이 되었다. 19세기 후반에 경제공황을 겪으면서 항상 일정량 이상의 생산량을 유지해야 경제가 유지된다는 것이 증명되었고 이를 위해서는 그만큼의 소비가 필수적이 되었다. 사람들은 쓰지 않아도 되는 물건을 써야만 경제가 유지되는 시대에 살게 되었다. 물질만이 사회의 가치를 결정하는 유일한 미덕과 기준이 되면서 신의 반열에 올랐다. 이른바 '물신'이었다. 중세 때 기독교와 하나님이 모든 가치 결정의 유일한 기준이던 자리를 물신이 차지하게 되었다.

이에 대응하는 건축 현상이 19세기 건축을 이끌어가는 한 축을 차지했다. 철물을 이용한 대량생산 방식이 최신 공법으로 등장하면서 신건축운동을 탄생시켰다. 수정궁Crystal Palace이 좋은 예이다. 공장에서 대량생산된 수십만 개의 부품을 현장에서 조립만 해서 지은 완전 유리 건물로 이미 완성된 수준의 표준화, 부품화 현상이 나타나고 있다. 수정궁은 1850년 런던 대박람회의 주 전시장이었다. 19세기의 만국박람회는 흔히 자본주의의 물신 숭배를 자극한 주범으로 거론되었는데 바로 그 최초의 만국박람회 주 전시장이 공교롭게도 건축에서 표준화와 부품화의 완성을 알리는 장이 되어버린 것이다. 이외에도 수많은 건물이 공장에서 부품 개념으로 대량생산된 부재들의 조합으로 지어졌다. 심지어 역사적인 양식으로 지어지는 건물도 뼈대는 대부분 철물로 짓고 표피만 돌로 마감하는 공법이 보편적이 되었다. 이런 현상은 이제 철물이라는 신건축 방식이 전통 공법보다 더 경제적이 되었음을 의미하는 것이다.

이 시기에는 여러 상업 건물도 새로 등장했다. 이전에 없던 새로운 유형들로 소비를 촉진해서 대량생산 시스템을 지탱해줌과 동시에 산업자본주의가 상업자본주의로 발전하는 데 중요한 역할을 하는 건물들이었다. 대표적인 예가 '갤러리'라는 유형으로 19세기 초부터 유럽의 대도시에 모습을 드러내기 시작했으며 중반경부터 전성을 누렸다. 19세기 후반에는 단층의 갤러리로 부족해서 이것을 수직으로 집적한 소비 공간 형식인 백화점이 등장했다. 이런 상업건물들은 생산과 소비라는 자본주의 작동방식의 가장 직접적인 산물이었다.

생산과 소비 양 방향을 상징하는 건축기법이 고안되었다. 생산만을 상징하던 수정궁과는 차원이 달라진 것이다. 소비를 촉진하는 각종 화려한 장식 어휘들이 실내를 치장했다. 천장은 유리로 덮어 밝은 빛을 실내에 끌어들였다. 소비자본주의가 밝고 건강한 경제체제라는 확신을 심어주기 위해서였고 궁극적으로는 이런 분위기가 소비 욕구를 자극하기 때문이었다. 생산을 상징하는 방식은 표준, 부품화된 부재들을 다량 접합하는 수정궁의 공법이 계속 쓰였다. 공장에서 부품들을 만들어내는 공정의 흔적을 가리지 않고 노출시켜 표현함으로써 자본주의식 대량생산의 자랑스러운 승리를 찬양할 수 있다고 믿었다. 이제 건물은 자연을 숭배하고 하나님을 찬양하는 상징체에서 기계문명을 숭배하고 물질주의를 찬양하는 상징체로 바뀌었다.

이른바 기계 미학이라는 것이 탄생했다. 기계 미학은 자연미학을 빠르게 대체해갔다. 마치 19세기 대도시가 농촌을 삼키고 원생림을 파괴해가던 현상에 해당되는 건축적 현상이었다. 산업혁명 이전에도 대도시라는 것은 있었다. 그때에는 대도시 안에 짓는 건물에도 자연을 향한 최소한의 고민이 담겨 있었다. 재료가 자연 재료였기 때문에 축조 방식은 자연의 섭리에 따를 수밖에 없었으며 최종 건물에서는 자연의 흔적이 어떤 식으로든지 남아서 표현되었다. 물질적 상황이 이렇기 때문에 표현하는 미학도 자연 조건에 맞출 수밖에 없었다. 비례, 유기성, 인상학, 물성, 기독교적 신비주의 등 산업혁명 이전의 미학에는 기본적으로 자연을 향한 고민이 바탕에 깔려 있었다. 이것이 산업혁명을 거치면서 공장에서의 대량생산과 현장에서의 상업소비를 상징하는 쪽으로 바뀐 것이다.

물신 숭배와 생태 위기

더 큰 문제는 자본주의 체제가 기본 속성상 생산과 소비 모두에서 적절한 한계선을 지키지 못한 데 있다. 자본주의가 유지되기 위해서는 항상 필요한 재화 이상의 생산이 필요했고 이것은 소비를 필요 이상으로 부추기는 결과로 나타났다. 경제는 늘 성장해야 국가와 사회가 붕괴되지 않고 유지되었는데 효율적 경제 운용도 중요했지만 가장 좋은 성장 방법은 인구를 늘리는 일이었다. 이를 위해 공급해야 할 원자재의 양도 비례적으로 증가했다. 지구의 물리적 한계가 유한하다는 인식을 하기에는 너무나 물신에 사로잡혀 있었다. 인구는 늘리기만 하면 수용될 수 있는 것으로 믿었고 매장된 자원의 양도 무궁무진해서 빼서 쓰기만 하면 되는 줄로 믿었다.

사회 경제 체제의 모든 관심과 노력은 물품 생산에 집중되었다. 물신 숭배 현상이 사회 전체를 지배하게 되었고 이런 현상은 건물에 고스란히 반영되었다. 백화점 같은 상업 건물이 좋은 예이다. 이런 건물들은 자본주의의 건강성과 풍요로움을 압축적으로 과시하는 것이 절실한 목적이었다. 건물의 이미지가 곧 자본주의의 이미지로 받아들여졌기 때문이다. 이를 위해서 늘 최신 재료로 지어졌고 창이 넓었으며 가능한 한 더 많은 부재를 사용하지 못해서 안달이었다. 건물 속에서 더 많은 물건을 소비하지 못해서 안달인 것과 같았다. 표준화된 공정이 그대로 드러난 최신 이미지와 밝은 빛으로 가득 찬 실내는 소비를 촉진하며 자본주의를 키워갔다. 건물 전체가 동일화와 부품화라는 자본주의 물신 숭배의 장이 되어버렸다.

물신 숭배가 19세기 서구 사회를 지배해가는 과정은 기계문명이 일상생활 속에 파고드는 과정과 궤를 같이한다. 이 단계에 오면 산업혁명 초기에 나타난 전조적 징후들이 고착화되는 상태에 이른다. 자원 소비, 자연 파괴, 환경오염, 도시 빈민, 계층 갈등 등과 같은 위험 상황이 본격적으로 드러나며 구체적인 문제점들을 낳기 시작하는 단계이다. 이런 현상은 기계문명이 경제적 경쟁력을 가지면서 일반인들의 생활 속에 자리 잡기 시작하는 현상과 동의어가 된다. 산업혁명 초기에는 기계문명을 둘러싼 문제가 기술 발전을 받아들일 것인가 말 것인가 같은 역사 진행 과정에서의 진보 논쟁 정도에 그쳤다. 기계 생산 방식이 아직은 재래 생산 방식보다 덜 경제적이었기 때문에 일상생활에서의 변화는 그리 크지 않았다. 시대를 앞서가고 싶어 하는 일부 계층에서 실험적으로 사용하는 정도였다. 기계문명은 미래적 가능성과 같은 추상적 가치를 상징하는 선에서 그 의미가 결정되었다.

19세기 중반을 넘겨 독점 자본주의가 등장하고 물신 숭배가 사회를 지배하게 되면서 기계문명은 사람들 손에 경제적 이득이라는 확실한 열매를 쥐어주었다. 사람들이 자본주의에 빨려 들어간다는 것은 기계문명에 운명을 맡기는 것과 동의어가 되었다. 관건은 기계문명을 받아들일 것인가가 아니라 누가 기계문명을 가장 자본주의답게 운용할 것인가의 문제로 바뀌었다. 관건은 부의 축적이라는 경제적 이득이었다. 기계문명은 자본주의와 맞물리면서 부품화와 동일화를 부추겼고 동일화는 필연적으로 표준화로 귀결되었다. 대량생산이 가장 기계문명다운 운용 방식이라는 잘못된 믿음이 퍼져나가 신앙처럼 자리 잡았다. 그 이면에는 가장 많은 재화를 손에 쥐어야 한다는 물욕이 버티고 있었다. 결국 산업화와 자본화, 생산과 소비, 산업과 상업, 기계문명과 자본주의 등이 짝을 이루면서 모두 하나로 합쳐지는 초대형 편집증적 현상이 온 사회를 휩쓸었다. 물신 숭배였다.

물신 숭배가 드러나는 과정은 초기 자본주의가 독점 자본주의로 기형 성장하는 과정과 궤를 같이 한다. 초기 자본주의에서는 기계문명이 소자본 가내 공업 형태로 운용되었다. 수공업 체제에서 벗어나 기계공업을 받아들였지만 이것을 운용하는 방식은 전통적 방식에서 크게 벗어나지 않았다. 19세기 중반 이후의 독점 자본주의와 비교했을 때 일정한 교양을 갖춘 개인들에 의해서 자본주의가 운용되었다는 중요한 차이점을 갖는다. 이들은 자기 개인의 얼굴과 이름을 내걸고 일정한 한계를 지키면서 소비를 예측하고 물건을 만들어냈다. 아직 전문화된 가업의 전통이 지켜지는 경우도 많았으며 소량생산의 한계가 지켜지면서 기술은 통제될 수 있었다. 기계문명이 갖는 폭발적 가능성과 그 위험성이 함께 거론되기는 했지만 실험적 수준에 머물렀다. 자연은 아직 기계문명의 횡포에 의해 대단위로 찢겨나가지 않고 지켜졌다.

초기 자본주의는 19세기 중반을 넘기면서 제국주의의 등장과 함께 독점자본주의로 통합되었다. 개인의 얼굴은 없어지고 거대 조직만이 남으면서 익명성의 횡포가 시작되었다. 생산 한계를 지키던 책임감은 없어지고 많이 생산해서 많이 파는 기업만이 살아남는 무한경쟁에 돌입했다. 이 단계에 오면 자본주의는 욕심 많은 본성을 드러내며 있는 자가 더 가지게 되고 큰 것이 작은 것을 병합하는 원리에 의해 운영된다. 더 큰 문제는 자본주의가 이런 탐욕적 속성을 감추고 건강하고 건전한 경제체제인 것처럼 위장되어 드러난다는 점이다. 자본주의에 따라 사회는 새로운 계급 구조로 재편되는데 정치적 권력에 기반을 두던 기존의 지배계층과 달리 자본을 등에 업은 새로운 지배계층은 자신들의 이익을 지키기 위해 자본주의의 정체를 감추기 시작한다.

이 과정에서 인구의 다수를 차지하는 중산 대중이 자본주의 체제로 빠르게 흡수되었다. 물량의 논리가 지배하게 되면서 중산 대중은 더 많은 부를 생산하기 위한 부품과 단자로 전락한다. 개인의 인격과 특질은 무시되고 사람의 머릿수만이 재화로 환산된다. 물신 숭배가 팽배하면서 사회는 투명성을 읽고 본격적인 빈부격차가 발생한다. 고독, 소외, 현기증과 같은 실존적 고민이 큰 그림자를 드리우기 시작한다. 이럴 때 사람의 정신을 치유해줘야 하는 자연은 이미 물신 숭배를 돕는 원자재로 함께 전락해버려서 위안의 기능을 상실했다. 기독교도 마찬가지여서 산업자본주의에 흡수되면서 하나님의 자리를 물신이 대체해버렸다.

물신 숭배는 종합적 생태 위기를 불러왔다. 산업혁명 초기 때 단편적 현상으로 나타난 자연 파괴는 생태 위기라는 문명 전체 차원의 집단적 현상으로 확장되었다. 자연의 본질과 작동 원리를 둘러싸고 사상적, 종교적, 과학적 논쟁을 하던 전통시대는 순진한 과거가 되었다. 사상가, 성직자, 과학자의 소수 지식인들 사이에서 자연의 상징적 의미와 세계관을 놓고 벌이던 지적 논쟁 또한 순진한 과거가 되었다. 이제 사회 전체, 전 인구가 자연을 재화 획득을 위한 원자재로 보게 되었다. 누가 먼저, 얼마나 대단위로 개발하고 채굴해서 사용하느냐의 경쟁만이 남았다.

자연의 자리를 차지한 근대적 대도시

이처럼 19세기 후반부에 지구적 스케일로 갑작스레 도래한 생태 위기는 독점자본주의의 직접적 부산물로 이해될 수 있다. 이 과정에서 자연은 도시와 대별되는 반대적 개념으로 정의되었다. 대도시라는 뜻의 메트로폴리스가 처음 등장한 것은 마케도니아 왕국 때이며 이후 로마와 고딕도 메트로폴리스가 이끈 문명이었다. 그러나 이때의 메트로폴리스는 자연과 대별되는 반대적 개념이 아니었다. 규모 차원에서 농촌과 구별이 되긴 했지만 농촌과 메트로폴리스는 인구 분포, 자원 분배, 경제 협력, 종교체계 등 여러 차원에서 보완 또는 협력 관계에 있었다. 연장선상에서 이때의 메트로폴리스는 자연을 대립적으로 보지 않았다. 대도시에 젖줄을 대주고 대도시를 에워 감싸는 '어머니의 땅'으로 여겼다. 그 기능도 대도시의 정신적 황폐화를 막아주는 방패막이나 휴식처 같은 것이었다.

19세기 후반부의 근대적 대도시로 오면서 이런 인식이 깨졌다. 대도시는 몸집을 키우고 물질 확보를 위해 농촌을 희생시켰다. 대도시가 커가고 늘어갈수록 농촌은 줄어들고 황폐화되어갔다. 자연에 대해서도 마찬가지였다. 자연은 대도시를 낳고 확장해서 키우기 위한 원자재로 여겨졌다. 도시를 키울 수만 있고 그런 대도시를 많이 만들어낼 수만 있으면 자연은 얼마든지 희생되어도 괜찮았다. 대도시를 에워싼 자연은 도시가 팽창하고 커가는 데 걸림돌로 인식되어 제거해야 할 대상이 되었다.

대도시와 자연은 자꾸 적대 관계에 놓이게 되었다. 대도시는 자연의 개입 없이 인간의 힘만으로 세워지는 완전 인공물로 정의되었다. 이를 위해 자연은 없어져 버려야만 할 대상이 되었다. 자연의 쓰임새란, 대도시를 짓는 데 필요한 원자재를 제공해주기만 하면 되는 것이었다. 가장 좋은 자연은 이런 원자재를 충분히 공급해주고 사라져버려서 대도시가 팽창하는 데 걸림돌로 거슬리지 않는 것이었다. 자연을 인간의 재화로 환산해서 통째로 대도시로 바꾸려는 거대한 음모가 물신 숭배의 그늘 아래 최소한의 죄책감도 없이 자행되었다. 이 모든 것은 부의 물신 숭배라는 새로운 종교 체제 아래에서 합리화되었고 미덕으로 장려되었다.

근대적 대도시는 극단적인 인공 조영물로 채워졌다. 철골 사용량이 폭발적으로 증가하게 된 것도 유럽의 대도시들이 급하게 팽창하던 기간이었다. 철골은 더 이상 공장 짓는 데에만 국한되지 않고 오피스 빌딩, 박물관, 도서관, 전시장, 지하철, 다리, 법원, 시청사 등 도시를 구성하는 각종 건물과 토목 인프라에 대거 투입되었다. 근대적 대도시는 철골로 물리적 골격이 새롭게 짜이기 시작했다. 철골의 뒤를 이어 철근 콘크리트가 특허를 얻으면서 이런 현상은 더욱 심해졌다.

파리의 오스망Haussmann 재개발 같은 대도시화가 유럽 강대국들 사이에 경쟁적으로 진행되었다. 우리가 지금 알고 있는 유럽 대도시들의 근대적 도시 골격은 거의 이 시기에 짜인 것들이었다. 인류는 이것을 자연으로부터의 독립으로 보았다. 가이아를 탄생시키고 성서의 인간중심주의를 거치며 2000년 이상 끌어온 자연과의 지루한 경쟁은 인류의 위대한 승리로 끝나는 것 같아 보였다. 처음으로 자연으로부터 독립했다고 생각한 인류는 자연에 승리한 것 같은 도취 상태에 빠졌다. 이런 도취는 도시화에 박차를 가하는 결과를 낳았다.

생태 위기를 거치면서 원래 자연의 일환으로 자연 속에서 만들어졌던 도시가 자연과 대치되는 개념으로 변질되었다. 일부 지식인들과 예술가들이 도시를 떠나 자연 속에서 칩거하며 작품 활동을 하는 도시 탈출이 나타난 것도 이때였다. '탈출'이라는 단어가 들어간 데에서 알 수 있듯이 도시는 스스로를 외딴 섬처럼 고립시켰고 이곳을 벗어나는 것은 '탈출'이 되었다. 도시와 자연이 연속성을 유지했다면 나올 수 없는 개념이었다. 일차적 생태가 자연이라면 이차적 생태는 자연 속에 군집해서 살아가는 인간 사회이다. 도시도 그런 인간 사회가 좀 큰 스케일로 집약된 군집 형태일 뿐이다. 일차적 생태가 파괴되고 붕괴되면 이차적 생태는 필연적으로 따라서 그렇게 될 수밖에 없다. 사회란, 자연 없이는 생겨날 수도 없고 상상할 수도 없기 때문이다.

자연 정복과 모태 분리

자연에서 가장 완벽하게 분리 독립된 것처럼 보이는 인간 사회가 사실은 자연에 가장 철저하게 종속되어 있다. 대도시는 인간만의 힘으로 독립적, 물리적 환경을 만들어낸 것 같은 착각에 빠지면서 너무도 자주 자연을 잊지만 이것은 그만큼 현대 대도시를 휩쓰는 문명병의 원인이 되고 있을 뿐이다. 자연 없이 대도시는 단 일 초도 지속될 수 없다. 문명이 발전할수록 그저 표면적으로만 자연으로부터 독립한 것으로 보일 뿐이다. 그럴수록 자연을 향한 더 큰 의지가 동반되어야만 인간은 건강한 문명을 유지할 수 있다.

이런 의미에서 자본주의에 따른 생태 위기를 진단한 테오도르 아도르노의 분석은 매우 함축적이며 교훈적이다. 그는 인류 역사 전체를 지배의 과정으로 보았는데 그 한가운데에 인간의 자연 지배가 자리하고 있다. 인류의 역사와 문명은 인간의 자기 보존과 함께 시작되었다. 자기 보존은 자연 지배로 이어졌고 자연 지배는 사회적 지배와 교차되며 진행되었다. 그러나 이 단계에서 자연 지배는 아직 본격화되지 않은 원시적 바람의 상태에 머물렀다. 초기 근대가 시작되고 기계문명이 등장하면서 사회적 지배가 심화되었고 이에 따라 인간의 자연 지배도 본격화되었다.

자연 지배는 두 단계로 진행되었다. 첫 번째 단계는 내적 자연의 지배이다. 내적 자연이란, 인간 자신이다. 이것은 다시 육체나 생물학적 조건 같은 일차적 조건과, 정신이나 감성 같은 이차적 조건으로 나뉜다. 내적 자연의 지배란, 인간이 자연에서 분리되는 현상을 의미한다. 이러한 자기 자신으로서의 내적 자연의 지배를 통해 인간은 자아로서의 세계 중심에 서게 되었다. 이를테면 칸트나 헤겔이 주장한 절대 주체의 개념이 형성된 것이다. 이것은 앞에서 말한 산업혁명 및 계몽주의와 함께 시작된 19세기 초반부의 제1 생태 위기를 낳았다. 절대 주체로서의 자아가 성립된 이후 두 번째 단계인 외적 자연의 지배가 시작되었다. 외적 자연이란, 우리가 흔히 자연이라고 말하는 산, 물, 나무, 공기, 자원 등을 말하는 것이다. 외적 자연의 지배가 시작되면서 본격적인 생태 위기, 즉 제2 생태 위기가 시작되었다.

내적, 외적 자연의 지배라는 두 겹의 자연 지배는 사회적 지배의 총체화로 나타났고 이것은 곧 기계 문명에서의 물화物化 현상으로 고착화되었다. 물화란, 인간 존재의 모든 의미가 물건이나 상품의 가치로 환산되는 물신 숭배와 동의어이다. 인간과 자연은 내적 자연과 외적 자연의 쌍 개념 구도로 이루어진 데에서 알 수 있듯이 외적 자연의 지배와 파괴는 필연적으로 내적 자연의 지배와 파괴, 즉 인간 스스로 자신을 옭아매서 파괴하는 현상으로 나타난다. 인간과 자연이 하나임을 알지 못한 우둔함의 결과였다. 인간과 자연을 성스러운 정신으로 하나로 연결해준 창조주의 섭리를 잊게 한 물욕의 부추김이었다. 인간은 재화 몇 푼을 손에 넣기 위해 본래 하나였던 자연과 자신을 분리한 다음, 자연을 물질 축적을 위한 원자재로 전락시켰다. 인간과 자연은 하나였기 때문에 자연을 원자재로 전락시키면 인간도 똑같이 되었다. 자연을 지배하고 파괴해서 물질을 쌓아갈수록 인간성도 비례해서 황폐해지고 심각한 후유증에 시달리게 되는 이유가 바로 여기에 있다. 스스로를 원자재로 전락시켰기 때문에 창조주가 불어넣어 준 성령과 성스러운 정신은 날아가버리고 물질 덩어리로서의 몸뚱어리만 남기 때문이다. 정신과 영혼이 박탈당한 육체가 어떤 괴로움에 시달릴지는 자명한 일이었다.

모태 분리였다. 어머니와 한 몸이던 아기가 세상에 나오면서 첫 번째 모태 분리를 겪고 청소년기로 성장하면서 두 번째 모태 분리를 겪는다. 자연이 인간과 하나라는 것은 아기가 어머니와 한 몸이라는 것과 유사하다. 그래서 자연은 인간에게 모태이다. 스스로를 자연에서 분리시키며 정신과 영혼을 지워버린 인류는 결국 모태에서 분리될 때 느끼는 것과 똑같은 정신적 불안과 방황, 즉 '분리 불안'을 겪게 된다. 재화 몇 푼을 손에 넣기 위해 자행한 일치고는 너무 큰 대가였다. 정신이 황폐해져도 돌아갈 모태가 없는 영적 방황 상태에 접어들게 되었다.

인간들은 자신의 가치를 물건 몇 개를 살 수 있는 얼마어치라는 물화로 환산하여 셈하게 되면서 끝없이 물신의 지배에 얽매이게 된다. 자발적으로 물신을 숭배하면서 물신의 지배를 받게 된 것이다. 물신 지배의 보편적 확산 과정에 대한 배경으로 아도르노는 동일성의 원리를 든다. 동일성이란, 물화로 환산되는 양적 기준이 인간의 정신적, 존재적 가치까지 결정해버리는 거시적 상황일 수도 있고 혹은 대량생산되는 동일한 물건이 인간의 조형 환경과 일상생활을 지배하게 된 미시적 상황일 수도 있다. 동일성은 필연적으로 대량생산을 위한 표준화와 부품화를 낳았다. 자연의 생성 원리를 동일한 반복으로 해석한 제1 생태 위기에서의 자연관이 이제 인간 세계를 구성하는 가장 대표적이고 절대적인 생산 방식으로 자리 잡게 되었다. 제2 생태 위기였다.

2

여섯 번째 자연
농촌으로서의 자연

도시사회학과 자연 사회학

19세기 후반부에 등장한 근대적 대도시의 고립 현상에 대한 치유 노력은 이후 크게 두 방향으로 나타났다. 근대적 대도시의 문제는 20세기를 거쳐 현재까지도 이어지는 상황이기 때문에 과거에 국한된 문제가 아니라 현재진행형의 문제이다. 그에 대한 대응도 19세기와 현재를 잇는 연속적 노력으로 파악해야 한다. 하나는 대도시 내에서 해결책을 모색하는 방향이다. 근대적 대도시는 이미 너무 큰 현실이 되어 되돌릴 수 없는 상황이라는 전제 아래 근대적 대도시를 하나의 독립적 사회 단위로 보고 그 안에서 자연과의 화해를 모색하는 방향이다. 현실적이지만 그만큼 소극적인 화해 방향이다. 다른 하나는 대도시 밖에서 대안을 찾는 방향으로 농촌 미학과 교외 이상을 대표적 예로 들 수 있다. 근대적 대도시는 자연과 완전히 분리되었기 때문에 그 속에서 자연과 화해하는 것이 불가능하다는 판단 아래 자연다움이 가급적 많이 남아 있는 대상을 찾아 나선 시도이다.

첫 번째 방향은 주로 사회학에서 바라보는 시각이다. 사회학은 인간과 사회 사이의 다양한 관계를 연구하는 학문이기 때문에 연구 대상이 인간 사회에 한정되며 따라서 자연은 중요한 연구 주제가 아니다. 인간 사회가 자연과 분리된 하나의 독립된 세계라는 큰 전제 아래에서 움직이게 되는데, 실제로 사회학 자체가 19세기에 근대적 대도시의 등장과 비슷한 시기에 성립된 비교적 신생 학문이다. 대도시의 사회상황 연구는 사회학이 탄생하는 데 중요한 배경이 되었다.

이런 배경 아래 근대적 대도시의 여러 상황을 분석하는 도시사회학이라는 학문이 탄생했다. 대도시가 자연과 분리된 인간 사회의 전형적 예이기 때문에 도시사회학에서는 자연에 대한 인식 없이 근대적 대도시를 독립적 환경으로 보고 연구하는 내용이 큰 흐름을 이루었다. 대도시와 자연이 돌이킬 수 없을 정도로 분리되었다고 보는 '대분리Great Divide' 개념을 받아들여서 자연을 제외한 대도시 상황만을 연구 대상으로 삼는 것이다. '대분리'는 단순히 대도시의 물리적 골격에서만 나타난 것이 아니고 도시인의 심리적 상태에서도 동일하게 관찰된다. 대도시에서는 문화와 문명이라는 가치 아래 자연에서 분리된 인공 활동이 문화와 문명의 수준을 담보해준다는 전제가 성립된다. 모태가 사라진 인공 환경 속에서 사람들은 폐쇄적 자기 세계를 만들고 그 속에 안주한다. 대도시에는 수많은 사람들이 모여 살지만 그 구성원들은 자기 세계에 함몰되어 스스로를 주변과 분리한다.

사회학이 이처럼 처음 등장하면서부터 대분리 문제에 소극적으로 대처하는 사이 오히려 일반인들 사이에서 적극적인 대처가 먼저 일어났다. 대도시 밖에서 새로운 삶의 조건을 찾으려는 농촌 미학과 교외 이상이 대표적인 예이며 이런 움직임은 지역주의, 토속운동, 바이오 리얼리즘 등의 다양한 운동으로 이어졌고 1960년대 이후에는 인류학, 장소성 이론,

환경심리학, 환경예술 등의 다양한 학문 연구와 예술운동이 가세했다. 이런 현상을 보면서 사회학에서도 대도시 밖의 상황에 대해서 관심을 가지기 시작했고 자연 사회학이라고 부를 만한 하나의 흐름이 형성되었다.

자연 사회학이 하나의 독립 분야로 나타난 것은 비교적 최근인 1995년경이다. 사회학도 환경문제에 관심을 보여야 된다는 주장이 지속적으로 제기되어왔으며 로버트 머피Robert Murphy가 이런 주장을 하나로 집약시키는 역할을 했다. 사회학에서 환경문제를 바라보는 시각은 두 가지로 요약할 수 있다. 하나는 평형 개념으로, 자연과 도시 사이의 동등성을 전제로 자연을 복원하는 길을 모색한다. 다른 하나는 사회 구축주의social constructivism 혹은 사회 구성주의social constructionism로, 대도시를 옹호하면서 전형적인 기술 중심 이론을 전개한다. 사회학에서는 전면전인 자연 옹호주의는 나타나지 않는데 이는 인간 사회를 연구 대상으로 하는 사회학의 기본 성격 때문으로 볼 수 있다.

평형 개념은 자연을 사회학의 연구 대상으로 끌어들이되 자연과 사회를 여전히 다른 환경 조건으로 보면서 서로 다른 이 두 체계가 어떻게 평형을 이룰지에 대해서 연구하는 경향이다. 이상적 방향은 기술적 해결책을 과학이 제공하고 사회학이 사회적 인식의 변화를 이끄는 투 트랙 구도이다. 기계문명이 낳은 환경문제는 기술에 의해 물리적 측면이 해결될 수 있으며 동시에 자연과 함께 살아가기 위해서 사람들의 인식도 변해야 하는데 이 부분을 사회학이 이끌어야 한다고 주장한다.

대도시를 버릴 수 있는 사람은 극소수밖에 안 되기 때문에 평형 개념은 대도시의 조건을 인정하는 선에서 해결책을 찾는 현실적이지만 소극적인 대처법이다. 대부분의 현대 학문이 생태 문제를 바라보는 공통 시각이기도 하다. 극단적 원시주의로 돌아가지 않는 한 사람들의 관심을 인간의 영역에서 자연의 영역으로 완전히 옮기는 것은 불가능하기 때문에 둘 사이의 평형 관계를 찾는다는 전제 아래 자연을 하나의 삶의 조건으로 복원시키려는 시각이다. 근대적 대도시의 출현 이후 자연은 삶의 조건으로서의 위치를 완전히 잃어버렸는데 대도시를 놔두는 상태에서 그 옆에 자연이라는 또다른 삶의 조건을 복원하자는 것이다.

사회 구축주의 혹은 사회 구성주의는 상위 집단이 하위문화를 형성하며 이 과정에서 하위문화는 일정한 공통 인공물과 사회 의미를 공유하게 된다고 보는 이론이다. 여기에서 인간의 역할에 특히 큰 가중치를 둬서 결과물로서의 인공물과 이것에 대한 인간의 지식 등을 주요 연구 대상으로 삼는다. 자연과 환경에 대해서도 일정한 관심을 보이는데 인간의 매개에 중점을 두기 때문에 인간의 자연 개입을 정당화하는 주장을 편다.

이들은 자연 및 그 생성 동인이 다른 여러 이질적 동인들과의 관계에 따라 형성된다고 본다. 이때 가장 큰 이질적 동인은 인공 매개이며 실제로 인류의 역사를 봐도 자연은 인간이 정의하는 바에 따라 그 성격과 의미가 결정되어왔다. 인간 사회가 자연에 대한 상위 집단이며 자연은 하위문화이기 때문에 자연 속에는 항상 인공 요소가 공통적으로 형성된다. 도너 해러웨이Donna Haraway, 브뤼노 라투르Bruno Latour, 존 로John Law 등이 대표적 인물인데, 이 이론은 대도시의 존재근거에 타당성을 제공하는 점에서 반환경적 이론으로 볼 수 있다.

더 확장하면 사회 내에서 과학과 기술의 역할에 중점을 두는 시각이다. '테크노 컬처'나 '사회기술적'이라는 용어를 만들어 사용하면서 사회변화와 발전을 유발하고 이끄는 이질적 동인을 과학과 기술로 본다. 과학과 기술은 사회보다 상위 집단이기 때문에 하위문화인 사회에는 과학과 기술의 특질이 공통적 인공 요소로 형성된다. 이들은 환경문제 자체는 인정하지만 환경문제도 그런 공통적 인공 요소 가운데 하나라고 본다. 단, 그 성격이 부정적이기 때문에 해결해야 할 대상으로 보며 그 해답은 새로운 과학기술의 개발에 있다고 본다. 총체로서의 자연을 복원하는 것은 무의미하며, 새로운 기술을 이용해서 개별 환경문제를 과학적으로 접근해서 해결하면 된다고 주장한다.

자연과 인간의 균형을 맞추는 비판적 실재론

위의 두 방향 가운데 첫 번째는 비판적 실재론critical realism과 맞닿아 있다. 사물의 특성과 본질에 대해 지성 작용은 정확한 답을 줄 수 있지만 감각 작용은 그렇지 못하다는 전제 아래 주관주의의 위험을 경계, 비판하며 객관주의에 의한 실재적 실체를 정의하려는 학문이다. 사회 현상에 대해 가능한 한 객관적이고 정확한 분석 모델을 세우려 시도하며 이를 위해 부분적으로 과학적 방법론을 도입한다. 사회와 자연과의 관계에 대해서는 서로의 존재를 독립적으로 보장하면서 자연의 복원을 주장하는 도시사회학의 평형 개념과 같은 보조를 취한다.

비판적 실재론에서는 이런 시각을 '평형' 대신 '교환'이라는 개념으로 정의한다. 피터 디킨스Peter Dickens 등이 이런 시각을 대표하며 머피의 평형 개념과 짝을 이룬다. 비판적 실재론의 시각에서 자연으로의 완전 회귀는 불가능한 감상주의에 불과할 수 있다. 부정확하고 비현실적이며 따라서 실현 불가능한 선언일 뿐이다. 역사적 사실이 이를 뒷받침한다. 인류 역사가 시작된 이래 산업혁명 이전까지 도시와 자연은 서로에 대해 상호교환의 위치를 유지해왔다. 문제는 둘의 격차, 즉 자연의 원시다움과 도시의 인공다움 사이의 격차의 정도이다. 산업혁명 이전까지 둘의 격차는 심하지 않았기 때문에 둘은 교환이 가능한 관계를 유지해왔다. 기독교의 인간중심주의나 과학혁명의 시계이론처럼 이론이 둘을 가르는 와중에서도 현실로서의 도시와 자연은 완전히 분리되지 않은 채 최소한의 공존의 가능성을 유지해왔다.

산업혁명을 거치면서 도시가 자연을 흡수하면서 둘은 분리되고 대치하게 되었다. 둘은 양자택일의 관계에 접어들었다. 근대적 대도시를 세우고 유지하려면 근접한 자연을 완전히 소멸시켜야 함은 물론이고 필요한 원자재를 대기 위해서는 원거리의 자연까지도 죽여야 했다. 생활의 측면에서도 마찬가지여서 도시에서의 삶을 선택하면 자연은 포기해야 했다. 자연을 기준으로 하면 반대 방향의 극단을 전제해야 한다. 자연을 살리기 위해서는 도시의 유지와 발전은 전면 중단되어야 한다. 비판적 실재론은 이런 양극단의 가정을 비판하며 둘의 교환가능성을 '비판적 실재'로 제시한다.

교환가능성은 곧 변증법적 통합을 의미한다. 근대적 대도시의 폐해가 심각해지면서 많은 사람들이 그 대안으로 자연의 복원, 심지어 자연으로의 회귀까지도 주장하는데 이 문제는 결국 도시와 자연이라는 두 사회 단위의 통합 문제로 귀결된다. 이때, 도시와 자연 모두 독립적인 생성 동인을 가지고 있기 때문에 둘을 통합하는 이상적인 모델은 변증법의 '정-반-합'이 된다. 비판적 실재론은 사회 단위를 구성하는 생성 동인에 대해 이것들이 서로 영향을 끼치며 상대방에 간여한다고 보기보다는 처음부터 주어진다고 보며 이런 독립성은 비교적 오래 유지되면서 그 사회 단위의 특질을 지속시킨다고 본다. 도시와 자연은 가장 스케일이 큰 사회 단위인데, 둘이 분리와 대립을 풀고 평형과 교환의 관계로 되돌아가는 방법은 변증법적 통합이 될 수밖에 없다.

비판적 실재론은 사회 발전을 다윈의 진화론에 결부시켜서 사회 발전에 대한 과학적이고 객관적 모델을 제시하려 한다. 사회 단위의 생성 동인은 각자 고유의 과학적 구성과 작동 원리에 따라 발현되고 전개된다. 그 특질이 과학적이기 때문에 이것의 분석 역시 과학적 방법론이어야 하는데 다윈의 진화론은 좋은 모델이 될 수 있다. 사회 단위의 '생성-작동-발전'은 각 단위의 초기 존재상태가 환경 조건에 최적으로 적용한 결과이기 때문이다. 도시도 예외는 아니다. 도시를 구성하는 각종 인프라 시설을 각 세포 단위에 대응시킬 수 있으며 이것들은 도시를 구성하는 시민들의 삶이라는 환경 조건이 요구하는 바에 맞춰 끊임없이 적응하며 진화한다. 자연은 특히 더 그렇다. 자연은 자신에 적합한 구성 요소와 형상을 가지며 이것들이 종합적으로 어우러져 자연의 본질과 고유성을 형성한다. 자연의 각 개체는 그 하나하나를 작은 자연으로 볼 수 있는데 이것들은 다윈의 진화론에 따라 발전하면서 자신만의 본질과 고유성을 획득하며 이것이 그 개체에게는 곧 최적의 생존 조건이 되는 것이다.

도시와 자연의 생성 동인은 너무 다르며 서로 독립적이다. 또한 근대적 대도시의 출현 이후 둘은 분리되면서 대립적 위치에 섰다. 분리와 대립을 유발한 가장 직접적이고 큰 책임은 자연의 본질과 고유성을 파괴하고 훼손해 둘 사이의 불균형을 초래한 인간에 있다. 따라서 그 해결책은 둘 사이의 균형적 관계를 복원하는 데 있다. 자연을 복원한다기보다는 자연과 도시 사이의 균형적 관계를 복원하는 것이다. 이것이 도시사회학과 비판적 실재론에서 생각하는 '복원'의 의미이다. '치유'도 여기에 포함된다. 도시와의 관계를 떼어내고 자연 자체에만 집중하는 생태학에서의 복원 개념과 중요한 차이점이다. 인간의 생활과 세계관, 인간이 이 세계에 남기는 발자국은 이렇게 복원된 원래 자연의 본질과 고유성을 모델로 삼아 거울 대칭으로 이루어져야 한다. 이것이 사회학에서 정의하는 '지속가능성'의 의미이다.

생태학에서는 '지속가능성'을 '외부에서 자원을 추가로 공급하지 않아도 혼자서 생리적 순환을 할 수 있는 작동 방식'으로 정의하며 초점을 그런 작동 방식의 구체적 내용에 둔다. 이를 위해 생리적 순환이 가장 효율적으로 일어날 수 있는 과학 모델을 찾는 일이 관건이다. 사회학에서는 '지속가능성'을 도시와 자연 사이의 변증법적 관계 속에서 정의하며 자연을 이상적 모델로 제시한다. 이는 곧 자연과 인간 사이의 변증법적 관계와 동의어이다. 최종 관건은 결국 인간이 자연을 변증법적 시각으로 바라보아야 한다는 것이다. 자연은 침범받지 않고 존중되고 보존되어야 할 고유한 본질이 있다. 자연이 인간을 지켜주고 보호해주듯이 인간도 비록 도시를 건설해서 살아가되 자연의 이러한 본질을 지켜야 한다.

비판적 실재론에서는 자연과 인간을 분리 가능한 것으로 본다. 이런 점에서는 생태학적 순도가 떨어질 수 있다. 그러나 그만큼 현실적일 수도 있다. 이때 '분리'란, 양자택일의 대립이 아니라 각자의 고유한 본질을 독립적으로 지키는 변증법적 동등성을 전제로 한다. 근대적 대도시의 문제는 이것을 깨고 도시와 자연을 상쇄의 대립 관계로 몰고 간 데에 있다. 따라서 자연의 복원은 단순히 산과 강과 나무와 물을 복원하는 것이 아니라 도시와 인간 사이의 삐뚤어진 분리가능성을 본래의 동등한 관계로 되돌리는 데 있다.

이는 기독교의 전통적 두 자연관인 '인간중심주의'와 '성스러운 예술작품'을 변증법적으로 통합하는 시각일 수 있다. 인간중심주의는 인간과 자연을 분리적 존재로 봄과 동시에 인간 우위론을 제공한다. 따라서 인간이 자연을 마음대로 주무를 수 있는 근거를 마련해준다. 산업혁명과 근대적 대도시 등은 모두 이런 인간중심주의에 기계문명이 올라타서 나타난 결과이다. 이와 반대로 '성스러운 예술작품' 개념은 인간과 자연의 분리 가능성에 대해서 경고한다. 생태학에 적용했을 때 보존론의 순도를 보장해줄 수는 있으나 인류 문명의 진행 과정과 거리가 있는 이상론일 수 있다. 비판적 실재론에서 제시하는 '분리' 개념은 이 둘의 변증법적 통합으로 해석할 수 있다. 인간과 자연을 분리가능한 것으로 보되 자연에 대해 최소한의 경건함을 지킴으로써 상호 동등한 균형을 이룬다는 것이다.

이런 입장은 자연회귀론이나 기술해결론 같은 양 극단의 해결책 모두와 차이가 있다. 자연회귀론은 현실 가능성이 없는 부정확한 감상론으로 보인다. 과학과 새로운 친환경 기술만이 진단과 처방을 줄 수 있다고 믿는 기술해결론은 그 반대편에 서는 또 하나의 부정확한 극단론일 뿐이다. 근대적 대도시의 문제점을 낳은 주범이 기술 맹신인데 거기에 매달려서 기술의 내용만 바꾼다고 나아질 것은 없다. 이런 이유로 비판적 실재론은 직접 자연 보존에 뛰어들기보다는 사회정의, 보건, 윤리학, 분배, 마르크스주의, 자본주의 등 도시와 자연, 인간과 자연을 둘러싼 각종 사회적 법제에 관심을 두는 우회 전략을 택한다.

3
농촌예술운동

농촌 미학과 녹색 언어

근대적 대도시의 등장에 좀 더 과격하게 반응한 경향으로 농촌 미학을 바탕으로 한 예술운동을 들 수 있다. 교외 이상도 같은 범위에 넣을 수 있다. 대도시에 염증을 느끼고 대도시를 탈출해서 자연에 좀 더 가까이 가려는 운동이었다. 대도시를 부정하는 정도에 따라, 즉 대도시에서 탈출하는 거리에 따라 차이가 있다. 농촌 미학은 가능한 한 대도시를 완전히 벗어나서 자연에 완전히 안기려는 운동이었던 데 반해 교외 이상은 대도시와 농촌 사이의 중간 지점에서 둘 사이의 가교 역할을 모색한 운동이었다.

농촌 미학의 뿌리는 18세기 낭만주의에서 일어난 원생림에 대한 찬양운동까지 올라갈 수 있다. 계몽주의 프로젝트가 진행되던 18세기부터 이미 원생림에 대한 찬양운동이 본격적으로 발진하기 시작했다. 이런 운동들의 정신적 출발점으로서 루소와 자크 앙리 베르나르댕 드 생피에르 Jacques-Henry Bernardin de St. Pierre를 들 수 있다. 두 사람 모두 계몽주의 프로젝트 및 그 지향점에 대해서 병적이라 할 만큼 혐오스러워했고 그 대안으로 극단적인 낭만주의 사상을 전파했다. 낭만주의라고 하지만 단순히 감상적 감성운동이 아니었고 땅을 향한 지독한 찬양과 흠모가 바탕을 이루었다.

루소도 과격한 회귀주의자였지만 루소보다 25세 어린 베르나르댕은 더 극단적이었다. 식물학자이면서 소설가였는데 낭만주의를 자연적 도덕률의 관점에서 해석했고 식물학을 그 증거로 삼았다. 육식동물의 생존 법칙을 가장 비도덕적 자연세계로 비판했는데 하물며 인간의 계몽주의는 더 말할 것도 없는 것이었다. 그는 계몽주의 이상이 식민지 경험에서 유래했다고 보면서 모리셔스 섬island of Mauritius을 증거로 제시했다. 이곳은 아프리카 동남쪽 해안과 인도양 서남쪽 사이에 있는 섬인데, 17세기에 네덜란드가 점령했다가 곧 버린 것을 프랑스가 점령해서 18세기 동안 식민지로 운용했다.

이 섬을 유일한 서식지로 한 도도새는 프랑스인이 들어오면서 80여 년 만에 잡아먹혀서 멸종되었다. 하지만 프랑스 계몽주의자들은 이것을 자연에 대한 인간의 승리로 받아들였으며 이것을 식민지 경영에서 오는 우월감에 결부시켰다. 이는 곧 인간의 힘에 의해 인간이 개조되고 계몽될 수 있다는 계몽주의식 믿음으로 발전했다. 인종 사이에 우열이 있듯이 같은 인종 내에서도 우열이 있으며 우월한 사람이 교육과 학문 연구를 통해 열등한 사람을 교화하고 이끌면 문명은 더욱 더 발전할 수 있다는 믿음이었다. 루소와 베르나르댕은 이런 잘못된 계몽주의 정신은 자연의 섭리에 어긋난다고 본 것이다. 단순히 자연 파괴를 넘어서서 기본 정신부터 어긋난다고 보면서 오로지 자연 회귀만이 그 폐해에서 구제될 수 있는 유일한 길이라고 주장했다.

두 사람의 주장은 본격적인 예술운동으로 발전했다. 크게 보면 19세기 낭만주의로 분류할 수 있으나 18세기 낭만주의보다 세부 사조가 다양하게 분화했으며 그 경향도 과격하고 이상적인 자연 회귀 성격을 띠었다. 서양 문명의 오랜 역사에서 자연에 대한 감성적이고 격정적인 여러 사조 운동이 급하게 충돌하며 집약된 황금기였다. 배경 사상과 주제도 무거워 졌다. 터너나 존 컨스터블John Constable의 얌전한 풍경화는 사라지고 자연을 낀 급진적이고 열정적인 주장이 그 자리를 메웠다.

　이러한 경향은 이미 베르나르댕의 문학에서 나타났는데, 레이먼드 윌리엄스Raymond Williams는 이것을 '녹색 언어green language'라는 신학 용어로 지칭했다. 이 말은 신화나 중세 문학, 신비주의 종교 등에서 사용하는 개 념이다. 신이 만든 완벽한 신비 언어로, 새가 사용하며 피조물이 처음 태 어나면 신과 소통하는 수단으로 사용된다고 믿어진다. 이런 뜻에서 '새 의 언어language of the birds', '성스러운 언어divine language', '아담의 언어adamic language', '천사의 언어angelic language' 등 여러 명칭으로 불린다. 이렇게 볼 때 베르나르댕의 문학은 본격적인 산업화 이전부터 이미 땅과 농촌에 가 해지는 위협에 대해 경건하면서도 감성적 대응을 한 것이다. 그는 특히 농업 자체가 산업화되는 것에 대해 크게 걱정하며 신화로 무장한 농촌 미 학을 통해 자연 회귀를 주장했다.

　이보다 한 세기 정도 후대 소설가로는 토머스 하디Thomas Hardy가 녹색 언어를 대표한다. 베르나르댕에서 보았듯이 이 시기 농촌 미학은 '도시 대 농촌'의 단순한 이분법 대립 구도를 넘어서 다른 요소를 포함시키며 확장되어가는데 하디 역시 마찬가지였다. 그는 당시 대도시 부르주아의 위선적 사회 인습과 성직자의 편협한 물질주의를 용감히 공격했는데, 그 에 대한 대안으로 남녀의 대담한 성교와 농촌 회귀를 제시했다. 농촌 회 귀를 성적 본능에 충실한 남녀 간의 육체적 사랑과 동의어로 생각한 것인 데 이것은 농촌을 모태의 땅으로 보았기 때문이었다. 모두 생명을 잉태하고 싶은 열정을 담는다는 점에서 둘을 같다고 본 것이다. 아울러 당시 대도시의 산업 자본을 운용하는 계층과 여기에 빌붙은 기독교는 이런 자연 모태의 생명력이 결여된 위선 집단으로 본 것이다. 『귀향The Return of the Native』(1878)이라는 소설은 그의 농촌 미학을 대표하는데 고향인 에식스Essex 지방을 무대로 삼아 자연과 인간 사이의 교감을 그렸으며 이것을 인간 의지에 대한 보편적 찬양으로 끌어올렸다.

풍경 미학과 호반시인

농촌 미학은 풍경 미학과 일정한 연계를 갖는다. 풍경 미학은 일차적으로는 18세기 낭만주의 회화에서 발아한 풍경화 운동이 대표적인 예이다. 19세기에는 이것을 포함하는 더 큰 범위의 문화예술 운동으로 발전한다. 크게 보면 1670년부터 1870년 사이에 유럽에서 크게 일어난 땅의 사용에 대한 관심이 중요한 배경이다. 정치, 경제, 산업적 목적이 강하지만 땅을 거친 낭만적 장소로 묘사하려는 예술적 관심도 중요한 동인이었다. 대상도 유럽의 자연에만 머물지 않아서 열대 식민지나 대양 도서 등으로 확장되었다. 자연의 개념 자체가 확장되어서 원생림에만 국한되지 않고 조경술, 정원술, 풍경술 등을 동원해서 낭만적 자연을 가꾸고 만들어내기도 했다. 프랑스, 영국, 이탈리아 등에서 인공적으로 간척한 풍경화가 유행했으며 일부는 중농주의 같은 농업경제 이론과 접목되기도 했다.

　19세기를 넘기면서 농촌 미학과 풍경 미학은 농촌 풍경 미학으로 합해지기도 한다. 말 그대로 '농촌+풍경=농촌 풍경'의 등식이었다. 프랑스와 영국의 대도시에서는 농촌 미학이 본격적으로 등장했다. 농부 모델과 농촌 풍경이 양대 주제였다. 둘은 당연히 함께 등장하기도 했다. 농부는 농촌 풍경을 이루는 중요한 요소인 동시에 거꾸로 보면 농촌 풍경은 농부가 하루 종일 시간을 보내는 일터이기 때문이다. 농촌 풍경 미학은 문학과 회화가 나란히 이끌어갔다. 문학에서는 바이런이나 워즈워스 같은 유명한 정식 낭만주의 작가가 이를 대표하며 이들 이외에도 자연주의로 분류될 수 있는 작가 가운데 농촌 풍경을 읊은 사람들이 많았다.

존 클레어John Clare가 좋은 예이다. 이 시인의 관심사는 두 가지였다. 하나는 울을 쳐서 사유화된 땅이 받은 상처 및 이것을 둘러싼 사회적 갈등이었으며 다른 하나는 그 치유 조건으로 바라본 한적한 시골 농촌의 일상생활이었다. 그에게 농촌 풍경은 도시에서 땅을 둘러싸고 벌어지는 추악한 탐욕과 싸움을 치유하는 어머니의 모태 같은 것이었다. 농촌에서 삶을 꾸려가는 순박한 농민의 애환 등을 주요 소재로 다루었으며 농촌 풍경을 그 배경 무대로 삼았다. 특히 지방 속어에 관심이 많아서 시어로 자주 사용했는데 지방 속어에는 땅에 천착하고 살아온 농부의 생명력이 가득 들어 있다고 보았다. 클레어의 농촌 풍경 미학의 핵심은 땅과 농부와 속어가 어우러져 뿜어내는 땅의 생명력이었다.

로버트 사우디Robert Southey도 또다른 좋은 예로, 사회의 관습적 권력 구도에 염증을 느낀 그는 프랑스대혁명을 열렬히 찬양하고 이베리아 반도나 남유럽 문학에 심취하는 등 변방의 존재에 애정을 쏟았다. 자연도 그 가운데 하나로, 그에게 자연은 계급화된 전통 권력과 반대편에 서는 평등 이상향과 동의어였다. 자연에서 풍경다운 낭만성보다는 사회적 낭만성을 찾은 것으로 볼 수 있는데, '권력평등단Pantisocracy'을 실제로 꾸려서 운영하기도 했다. '만민 동권 정체' 혹은 좀 더 일반적 의미로 이상적 평등사회라는 뜻인데, 대도시에서는 이것이 실현 불가능하다고 보고 미국의 서스쿼해나Susquehanna 호반을 이상적 부지로 잡았다. 구체적 건설 운동을 전개했으나 꿈을 이루지 못했다. 말년에는 잉글랜드 북서부의 호반 지방에 정착해서 집필에 전념했다.

이처럼 호반을 사랑한 데에서 알 수 있듯이 당시 영국에는 호반시인 Lake Poet이라고 불리는 그룹이 등장했다. 사우디 이외에 워즈워스와 새뮤얼 테일러 콜리지Samuel Taylor Coleridge 등이 대표적 시인이다. 사우디가 정착한 컴벌랜드와 웨스트모얼랜드(지금의 컴브리아) 지방에 유난히 호수가 많은 데 이곳이 이들의 작품 무대가 되었다. 스코틀랜드와 접경지대이기 때문에 호수만 아름다운 것이 아니라 산과 들과 초원도 아름다워서 농촌 풍경 미학을 전개하기에는 최적의 자연환경을 갖춘 곳이었다. 프랜시스 제프리Francis Jeffrey가 『에든버러 리뷰Edinburgh Review』에서 이들을 경멸하는 뜻으로 호반파라는 명칭을 붙이는 등 당시 보수적인 정통 문학평론 잡지의 비아냥거림을 들었지만 낭만주의 정신을 바탕으로 거친 땅에 담긴 낭만적 숭고미를 노래했다. 세 사람의 시풍은 각기 다르지만 호반과 산과 초원이 어우러진 자연의 아름다움을 땅의 정신으로 승화해 노래했다. 이들에게 농촌은 농부가 땅을 일구는 생산의 장소보다는 전원이었다. 이들은 전원생활에서 누릴 수 있는 자연과 인생의 교감을 아름다운 시로 노래하며 농촌을 찬양했다.

농촌을 찬양한 밀레와 블레이크

회화에서는 장 프랑수아 밀레Jean François Millet와 윌리엄 블레이크William Blake 가 대표적인 예이다. 블레이크는 18세기 말에서 19세기 초에 활동한 광적인 천재 예술가이다. 낭만주의, 신비주의, 악마주의 등을 결합한 자신만의 독특한 화풍을 개발했으며 그림과 판화 등 시각예술을 시와 결부시켜 표현력을 극대화했다. 그에게 농촌은 농부가 농사를 짓는 삶의 터전 같은 상식적 대상이 아니다. 이를 훌쩍 뛰어넘어 생명의 본성을 담고 창조의 근원이 벌어지던 원초적 모태로서의 전원에 가깝다.

「어두운 악마의 맷돌Dark Satanic Mills」이라는 시는 이런 그의 사상을 잘 보여준다. 이 시에서는 신의 성스러운 축복 아래 녹색 산야와 상쾌한 목초지를 선물 받은 영국의 전원이 "악마의 맷돌"에 의해 모두 망가지며 신음하는 현실을 개탄하고 있다. 축복받은 자신의 조국을 예루살렘이라 상징화하고 있는데 이런 예루살렘이 산업문명을 상징하는 악마의 맷돌 사이에 지어지고 있음을 고발한다. 자신은 여기에 맞서 위대하게 투쟁하여, 예루살렘을 반드시 '영국의 푸르고 기쁜 땅' 위에 다시 세우겠다는 의지를 불태운다.

블레이크는 이처럼 전원 회복을 기독교 정신의 부활과 동의어로 인식하면서 종교적 구원 성전으로 정의한다. 그의 그림도 같은 정신을 주장한다. 산업화와 물질주의에 빠져 타락해가는 사회에 대한 구원적 대안을 제시하고 있다. 구체적 방향에서는 밀레와 달리 신화나 꿈 같은 형이상학적이고 신학적 주제를 격정적 화풍으로 표현한다.^{그림 6-1} 물질에 타락하기 이전의 인간의 원초적 본성을 드러내려 하는데, 경외적 전원은 이런 본성과 동의어로 제시된다. 그에게 전원은 밀레와 마찬가지로 창조적 성스러움을 담고 있는 모태이지만 이것을 회복하는 전략에서는 밀레처럼 점잖고 경건하지만은 않다. 블레이크에 비하면 밀레는 너무 정적이다.

블레이크에게 전원은 온몸을 불타는 황금처럼 불사르고 성스러운 욕망을 한껏 고조시켜 지켜내야 할 대상이다.^{그림 6-2, 6-3} 그 열정으로 창을 높이 들어 푸른 목초 위에 구름을 다시 펼쳐놓아야 하는 의무에 활활 불타오른다. 그는 전원을 지키기 위해 칼을 빼들고 불길의 마차를 모는 투

6-1 윌리엄 블레이크William Blake, 〈생명의 소용돌이The Circle of the Lustful〉(1827)

사이다. 이런 점에서 블레이크는 '검은 낭만주의Black Romanticism'이다. 여기
에서 '검다'는 것은 부정적 의미의 암흑 같은 것이 아니라 태고의 신비를
간직해서 그 깊이를 알 수 없는 어두운 심원 같다는 뜻이다. 프랑스대혁
명 때 파괴적 격정을 창조 에너지와 동일시하며 구원적 낭만성을 부르짖
었던 그 낭만주의이다. 그에게 전원은 더 이상 편안하고 서정적인 풍경거
리가 아니다. 어둡고 신비로운 숭고미로 가득 찬 위대한 모태이다.

　　밀레는 농촌 풍경을 그린 대표적 화가이다. 사실주의로 분류되며 인
물화를 주로 그렸으나 〈이삭 줍는 사람들〉(1857)이나 〈만종〉(1857~1859)
같은 농촌풍경 몇 점 때문에 오히려 농촌 화가로 더 많이 알려져 있다. 농

The shrill winds wake!
Till all the sons of Urizen look out and envy Los:
Sieze all the spirits of life and bind
Their warbling joys to our loud strings
Bind all the nourishing sweets of earth
To give us bliss, that we may drink the sparkling wine of Los
And let us laugh at war,
Despising toil and care,
Because the days and nights of joy, in lucky hours renew.

Arise O Orc from thy deep den,
First born of Enitharmon rise!
And we will crown thy head with garlands of the ruddy vine;
For now thou art bound;
And I may see thee in the hour of bliss, my eldest born.

The horrent Demon rose, surrounded with red stars of fire,
Whirling about in furious circles round the immortal fiend.

Then Enitharmon down descended into his red light
And thus her voice rose to her children, the distant heavens reply

6-2 윌리엄 블레이크, 『유럽 예언Europe a Prophecy』(1794)의 삽화

6-3 윌리엄 블레이크, 『예루살렘, 거인 앨비언(영국의 옛 이름)의 분출Jerusalem, The Emanation of The Giant Albion』(1804)

촌을 배경으로 농부의 삶을 기교 없는 진솔하고 정중한 화풍으로 그린 이런 그림들은 자연주의로 분류된다. 자신의 주 전공이 아닌 그림이 더 유명해진 것은 그만큼 당시 사회 상황에서 도덕적 자연주의가 던지는 화두가 무거운 것이었기 때문이다. 당시 급격한 도시화로 인구가 줄고 전통적 경제주체의 자리를 상실한 농촌의 패배적 분위기에 희망을 주기 위한 시도였다.

경력 초반에는 초상화에 집중하다가 1848년 혁명을 겪으면서 파리를 탈출해서 사회, 정치 문제에 눈을 뜨기 시작했다. 이후 자신의 고향이자 성장 배경이던 농촌에서 혁명 이상을 서정적 자연주의로 승화할 수 있는 가능성을 발견하고 농촌 풍경을 그렸다. 산업화된 물질주의가 판치는 19세기 중반에 여기에 반대하며 그 대안을 중세적 경건함이 깃든 농부들의 진솔하고 성실한 삶에서 찾으려 했다.

그는 노르망디의 농부 집안에서 태어나 농사짓는 환경 속에서 어린 시절을 보낸 뒤 고향을 주요 배경으로 삼은 농촌 풍경을 그렸다. 이후 바르비종파에 합류했다. 자연주의 가운데 바르비종(파리에서 50킬로미터쯤 떨어진 퐁텐블로 숲 근방의 작은 마을)의 농촌 풍경을 그린 화가만 모아서 바르비종파라 부르는데 그 일원이 된 것이다. 그의 그림에서 농부들은 힘든 농사일에 다소 지쳐 보이고 복장은 남루하며 삶은 빈한해 보이지만 종교적 확신에 차 있으며 경건함을 잃지 않는 힘 있는 모습으로 그려진다.^{그림 6-4} 농촌이 사회 기반을 이루며 온 세상의 삶을 책임지던 농업시대 때 농부의 전통적 품격을 유지하고 있다. 이런 사회성 강한 주제를 잔 기교 없이 전통에 충실한 안정된 화풍으로 그려내고 있다. 특히 자연광 아래 나타난 모습을 솔직하게 그린 사실주의 화풍은 농촌 미학의 의미를 배가시켜준다.^{그림 6-5}

6-4 장 프랑수아 밀레Jean François Millet, 〈밤의 새 잡기Hunting Birds at Night〉(1874) (위)
6-5 장 프랑수아 밀레, 〈봄Spring〉(1873) (아래)

1840년경이 되면 농촌 미학은 예술가들 중심의 소수 운동에서 예술을 뛰어넘는 사회적 관심사가 된다. 영국의 내무장관과 총리를 지내며 토리당을 이끌었던 정치가 로버트 필 경Sir Robert Peel이 거친 전원 풍경을 그린 그림을 모아서 그것이 주는 위안과 즐거움에 대해서 코멘트를 붙이는 작업을 한 것이 좋은 예이다. 필은 보수적 정치인으로서 정치 이외에도 당시 영국 사회를 이끄는 다양한 운동 전반에 관심이 많았다. '정치 스승으로서의 예술'이라는 영국 전통을 몸소 실천하는 일환으로 당시 사회에 불던 풍경화 운동을 정치에 접목하려는 시도를 했다. 한편 이런 운동들은 대부분 감상적 예술운동의 측면이 강했다. 실제 자연보존 운동이 실패하고 대도시의 확장이 걷잡을 수 없는 현실이 되면서 패배감이 팽배해지자 이에 대한 보상심리로 나타난 극단적 감상주의 같은 것에 가까웠다.

개인적 열정과 농촌 미학

19세기 농촌 미학은 이처럼 다양한 예술운동과 사회현상으로 나타났는데 배경 사상도 그만큼 복합적이었다. 표면적으로는 진화론에 반대했지만 배경 사상에서는 진화론의 영향도 있었다. 자연은 항구적이지 않고 기본적으로 순간적이며 스스로 변화하는 체제를 내부에 갖추고 있다는 시각이었다. 변화 체제는 진화론에서 제시한 생물학적 진화와 크게 다르지 않다고 보았다. 더 거슬러 올라가면 종교개혁에서 제시한 인간 개인의 구원 개념도 중요한 배경 사상이었다. 이 개념은 계몽주의를 거치면서 정치적 자유운동으로 이어지는데 개체 단위를 모든 구속과 억압에서 해방시켜야 한다는 믿음을 자연 개념에 적용하면서 농촌의 독립적 미학다움을 정의하는 방향으로 나타났다.

가장 큰 배경 사상은 각종 개인주의 세계관이었다. 농촌 미학은 자연에 가해지는 도시화나 사회성 같은 집단적 규범을 거부하고 자연의 구성 요소 같은 개별적 존재상태를 좇는 경향인데 이것을 개인주의와 연계할 수 있다. 가장 대표적인 것이 기호, 매너, 특질 등 개인주의를 옹호하는 미학 사상이다. 자연에 대해서 개인의 특별한 성질, 소질, 체질, 성향 등의 개념을 적용하는 것이다. 농촌 미학에 개인의 주관적 가치관과 감성을 실어 감정 이입을 시키는 경향일수록 이런 배경이 강한데, 앞에서 본 예들이 그랬다. 이들은 모두 농촌과 전원을 인생과 결부시켜 자신의 가치관을 주장하는 통로이자 합리화하는 수단으로 활용하고 있다.

이런 점에서 이들에게 농촌과 전원은 곧 자신의 개인 인격과 같았다. 이것을 보편적 가치로 객관화해야 할 숙제가 남긴 했지만 낭만주의는 기본적으로 개인주의 쪽에 더 가깝기 때문에 군이 그럴 필요는 없었다. 이들이 자신들의 개인 인격에 대응시킨 농촌과 전원의 미학적 의미는 이미 더 이상 개인적 생각에 머물지 않은 측면도 컸다. 많은 사람들이 산업화된 대도시의 문제점에 대해서 공감하고 있었고 그 대안이 농촌이나 전원이 되어야 한다는 것도 잘 알고 있었다. 이들 농촌 미학자는 단지 그것을 개인의 치열한 경험에 비춰 예술적으로 승화해냄으로써 오히려 진정성이 돋보이고 강력한 전달력을 확보할 수 있었다.

어쨌든 농촌과 전원은 그것의 미학운동을 이끌었던 개인 예술가의 성향과 특질에 대응되는 개인주의를 중요한 배경 사상으로 가졌다. 다수가 도시로 몰려드는 상황에서 이들의 귀향행은 특별한 예외에 속했기 때문에 농촌 미학의 가치 역시 그렇게 여겨졌다. 이런 점에서 예외성과 희귀성이 가치의 원천이 될 수 있다. 개인의 성격에는 다른 사람과 유사한 상식적 측면과, 각자의 본성으로서 자기 자신에 충실한 개인적 측면이 있는데 농촌 미학은 후자에 치중한 것이 사실이었다. 세상의 기준에서는 공동생활을 무시하고 자기 개성만 내세우는 사람을 '우월증'이라는 병리적 상태로 규정하며 일각에서는 이것을 아담의 원죄 가운데 하나로 보기까지 한다. 자신이 세상의 상식을 비웃어도 좋을 만큼 잘났다고 생각하는 것은 바로 기독교에서 크게 경계하는 인간의 오만의 전형적인 예이기 때문이다.

그러나 자신의 실제 생활에서 우러나온 경험을 바탕으로 농촌 미학을 이끈 예술가들은 당시 대도시로 몰려드는 것을 상식으로 여기던 세태를 좇는 일은 자기 자신을 포기하고 파괴하는 심리적 자살로 여겼다. 이런 개인주의는 18세기 낭만주의와 다른 19세기 낭만주의만의 특징이기도 했다. 18세기 낭만주의가 고전의 전통 법제의 억압에서 해방되려는 보편적 자유의지를 추구했다면 19세기 낭만주의는 이것을 통계적 규범에서 벗어나는 개인주의로 바꿔놓았다.

이런 개인주의의 대표적 예로 열정, 특히 사랑의 열정을 삶의 기준으로 삼는 인간상을 들 수 있다. 예를 들어, 블레이크와 밀레 가운데에는 블레이크가 여기에 더 가까운데, 농촌과 전원을 향한 갈망을 밀레처럼 굳이 경건한 억제력으로 감추지 않고 블레이크처럼 개인의 창조적 에너지로 폭발적으로 표현하는 경향이다. 물론 블레이크도 아직 여기에 개인의 사랑의 감정을 실어내지는 않았다. 19세기를 넘기면서 농촌 회귀나 개인적 창조적 상상력 같은 낭만주의 강령을 본인 스스로의 사랑의 힘과 동일시하는 새로운 인간상이 탄생했다. 바이런을 필두로 한, 거친 야성을 노래한 시인들이 대표적인 예이다.

바이런은 자신의 시에서 "열망 자체를 위한 열망"이라는 구절을 사용하며 야성과 사랑의 열정을 인간의 위대한 능력으로 찬양했다. 그는 이

6-6 오귀스트 르누아르Auguste Renoir, 〈여름의 시골 산책길Country Footpath in the Summer〉(1874
년경)

6-7 오귀스트 르누아르, 〈호수 옆에서By the Lake〉(1880년경) (위)
6-8 오귀스트 르누아르, 〈베니스 산마르코 광장St. Mark's Square, Venice〉(1881) (아래)

런 열정을 자연주의와 결부시켰다. 같은 낭만주의 시인 가운데에서도 전원에 정착해서 자연을 아름다운 풍경으로 그린 워즈워스와 달리 바이런은 평생을 불꽃처럼 살며 과격한 자연주의를 갈파했다. 어려서부터 굴곡이 많은 생을 살아오면서 외국을 떠돌고 혁명적 사회운동에도 가담하는 등 당시 산업화를 배경으로 급성장하던 물질주의에 평생 반기를 들며 살았다. 그의 이력은 부모의 불화, 부정 콤플렉스, 모성 결핍, 고향인 애버딘의 아름다운 항구 풍경, 불구에 대한 열등감, 불안정한 가정생활, 여성 편력, 떠돌이 방랑벽 등이 뒤죽박죽되어 매우 복잡한데 그는 이것들을 하나로 모아 '비통한 서정'이라는 예술혼으로 승화했다. 자연을 서정적 감상이나 감성적 관조의 대상으로 보지 않고 열정의 대상으로 보는 그의 예술성은 여기에서 나온 것이다.

화가 가운데에는 오귀스트 르누아르Pierre Auguste Renoir가 좋은 예가 될수 있다. 르누아르는 중산층의 여가 장면을 주로 그려서 표면적으로는 편안해 보이나 개인적으로는 내면에 자연을 향한 열정을 평생 간직하며 살았다. 1884년에 "위대한 예술가는 자연처럼 행진하는 사려 깊음을 가져야 한다"라며 자신의 자연관을 주장했다. 예술가는 자연에 대해 항상 존경을 표하는 학생이며 자연의 불규칙한 기본 법칙을 초월하려 들어서는 안 된다고 했다. 이는 자연을 너무 있는 그대로 그리려는 구상 사실주의나 이를 기하학적으로 다듬으려는 추상 모두를 경계한 발언이다. 자연의 기본적 특징을 불규칙성으로 본 것이며 예술가는 이것에서 자신의 예술혼을 불사를 열정의 가능성을 찾아내야 한다는 뜻이다. 그림 6-6

그의 화풍 가운데에도 이런 주장에 해당되는 내용을 발견할 수 있다. 13세에 도자기 공장에 취직했다가 4년 뒤 기계화에 밀려 실직한 경험을 바탕으로 평생 반反기계문명관을 유지했다. 이것을 예술적으로 승화하기 위해 눈부시게 빛나는 색채를 자신만의 예술세계로 개척했는데 그 스승은 자연이었다.^{그림 6-7, 6-8} 모네_{Claude Monet}의 영향 아래 인상주의로 시작했지만 개인적으로 인상주의 화풍에 회의를 품고 일정한 거리를 유지하며 자신만의 독특한 예술세계를 개척했다, 자연 풍경은 이런 작업에서 중요한 소재였다. 1880년대 초에 몇 년에 걸쳐 북아프리카와 지중해 등을 여행하면서 풍경화에 심취했는데, 복잡한 색채 조합을 통해 푸른빛이 감도는 장면을 그려냈다. 그의 캔버스 표면은 신비한 빛으로 번쩍거렸다. 자연에 대한 격정적 표현이었다.

7장

20세기 환경운동과 유기체로서의 자연

현대 기술은 더 이상 전통 기술과 같은 기술이 아니다.

자연과 하나가 되려는 가정 위에 성립한 전통 기술은 완전히 소멸되었다.

이것으로 되돌아가기 위해서는 현대 기술을 최대한 포기해야 한다.

기술을 얻기 위해서 기술을 포기해야 하는 상황까지 온 것이다. 이런 극단적 처방만이

자연의 순환을 원래대로 복원하려는 심층 생태학을 정착시킬 수 있는 유일한 길이며

이것만이 건축에서 심층 생태학의 의미를 구현하는 유일한 길이다.

이것이 진정한 의미의 생태건축이며 건축에서의 지속가능성의 핵심 개념이다.

1
일곱 번째 위기
환경 위기

환경 위기를 낳은 기술제일주의

20세기에 들어와서 본격적인 환경 위기가 시작되었다. 모더니즘을 거치면서 완성된 기술이 생활 구석구석에 파고들면서 구체적 결과를 낳기 시작한 데 따른 결과이다. 19세기 환경 위기가 유럽과 미국 등 몇몇 선진 산업국가에 국한된 문제였고 그들 나라에서도 대도시에 한정된 문제였다면 20세기 환경문제는 산업화가 전 지구로 확산됨에 따라 지구 전체의 문제로 커졌다. 화석연료, 인구문제, 과도한 도시 집중 등이 환경 위기의 주요 원인으로 거론된다. 탄소가스의 과다 배출과 그에 따른 지구온난화가 위기의 구체적 현상으로 나타났다. 이런 내용에 대해서는 다른 분야에서 충분히 소개되었으므로 다시 반복할 필요는 없고 여기에서는 환경 위기를 건축적 관점에서 보도록 하자.

환경 위기를 낳은 가장 대표적인 건축적 원인은 기술제일주의로 귀결시킬 수 있다. 기술제일주의가 다양하고 구체적 내용으로 분화하면서 건축도 환경을 위협하는 쪽으로 점차 변해갔다. 그 방향은 크게 둘로 나눌 수 있다. 한 방향은 미시적 차원의 물리적 측면으로, 건물이 대형화되면서 에너지를 많이 사용하게 된다는 점이다. 지구온난화의 주범은 크게 공업적 요소와 비공업적 요소로 나눌 수 있는데 공업적 요소는 다시 공장 매연, 교통수단, 건물 냉난방이 3대 주요 원인을 차지한다. 화석연료에 크게 의존하는 건물의 냉난방은 이 가운데 핵심을 차지한다.

　건물이 대형화되는 현상은 이미 19세기 때부터 나타났다. 대형 공간을 둘러싼 강대국 사이의 경쟁이 치열했는데, 1851년 런던 대박람회의 주전시관인 수정궁에서부터 개최 연도를 기념하기 위해 1851피트(564미터)로 계획해서 실제도 564×124미터 크기로 지었다. 이 길이는 건물을 단순히 수평 방향으로 늘어트린 것에 불과하기 때문에 큰 의미를 지니지 못했다. 19세기 제국주의 경쟁은 건축물에도 국가의 자존심을 건 규모의 경쟁을 불러왔다. 단순히 큰 덩치만을 위한 경쟁이 아니었다. 이런 경쟁은 피라미드에서 보듯 이미 고대 전제정권 때의 경쟁 방식이었다. 산업혁명 이후 19세기에는 규모에 기술을 접목시킨 기술적 규모의 경쟁시대였다. 처음에는 무주공간의 폭을 놓고 경쟁했다. 무주공간은 분명 첨단 구조시공 기술을 자랑하기에 좋은 종목이었다. 기차역이 그 경연장이었다. 런던의 세인트판크라스St. Pancras 역이 1865년에 73미터의 기록을 세우며 세계 최고에 올랐다.

　프랑스가 반격에 나섰는데, 단순히 폭의 수치로만 경쟁하는 것에 안주하지 않고 지지 방식에 첨단 기술을 도입하는 방식으로 경쟁 스펙을 확장했다. 1889년 파리 만국박람회 기계관에서 115미터의 무주공간을 지어서 세인트판크라스 역의 기록을 가뿐히 갱신했을 뿐 아니라 구조 방식에서도 진부한 '기둥-보' 체계를 과감히 버리고 힌지hinge를 이용한 점 지지 구조를 사용해서 세계를 놀라게 했다. 거대한 역삼각형 철골 교각이 힌지

하나로 아슬아슬하게 지지되면서 다시 그 위로 115미터 길이의 천장과 지붕을 중간에 추가 기둥 없이 받쳐내는 모습은 기술의 위대함을 공표한 거대한 웅변이었다.

19세기의 이런 경쟁은 순수한 기술을 놓고 벌인 것이었기 때문에 일면 순진한 것이었다. 20세기에 들어오면 군사시설과 자본의 첨병이라는 보다 명백한 두 가지 목적을 위한 규모의 경쟁으로 넘어갔다. 군사시설에서는 비행기나 항공모함의 격납고 같은 저장시설이 앞장섰다. 이런 시설들은 겉으로는 드러나지 않는 숨은 기록이었다. 반면 자본의 첨병 자리를 놓고 벌인 건축물의 규모 경쟁은 가능한 한 많은 대중에 보이려 애쓰면서 더욱 치열하고 공개적인 경쟁이 되었다. 주로 거대 기업의 사옥인 마천루가 이런 경쟁을 이끌었는데 엠파이어스테이트 빌딩과 크라이슬러 빌딩 사이의 경쟁 등은 유명한 일화이다. 맨해튼의 마천루 숲은 근대 산업화의 상징처럼 되면서 2차 세계대전 이후 미국 내 다른 대도시와 제3세계의 수도 등으로 규모 경쟁을 확산시키는 결과를 가져왔다.

1960년대 이후 후기산업사회에 접어들면서 규모의 경쟁은 소비 공간으로 번졌다. 상업자본주의가 본격적으로 시작하면서 대형 소비 공간이 등장하기 시작했다. 백화점은 점점 대형화되어갔고 호텔 로비는 점점 높고 화려해져갔으며 대형 마트와 쇼핑몰이 등장했다. 오피스 빌딩의 로비도 마찬가지여서 실내 높이가 5층 이상 높아지는 것이 통례가 되었다. 큰 기차역은 대형 상업시설을 끼는 것이 상식이 되었다. 대형 소비 공간이 점점 도심의 주인 자리를 차지해갔다. 소비가 자본주의를 지탱하는 핵심 축이 되면서 소비를 촉진하는 일이 문명의 운명을 좌지우지할 정도의 중요성을 갖게 되었다. 도심과 교외 할 것 없이 대형 소비 공간이 점령하는 현상은 점점 심해지고 있다.

기술로 기술의 폐해를 돌파하자, 기술득세주의

다른 한 방향은 거시적 차원의 문명적 현상으로, 기술 득세주의에 따라 사람들의 심미적 기준과 기술에 대한 건축적 인식이 변한 점을 들 수 있다. 문명 차원의 대표적 현상으로 기술 만능주의와 효율 우선주의가 가세해 만든 '고용 없는 성장'을 들 수 있다. 효율만이 유일한 미덕이 되면서 기계가 빠르게 인력을 대체해간다. 부의 축적은 지속적으로 증가하지만 일자리는 계속 없어지고 있다. 서구에서는 이미 1870년대부터 제2 산업혁명이라는 단어가 등장했으며 '포스트 산업혁명'이라는 개념도 나타났다. 2차 세계대전 이후에는 제2 기계문명시대2nd machine age, 1980년대 이후에는 제3 기계문명시대라는 개념도 속속 등장하고 있다.

이런 새로운 명칭이 의미하는 바는 여러 가지여서 순수하게 산업화나 기계문명 자체의 발전 양상이 시대에 따라 변하는 내용을 지칭하기도 한다. 중공업 중심에서 경공업으로, 다시 IT와 나노의 시대로 바뀌고 있으며 이런 발전이 기술 이상향을 실현시켜 인류에 큰 축복이 될 것이라는 장밋빛 전망도 들어 있다. 반면 산업화와 기계문명의 발전이 사회에 끼친 영향을 지칭하는 뜻도 담겨 있다. 이 가운데에는 부정적 내용도 많아서 산업혁명이 기계 문명의 일직선 발전만 가져오는 것은 아니며 사회적으로 보면 산업화에 의한 부의 축적이 예상치 못한 부정적 결과를 낳았다는 비판이 중요한 부분을 차지한다.

기술득세주의에 해당되는 건축 현상으로 하이테크 이미지의 범람을 들 수 있다. 기술득세주의가 사회를 휩쓸면서 건축에서는 '첨단' 경향에 대한 선호도가 압도적으로 높아졌다. 재료에서는 돌과 벽돌과 나무 중심의 전통 재료를 유리와 금속 중심의 산업 재료가 완전히 대체했다. 콘크리트로도 둔탁하다고 느끼며 금속을 이용한 날렵한 구조와 그 위를 전면 유리로 덮는 하이테크 이미지에 대한 선호도가 급증하고 있다. 소비를 촉진해야 하는 상업시설이나 첨단 이미지를 보여야 하는 오피스 빌딩 등은 물론이고 기차역, 학교, 시청사 등 각종 공공건물에서도 하이테크 이미지가 점하는 비율이 100퍼센트를 향해 치닫고 있다.

기술이 득세하고 기술에 국가와 문명의 운명을 통째로 맡기게 되면서 건축에서도 기계문명이 주도하는 하이테크 이미지로 조형환경이 획일화되고 있다. 이런 현상은 앞의 첫 번째 대형화 경향과 맞물려 에너지 소비를 높이면서 환경문제를 악화시키는 악순환을 형성한다. 유리 의존도가 높아지면서 전통 재료에 비해 열효율이 심하게 불리해지기 때문이며 고층화가 심해지면서 단위면적당 에너지 소비가 저층보다 훨씬 높아지기 때문이다. 첨단에 대한 강박관념은 이런 에너지 문제에 대해 둔감하게 만든다.

기술득세주의는 에너지 문제를 해결할 기회를 영영 박탈한다. 대표적인 현상이 유리의 단열 기능을 높이는 또다른 기술 의존으로 문제를 해결하려 드는 것이다. 혹은 또다른 기계의 힘을 빌려 건물 전체의 에너지 소비 효율을 높여서 해결하려 한다. 기계문명이 낳은 문제점에 대한 해결책을 다시 기계화된 방식에 의존하게 되면서 기계득세주의는 여러 겹으로 공고해진다. 되돌릴 수 있는 한계를 넘은 지 이미 오래이다. 이 문제에 대한 해결책은 건축 환경의 다양성을 유지함으로써 에너지 효율이 높은 전통 재료의 사용을 다시 늘리는 길만이 유일한 방법이다. 하지만 유리와 금속은 '첨단'이라는 명분을 미끼로 국가와 문명의 운명을 좌우할 산업 기술 대열에 올랐다. 건물을 금속과 유리로 짓는 일은 건축 디자인의 범위를 넘어서서 국가와 문명의 발전을 주도한다는 명분을 얻었다. 건설 산업은 획일화되어가서 교외나 시골까지 유리 건물이 판을 치게 된다. 에너지 문제의 해결책을 간직해야 할 마지막 보루인 교외와 시골까지 이 문제를 악화시키는 고리에 합세한다.

기술득세주의는 첨단 강박증을 낳는다. 이런 강박증에 한번 걸려들면 기술에 완전히 얽매이게 되어 모든 해결책을 기술에서만 찾으려 한다. 기술을 놓는 순간 후진 상태로 도태되고 망할지도 모른다는 강박관념에 중독된다. 인간적 요소는 해결책으로 제시되는 대안에서 제외된다. 인간의 존재 의지마저 자생력을 상실하고 기술에 의존하게 된다. 이미 기술이 인간의 존재 의지까지 결정하는 단계까지 들어와 있다. 이런 강박관념은 그 자체로 중독증이다. 인간의 의식과 능력 속에 숨어 있는 본능의 교훈을 모른 채 기술이 가져다주는 눈앞의 단것에 자신의 존재 의지를 팔아버린다. 존재 의지가 팔려 정신이 비어 있는 사람은 조그마한 환경 변화에도 불안해한다. 주변에서 오는 자극을 흡수하여 중화시켜낼 탄력성을 상실한 병적인 마음 상태에 빠지게 된다. 주변의 자극이 늘어날수록 당장의 불안을 해소하기 위하여 기술의 표피적 열매에 더 의존하게 된다. 그러나 그럴수록 불안의 원인은 깊어만 가고 다시 기술의 표피적 열매에서 그 치유를 찾으려는 악순환의 고리에 강하게 천착하게 된다.

이런 중독 증세 뒤에는 사실 더 큰 이유가 있다. 기술이 첨단화될수록 더 확실하게 자연에 복종하고 편입되는 것이라는 교훈을 무의식적 본능으로 알기 때문이다. 확실하게 자연에 복종하고 편입될수록 존재 의지를 향한 마음의 안정은 더욱 확고해진다. 기술의 첨단화는 존재 의지를 향한 마음의 안정을 보강시켜주는 역할을 하는데 이것은 자연의 극복과 정복 때문이 아니라 자연에 더 많이 복종하고 편입될 수 있기 때문이다. 이것은 역설처럼 들릴 수도 있다. 적어도 우리가 표피적 수준에서 가져온 상식에 의하면 기술이 첨단화될수록 자연의 피해에서 더 많이 보호되고 따라서 인류의 생활이 더 복되어진다고 알아왔기 때문이다.

　이것이 역설이라는 사실 자체가 기술과 자연의 관계에 대해서 인류가 그만큼 잘못된 선입견을 가져왔음을 의미한다. 기술이 자연 앞에서 인류에게 존재 의지를 확보해줄 수 있는 이유는 기술이 자연을 극복해냈기 때문이 아니라 자연에 더 잘 복종하기 위한 전제조건으로 작용하기 때문이다. 기술이 발전하고 첨단화될수록 자연을 더 많이 극복하고 정복하는 것이 아니라 자연에 더 많이 복종하게 되는 것이다. 그렇기에 이러한 조건 아래에서만 인류는 존재 의지를 향한 안정성을 확보할 수 있는 것이다. 이것을 본능적으로 알기 때문에 인류는 기술의 첨단화에 더 매달리게 되는 것이다.

　이런 역설은 악행을 저지르는 사람들의 심리 상태에 비유될 수 있다. 악행을 저지르는 사람은 악행 자체가 좋아서라기보다는 선을 향한 갈망을 역설적으로 드러낼 수밖에 없는 어려운 상태에 있기 때문에 악행을 저지른다. 선을 향한 갈망이 그만큼 크다는 뜻이기도 하다. 마음속으로 자신의 악행을 합리화하기 위한 핑곗거리를 수도 없이 만들어내고 사회를 향해 그것을 강변하지만 진정한 해결책은 될 수 없다. 역설의 악순환에서 벗어나는 길은 오직 스스로만이 찾을 수 있다.

　환경 위기도 마찬가지이다. 악행을 저지르는 사람처럼 인류도 기술 득세주의를 합리화하는 이런저런 핑곗거리를 수도 없이 만들어낸다. 하지만 이는 자연을 갈망하는 마음이 큰데도 그것을 자연을 파괴하는 방식으로 표현할 수밖에 없는 심리적 역설 상태에 걸려든 것일 뿐이다. 지금까지 지구는 다섯 번의 대멸종과 열 번의 소멸종을 겪으며 현재에 이르렀다. 이제 인간의 환경오염에 의한 여섯 번째 대멸종에 직면해 있다. 과학자들은 지구 온도가 평균 6도 상승하면 여섯 번째 대멸종이 올 것으로 경고한다. 지금까지 멸종은 모두 행성 충돌이나 빙하기 같은 외부적 요인이나 불가항력적 요인에 기인했다. 지금 직면하는 여섯 번째 대멸종의 위기는 인간 스스로 초래한 것이다. 따라서 해결책도 인간 스스로의 손에 달려 있다.

2
위기의 진단과 경고

『침묵의 봄』과 현대 환경운동의 발화

환경운동의 뿌리는 19세기 후반부의 환경보존운동으로 거슬러 올라갈 수 있다. 그러나 아직 전 지구적 위기로 인식하지는 못하고 나라별 상황으로만 대응하고 있다. 대응 방식과 강도도 나라별로 다르게 나타난다. 20세기 전반부는 제국주의 경쟁이 치열했고 두 번의 세계대전을 치렀기 때문에 환경문제에 대한 관심은 상대적으로 줄어들었다. 생태학 자체가 아직 과학적으로 큰 발전을 이루지 못하기 때문에 환경문제에 생태학을 결부시키는 시도는 일어나지 않았다. 이런 시도는 2차 세계대전 이후 나타났는데 1961년에 출간된 레이첼 카슨Rachel Carson의 『침묵의 봄Silent Spring』이 결정적 계기가 되었다.

이 책은 살충제 DDT 문제를 처음으로 심각하게 거론했다. 귀찮은 해충을 죽여서 식량 생산량을 높여주는 고마운 발명품으로만 알고 있던 DDT가 실제로는 인간에게도 치명적으로 해롭다는 사실을 처음으로 세상에 밝힌 것이다. 제목도 상징적이어서 농약을 너무 뿌려댄 결과 새가

울고 곤충이 날아야 할 봄이 침묵하고 있다는 암시였다. 이때 사람들은 환경문제가 공허한 명분 논쟁이 아니라 실체가 있는 위기일 수 있다는 사실을 처음으로 깨닫기 시작한다. 그 위기가 밥상에까지 침투할 정도로 우리 옆에 아주 가까이 와 있는 생활 속 문제라는 사실도 깨닫게 되었다. 이후 지구 전체의 환경 상태를 점검하기 시작했고 환경 위기에 대한 경고들이 잇따라 제기되기 시작했다. 생산을 늘리고 일상생활에서 아주 조금 편리해지기 위해 발명한 다양한 기술들이 거꾸로 인류의 생존을 위협하는 여러 종류의 환경 위기를 곳곳에서 초래하고 있다. 밥상 같은 미시적 차원에서 지구온난화 같은 거시적 차원에 이르기까지 환경문제는 인류의 생활 터전 모두에 걸쳐 아주 심각한 단계에까지 와 있다.

DDT의 교훈은 도덕과 정신이 결여된 기술 득세주의와 첨단 강박관념이 얼마나 허무하게 해악을 끼치게 되는지를 잘 보여준다. 이 약은 원래 2차 세계대전 때 미군 당국이 개발한 모기약이었다. 유럽 전선에 말라리아가 창궐하면서 미군이 큰 타격을 입자 미국은 독일과 싸우는 것이 아니라 말라리아와 싸운다는 말이 나올 정도였다. 말라리아를 다스릴 약을 개발하는 데 실패하자 아예 말라리아를 퍼뜨리는 모기를 박멸하기 위해서 독한 살충제를 개발한 것이다. 수천 가지 화약약품을 이렇게 섞고 저렇게 섞은 결과 드디어 '디클로로–디페닐–트라이클로로–에탄DDT, dichloro-diphenyl-trichloroethane'이라는 화학구조를 가진 전설적인 살충제를 개발하는 데 성공했다.

일순간 모기는 멸종되었다고 할 수 있을 정도로 수가 줄었고 미국은 2차 세계대전에서 승리할 수 있었다. 종전 후 세계보건기구WHO는 이 약을 전 세계에 사용해서 이참에 아예 모기를 박멸하겠다고 나섰다. 하지만 모기에게는 진화라는 무기가 있었다. 이 독한 살충제에도 면역력을 지닌 돌연변이가 나타나서 살아남았다. 다윈의 발견은 사람에게만이 아니라 지구의 전 생물에 적용되는 것이라는 사실을 교만한 인간은 잊고 있었다. 인간이 어려운 여건 속에서 살아남기 위해 끊임없이 돌연변이를 일으키며 진화해왔듯이 모기에게도 똑같은 일이 일어난 것이다. 지금 우리가 만나는 모기는 이렇게 강한 면역력을 지니도록 진화한 종이다. 에프 킬러에도 죽지 않는 모기는 이렇게 DDT라는 전설적인 살충제와 죽기살기로 싸워 이겨 탄생한 것이다.

모기와의 전쟁에서 실패하자 미국은 남아도는 DDT를 쓸 곳을 찾다가 농경지로 눈을 돌렸다. DDT 개발과 생산을 군 당국이 담당했기 때문에 일종의 군수산업처럼 되어 있어서 소비처를 국가에서 책임지고 찾아주어야 할 상황이었다. 모기 이상으로 사람을 귀찮게 구는 곤충이 몰려 있는 현장은 농업 분야였다. 모기가 전 국민의 문제였듯 농업 생산 증대는 그보다 더한 전 국민의 관심사였다. 이 독한 살충제는 오로지 돈벌이를 위해 곧바로 농지에 대규모로 뿌려졌다. 곤충을 박멸할 수 있는 살충제가 인간에게도 해롭지 않은지에 의해 의심을 품어보지 않은 것도 놀랄 정도로 미련한 짓이었거니와 인간의 아주 작은 편리를 위해 곤충을 멸종시켜야 한다고 생각하는 건 미련을 넘어서 자연에 대한 불경이었다.

이 사건을 계기로 환경문제에 대한 전 지구적 관심이 생겨나기 시작했고 비로소 현대 생태학이 탄생했다. 2차 세계대전 이전까지 생태학이 주로 특정 단위 내의 생태 상황에 대한 연구에 머물렀다면 1960년대부터는 환경 보존을 위한 역할이 중요해졌다. 연구 내용이 확장되고 발전 속도도 빨라졌다. 이전까지는 산, 강 같은 자연과 곤충은 연관성이 없는 것으로 여겼는데 DDT의 교훈을 계기로 곤충도 산이나 강과 똑같은 자연이라는 사실을 깨닫게 되었다.

더 큰 수확은 인간도 자연을 구성하는 생태 요소 가운데 하나일 뿐이라는 뼈저린 사실도 깨닫게 된 점이다. '곤충이 살 수 없는 곳에서는 사람도 살 수 없다' 라는, 요즘 많이 듣는 말이 이때 나온 것이다. 산과 강과 곤충은 모두 인간보다 열등한 차원에 처한, 즉 인간 손으로 마음대로 해도 괜찮은 자원으로서의 대상일 뿐이라고 여겨온 전통적인 인간중심주의가 마지막으로 붕괴되는 순간이었다. 이때까지 이런 붕괴는 주로 신학이나 철학 같은 사상 분야에서 종교적, 학술적 논쟁으로만 진행되어왔다. 이제 인류가 그토록 신임해 마지않고 전적으로 의지하는 과학마저 인간중심주의가 전적으로 틀린 사실이며 도덕적으로 불경스럽기 짝이 없는 사실이라는 것을 밝혀버린 것이다.

기독교 생태주의의 등장

인간중심주의의 붕괴를 과학마저 지지함에 따라 자연과학으로서 생태학의 발전 이외에 전통적으로 자연 개념을 다루어오던 사상 분야에서도 새로운 시도들이 나타났다. 대표적인 것이 기독교의 인간중심주의에 대한 비판이다. 환경 위기를 불러온 원인이 기독교에만 있는 것은 아닐 텐데 유독 기독교가 비판받는 이유는 두 가지이다. 하나는 서구 역사 전체에서 기독교가 차지하는 비중이 그만큼 크기 때문이다. 역사의 길이로 보나 지역의 넓이로 보나 그러하고, 더욱이 서양인의 정신세계를 독점한 비율을 보면 더 그렇다. 다른 하나는 인간의 영혼과 정신을 담당하는 분야이기 때문이다. 환경 위기는 인간의 탐욕이 빚은 현대 문명의 여러 비극적 현상 가운데 최고봉임을 생각해볼 때 문제의 본질은 일차적으로 기계문명이 탐욕을 기하급수적으로 키운 데 있다. 궁극적으로는 결국 이것을 막고 정신적 대안을 제시해야 하는 임무를 가진 기독교가 본연의 임무를 완전히 포기한 데에 그 원인이 있는 것이다. 하물며 일부 비판처럼 만약에 기독교가 여기에 동참까지 한 것이 사실이라면 그 책임의 크기는 실로 가늠할 수 없는 것이 된다.

기독교의 인간중심주의에 대한 비판은 세 가지 방향으로 나타났다. 첫째는, 기독교의 반생태적 속성에 대한 비판 그 자체이다. 인간이 자연에 대해 갖는 지분이나 권리의 크기는 모기나 벼멸구보다 결코 더 크지 않다는 뼈저린 사실을 생태학이 알려주면서 기독교의 인간중심주의가 과도한 욕심이었다는 사실에 대한 과학적 증거가 확보된 셈이었다. 린 화이트와 존 패스모어는 이런 경향을 대표하는 학자이다. 화이트는 기독교가 환경위기의 주범임을 가장 종합적이고 극렬하게 비판한 최초의 신학자라 할 수 있다.

패스모어도 그 뒤를 이어 문제가 되는 「창세기」의 인간중심주의를 '독재자 인간Man as Despot'이라는 구절을 사용해서 강하게 비판한다. 『자연을 향한 인간의 책임Man's Responsibility for Nature』(1974)이라는 책은 이런 그의 생각을 집약한 책인데, 기독교가 기독교임을 중단하지 않는 한 생태적 지속가능성에 아무런 기여도 하지 못할 것이라고 예언하며 그 대안으로 청지기론과 자연과의 협력을 주장한다. 이외에도 기독교가 환경문제에 무관심하다는 환경론자들의 비판이 뒤를 이었고 급기야 무관심한 정도가 아니라 환경문제의 주범이라는 인식이 퍼졌다. 이외에도 기독교는 초월과 영생 등 하늘나라의 문제에만 관심을 두고 매달리기 때문에 이 세상일에는 무관심하다는 비판도 제기되었다.

둘째는, 기독교의 인간중심주의를 대신하는 생명이론을 창출했다. 제임스 러브록의 가이아 이론이 대표적인 예이다. 러브록은 특히 '가이아의 복수'라는 개념을 제기하면서 환경 위기에 대해 섬뜩한 경고를 한다. 가이아는 생명의 여신으로 생명을 창조하는 고마운 일도 하지만 늘 착한 것만은 아니어서 지구에 가해지는 과도한 위협에 대해서 단호하게 복수하기 시작했다는 주장이다. 한 예로 환경 호르몬 때문에 남자의 정자 수가 급격히 줄고 있으며 이는 곧 인구 감소에 이은 인류의 멸종으로 이어질 수 있다. 이런 인과관계는 과학적으로 설명될 수 있는 당연한 것이지만 러브록은 이를 가이아의 복수로 본다. 지구 스스로 자신을 보호하기 위해 지구에 해만 끼치는 인간의 씨를 말리는 복수가 시작되었다는 뜻이다. 이외에도 각 나라마다 전통 종교나 전통사상과 접목된 생명사상이 탐구되고 있다. 일부는 종교적 색채를 띠기는 하지만 굳이 종교와 과학과 사상의 경계를 짓지 않고 이것들을 모두 포괄해서 생활 속 실천을 지향하는 새로운 정신운동 형태로 전개되고 있다.

셋째, 기독교 내에서 친환경적 교리를 만들어내는 작업이다. 기독교를 포함한 종교계가 대체적으로 환경문제에 적극적으로 대처하지 않다가 최근 들어서는 다른 어떤 단체보다 더 적극적으로 대처하고 있다. 한국 내부로 보면 천주교와 불교가 환경운동에 적극적으로 참여하고 있으며 전 세계적으로 보면 신·구교를 합한 기독교 전체가 그러하다. 성직자들보다는 신학자들의 활동이 좀 더 많은 편이어서 기독교 생태주의 혹은 생태신학이라 부르는 분야도 생겨났다. 이들 분야에서는 '생태학적 치유'라는 개념을 제시한다. 기독교의 전통적 교리 내에도 친환경적인 내용이 많다는 가정 아래 이것을 찾아내어 이론화하며 이런 맥락 속에서 왜 기독교 신자들이 자연세계에 관심을 갖고 걱정을 해야 되는지에 대해서 설명해준다. 또한 생태 위기를 기독교 정신의 쇠락과 인간의 영적 타락으로 보면서 그 치유책은 친환경기술 같은 또다른 기계론에 있지 않고 영성의 회복만이 유일한 해답임을 주장한다.

청지기론이나 성스러운 예술작품은 자연에 대한 인간의 책임을 강조하는 전통적인 기독교 교리이며 이외에도 현대 기독교 생태주의에서는 자연에 대한 사죄성 시각을 제시함으로써 사람들에게 자연을 돌보아야 하는 의무를 깨닫게 하려 한다. 자연을 신과 동의어로 보는 시각에서는 이런 의무가 쉽게 정의된다. 신은 인간을 당신과 같은 형상으로 지었으며 자연과 신이 동의어라면 인간도 자연과 동의어가 되기 때문에 자연을 훼손하는 일은 자해와 같은 것이 되기 때문이다. 예수를 성육신으로 보는 교리도 같은 내용이며 삼위일체 역시 같은 교리를 뿌리로 갖는다. 성찬식 혹은 성례전은 예수의 피와 살을 받아먹는 의식을 통해 인간의 타락한 영혼이 구원을 받고 하나님의 진정한 피조물로 다시 부활한다는 믿음을 담고 있다. 자연을 신의 피조물로 보더라도 '하나님의 자비로운 은혜는 온 천지에 퍼져 있다' 라는 기독교의 기본 개념에 의해 인간 역시 다른 피조물에 대해서 공정하고 동등한 관계를 가져야 한다. 혹은 「창세기」를 충실히 좇아 자연에 대한 지배권을 유지하더라도 무분별한 훼손이 아니라 동정심과 사랑으로 전환해야 한다.

이런 시각으로 자연을 보게 되면 자연은 성스러운 예술작품으로 다시 한 번 새롭게 정의된다. 기독교 역사의 처음부터 성령의 신비는 맑은 물, 맑은 공기, 비옥한 토지, 맑은 하늘, 밝은 햇빛, 천둥과 비, 수목과 동물 같은 생명체, 생명체의 생명력과 잉태 능력 등과 같은 자연현상을 통해 드러났다. 우리가 만약 달에 살았다면 기독교가 어떻게 되었을지 생각해 볼 필요가 있다. 자연의 성스러움은 인간이 신의 존재를 깨닫고 성령을 받아들여 신성을 느낄 수 있는 경로이다. 자연은 인간의 물욕을 만족시켜 주는 원자재가 아니라 신의 성스러운 자비와 창조 의지를 보여주는 예술작품이다. 인간도 신의 뜻을 좇아 자연을 같은 시각으로 대하게 되면 자연에게서 공리주의나 물질주의로는 얻을 수 없는 보살핌과 관심을 받을 수 있다. 자연과의 이런 교감이 바로 신과 소통하는 것이다. 자연을 잃는 것은 신과 소통하는 이런 경로를 잃는 것이다. 기독교의 성찬식 혹은 성례전은 자연을 향한 성스러운 시각을 부활시키는 것이 되어야 한다. 성찬식을 이렇게 정의하게 되면 기독교 신앙은 우연이 아니라 근본적으로 자연 보존을 하게 되어 있다는 사실을 알게 된다.

인간중심주의를 극복할 창세기의 새로운 해석

기독교가 자연의 평가에 대해서 모호하다는 점은 많은 신학자들이 동의하는 사실이다. 그러나 기독교 생태주의자들은 기독교는 여전히 새로운 생태학적 비전에 대해 풍부한 종교적 자원을 가지고 있다고 본다. 성서 기독교가 탄생하던 시기에는 환경문제가 없었기 때문에 몇천 년 후의 문제에 대한 해답까지 당시에 준비하는 것은 무리라는 주장도 있지만 성서가 성령을 통해 하나님의 말씀을 기록한 것이라는 기독교의 기본 교리로 보면 이런 주장은 용납되기 힘들다. 하나님의 말씀은 시공간을 초월해서 언제 어느 곳에서도 절대 진리가 되기 때문이다. 기독교 교리의 핵심이 '인류의 안식처로서의 지구'라는 주제가 아닌 것만은 확실하지만 그럼에도 기독교는 생태학의 기본 정신이 올바로 서는 데 핵심적 역할을 할 내용을 많이 담고 있다.

기독교를 비롯한 많은 종교는 인간이 지구 위에서 삶의 안식처를 찾지 못한 것으로 보는 '종교적 노숙자관'을 종교적 출발점으로 갖는다. 기독교의 원죄론처럼 인간의 삶을 부정적으로 보는 것이 기본이다. 그러나 기독교 생태주의자들은 종교적 노숙자가 반드시 '생태학적 노숙자'와 동의어일 필요는 없다고 주장한다. 언뜻 보기에는 종교가 배제된 순수한 자연주의만이 우리가 지구를 우리의 진정한 안식처로 받아들여야 한다고 주장하는 유일한 사상 체계로 보일 수 있다. 그러나 자연주의는 우리의 자연환경이 왜 본래부터 반드시 보존되고 지극정성을 받아야 하는지, 이것이 도구적 목적이면 왜 안 되는지 등과 같은 근본적인 의문에 대해 아무런 설명도 해주지 못한다는 것이 이들의 주장이다.

반면 이런 근본적인 의문들에 대한 근본적인 답을 줄 수 있는 것은 종교밖에 없다고 주장한다. 이런 배경 아래 신학자들은 기독교에서 생태학의 교훈이 될 만한 내용을 찾는 작업을 1960년대부터 꾸준히 전개해오고 있다. 존 코브John Cobb, 토머스 베리Thomas Berry, 조지프 시틀러Joseph Sittler, 로렌 윌킨슨Loren Wilkinson, 데이비드 그리핀David Griffin 등이 이런 논의를 이끌어가는 대표적인 신학자들이며 이외에도 수없이 많다. 이들은 종파도 다양하다. 예를 들어 코브는 개신교 신학자이고 베리는 예수수난회 사제인데 이들은 종파를 뛰어넘어 기독교에서 환경 위기를 구할 하나님의 가르침을 찾는 공동 작업을 벌인다. 그 내용은 다음의 일곱 가지 주제로 요약할 수 있다.

첫째, 「창세기」의 천지창조편에 담긴 자연관에 대해서는 이것을 인간중심주의로 해석하는 데 반대한다. 그 대신 자연은 하나님이 창조하신 모든 피조물 사이에 아름다운 질서를 유지시킴으로써 창조 정신의 선함을 드러내는 것으로 해석한다. 자연은 하나님이 피조물을 지극히 사랑하고 아끼는 선하심을 증명하고 드러내는 증거인 점에서 기독교적 가치를 갖는다. 자연은 인간을 위해 배타적으로 사용되어서는 안 되며 인간도 자연의 질서를 유지하는 구성원으로 참여해야 한다.

둘째, 인간 역시 자연의 연결망을 구성하는 한 땀일 뿐이다. 인간과 자연환경은 매우 친밀한 관계여서 떼려야 뗄 수 없는 상호의존성을 갖는다. 인간은 자연세계와 연속성을 가질 뿐 아니라 나아가 자연세계의 미래를 숙고하고 증진시킬 수 있는 능력을 갖는 유일한 존재이다. 인간이 다른 피조물과 구별되는 만물의 영장이라는 사실의 의미는 이처럼 자연을 지키고 보호하는 쪽으로 해석되어야 한다. 왜냐하면 인간도 자연의 일부이기 때문이다.

이런 내용을 잘 보여주는 성서 구절로 「창세기」 2장 8~15절을 들 수 있다. '하나님 동산에서의 삶'에 관한 내용인데, 원래는 아담이 선악과를 따먹기 직전의 상황을 설명하는 부분이지만 이 내용 자체만으로 자연에 대한 기독교적 가르침을 읽어낼 수 있다. 요약해서 보면, "여호와 하나님이 동방의 에덴에 동산을 창설하시고 그 지으신 사람을 거기 두시고, 여호와 하나님이 그 땅에서 보기에 아름답고 먹기에 좋은 나무가 나게 하시니, (중략) 여호와 하나님이 그 사람을 이끌어 에덴 동산에 두사 그것을 다스리며 지키게 하시고"라고 했다. 여기서 핵심어는 "다스리며 지키게"이다. 이 구절은 인간이 지구와 자연에 대해 지킴이, 즉 청지기의 의무를 갖는다고 가르치는 것으로 해석되어야 한다. 인간은 자연이 잘 유지되도록 유지해야 하며 자연에 발생하는 근심 걱정을 없애주고 자연을 위로해주어야 한다. 인간만이 시간과 공간을 초월해서 창조주의 명령을 받들어 지구에 대한 청지기직을 수행할 능력을 갖는다.

셋째, 피조물은 인간에 의해 독단적으로 사용되라고 만들어진 것은 아니며, 하나님의 영광을 드러내기 위해 만들어진 것이다. 「로마서」 8장 19~21절은 이런 내용을 잘 보여준다. "피조물의 고대하는 바는 하나님의 아들들의 나타나는 것이니, 피조물이 허무한 데 굴복하는 것은 자기 뜻이 아니요 오직 굴복케 하시는 이로 말미암음이라. 그 바라는 것은 피조물도 썩어짐의 종노릇 한 데서 해방되어 하나님의 자녀들의 영광의 자유에 이르는 것이니라"라고 했다. 피조물의 무자비한 개발은 인간 자의적으로 행해서는 안 되며 오직 하나님의 뜻에 따라야 한다. 왜냐하면 피조물은 하나님의 자녀들의 영광의 자유에 이르기 위해 창조된 것인데 그런 영광은 하나님만이 결정하시고 주시는 것이기 때문이다.

넷째, 계속되는 「로마서」 8장 22~23절을 보면, "피조물이 다 이제까지 함께 탄식하며 함께 고통하는 것을 우리가 아나니, 이뿐 아니라 또한 우리 곧 성령의 처음 익은 열매를 받은 우리까지도 속으로 탄식하여 하나님의 양자 될 것 곧 우리 몸의 구속을 기다리느니라"라고 했다. 물론 여기에서 '피조물의 고통'이 지금 우리가 겪는 환경 파괴와 동의어는 아니나 자연을 바라보는 기독교의 올바른 태도를 가르친 내용으로 해석될 수 있다. 피조물로서의 자연이 신음하고 고통받는 것이 그대로 인간에게 죄로 돌아가고 있다는 뜻이며 이에 대한 속죄와 구원은 하나님의 양자가 되어 예수에 의해 구속될 때에만 가능하다는 뜻이다. 이런 사실은 「로마서」 8장의 부제가 "모든 피조물이 구원을 갈망하다"인 데에서도 알 수 있다. 인간의 죄는 지구가 인간의 무책임 때문에 겪는 결과로 나타난다. "모든 피조물이 고통받고 있다the whole creation is in travail"이라는 구절은 환경 위기를 경고하는 것으로 해석할 수 있다.

성육신과 "육신이 되신 말씀"

다섯째, 성육신incarnation의 교훈은 인간 개인이 하나님 앞에서 한 사람의 존재로서 갖는 가치를 가르친다. 이것은 지구 위의 삶이 하나님의 존재를 게시하는 맥락이라는 사실로 발전하며 자연환경은 그 맥락을 이루는 기본 바탕으로서 가치를 갖는다. "육신이 되신 말씀"이라는 부제의 「요한복음」 1장은 이런 내용을 잘 보여주는 대표적인 성서 구절이다. "태초에 말씀이 계시니라 (중략) 만물이 그로 말미암아 지은바 되었으니 지은 것이 하나도 그가 없이는 된 것이 없느니라. 그 안에 생명이 있었으니 이 생명은 사람들의 빛이라. (중략) 말씀이 육신이 되어 우리 가운데 거하시매"라고 했다.

"말씀이 육신이 되어"에서 '말씀'은 구약과 신약에서의 의미가 다르다. 구약에서는 창조의 힘과 동의어이다. 그리스 철학의 로고스(사물의 법칙 및 이를 분별하는 이성)와 같은 개념이며 더 일반적으로는 '정신 대 물질'의 이분법에서 '정신'에 해당되는데, 구약의 저자들은 로고스의 의미를 전 우주의 창조로 확장한다. "말씀이 육신이 되셨다"는 구절은 정신이 먼저냐 물질이 먼저냐의 이분법 다툼에서 정신이 먼저임을 주장하는 대표적 입장이며 그 정신을 하나님의 창조의 힘으로 정의하고 있다.

신약에서는 성육신 개념에 의해 삼위일체의 제2위인 예수의 존재로서 '뼈와 살'을 의미한다. 예수의 '뼈와 살'은 단순한 고깃덩어리가 아니라 하나님의 혼과 영과 하나로 합해진 성부이자 성신인 것이다. 이는 궁극적으로는 인간의 육신, 나아가 창조된 우주 전체가 된다. 하나님이 인간을 당신의 모습을 닮게 창조한 뒤 혼을 불어넣어 생명을 주셨기 때문이다. 성육신으로서 신약의 이런 말씀은 구약의 말씀이 지켜지지 못하고 타락한 것을 속죄해서 부활시키는 의미를 갖는다. 구약의 천지창조는 인간이 저지른 원죄로 말미암아 위기에 빠지게 되는데 이것을 본래의 의미로 되돌리고 하나님의 창조 작업을 완성시킨 것이 바로 예수의 성화聖化라는 뜻이다. 인간의 원죄를 사하는 예수의 죽음을 통해 창조 작업이 비로소 완료되며 우주는 본래 의미로 복원된다.

예수가 인간의 모습을 하고 오심으로써 인간의 존재는 비로소 그 본래 창조될 때의 의미를 되찾고 진정한 인간 현실이 정의된다. 이처럼 인간의 육신은 단순한 고깃덩어리가 아닌 하나님의 창조 작업에서 핵심을 차지한다. 성부 하나님이 성자 예수를 지상에 보내 성신의 복원을 완료하는 작업에서 빠질 수 없는 성스러운 존재이며, 따라서 우주, 즉 자연과 동의어가 된다. 인간이 자신의 육신을 함부로 다뤄서는 안 되듯이 자연도 우주와 동의어인 성스러운 존재로서 그 가치를 보존 받고 천지창조의 본래 뜻으로 복원되어야 한다.

여섯째, 18세기 자연신학, 이신교, 자연철학 등의 주장은 여전히 유효해서 이것을 받아들여 발전시킨 신의 우주내재론divine immanence 주장들이 지속적으로 나오고 있다. 신학자로는 20세기 전반부에 활동한 예수회 신부 테일라르 드 샤르댕Pierre Teilhard de Chardin이 대표적인 예이며 사조로는 과정철학이나 과정신학을 대표적 예로 들 수 있다. 테일라르는 가톨릭과 고생물학, 창조론과 진화론 등 상반되는 것처럼 보이는 이론을 통합한 새로운 자연관을 제시했다. 진화를 인정하되 신이 정한 범위 내에서 진행한다는 주장을 펴서 진화론적 신비주의evolutionary mysticism를 정립했다. 그 목적과 방향은 일반적 진화론이 말하는 것처럼 육체적 기능의 발전만 지향하는 것이 아니다. 진화는 물질과 정신을 하나로 합하는 단계로 진행한다.

육체의 진화가 점점 고도의 정신세계를 향한다는 사실은 신의 우주내재론을 전제로 한 것이다. 테일라르의 영향을 받은 신학자나 과정신학자들은 신이 우주와 자연과 분리되어 밖에서 힘을 발휘하거나 간여한다고 보지 않는다. 우주와 자연에 내재되어 단 한 번도 멈추지 않고 창조 작업을 진행하는 항시적 근원으로 존재한다고 본다. 이때 창조 작업은 항상 더 향상된 정신 상태를 향하는데 이런 작동 자체가 바로 신의 자비로운 은혜인 것이며 성령의 참뜻이다. 인간은 이런 우주내재론을 대표하는 자연체이며 나아가 자연 전체도 그러하다. 신이 내재해 있는 인간의 육신과 자연은 성스러운 숭배 대상이지 물욕을 탐하는 대상이 되어서는 안 된다.

일곱째, 창조주 하나님은 곧 역사의 주관자이시다. 환경과학자들과 기독교 생태주의자들은 생태적 가치가 자연환경뿐 아니라 역사적, 사회적 맥락 속에서 함께 판단되어야 한다고 주장한다. 자연적 맥락과 역사적 사회적 맥락은 별개의 것이 아니라 불가분의 관계를 가지며 함께 작동한다. 베리가 특히 이런 주장을 강하게 펴는데, 그가 생각하는 역사는 지구 진화의 역사 쪽에 가깝다. 이를 인류 문명의 역사에도 적용할 수 있다. 환경 위기는 인류의 역사에서 하나님의 섭리가 결여된 데 따른 필연적인 결과일 수 있다. 신의 우주내재론을 인류의 역사에 대입하면, 문명의 발전은 역사에 내재된 신의 자비로운 은혜와 성령의 참뜻의 인도를 받아 고도의 정신 상태를 향해 진화하는 것이 옳은 방향이 된다. 그러나 인류의 역사는 그렇지 못 해왔으며 이 대목에서 인류의 역사에도 신의 존재를 받아들여야 할 필요성이 생기게 된다.

3

일곱 번째 자연
유기체로서의 자연

과정철학, 변화의 과정에 주목하다

20세기 환경 위기가 심각함을 깨닫고 급해진 인류는 생태학과 기독교 생태주의를 발전시키며 대응에 나섰다. 그 결과 찾아낸 새로운 자연 개념이 '유기체로서의 자연'이었다. 자연은 더 이상 단순히 산과 나무 같은 원생림만은 아니라는 것을 깨닫게 되었다. 자연은 그 속에 살아가는 생명체까지 포함하는 종합적 생명작용의 장이라는 종합적 개념으로 확장, 정의되었다. 원생림은 이런 생명 작용이 건강하고 효율적으로 진행, 유지되는 데 필요한 모든 자원을 공급하는 모태적 배경일 뿐 자연은 원생림만으로 성립되는 것이 아니었다. 그 속에서 생명체는 상호작용을 통해 생명을 유지하며 원생림 또한 생명체의 유기작용에서 영향을 받는다. 생명체와 자연환경 사이에도 끊임없는 상호 유기작용이 벌어진다.

　더 중요한 것은 자연을 구성하는 이런 생명체 속에 인간도 포함된다는 사실을 새로 깨닫게 된 것이다. 이전까지 인류는 자연을 자신과 분리시켜 객체적 대상으로 인식했다. 처음에는 생명체를 제외한 산과 나무와 하늘 같은 원생림만 자연일 줄 알았다. 과학혁명에서 19세기로 이어지는 과학의 발전을 거치면서 생명체도 자연에 포함된다는 사실을 배우게 되었다. 곤충이나 동물도 자연의 일부라는 것을 알게 되었으며 식물에 대해서도 원자재나 경치 정도로만 여기던 시각에서 탈피해서 자연을 유지하는 유기 작용을 하는 하나의 생명체로 바라볼 수 있게 되었다. 20세기 생태학에서는 여기에 인간까지 포함시키는 마지막 발전이 있었다. 이제 지구상의 모든 생명체는 원생 배경 속에서 상호작용을 통해 각자의 몫을 지키면서 살아가는 동등한 존재가 되었다. 자연은 이렇게 모든 생명체를 포함하는, 그리고 그 생명체 사이의 종합적 상호작용까지 포함하는 종합적 유기 작용으로 정의되었다. 바로 유기체로서의 자연이었다.

인간까지 포함하며 새롭게 정의된 자연 개념에서 기독교의 전통적인 인간중심주의는 완전히 붕괴되었다. "바다의 고기와 공중의 새와 육축과 온 땅과 땅에 기는 모든 것을 다스리게 하자 하시고, (중략) 그들에게 이르시되 땅을 정복하라"는 구절은 더 이상 유효하지 않게 되었다. 유효하지 않은 정도가 아니라 자연이 유지되기 위해서는 절대 있어서는 안 되는 독소 조항 같은 것이었다. 왜냐하면 자연 속에서는 모든 생명체가 서로 동등한 위치에서 상호작용만 있을 뿐이지 하나의 생명체가 다른 생명체를 지배하고 다스리는 일은 용납되지 않기 때문이다. 그럴 경우 자연의 유기 작용은 곧 붕괴되고 자연은 멸망하기 때문이다. 지배 관계는 자연의 원리가 아닌 것이다. 공존과 공생만이 자연의 이치인 것이다.

기독교의 인간중심주의가 붕괴된 데 따른 충격파를 흡수하며 기독교 내에서 그 대안정신을 찾는 작업을 벌인 것이 앞에서 살펴본 기독교 생태주의의 논제들이었다. 이런 과정을 거쳐 새롭게 탄생한 '유기체로서의 자연'은 크게 네 가지 배경을 갖는다. 일반 사상에서는 과정철학이 그 역할을 하면서 유기체로서의 자연이라는 일곱 번째 자연 개념을 정의하는 데 사상적 배경을 제공했다. 기독교에서는 과정철학과 연계된 과정신학, 실천운동에서는 아르네 네스Arne Næss의 '깊은 생태학' 즉 심층 생태학, 유기론에서는 전체론이 각각 그 역할을 담당했다.

과정철학은 정통 철학의 전통적 논제인 존재, 완결성, 영속성, 유일성 등에 반대하며 경험세계의 생성과 변화를 철학 대상으로 삼는 사상사조이다. 전통 철학에서는 눈에 보이는 현실과 물질로서의 존재는 가변적이고 순간적이기 때문에 불완전한 것이며 진리가 아니라고 본다. 그 뒤에는 변하지 않고 완결된 상태로 영원히 지속되는 유일한 존재상태가 있다고 믿으며 이것만이 진리라고 본다. 가장 일반론적으로 보면 정신일 수 있고 플라톤에서는 이데아, 기독교에서는 하나님이다. 이런 유일한 존재상태가 작동하는 법칙인 형이상학은 불완전한 물질과 현실 속에 안 보이는 상태로 존재한다.

과정철학은 여기에 반대한다. 생성과 변화를 형이상학이 드러나는 현실과 같은 것으로 본다. 생성과 변화가 '과정'을 이루게 되는데, 세계와 인간의 본성과 의미를 알기 위해서는 현상을 중심으로 한 이런 '과정'을 읽고 파악해야 한다. '과정'은 더 이상 불완전한 변덕이 아니라 정신이 작동하고 진리가 형성되어가는 방식이다. 이런 점에서 시간의 흐름 혹은 시간의 역할을 개입시킨다. 자연 세계와 인간의 활동 모두 기본적으로 시간적 축적의 산물이다. 시간성의 범위는 포괄적이다. 제일 기본적인 정의는 과거에서 나와 미래로 가는 상식적인 진행 과정이다. 개개인의 이력이나 일과 같은 작은 것부터 인류 문명의 역사, 나아가 우주와 자연의 진화까지가 모두 시간성이다. 3차원 공간에 상대성을 더해서 4차원 개념을 정의해내는 것도 시간이다. 자연세계와 인간 영역 모두 어느 시점에서 바라보는가에 따라 그 본성과 의미는 달라진다.

과정철학은 서양 철학의 전통적 논제인 '존재(being)'을 '형성되어가는 과정(becoming)'으로 대체한다. 전통 철학은 만물 존재가 겉으로는 변하더라도 그 뒤의 더 높은 곳에는 시간의 과정과 역사성을 초월한 변하지 않는 형이상학적 본질이 있다고 믿었으며 이런 상태를 그 만물의 진정한 '존재'라고 보았다. 이런 완결된 '존재'만이 영원하고 유일한 진리이며, 겉으로 드러난 변화는 순간적이고 우연이며 열등한 것으로 보았다. 세계와 자연, 생명체와 사회는 '존재'를 지향하고 닮을 때에만 삶의 의미를 획득한다고 보았다.

반면 과정철학은 이런 정적인 시각을 반대하고 동적으로 움직이는 변화의 과정 자체가 곧 형이상학의 세계라고 주장한다. '완결된 존재(being)'만이 의미를 갖는다는 시각에 반대해서 그 자리를 '형성되어가는 과정(becoming)'으로 대체한다. '존재'는 처음부터 완결된 상태로 고정된 것이 아니라 변화의 과정을 위한 첫걸음으로 본다. 변화의 과정은 매 상황에 따른 욕구의 본능에 맞춰 최적의 방향으로 조율되어 발전하는 것이며 이런 '과정'만이 의미를 갖는다.

과정철학의 논제는 상대성, 다질성多質性, 실존주의, 실용주의 등 현대 철학의 다양한 사조나 주제와 연관을 가지며 현대 철학의 새로운 장을 연 큰 흐름이다. 대표 철학가는 앙리 베르그송Henri Bergson, 마르틴 하이데거Martin Heidegger, 프리드리히 니체 같은 유럽의 실존주의 계열과 찰스 퍼스Charles Peirce, 존 듀이John Dewey, 앨프리드 노스 화이트헤드Alfred North Whitehead 같은 미국의 프래그머티즘 계열로 양분된다. 흔히 대륙 철학과 미국 철학은 완전히 다른 것으로 보는데 과정철학은 특이하게도 양쪽 진영이 공유할 수 있는 거의 유일한 사상 체계이기도 한 점에서 현대 철학에서 차지하는 비중이 중요하다 하겠다.

과정신학, 진화도 창조 행위이다

'과정'의 개념을 창조론에 대입시키면 과정신학이 탄생한다. 전통적 기독교는 하나님의 절대성만 받아들였다. 하나님은 처음부터 시간과 공간을 초월해서 가장 완벽하고 전지전능한 상태로 스스로 존재해왔다. 모든 존재 가운데 가장 완벽한 최고의 절대적 존재상태이며 이런 의미에서 대문자 B로 시작하는 Being으로 표현할 수 있다. 이것으로도 모자라 알파벳 다섯 글자 모두를 대문자로 쓰는 BEING이 적합할 것이다. 전통적인 창조론도 마찬가지이다. 하나님의 천지창조는 한 치의 오차도 없이 모든 종을 완벽하게 창조한 것이기 때문에 사후의 변형이나 진화도 없어야 한다. '과정'은 부정되고 완벽한 결과만이 가정되고 제시된다.

과정신학은 하나님의 상대성도 정의해서 받아들인다. 이를 위해 하나님을 원초적 본성Primordial Nature과 결과적 본성Consequent Nature으로 구별한다. 원초적 본성은 천지창조를 단행한 절대적 하나님이다. 결과적 본성은 현실적인 하나님으로서 세상의 현실화 과정에 대해서 수용하고 응답을 주시면서 상대성을 만들어낸다. 그 본질은 사랑에 있다. 원초적 본성은 창조적 사랑이며 결과적 본성은 응답적인 사랑이다. 둘을 합하면 하나님은 세상의 궁극적 환경과 동의어가 된다. 현실적으로 해석하면, 인간은 자신들이 세상에서 벌이는 모든 일에 대해서 하나님의 두 가지 참뜻인 창조적 사랑과 응답적인 사랑에 견주어 옳은 일인지를 항상 점검하고 물어봐야 하는 것이 된다. 모든 사건의 원인을 전적으로 하나님에게 돌림으로써 오히려 세상의 많은 악을 저지른 잘못된 기독교적 삶에서 벗어나야 한다는 뜻이다.

과정신학을 자연 해석에 적용하면, 진화론의 시각을 받아들여 전통적인 창조론을 수정하려 한다. 전통적 기독교는 세계가 존재해야 하는 이유에 대해 '하나님의 의지' 이외에는 답을 주지 못한다. '하나님의 의지'는 원초적 본성 혹은 '1차 동인'과 같은 뜻인데, 하나님의 '순수 행위'에 의해 세상은 처음부터 완벽하게 창조되었다고 본다. 그리고 창조 드라마의 절정은 인간의 창조이며 나머지는 이를 위한 서막이나 도입부에 불과하다고 본다. 왜냐하면 지상의 모든 자연과 피조물 가운데 인간만이 하나님의 형상대로 창조되었기 때문이다. 여기에서 인간중심주의가 탄생한다.

이런 시각에서는 하나님은 세계에 대해서 전적으로 독립적이며 세계보다 먼저, 더 높은 곳에 스스로 존재한다. 세계는 또한 '절대적 무'로부터 창조되었다. 과학적 논리로 원인을 캐 올라가다 보면 모든 것의 출처가 설명된다고 하더라도 마지막 동인만은 어디에서 왔는지 정의할 수 없게 되는데 이것이 '절대적 무'이며 하나님은 이것으로부터 만물을 창조했기 때문에 이런 창조 드라마는 '1차 동인'이 되는 것이다.

과정신학은 이런 시각이 생명체와 현실이 갖는 욕구의 본능과 변화의 가능성에 대해서 설명하지 못한다고 본다. 전통 기독교에서는 인간의 욕구와 변화를 자칫 원죄론에 의거해서 악행으로 결론내기 십상이다. 다른 한편, 과학은 몇백 년의 연구 결과 욕구 본능과 변화가 자연과 세상의 발전 과정에 개입한다는 사실을 진화론으로 정리해냈으며 기독교도 이런 과학 발전에 보조를 맞춰 하나님이 진화에도 개입한다는 애매한 타협을 계속해왔다. 하지만 이런 타협은 기독교의 전통적인 창조론에 배치되는 것이며 이에 따라 기독교 내부에서도 새로운 과학적 발견이 있을 때마다 지속적으로 분파가 있어왔다.

　과정신학은 이런 문제점이 하나님의 상대성이라는 개념에 의해 해결될 수 있다고 본다. 자연과 세상이 존재하는 이유와 방식에 대해서 '하나님의 의지' 이외에 욕구의 본능과 변화의 가능성도 기독교적으로 동등한 중요성을 갖는 것으로 정의해야 한다는 뜻이다. 이는 단순히 과학적 발견을 수용해서 타협하는 소극적 태도가 아니라 욕구의 본능과 변화의 가능성을 기독교적으로 정의하는 적극적 태도를 의미한다. 이는 자연신학에 과학의 관계를 현대 상황에 맞게 해석하려는 태도이다. 과학의 새로운 발견에 대응해서 오랜 기간 고민해온 '2차 동인'의 기독교적 역할과 의미를 적극적으로 받아들인 위에 진화론의 시각을 더해서 창조의 일부분으로 정착시키려는 시도이다.

　이렇게 정의된 새로운 자연이 '유기체로서의 자연'이다. 자연은 처음부터 고정된 상태로 종결되지 않았으며 창조 이후에도 구성 요소 사이의 생명 작용이 끊임없이 서로 영향을 주고받으면서 최적 상태를 찾아 변화하는 과정에 있다는 뜻이다. 구성 요소 개개의 생명 작용이 유기성이듯이 이것들의 상호작용의 총합인 자연 전체도 유기 작용을 한다. 자연은 천지창조 때 완결된 객체나 대상이 아니라 하나의 살아 있는 거대한 유기체로 생명 작용을 하는 주체이다.

　'과정'이라는 개념이 그 핵심이다. 하나님이 단순히 진화에 개입하는 정도가 아니라 진화 자체도 창조 행위의 하나라고 적극적으로 본다. 자연과 자연법칙, 욕구와 발전, 결과적 본성과 2차 동인, 현실과 하나님의 상대성 등도 모두 하나님의 창조 정신에 들어 있는 것이 된다. 이렇게 새롭게 정의된 창조 정신에 따라 인간은 자연이 창조된 이후 벌어지는 모든 일에 대해서 창조에 대해 갖는 것과 똑같은 기독교적 책임과 의무를 가져야 한다. 천지 만물과 자연을 창조하셨을 때 "하나님이 보시기에 좋았던" 것처럼 이것들이 이후에 세계 속에서 유지 발전되는 양상도 똑같이 "하나님이 보시기에 좋았더라"가 되어야 한다. 이를 기독교 생태주의에 적용하면 천지창조의 참뜻은 하나님의 절대성이 인도하는 바에 따라 세상의 환경을 그 뜻에 맞게 잘 보존하고 지키는 데 있는 것이 된다.

화이트헤드는 과정철학과 과정신학 모두를 대표할 만한 인물이다. 그는 우주를 궁극적 목적을 향해 개방된 상태로 진행 중에 있는 과정으로 본다. 신과 자연, 신과 인간, 자연과 인간 등 기독교의 전통적인 대립적 이분법과 인간중심주의에 모두 대항한다. 자연과 우주 속 모든 피조물의 존재론적 무게와 가치를 인정하는 전제 아래 「창세기」의 교훈을 '창조의 다양성'으로 제시한다. 이런 다양성이 피조물뿐 아니라 하느님에게도 유리하다는 주장을 편다. 「창세기」 천지창조의 의미는 인간에게 자연을 마음대로 지배하라고 허락한 것이 아니라 창조물의 다양성을 보존하려는 목적이었던 것으로 해석한다.

화이트헤드가 특히 주목한 부분은 바오로가 주장한 "예수가 우리 안에 있고 우리가 예수 안에 있다"라는 개념이다. 이는 「에베소서」 4장의 여러 곳에서 반복되는데, 24절의 "하나님을 따라 의와 진리의 거룩함으로 지으심을 받은 새 사람을 입으라", 25절의 "우리가 서로 지체가 됨이니라", 32절의 "서로 인자하게 하며 불쌍히 여기며 서로 용서하기를 하나님이 그리스도 안에서 너희를 용서하심과 같이 하라" 등이 대표적인 구절이다. 이 구절들은 물론 사람들 사이의 사랑과 용서에 관한 내용이지만 이것을 「창세기」 천지창조편 및 「마태복음」 25장 40절의 "너희가 여기 내 형제 중에 지극히 작은 자 하나에게 한 것이 곧 내게 한 것이니라"라는 구절과 함께 생각하면 자연과 생명체 사이 혹은 수많은 생명체들 사이의 관계를 정의하는 가르침으로 해석할 수 있다. 여기에서 '지극히 작은 자 하나'는 일차적으로 신분이 낮거나 미천한 사람(노예, 창녀, 죄인 등)일 수 있으나 「창세기」천지창조 편과 함께 생각하면 자연 피조물 전체가 될 수 있다.

큰 기조는 기독교의 전통적인 대립적 이분법이 화해할 수 있는 기독교적 근거가 된다는 점이며 이 속에서 기독교 생태주의의 중요한 방향을 찾을 수 있다. 전통적인 인간중심주의에서는 하나님과 자연, 창조주와 피조물이 이분법을 이루면서 하나님과 창조주에 절대적 우위의 위치를 부여한다. 인간과 나머지 자연에 대해서도 역시 이분법 구도를 씌우면서 인간에게 차별적 우위를 부여한다. 자연 내에서도 큰 것(총체적 자연)과 작은 것(자연을 구성하는 작은 수없이 많은 생명체들) 사이에 차별적 위계가 형성된다. 반면 위에 제시한 「창세기」, 「에베소서」, 「마태복음」의 구절들을 하나로 합하면 이런 대립적 이분법은 모두 해소된다. 이는 특히 기독교의 참 정신이 여러 교리 사이의 유기적 종합화에 있다는 점을 생각하면 더욱 그렇다.

「창세기」의 천지창조편을 앞의 「에베소서」 구절과 함께 해석하면 우리는 주변 자연에서 살아가는 모든 피조물과 한 몸이기 때문에 서로 위하고 사랑해야 하며 이것이 바로 예수의 가르침이 된다. 예수는 이런 가르침을 단순히 말로 한 것이 아니라 하나님을 울부짖으며 당신의 온몸을 갈가리 찢기는 성육신의 의식을 통해 너무도 처절하게 제시했다. 여기에 앞의 「마태복음」 구절을 다시 더하면 결국 우주 내에서는 지극히 큰 것과 지극히 작은 것의 무게와 가치가 같은 것이 되며, 이는 다시 돌아서 인간과 자연의 모든 피조물이 한 몸이라는 사실로 돌아온다. 이런 식으로 세상을 구성하는 존재는 다른 존재의 구성에도 참여하며 나아가 하나님의 생애에도 참여한다는 사실이 증명된다. 이를 인간사에 적용시키면 사람들이 다른 피조물을 대하는 태도는 결국 인간 스스로 및 하나님에게 하는 것과 같은 것이 된다.

종교와 과학

'유기체로서의 자연'은 확장해서 보면 결국 창조와 피조물의 의미 및 둘 사이의 관계에 대한 오랜 고민과 질문의 답을 20세기의 상황에서 정의해 낸 개념으로 볼 수 있다. 특히 이런 고민을 이끌어온 두 축인 기독교와 과학 사이의 관계를 20세기의 상황에서 정리한 것으로 볼 수 있다. 과정신학은 대표적 예이며 그 외에도 좀 더 일반적 관점에서 기독교와 과학 사이의 관계를 재정립하려는 연구가 20세기를 거치며 꾸준히 있어왔다. 기독교와 과학 사이의 관계라는 한 가지 질문에 대해 오랜 기간 대립, 타협, 보완 등의 다양한 해답이 제시되어왔다. 20세기에 찾아낸 결론은 둘 사이의 관계가 일반적으로 생각하는 것처럼 굳이 대립적일 필요는 없다는 점이다. 설사 대립적이라 하더라도 아직 어느 한쪽으로 기울지 않고 각자의 역할과 영역을 유지하면서 새로운 내용을 꾸준히 개진해오고 있다. 기독교와 과학은 서로를 환경 파괴의 주범으로 지목하지만 그 해결책 또한 두 분야에서 제공하는 것이 현실이다.

많은 학자들이 기독교와 과학 사이의 통합 가능성에 대해서 다양한 각도에서 연구하면서 기독교 생태주의와 현대 생태학의 발전에 이론을 제공하고 있다. 이언 바버Ian Barbour도 그중 한 사람으로 주로 일반론적 관점에서 기독교와 과학, 자연과학과 신학 사이의 대화 가능성에 대해서 연구한 결과 그 관계를 네 가지 유형을 제시한다.

첫째, 갈등conflict 모델로, 주로 과학 쪽에서 기독교를 비판하면서 과학적 발견이 종교의 미신이나 초월적 세계관을 대체할 수 있다고 주장한다. 리처드 도킨스Richard Dawkins, 대니얼 데닛Daniel Dennet, 로버트 와인버그Robertt Weinberg 등이 이런 주장을 펴는 대표적인 과학자들인데 이들은 현실을 물질들 사이의 법칙으로 환원시켜 파악할 수 있다고 보며 과학이 인간사를 발전, 향상시킬 수 있다고 믿는다. 물론 기독교 쪽에서도 반대로 과학을 비판하는데, 과학이 우주나 생명 등에 대해서 단편적 지식은 제공할 수 있을지 몰라도 근원적 답은 절대 내놓을 수 없다고 본다. 예를 들어 자연사의 전개 과정이 신의 작품이 아니라 전적으로 기능적 선택에 의한 물질적 진화의 과정으로 보는 자연과학의 시각은 무신론적 시각이기 때문에 유신론과는 양립할 수 없다고 본다. 다른 한편, 최근에는 완전히 전통적인 기독교적 시각만을 고집하지는 않고 자연과학에 대해 대안과학을 제시하기도 한다.

둘째, 분리separation 모델로, 종교와 과학은 서로 다른 목적 아래 각자의 고유한 노력을 하는 것으로 본다. 스티븐 제이 굴드Stephen Jay Gould는 '비중첩 교도권(Non-Overlapping Magisteria=NOMA)' 라는 단어를 만들어서 그 핵심 개념을 정의한다. 종교는 '왜' 라는 질문에, 과학은 '무엇' 과 '어떻게' 라는 질문에 각각 대답을 주는 고유한 영역을 갖는다는 주장이다. 종교는 '가치' 를 제시하고 과학은 '사실' 을 밝혀낸다. 종교는 인간의 탄생 근원을 설명함으로써 존재론적 권리를 갖는 반면, 과학은 현실적 이익과 기능적 목표를 지향한다. 서로 자기 영역을 지키는 한도 내에서는 충돌이 발생하지 않으나 이 범위를 벗어나 상대방 문제를 건드릴 때에는 충돌이 발생하면서 갈등 모델로 넘어간다.

셋째, 대화dialogue 모델로, '개발과 보존', '기술과 인본', '발전과 윤리'등과 같이 종교와 과학 사이의 경계 영역에 속하는 문제들에 대해서 대화를 통해 공동의 해답을 찾으려는 태도이다. 종교와 과학의 기본 입장은 변함이 없으나 중요한 차이는 문제의 핵심을 '실존'이라는 공동 주제로 잡는다는 점이다. 갈등 모델이나 분리 모델처럼 문제의 핵심을 두 분야의 고유 영역에 둘 경우 진정한 대화가 사실상 불가능한 것과 다른 점이다. 과학은 개발과 기술에 의한 발전이 인류의 실존을 좌우하는 절대 분야가 되었다고 보는 반면 종교는 이것이 오히려 인류의 실존을 위협할 뿐이며 인본 윤리에 기초한 보존만이 실존을 보장하는 유일한 길이라고 보는 점에서는 여전히 평행선을 달린다. 그러나 새로운 문명 아래에서 실존의 의미를 정의하고 실존을 최대한 보장하는 공동의 해답을 모색하는 점에서 앞의 두 모델과 중요한 차이가 있다. 실제로 이런 노력의 결과로 기술의 남용을 막고 기술을 좀 더 인본적인 가치에 활용하는 예들이 나타나고 있다.

넷째, 종합synthesis 모델로, 종교와 과학을 하나로 합하려는 시도이다. 주로 종교 쪽에서 과학적 발견을 수용하거나 이에 맞춰 종교관을 세분화하는 방향으로 나타난다. 형이상학의 틀 속에서 종교의 기본적 신앙체계를 현대 과학의 관점에서 재해석하는 것이다. 창조의 생명윤리를 끝까지 지키면서 창조 이후에 나타나는 변화 과정에 대해 과학적 발견을 수용해서 수정을 가한다. 이 과정에서 전통적인 종교관이 훼손당하는 등 내부적으로 근본주의와 마찰을 빚기도 하지만 신성, 인본, 자연 등의 기본 의미에 대해서 과학의 도움으로 좀 더 깊이 있는 시각을 재발견한다. 세계와 인간에 대한 이해에는 형이상학이 필수적인데 현대에는 이것이 전통적인 형이상학이나 과학 단독으로는 불가능하며 종교와 과학을 전체론의 관점으로 통합한 시각에 의해서만 가능하다고 본다.

앞에 나온 과정신학이나 테일라르의 진화론적 신비주의 등이 대표적인 예이며 마이클 폴라니Michael Polanyi의 인격적 지식론personal knowledge이나 위계 인식론hierarchical epistemology도 또다른 예이다. 폴라니는 인간이 무엇인가를 알기 위해서는 그 대상과 상호교류를 통해 서로가 서로에 대해 일정한 내주內住, indwelling의 상태에 도달해야 된다고 주장한다. 인식은 지식에 대한 순수한 객관적 작용만으로 이루어지지 않으며 여기에 감정의 상호교류 같은 주관적 관계가 더해질 때 가능하다는 주장이다. 이것을 신학에 적용하면 종합 모델에 해당될 수 있다.

바버의 일반론적 고찰과 달리 홈즈 롤스턴 3세Holmes Rolston III는 과학을 자연에 대한 기독교적 해석에 직접 연계시킨다. 칼뱅주의를 바오로의 가르침 안에서 해석하면서 그 결론으로 자연에 대한 청지기론을 제시한다. 이런 주장에 대해 과학적 증거를 활용하면서 환경윤리학과 연계시킨다. 존 호트John Haught도 같아서 과학 가운데 주로 진화론에 집중하면서 진화론에서 종교적 요소를 찾아내어 과학과 종교가 상생의 길을 갈 수 있음을 보여주려 한다. 또한 바버가 제시한 네 가지 유형을 받아 c로 시작하는 네 단어인 갈등conflict, 대비contrast, 접촉contact, 수렴convergence의 다른 단어로 대체한다.

하나님과 자연은 같은 것이다

'유기체로서의 자연'을 둘러싼 종교와 과학 사이의 관계 문제를 기독교 자연관에 적용하면 결국 창조주 하나님과 피조물 자연 사이의 관계 문제가 된다. 전통적인 인간중심주의는 둘을 분리한 대표적인 기독교 자연관인 반면 과정신학에서 잉태한 '유기체로서의 자연'은 둘을 같은 것으로 본다. 하나님과 자연을 같은 것으로 보려는 시각은 이미 중세 자연신학에서부터 조심스럽게 제시되었으며 이후 과학 발전과 궤를 같이하며 꾸준히 발전되어왔다. 청지기론이나 성스러운 예술작품 등의 개념이 좋은 예이다. 그러나 이런 이론들에서도 아직 하나님과 자연을 동일한 것으로 여기지는 않았다.

20세기 과정신학을 거치면서 둘을 동일한 것으로 정의하며 좀 더 성숙하고 완결된 이론을 갖추게 된다. 물론 이 또한 최종 결론은 아니며 앞으로 21세기와 22세기 등 긴 시간을 거치면서 계속 수정되고 발전할 것이다. 기독교 내부적으로 보면 이런 새로운 정의를 하나님의 창조 정신을 훼손하는 불경스러운 수정론이나 비정통적인 궤변으로 비판하는 근본주의 시각도 여전히 굳건하다. 이들은 인간을 나머지 자연과 동등하게 보는 것조차도 인간의 고귀함을 부정하는 불경스러운 것으로 보는데 하물며 하나님을 자연과 동일하게 보는 것은 도저히 받아들이기 어려운 불경죄로 여긴다.

하나님과 자연을 같은 것으로 볼 경우 전통적인 창조론이 중요한 수정을 겪는 것이 사실이다. 하나님은 스스로 존재하기 때문에 하나님이 자기 자신을 창조하는 것도 기독교 교리에서는 모순될 것이 없으나 과학의 발견을 수용하는 신학자들은 대부분 전통적인 창조론에 중요한 수정을 가한다. 베르그송, 화이트헤드, 새뮤얼 알렉산더Samuel Alexander 등은 진화론을 받아들여 창조론에 수정을 가한 대표적인 학자이다. 이들은 라이프니츠Gottfried Leibniz나 헤겔이 제시한 '에너지로서의 물질'에 '목적'을 더해서 새로운 자연 개념을 정의한다.

자연은 에너지로서의 물질이기 때문에 본유적으로 생명 활동력을 가지며 이것을 바탕으로 지속적인 변화의 과정을 겪게 되는데 그 방향은 임의로 정해지는 것이 아니라 목적에 따른다는 것이다. 이때 목적을 이끄는 기준이 진화론적 조건이다. 진화를 질적으로 완전히 새로운 종이 지속적으로 등장하는 과정으로 보는 주장을 받아들인다. 이것이 주어진 환경에 가장 효율적으로 적응한 결과이기 때문이다. 이 부분은 진화론과 기독교가 공존할 수 없게 만드는 결정적인 대목이다. 기독교는 같은 종 내에서의 변화는 수용할 수 있으나 천지창조 이후에 새로운 종이 등장했다는 이론은 전통적인 창조론과 배치되는 것으로 보기 때문이다. 하나님이 태초에 모든 종을 완벽하게 갖추어 창조했다고 믿는다.

따라서 진화론의 이런 주장을 받아들였다는 사실 자체가 이미 기독교의 전통적인 창조론을 수정하려는 입장을 의미한다. 알렉산더는 더 이상 하나님을 원초적 창조자나 자연의 유지자로 보지 않는다. 그 대신 진화에 개입해서 그 과정을 이상적 종착지로 끌고 가는 역할자로 본다. 만물의 근원적인 모태를 시간과 공간으로 가정하면서 신성도 이 안에 있다고 본다. 정신은 시간과 공간 속에서 사물의 일반적이고 완전한 특질과 지속적 관계를 가짐으로써 존재의 질과 가치 형식으로 드러나는데 그 형성 과정은 점점 고차원을 지향한다. 이 과정의 마지막 최고 단계가 신성이다. 우주는 새로운 존재의 질과 가치 형식이 형성되는 과정에 나타나며 이런 우주 전체가 곧 신과 동의어가 된다. 종교는 이런 우주와 신의 존재에 공감할 때 느끼는 감성 작용이다. 정신과 물질 사이의 전통적인 이분법에 대해서 둘은 처음부터 시간과 공간 속에서 별도로 존재하며 둘이 하나로 합해지는 과정이 곧 우주이고 신성이라는 주장이다. 이런 주장은 과정신학의 기초를 제공한 것으로 볼 수 있으며 실제로 화이트헤드는 알렉산더의 시간–공간 개념을 경험적 관찰에 의해 세분하게 다듬어 발전시키는 작업을 했다.

과정신학자 존 코브는 이론 연구에 머물지 않고 하나님과 자연이 하나라는 생각을 환경운동 같은 현실 문제에 적극적으로 대응시킨다. 하나님과 자연은 함께 전개된다는 가정 아래 기독교가 세상일에 참여할 수 있는 통로를 확보한다. 세상은 서로 얽혀서 전개되어나가는 복합 사회로 진화할수록 다양성이 더욱 풍부해지는데 전통적인 창조론의 하나님은 세상과 분리되어 먼저 존재하기 때문에 이런 변화와 다양성에 보조를 맞출 수 없다. 이런 시각을 지킬수록 세상과 점점 더 갈등과 마찰을 빚게 된다. 이는 하나님이 바라는 바가 아닌 것인데, 세상과의 갈등, 마찰이 증폭하는 것은 창조론의 의미를 종교적으로나 과학적으로 부정확하게 해석한데에 기인한다.

코브는 『기독교 자연신학A Christian Natural Theology』(1965)에서 기독교가 자연을 이해한 전통적 시각을 실제 자연세계와 동떨어진 인간의 욕심의 범위 내였던 것으로 파악한다. 인간중심주의의 배타적 독단주의를 거부하며 그 대안으로 '예수중심주의christocentrism'을 제시한다. '신 중심주의'의 한 형식으로, 하나님의 본질을 신성한 지혜로 보며 이것이 예수로 성화되었다고 믿는다. 자연은 이렇게 성화된 예수의 뼈와 살과 같은 것이기 때문에 인간중심주의가 마음대로 훼손할 대상이 아니다. 이런 주장은 화이트헤드의 과정신학이 새롭게 제시하는 자연의 가치 및 이것과 인간 사이의 교류의 가능성과 동의어가 된다.

코브는 과정신학의 이런 기본 생각을 자연과학과 사회과학과 연계시켜 환경 위기에 대한 기독교적 논제를 생활 속 문제로 쉽게 풀어낸다. 생물학자 찰스 비치Charles Bitch와 교류하면서 자연신학은 생태신학으로 발전한다. 그 결과로 나온 『너무 늦었는가? 생태신학Is It Too Late? A Theology of Ecology』(1972)라는 책에서 환경오염 문제를 집중적으로 거론한다. 다시 경제학자 허먼 데일리Herman Daly와의 교류를 통해 『공동선을 향하여For the Common Good』(1989)라는 결과물을 내놓으면서 환경문제를 성장 중심의 경제가 끼치는 폐해의 관점에서 고발한다. 『지속가능성Sustainability』(1992)이라는 책에서는 경쟁, 전문화, 대량생산, 상업 소비, 자유무역 등에 기초를 둔 현대 자본주의가 필연적으로 필요 이상의 소비를 부추기며 환경문제를 야기한다고 보면서 그 대안을 작은 지역 단위별 자급자족 체계에서 찾는다. 이런 새로운 삶의 방식은 "모든 피조물은 각자의 고유한 가치를 갖는다"라는 반反인간중심주의 기독교관에 의해서 유지될 수 있다고 주장하면서 경제학과 기독교 생태주의를 결합한 새로운 지속가능성 모델을 제시한다.

기독교나 성서 해석에 가해지는 끝없는 수정 행위 자체를 기독교에 대한 공격이나 심지어 이단적 불경으로 보는 근본주의 시각이 있는 것은 사실이나, 이는 다르게 이해될 수도 있다. 성서에 나오는 수많은 하나님의 말씀을 인간이 받아들여 현실 생활에 적용하는 과정에서 많은 차이와 다양한 결과를 낳는다. 현실 기독교의 역사가 이를 수도 없이 증명하고 있으며 기독교 내에도 하나님 말씀에 대한 해석의 차이에 따라 수많은 종파가 있다. 인간은 불완전한 죄인이기 때문에 인간의 머리로는 하나님의 참 말씀을 한번에 온전히 알 수 없다. 인류 역사를 거치며 기독교에 가해진 수많은 수정 해석은 하나님의 절대 진리와 기독교의 참 정신을 찾아나선 인간의 성스러운 노력의 과정일 수 있다. 이런 점에서 수정 해석은 불경이 아니라 여전히 군건한 신앙 행위일 수 있다. 기독교 자체를 수정하려는 것이 아니라 기독교의 참 정신을 해석하는 내용을 수정하는 것이기 때문이다. 만약 하나님의 말씀을 잘못 해석해서 하나님과 멀어졌다면 이런 수정 해석은 하나님에 더 가까이 가는 성스러운 작업일 수 있다.

4
심층 생태학

아르네 네스의 심층 생태학

'유기체로서의 자연' 개념을 적극 받아들여 탄생한 현대 생태학이 심층 생태학deep ecology이다. 자연은 그 스스로가 하나의 거대한 유기생명체이기 때문에 이것의 위기는 구성 요소 사이의 상호관계를 종합적이고 유기적으로 고민할 때에만 해결가능하다. 이런 태도는 환경과 생태에 대해 완전히 새로운 발상의 전환을 요구하는데, 이를 '심층'이라는 개념으로 정의할 수 있다.

환경문제가 인류의 생존과 결부된 문제로 커지면서 생태학은 거의 모든 분야에서 다루는 학문이 되었다. '생태' 혹은 '생태학'이라는 단어가 들어가지 않는 분야가 없을 정도가 되었다. 그 경향도 너무 다양해서 한번에 정리하기가 불가능하다. 이런 다양한 내용을 구별하는 중요한 기준으로 기독교의 전통적인 인간중심주의를 바라보는 태도를 들 수 있다. 이 기준에 따라 심층 생태학과 얕은 생태학을 구별할 수 있다. 이 두 단어는 진짜 생태학과 가짜 생태학에 각각 대응시킬 수 있다.

심층 생태학은 현대 생태학의 대부 가운데 한 명인 아르네 네스가 1973년에 제창한 개념으로, 인간중심주의를 포기할 때에만 환경문제의 진정한 해결이 가능하다고 믿는 주장이다. 인간이 자연이나 다른 생명체에 대해서 누려온 온갖 특권을 포기해야 한다는 뜻이다. 환경 보존의 목적을 자연의 참뜻에 따라 원래 상태로 되돌리는 데에 둔다. 인간의 탐욕 때문에 자연이 망가졌기 때문에 탐욕을 버리고 자연의 순리와 이치를 좇아 자연이 원래대로 작동하게 복원해야 한다는 주장이다. 인간은 자연보다 우월하지 않으며 자연을 구성하는 요소 가운데 하나일 뿐이라는 주장이다. 심층 생태학은 이런 생각과 활동 자체에 도덕적, 윤리적 가치를 부여한다. 앞에 살펴본 기독교 생태주의는 좋은 예이다. 기독교 내부적으로 인간중심주의를 붕괴시키면서 자연과 하나님 사이의 관계에 대해서 전면적인 새로운 시각을 제시했기 때문이다.

그 반대편에 얕은 생태학shallow ecology이 있다. 환경 보존을 하되, 오로지 여전히 인간 중심적 목적과 이익을 위해서 하는 것이다. 환경 파괴가 인간에 위험하고 인간이 사용할 자원이 고갈되어서 인간에 좋지 않기 때문에 이를 막아야 한다는 시각이다. 인간이 자연에 대해서 누리는 특권을 포기할 생각이 전혀 없으며 환경문제는 새로운 기술에 의해 해결될 수 있다고 믿는다. 최근에 약방의 감초처럼 모든 곳에 등장하는 '친환경', '저탄소', '녹색 에너지', '녹색' 등은 이런 생각을 담고 있다. 이런 단어들 뒤에는 항상 '기술'이 따라 붙는데 이는 인간의 기술에 의존해서 환경문제를 극복할 수 있다고 보는 시각을 반영한다.

이런 생각은 비윤리적일 뿐 아니라 비현실적이기도 하다. 이런 식의 땜질 처방으로는 환경 위기를 조금 늦출 수는 있을지 몰라도 되돌릴 수는 없기 때문이다. 하지만 이것이 현재 환경문제를 대하는 주류적 방향이다.

환경 위기의 근본적 주범은 인간의 탐욕이고 도구적 주범은 기술인데 이 두 주범을 그대로 놔둔 채 도구만 바꾼다고 원인이 해결될 리는 없다. 하지만 대부분의 사람들은 기술에 의존한 인간의 특권을 포기하는 것을 문명의 종말과 같은 것으로 본다. 각자의 희생을 최소화하는 범위 내에서 환경문제를 해결하고 싶어 한다. 따라서 환경문제의 근본 원인을 따지지 않는다. 이것을 따질 경우 자신들의 기술 중심론 자체가 성립되지 않기 때문이다.

심층 생태학은 이와 반대로 환경문제의 주범을 기독교의 전통적인 인간중심주의로 본다. 이것이 자연을 향한 인간의 탐욕과 우월주의를 하나님이 허락한 것으로 합리화해주었으며, 이것을 바탕으로 인간은 끊임없이 기술을 개발해서 자연을 훼손하고 그 대가로 부의 축적을 이루어왔다고 본다. 그 해결책으로 하나님과 자연과 인간의 3자가 다르다는 시각을 버릴 것을 주장한다. 3자는 분리되어 있지도 않고 위계 차이를 갖지도 않는다는 주장이다. 자연은 인간을 포함한 통일된 전체이며 모두 하나님 안에 내재한다. 자연이 하나님 안에 본유하듯이 하나님은 자연 안에 내재한다. 하나님의 형상을 본떠 인간을 지었기 때문에 인간 안에는 하나님이 내재한다. 하나님의 영을 받아 인간의 정신이 생겨났듯이 하나님 안에는 인간이 본유한다.

인간 문명이 자연과 환경에 대해 손을 대는 정도가 어디까지 허용될 수 있는지를 결정하는 문제에서 심층 생태학은 절대 인간 이익의 많고 적음을 기준으로 삼지 말라고 경고한다. 이런 기준을 좇으면 얕은 생태학이 될 뿐이다. 자연에 어떤 결과를 가져올지에 기준을 둬야 한다. 배리 코머너Barry Commoner는 『원은 닫혀야 한다 The Closing Circle』(1971)의 '생태학의 제3법칙' 편에서 이런 기준에 대해 "자연이 제일 잘 안다"라는 명언을 제시한다. 인간도 자연의 일부이기 때문에 그 기준을 알아차릴 수 있다. 기술 발전에 의해 자연 본능이 퇴보하기 때문에 자연의 관점에서 판단하는 것이 어려워 보일 뿐이다.

코머너는 이 책에서 자연과 인간과 기술 사이의 상호 공존만이 생태계 파괴를 막을 수 있는 유일한 길임을 주장한다. 닫힌 원은 순환을 뜻하고 이것은 곧 지속가능성을 뜻한다. 기술은 인간의 생존을 보장해주어야 하는데 현재처럼 순환을 거부하고 일직선적 발전만을 추구하면 결코 인간에게 득이 되지 않는다고 주장한다. 결국 자연 체계에 대해 인간이 가하는 어떤 변화도 좋지 않은 결과를 초래한다. 가장 이상적인 기준은 자연에 대해서 인간이 갖는 지분만큼 행사하는 것이다. 이때 그 지분이 어느 정도인지가 중요한데, 가장 쉬운 계산법은 책임을 져야 하고 질 수 있는 정도이다. 심층 생태학이란, 어렵고 거창한 것이 아니라 '권리-책임'의 초보적이고 상식적인 도덕률에서 출발한다. 인간중심주의를 버리고 인간도 자연의 일부라는 사실부터 깨달아 자연과 조화를 이루는 삶을 지켜야 한다. 이는 곧 생태윤리학의 기본 명제이다.

네스는 '심층' 이라는 용어의 뜻을 "환경문제에 대해 보다 깊고 더욱 기본적인 질문을 계속해서 근원적 해결책에 도달하는 전략" 으로 정의한다. 공기오염을 예로 들면, 얕은 생태학은 이 문제를 인간 건강에 해를 끼치는 범위에 한정해서 다루며 해결책도 기술에 의존해서 찾는다. 반면 심층 생태학은 공기오염이 자연 전체에 어떤 폐해를 끼치는지를 묻는 보다 깊은 고민을 한다. 인간뿐 아니라 자연을 구성하는 종 전체의 균형 같은 더욱 근본적인 질문을 한다. 새로운 기술에 의해 공기오염을 인간에게 해롭지 않은 범위로 떨어뜨린다 하더라도 만약 공기오염으로 인해 작은 생명체가 단 한 종이라도 멸종된다면 그것은 여전히 위험한 것으로 남아 있게 된다.

자연에 대한 인간의 기본 인식이 변하지 않은 채 기술에 의존한 해결책은 근본적인 한계를 지닐 수밖에 없다. 따라서 심층 생태학은 기술 제일주의, 발전과 확장, 대량생산과 대량소비 같은 근대 사회의 기본적 가치관을 환경 파괴의 주범으로 본다. 산업혁명과 현대 자본주의는 인류에게 기하급수적으로 증가된 부를 안겨주었지만 인간의 물욕은 만족되기는커녕 걷잡을 수 없이 따라 커지는 최악의 병을 함께 준 대재앙이었을 뿐이다. 환경 위기는 이것의 자연스러운 부산물일 뿐이다. 병의 원인을 치료하지 않고 표면 현상만 기술적으로 해결하려 들면 아무것도 해결될 수 없다.

인간중심주의를 버리고 자연중심주의로

환경 위기를 새로운 기술에 의존해서 해결하려는 태도는 전형적인 인간중심주의이다. 「창세기」에서 처음 제시된 이래 여러 번 도전받았지만 산업혁명 이후 그 위치를 더욱 공고히 굳히며 기술에게까지 적용되며 지배하고 있다. 환경오염은 자연이 잠시 잘못된 것일 뿐이며 인간의 기술로 이것을 바로잡을 수 있다고 본다. 이런 기술 중심론은 자연을 여전히 인간과 분리된 객체로 보며 인간의 능력에 의해 다스려질 대상으로 본다. 심층 생태학은 이런 태도를 자연중심주의로 바꾸자는 운동이다. 과정신학이 인간중심주의를 예수중심주의로 바꾼 것에 대응될 수 있다.

원자재의 사용 문제를 또다른 예로 들면, 얇은 생태학은 모든 관심을 인간에게 얼마나 해롭고 이득을 주느냐 같은 인간의 안전 문제에 모든 기준을 맞춘다. 이런 기준은 더욱이 국가, 민족, 도시 같은 소단위로 더 잘게 나뉘어 유불리의 치열한 손익계산만이 난무한다. 자원 사용량을 전적으로 시장의 힘에 맡겨서 귀한 자원은 비싸지게 해서 과소비를 줄이는 정도가 자연을 보호할 수 있는 최대의 보호막이다. 결국 환경운동마저도 경제 사이클에 편입되어 경제 논리에 따라 모든 것이 결정된다. 위기의 해결책은 생활운동이든 기술이든 모두 돈으로 사고파는 대상이 되어버렸다. 이런 상황에서 사람들이 어떤 생활 방식과 해결 기술을 택할지는 자명하다. 반면 심층 생태학은 자원의 기본 개념부터 다시 정의한다. 자연의 어떤 대상도 인간의 욕심을 만족시키기 위한 도구로 사용되어서 안 된다는 가정 아래 모든 관심은 자연의 구성 요소들이 평화롭게 공존하며 함께 번영할 수 있는 전체론다운 조화에 맞춘다. '참살이' 라는 개념은 절대 인간에게만 배타적이고 독단적으로 사용되어서는 안 된다. 자연을 구성하는 생명체는 모두 참살이의 권리를 갖는다.

인간이 원자재를 사용할 수 있는 권리는 자연 전체의 장기적 균형과 공존이 유지되는 범위를 넘어서는 안 된다. 그 목적도 인간만의 배타적 번영에 두어서는 안 되며 자연의 모든 생명체의 미래 삶을 번영시키는 데 두어야 한다. 이는 도덕률에 근거한 것이기도 하려니와 더 궁극적으로는 인간만을 위한 배타적 번영은 결국은 인간을 멸종시키는 결과를 낳을 뿐이라는 현실론이기도 하다. 인간만을 위한 배타적 번영은 생태 내 다른 생명체의 희생을 전제로 한다. 하지만 생태계에서는 모든 구성 요소가 조화로운 균형을 이룰 때에만 살 만한 정주 조건이 확보되기 때문에 다른 종의 희생을 전제로 하는 한 종의 배타적 번영은 공멸의 길일 뿐이다. 다른 종과 평화롭게 공존하는 길만이 환경 위기를 해결하고 인간에게도 제일 유리한 가장 현실적인 해결책인 것이다.

심층 생태학에서는 근대 과학의 분석적 방법론을 부적합한 것으로 거부한다. 사물의 속성을 별도로 분리시켜 실험적 엄밀함에 의해 파악하려 하기 때문이다. 생태학은 구성 요소 사이의 종합적인 상호작용에 의해 유지되기 때문에 이런 분리적 방법론은 아무런 도움이 되지 않는다. 세상은 분리된 요소만으로는 파악할 수 없다. 세상은 '관계적 장relational field'으로 파악되어야 한다. 이 모델 속에서 생명체는 고립된 객체가 아니다. 유기적 주체로서 다른 주체의 유기성을 존중하고 다른 주체에 의해서 자신의 유기성이 존중받는다. 이런 상호존중 아래 생명 작용을 주고받으며 공존한다.

네스는 우리가 자연에 대한 지식을 얻고 자연을 이해하는 방법론이 분석적이지 않고 경험적이라고 주장한다. 수많은 경험 요소들의 종합적 상호관계가 축적된 결과라는 뜻이다. 자연에서 얻는 다양한 인상을 하나로 합한 통일체로 받아들인다. 분석적이고 객관적인 과학의 방법론으로 경험적 지식을 얻는 데에는 한계가 있다. 이미 스피노자도 인간의 지식은 매우 경험적이어서 비전의 인식 작용esoteric epistemology에 의해 얻어진다고 보았다. 네스도 심층 생태학의 이론적 뿌리를 스피노자에 두고 있다고 밝힌다. 앞에 나온 폴라니의 인격적 지식론도 같은 뿌리이다.

자연에 대한 감성적 감상은 차치하고라도 지식조차도 이처럼 경험적이며 비전적이기 때문에 우리가 자연에 대해서 할 수 있는 일은 구성 요소로 참여해서 교감을 나누며 큰 전체를 함께 이루고 유지하는 것뿐이다. 유추해석 하면, 낭만주의식의 감성적 교감은 좋은 태도일 수 있으며 설사 현대 과학의 발견을 수용하더라도 과학에 대해서는 유기적 의존 이상을 넘어서서는 안 된다. 유기체로서의 자연이 현대 과학이 자연에 대해 제공할 수 있는 지식의 마지막 경계선이다. 또한 기독교가 자연에 대해 인간의 참여를 허용하는 마지막 경계이기도 하다. 결국 자연 해석을 놓고 종교와 과학이 벌여온 각축의 긴 역사가 현대에 가장 조화롭게 결론 날 수 있는 상한선인 것이다.

매튜 폭스의 심리 생태학과 심층 생태학

유기체로서의 자연이 정립되는 데 제일 중요한 요건은 인간도 그런 유기체의 일부라는 사실을 깨닫는 것이다. 심층 생태학에서도 같은 생각인데 구체적인 방법론에서는 다른 대안적 시각도 존재한다. 매튜 폭스Matthew Fox의 심리 생태학이 좋은 예이다. 한마디로 요약하면, 이런 깨달음은 심리적 문제이기 때문에 생태학은 심리적으로 접근해야 된다는 것이다. 폭스는 생태학에 대해서 심리적 측면을 강조하면서 네스의 이론을 정교하게 다듬는다. 폭스는 신학 연구를 바탕으로 상담학을 대표하는 학자이며 조직화된 기독교의 타락 현상을 신랄하게 비판하는 도미니카 수도회 신부이기도 하다. 창조 영성의 복원을 신유의 중요한 방향으로 가정한다. 이때 창조 영성은 정신적 측면에 치우친 것이어서는 안 되며 육신성과의 적절한 조화가 중요하다고 주장한다. 기독교의 현실 간여와 물질적 타락을 가장 경계하면서 최초의 신비주의 정신으로 돌아갈 것을 주장한다. 천지창조를 인간중심주의로 해석하는 기독교 근본주의를 공격한다. 그 대안으로 천지가 창조될 때의 신비로움을 성스러운 것으로 받아들여 그 뜻을 좇아 사는 겸손한 영성을 주창한다.

자연도 마찬가지여서 자연은 신의 은총을 깨닫고 찬양하는 대상이 되어야지 인간의 탐욕을 채워주는 물질로서의 원자재로 파악해서는 안 된다고 강하게 주장한다. 이를 위해 자연의 물리성과 생명성 사이의 균형을 중요한 관건으로 제시한다. 다작을 했는데, 생태학과 관련해서는 『우

주 그리스도의 도래: 어머니 땅의 치유와 지구 르네상스의 탄생Coming of the cosmic Christ: the healing of Mother Earth and the birth of a global renaissance』(1988)가 대표적 저서이다. 신학 연구를 생태학에도 적용해서 심층 생태학을 신학적으로 뒷받침하며 열렬히 지지한다. 얕은 생태학의 위험성을 경고함과 동시에 심층 생태학의 접근방식 역시 자칫 자연의 가치를 둘러싼 윤리 문제만으로 귀결되는 것을 우려한다.

그는 생태 문제는 심리적 문제라고 주장한다. 자연중심주의에 치우치면 자연을 대하는 인간의 태도에 대해 선악의 윤리적 판단이 강해질 수밖에 없게 된다. 이는 인간의 이기적 본성과 결합하면서 눈앞의 책임만을 면하려는 가벼운 도덕주의로 굳어진다. 환경 위기가 자연과 나 사이의 일대일 문제로 단순화된다는 것인데 이는 원자론적 자기 집중의 좁은 시각에 지배당하게 된다는 뜻이다. 건물의 에너지 사용이 좋은 예이다. 환경 문제를 건물 한 채의 에너지 사용이라는 원자론적 기준으로 정해버린 뒤 이것을 윤리적 규율이나 법규적 의무로 강제할 경우 도덕적 편협함에 빠지기 쉽다. 무조건 내 건물의 에너지 사용만 줄이면 능사라고 생각하는 또다른 효율주의에 빠지게 되고 그 해결책을 여전히 기술에서 찾으려 한다. 환경보존이 자연과의 즐거운 교감이나 자발적인 동의가 아니라 또 하나의 의무로 강요되는 이데올로기적 생태주의로 변질된다. 사람들은 이런 상황에 처하게 되면 대응 방식을 대부분 이기적 자기주의에서 찾는다. 어떻게 해서든지 내 건물의 에너지 사용만 줄여서 눈앞의 책임만 달성하려 한다. 이런 대응이 모이면 자연 내 에너지 사용 총량은 크게 변하지 않게 된다.

이런 위험에 빠지지 않기 위해서는 심층 생태학이 미래적 청사진을 종교와 사상, 감성과 정신 등 형이상학적 차원에서 제시함으로써 인간이 스스로의 존재 의미를 자연 전체라는 넓고 개방된 장으로 확장해서 생각할 수 있게 해야 한다. 스스로를 원자적 자기 중심으로 생각하지 말고 넓은 장으로 승격시켜 자연 전체를 포괄해낼 수 있어야 한다. 건물의 에너지 사용 문제에 대입하면, 이것을 자연 전체의 순환 사이클의 일부로 정의하는 것이 된다. 각 문화 단위별로 간직하고 있는 토속적, 전통적 건축 방식은 중요한 모델이 될 수 있다. 이런 모델과 감성적으로 교감하면 생활방식도 그에 맞게 자연스럽게 바꿀 수 있게 된다.

이런 일련의 변화를 삶의 질이 향상되는 즐거운 발전으로 받아들일 수 있으면 에너지 문제는 저절로 해결될 수 있다. 쉽게 얘기해서 또다른 도덕률을 만들어서 강요할 문제가 아니라 마음속으로 깨달아 자발적으로 자연스럽게 참여할 문제라는 것이다. 심층 생태학의 요체는 자연에 대한 인간중심주의와 개인주의를 뛰어넘는 것인데 도덕률에 의한 강요는 결국 또다른 인간중심주의와 개인주의를 만들어낼 뿐이다. 폭스는 이를 '개인 초월적 생태학'이라 부르는데, 이는 도덕적으로 강제할 문제가 아니라 사람들에게 존재론적 미래를 이해시킬 때 가능하다고 본다.

이것이 폭스가 주장하는 "생태학은 심리적 문제"라는 주장의 요체이다. 자연은 한 번밖에 기회를 주지 않으며 한번 망가지면 이전 상태로 되돌릴 수 없는 깨지기 쉽고 섬세한 유기체라는 사실부터 깨달아야 한다. 그리고 인간도 그런 유기체를 구성하는 또 하나의 자연 생명체라는 사실을 깨달아야 한다. 이렇게 깨닫고 나면 자연에 대한 태도는 자연스럽게 보호자로 나타나게 되는데 이는 천지창조의 의미를 청지기론으로 해석한 기독교 교리와 다르지 않다. 이 부분이 심층 생태학이 인간중심주의를 뛰어넘는 신학 연구와 만날 수 있는 대목이다.

이런 폭스의 주장에 대해서 심층 생태학 내에서도 이견이 많다. 심층 생태학은 대체적으로 여러 의무사항을 많이 강요하는 편이기 때문이다. 심층 생태학은 철학이나 윤리학 내에 환경윤리environmental ethics라는 또 하나의 새로운 장르를 형성하는 쪽으로 발전하고 있는데 폭스가 바로 이런 방향에 대해서 걱정하고 있는 것이다. 폭스에 대한 비판을 대표하는 생태학자로 리처드 실번Richard Sylvan을 들 수 있다. 실번은 정치 철학자로서 이를 바탕으로 환경윤리학을 창설하는 데 일조한 인물이다. 그는 환경 보존의 임무를 윤리적인 쪽에서 존재론적인 쪽으로 옮기려는 폭스의 노력이 경험적 측면에 치우침으로써 자칫 또 하나의 인간중심주의에 머물고 말 위험이 있다고 본다. 폭스가 주장하는 심리 생태학에서 '심리'의 기준은 자의적이고 주관적이 될 수밖에 없는데 이는 환경문제를 너무 순진하게 대하는 것일 수 있다. 18세기 낭만주의를 넘지 못하는 퇴행적 시도일 수 있다. 두 진영은 전통적인 인간중심주의가 사라지지 않고 또 하나의 개인주의로 이어지며 변질되는 것을 막으려는 점에서는 같으나 구체적인 방법론에서는 차이를 나타내는 것이다.

두 진영의 주장대로라면 양쪽 이론 모두 완전하지 못한 것이 된다. 둘을 보완하면 좀 더 완성된 주장이 될 수 있다. 심리 생태학은 심층 생태학이 주장하는 자연의 무게를 받아들여야 한다. 자연은 여러 존재 형식을 포괄하는 근원적 통일체라는 사실이다. 반면 심층 생태학은 심리 생태학에서 주장하는 경험성을 받아들여야 한다. 자연의 의미를 유기적 상호작용에 기초한 경험적 참여로 파악하는 시각이다. 생태학의 최종 타파 목표는 인간 자체가 아니라 인간중심주의적인 탐욕과 이기심이기 때문이다.

결국 인간과 자연 사이의 관계를 전체론 내에서 서로에게 조화로운 원인으로 설정하는 새로운 정신과 영성이 필요한 것이다. 이런 필요성은 새로운 사상 체계를 낳게 됨은 물론이려니와 새로운 종교로까지 발전할 수도 있다. 마르크스Karl Marx가 자연의 정복과 개발을 자본주資本主 계급이 경제적 목적을 위해 저지른 것으로 본 것과 달리 심층 생태학에서는 환경 파괴를 인간의 충동 본능이라는 더 근원적인 문제로 파악하기 때문이다. 이런 본능이 갑자기 생겼을 리 만무하고 본래부터 있던 것인데 지금까지의 종교와 사상이 이것을 치유하고 제어하는 데 아무런 역할을 하지 못해서 나타난 부정적 결과가 환경 위기인 셈이다. 따라서 해결책은 경제, 정치, 정책 등에 있지 않고 사람의 정신, 심리를 개조해야 하며 이것은 사상과 종교만이 할 수 있는 일이다.

이런 관점에서 보면 현대 생태학은 자연을 섬기는 새로운 종교 형태로 발전해나갈 가능성이 크다. 미신이나 정령주의에 기초한 원시 자연종교와는 많이 다른 현대 자연종교이다. 과학 연구를 바탕으로 삼아 자연에 대한 책임과 절제를 처음에는 윤리로, 다음에는 법에 의한 강제적 규제로 강요하는 자연종교이다. 이미 시작되었다. 환경 보호를 위해 새롭게 만들어지는 각종 법령들은 중세 때 성서 내용이 갖던 절대성을 넘어서는 강제적 구속력을 갖는다. 기독교의 인간중심주의는 좋든 싫든 유효기간이 조금씩 소멸되어가고 있다. 이것을 신봉하는 기독교 근본주의자들은 아무 대책 없이 소멸을 지켜보고 있다. 자연의 중요성과 고유 가치를 깨닫게 해주는 가장 훌륭한 안내자는 하나님도 과학도 아닌 자연 스스로가 되어가고 있다. "자연이 제일 잘 안다"라는 구절은 현대 자연종교의 핵심 모토가 되고 있다. 자연 자체가 현실적 규범력을 가질 뿐 아니라 종교적 아우라도 갖추어가고 있다. 자연 스스로가 윤리적 권위가 되었다. 자연의 규범력에 대해 인간이 가질 수 있고 가져야 하는 태도는 이제 경외, 존경, 염치의 세 가지밖에 남지 않게 되었다.

5
현대 생태건축

생태건축과 열 환경의 문제

유기체로서의 자연에 해당되는 건축 현상으로 생태건축을 들 수 있다. 생태건축은 1990년대 이후 건축에서 제일 많이 등장하는 명칭이 되었으나 그 의미와 범위는 아직도 매우 모호하다. 건축이 환경 파괴의 중요한 주범 가운데 하나이기 때문에 환경 보존과 연계된 생태건축이 제일 활발하고 명확하게 나타나야 함에도 명칭만 난무할 뿐 구체적 실체는 아직 묘연하다. '생태'라는 개념이 이데올로기화되면서 아무 곳에나 '생태', '녹색', '친환경' 등의 단어가 들어가는 현상의 하나에 가까워 보인다.

생태사상에서 보았듯이 환경 보존은 사람들이 습관화된 편리를 대폭 양보하고 포기해야 가능하다. 이런 가정은 생태건축에 제일 많이 해당된다. 하지만 건축은 모든 사람들의 일상생활을 담당하기 때문에 이런 포기가 쉽지 않다. 이미 사람들은 열熱 환경과 관련해서 기계화된 최적의 쾌적함에 너무 많이 중독되어서 인내심이 퇴보할 대로 퇴보해 있기 때문이다. 그럼에도 '생태', '녹색', '친환경' 등의 단어를 사용하지 않으면 안

된다는 도덕적 강박관념에 사로잡혀서 이런 단어를 무의미하게 아무 곳에나 남발하고 있다. 이런 점에서는 앞에서 살펴본 폭스의 걱정이 정확해 보인다. 유의미한 결과는 얻지 못한 채 책임 회피용 립서비스만 양산하고 있기 때문이다.

이런 상황임에도 생태건축을 어렴풋이나마 정의해내는 것이 가능하다. 여러 단계로 정의할 수 있는데 제일 넓은 범위의 정의는 "인간의 건축 환경을 자연 순환 체계의 한 고리로 정의하려는 건축 사조"이다. 이는 건물 실내의 열 환경과 관련된 문제로 좁힐 수 있는데 이 기준에 의하면 생태건축의 최대 조건은 열 환경을 최소화하는 것이다. 19세기를 거치면서 냉난방 등의 기계공조 방식에 의존함으로써 당장은 살기에 쾌적한 열 환경을 얻은 것처럼 보였지만 이것은 대단히 근시안적인 생각이었다. 건물 실내를 가능한 한 자연과 격리시킴으로써 존재에 필요한 주거 조건을 얻을 수 있다고 믿는 인간중심주의의 전형일 뿐이며 이것이 기계화된 기술에 의해 좀 더 철저하게 이루어진 것일 뿐이었다.

그 결과는 기대한 바와 반대로 나타났다. 그 대가로 환경 파괴라는 값을 치러야 했고 더 혹독한 열 환경에 노출됨으로써 인간의 생존 조건은 오히려 위협받게 되었다. 내 방 실내라는 미시 차원의 열 환경은 내 마음에 맞게 조절하는 데 성공했지만 내 집을 둘러싼 대자연과 지구환경이라는 거시 차원의 열 환경을 훼손하게 된 것이다. 지구 전체의 열 환경이 혹독해지면서 쾌적성을 유지하기 위해 사용하는 화석연료의 양은 더 늘고 이는 다시 지구 전체의 열 환경을 더욱 악화시키는 악순환의 사이클이 돌기 시작한 지 오래이다.

이런 현상은 지금까지 살펴본 생태사상의 내용과 그대로 일치한다. 인간도 자연의 일부이고 따라서 자연의 흐름과 함께 호흡해야 한다는 유기체로서의 자연 교훈을 잊은 데 따른 암울한 결과이다. 스스로를 자연에서 분리시켜 자연을 대립적 객체로 보면서 개발과 정복의 대상으로 여긴 인간중심주의의 전형이다. 자연의 호흡에 맞춰 인간도 자연과 함께 겨울에 인내하고 여름에 땀 흘리는 최소한도의 수고마저도 거부한 인간중심주의의 전형이다.

생태건축은 일단 표면적으로는 화석연료의 사용을 최소화한다는 목표를 지향한다. 이때 중요한 세부 기준이 파생되는데, 줄어든 화석연료의 사용을 무엇으로 대체할 것인가의 문제이다. 여기에서 세 가지 방향이 나올 수 있다. 첫째는 이른바 친환경 기술이라는 새로운 기술에 의존하는 것이다. 재료 자체의 단열효과를 향상시키고 건물 전체의 열 낭비나 손실을 최대한 줄이려는 시도에서 태양열, 풍력, 조력 등의 자연 에너지를 활용하는 경향까지 스펙트럼의 폭이 크게 나타난다. 그림 7-1, 7-2, 7-3

현대 생태건축의 다수를 차지하는 경향이지만 생태사상의 관점에서 보면 얕은 생태학의 전형이다. 친환경의 목적은 인간의 이기적 이득을 벗어나지 못한다. 사람들은 열 환경과 관련해서 조금도 양보하려 들지 않은 채 오로지 새로운 기술에만 의존해서 과도한 쾌적함을 누리려 한다. 환경 위기가 어디에서 온 것인지에 대해 너무 무지하며, 자연 전체의 순환 사이클을 복원하는 데에는 전혀 관심이 없다. 여전히 인간의 기술로 환경 위기를 극복할 수 있다고 자만한다. 이는 변질된 인간중심주의일 뿐 엄밀한 의미의 친환경이 아니다. 인간의 능력과 기술에 의해 자연을 정복하고 싶어 했고 정복할 수 있다고 믿은 욕심이 그대로 남아 이번에는 자연을 치유할 수 있다고 믿는다.

최근에는 '친환경 인증'이라는 제도를 도입해서 미약하나마 화석연료 사용에 제동을 걸긴 하지만 그 효과는 미미하며 이마저도 또 하나의

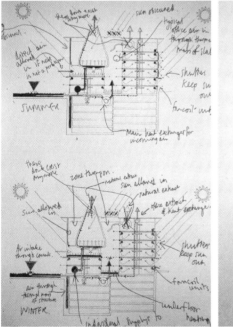

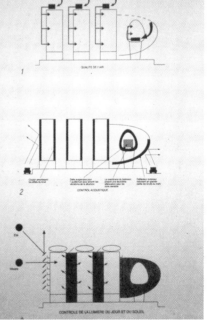

7-1 니콜라스 그림쇼Nicholas Grimshaw, 1992년 세비야 세계만국박람회 영국관 (위)
7-2 리처드 로저스 파트너십Richard Rogers Partnership, 보르도 법원 에너지 계획 스케치, 1997 (아래 왼쪽)
7-3 알솝 & 스퇴르머Alsop & Störmer, 마르세유 행정청사 에너지 계획 스케치, 1996 (아래 오른쪽)

자본시장을 낳으며 변질되어가고 있다. 기준 자체가 충분히 엄격하지 않고 엉성할뿐더러 기준에 적합한지 아닌지를 판정할 책임감과 능력을 갖춘 주체가 없는 상황에서 빛 좋은 개살구식으로 대외적 선전효과를 노린 광고용으로 전락하고 있다. 친환경 인증을 받았다는 사실만으로 도덕적으로 우월하고 사회적 책임을 다하는 건물처럼 비춰지며 심지어 그 속에 사는 사람들의 건강에도 좋을 것이라는 거짓 환상을 심어준다. 이는 곧 돈으로 직결된다. 인증을 받기 위한 갖가지 편법이 개발되어 비싼 값에 팔린다. 결국 또 하나의 돈놀이 기법일 뿐이다. 친환경을 엄격하게 시행할 기술적 기준과 도덕적 책임감이 전혀 성립되지 않은 상태에서 이처럼 자본놀이가 먼저 정착해버리고 나면 이후 진정한 친환경 제도를 시행하는 것은 영영 불가능해진다.

둘째는, 자연 에너지를 활용하되 기계에 의존하지 않는 전통 방식을 도입하는 것이다. 흙, 돌, 나무 등 열 조절 능력이 우수한 전통 재료를 사용한다. 이런 자연 재료는 단독으로 사용되지 않는다. 자연 재료를 사용할 때에는 우수한 열 조절 능력을 극대화해주는 건물 전체의 고유한 구성 기법이 있게 마련이다. 풍향과 지형에 순응해서 햇빛과 바람의 도움을 최대한 이끌어내는 등 자연조건에 최대한 의존한다.^{그림 7-4, 7-5} 건물 자체의 구조와 배치도 이를 돕는 쪽으로 이루어진다. 각국의 전통 건축에는 이런 다양한 구성 기법이 있다. 바람 길을 내고 햇빛을 잘 받아들여서 여름에 시원하고 겨울에 포근한 한옥 구조도 좋은 예이다. 자연 재료와 전통 방식을 사용하면 화석연료를 완전히 없앨 수는 없지만 상당 부분 줄일 수 있다.

셋째, 생활방식 자체를 바꾸는 태도이다. 열 환경이라는 관점에서 볼 때 현대 건축의 최대 문제점은 사람들의 인내심이 퇴화한 데에서 찾을 수

7-4 바트 프린스Bart Prince, 화이팅 하우스Whiting House, 아이다호 선 밸리Sun Valley, 미국, 1981

7-5 던컨 루이스Duncan Lewis, 기트 별장 아파트Gites Holiday Apartments, 사르트Sarthe, 프랑스, 1997

있다. 기계공조 덕분에 열 환경의 쾌적함을 손쉽게 얻을 수 있게 되었지만 그만큼 비례해서 열 변화를 견뎌내는 사람들의 인내심은 퇴화했다. 기계공조가 등장하기 이전의 전통시대와 비교했을 때 사람들이 인내할 수 있는 열 환경의 한계가 여름에는 10여 도 낮아졌고 겨울에는 20여 도나 높아졌다. 인간은 항온동물임에도 적응할 수 있는 온도 변화의 폭도 점점 줄어들고 있다. 여름에는 하한선에서 2~3도만 높아져도 견디기 힘든 짜증이 나고 겨울에는 상한선에서 4~5도 정도만 낮아져도 정상적인 생활을 할 수 없게 되었다. 이 역시 전통시대보다 몇 분의 일로 줄어든 것이다.

이는 진화론이 거꾸로 가는 현상이다. 역사가 진행될수록 인간의 몸은 자연환경에 맞춰 자연 능력이 향상되어야 하는데 적어도 열 환경에 대한 적응이라는 기준에서만은 아주 심하게 퇴화하고 있다. 기계의 힘에 의존하면서 인간에게 있던 고유한 자연적 능력이 쇠약해진 탓이다. 진화론이 산업혁명과 손을 잡으면서 기계문명의 일직선적 발전에 대한 타당성을 제공했지만 정작 그 결과는 인간의 진화 능력을 퇴화시킨 쪽으로 나타나게 된 것이다. 의도대로라면 기계문명이 인간의 모든 생활에 진화와 발전을 가져다주어야 하는데 제일 근원적 요소인 자연 능력을 죽이는 정반대의 결과를 낳았다.

세 번째 태도는 이런 문제점에 대한 해결책을 전통시대의 인내심을 회복하는 데에서 찾는다. 화석연료의 사용을 줄이기 위해서는 기계공조를 줄여야 하고 그러기 위해서는 사람의 몸이 견뎌내는 열 환경의 범위를 전통시대만큼 확대해야 한다. 이는 기계공조에 대한 의존도를 최대한 낮추는 것과 동의어이며 이는 다시 기계공조가 가져다준 편리함을 최대한 포기하는 것과 동의어이다. 이럴 때에만 진화론은 옳은 방향으로 작동할 수 있다. 이런 태도는 위의 두 번째 건축 방식과 합해질 때 그 효과가 배가된다. 자연 재료와 전통 건축의 열 조절 능력은 당연히 기계공조보다 약할 수밖에 없는데 이것이 효과를 발휘하게 위해서는 열 환경에 대한 인내심이 전통시대와 동등하게 회복되어야 한다.

심층 생태학과 생태건축의 가능성

이처럼 두 번째와 세 번째 방식이 함께 작동할 때에 비로소 건축에서의 심층 생태학을 가정이라도 해볼 수 있으며 이것만이 진정한 생태건축에 이르는 유일한 길이다. 물론 두 번째와 세 번째 방식도 여전히 그 목적을 인간이 이익에 두긴 하지만 한 가지 다행스러운 것은 이 두 방식에서는 자연의 순환을 훼손되기 이전으로 돌리는 데 필요한 불씨가 완전히 꺼지지 않고 그나마 조금이라도 남아 있다는 점이다. 이런 불씨를 살려 기술에 의존하는 모든 건축방식을 최소화할 때 비로소 심층 생태학을 정립할 수 있다.

화석연료를 사용하지 않는 기술일지라도 기술에 의존하는 한 자연의 순환은 회복되지 않는다. 기술은 이미 너무 많이 자연과 분리되어버렸기 때문이다. 기술이라고 다 같은 기술이 아니다. 현대 기술은 더 이상 전통 기술과 같은 기술이 아니다. 자연과 하나가 되려는 가정 위에 성립한 전통 기술은 완전히 소멸되었다. 이것으로 되돌아가기 위해서는 현대 기술을 최대한 포기해야 한다. 기술을 얻기 위해서 기술을 포기해야 하는 상황까지 온 것이다. 이런 극단적 처방만이 자연의 순환을 원래대로 복원하려는 심층 생태학을 정착시킬 수 있는 유일한 길이며 이것만이 건축에서 심층 생태학의 의미를 구현하는 유일한 길이다.

이것이 진정한 의미의 생태건축이며 건축에서의 지속가능성의 핵심 개념이다. 건축에서 지속가능성은 개별 건물이나 마을 등의 일정한 군집 조형 단위가 외부에서 추가적인 인공 에너지의 공급을 받지 않고 자생적으로 환경 체계를 운용할 수 있는 능력을 의미한다. 구체적으로는 자연 자원의 사용, 열 환경 문제, 인공 쓰레기 배출 등의 세 가지 항목이 주요 관건이다. 이 세 항목의 엄격한 기준을 동시에 만족시킬 수 있는 유일한 길은 일상생활을 자연의 순환에 순응한 방식으로 전환하는 것뿐이다. 열 환경 하나만을 예로 들더라도, 사계절의 온도 변화를 이겨내는 길은 그것에 순응하는 것뿐이다. 기계를 들이대서는 절대 이겨낼 수 없다. 문제가 오히려 악화될 뿐이다. 세 항목 밑에 달리는 세부 기준들이 수십 수백 가지인데, 기술에 의존해서는 극히 일부만 부분적으로 만족시킬 뿐이다. 더욱이 그것이 아무리 친환경 기술일지라도 현대 기술에 의존하는 한 다른 문제가 파생되게 되어 있다. 이것이 자연과 분리되어 자연을 적대하며 탄생한 현대 기술의 원죄이다. 이런 추가 문제까지 함께 생각하면 기술에 의존하는 해결책은 문제의 총량을 줄이는 데 거의 도움이 되지 않는다.

이상의 배경 아래 생태건축의 의미를 좀 더 정확하게 정의할 수 있다. "심층 생태학의 참뜻을 건축적으로 실현시키기 위해 현대 기술에 대한 의존을 최대한 줄인 위에 자연 순환의 일부로 편입된 지속가능성을 확보한 건축 형식"이다. 이런 기준에서 보면 최근 패션처럼 유행하는 여러 종류의 생태건축은 모두 거짓이다. 또 하나의 자본시장에 편승한 돈벌이 전략일 뿐이다. 생태의 진정한 의미가 무엇인지에 대해 전혀 무지하며 그것을 실현하기 위해서 많은 것을 포기하고 희생할 의지 또한 전혀 없는 상태에서 또 하나의 이데올로기에 등 떠밀려 생태 자본주의라는 새로운 돈벌이 경쟁에 뛰어든 것일 뿐이다.

현실적 한계도 분명 크다. 건축은 지구 위 모든 사람의 주거 환경을 담당하는 그야말로 전 지구적 장르이기 때문에 극단적인 회귀론과 보존론은 그만큼 현실적 벽이 높을 수밖에 없다. 심층 생태학의 엄격한 기준에 이런 현실론을 반영해서 생태건축을 최대한 실현가능한 수준에서 정의하면, 다음의 네 가지 경향이 종합적으로 어우러진 문명 단위의 주거환경 운동이 된다.

첫째, 건물 단위에서는 자연 재료와 자연 에너지 사용을 극대화해야 한다. 건물 골조와 내장을 통틀어 산업 재료의 사용은 5% 미만이 되어야 한다. 기계식 냉방은 절대 사용해서는 안 되며 기계식 난방은 현재 평균 사용치의 5분의 1로 줄여야 한다. 이를 위해 '설계-시공-사후 관리'에 이르는 완전히 새로운 건축 체계를 갖추어야 하며 생활방식에서 일대 전환이 필수적이다. 대형 건물처럼 앞의 기준이 너무 엄격할 경우에 대비해서 건물 층수나 규모에 따라 이원화한다. 예를 들어 고층 건물은 친환경 기술과의 공존을 통해 자연 에너지 사용의 효율을 높이는 약한 의미의 생태건축이 허용될 수 있다. 하이테크 건축과의 혼용은 대표적인 예이다. 실제로 노먼 포스터Norman Foster나 렌조 피아노Renzo Piano 같은 1세대 하이테크 건축가들의 최근 말년 활동이 태양열 이용 등에 맞추어지고 있다.

둘째, 양식운동 차원에서 자연을 디자인 모티프로 삼은 사조가 함께해야 한다. 유기건축, 신표현주의, 녹색건축green architecture 등은 좋은 예이다. 지역주의 양식 가운데 자연과의 연관성이 높은 토속건축은 여기에 해당될 수 있다. 사람은 형식화하기 좋아하는 동물이고 인간의 모든 문명 활동은 형식화의 산물이다. 생태건축도 예외가 아니다. 이것을 일정한 양식운동으로 형식화해내는 일은 생태건축의 발전, 확산, 성숙 등을 위해서 꼭 필요하다. 에너지 절약만 가지고서는 부족하다. 일정한 심미성을 갖춘 모양새로 다듬어내서 문명 활동으로서의 주기에 올라타야 점점 많은 사람이 지루함을 느끼지 않고 즐거운 마음으로 생태건축에 동참할 수 있게 된다.

셋째, 철학적, 사상적 배경이 받쳐줘야 한다. 생태건축은 박람회 열어서 도배지 팔아먹고 흙집이나 짓고 말 일이 아니다. 생태건축은 20세기 기계문명을 대체하거나 아니면 최소한 그 폐해를 줄여 인류의 생존을 담보하려는 거대한 문명운동이다. 철학과 사상의 배경이 없는 문명운동은 없다. 서양은 18~19세기 낭만주의 계열의 자연 해석 사상과 자연철학, 기독교 사회주의, 교외 이상suburban ideal 등 여러 단계의 치열한 사상적 고민을 통해 생태건축의 철학적, 사상적 토대를 닦아왔다. 이 가운데 일부는 앵글로색슨 계열의 민족적 정체성과 동일한 것으로 정의하는 등 온 국민이 참여한, 온 국민을 대상으로 한 국가적 차원의 치열한 고민이 있었다.

온 국민이 부동산 투기에 미쳐 있는 이때, 과연 생태건축이 우리의 존재 조건에서 어떤 의미를 갖고 얼마만큼의 중요성을 갖는가라는 가장 근원적인 질문에 답할 철학과 사상이 정립되어야 한다.

넷째, 단지 차원에서 에너지를 재활용하고 인공성을 최소화하는 마을을 많이 만들어야 한다. 이것은 지속가능한 건축을 구체화하는 집단의 장이다. 생태건축은 개별 건물 단위에서는 한계가 있다. 예술 차원의 양식 운동이면 개별 건물이 많이 나오면 되지만 생태건축은 에너지 사용이라는 물리적 효율성의 기준이 중요하기 때문에 이를 실행할 전략적 매개가 필수적이다. 마을 단위에서 행해지는 지속가능한 건축은 이를 위해 가장 좋은 매개이다. 모여 있으면 여러 측면에서 생태이상을 실현하기에 유리하다. 집단화된 현상으로 나타날 경우 앞에 언급한 양식운동과 철학적 사상적 배경과 함께 가기에도 유리하다.

에필로그
방황하는 인류의 정착 문제

'집 잃은 불안함'과 방황하는 인류

현대의 환경 위기를 건축사상의 관점에서 보면 '집 잃은 불안함'에 해당된다. 화석연료의 사용에 따른 온난화는 사실 건축적 관점에서는 작은 문제일 것이다. 몇십 년 후면 신기술 덕분에 적어도 건물의 냉난방과 관련된 에너지 문제는 정말 많이 개선될 수도 있다. 하지만 이런다고 환경 위기 문제가 해소될까? 그렇지 않다. 건축에서 환경 위기는 에너지 문제를 포함한 더 큰 범위의 불안감과 방황의 문제이다. 모태 분리에 따른 정신적 방황의 문제이다.

주거의 기본 의미가 붕괴된 데 따른 방황이다. 주거 환경은 양적으로 팽창하고 물리적으로도 좋아졌으나 존재론적 의미는 점점 상실해가고 있다. 정신적 안식처로서의 기능을 상실하면서 그 주인인 인간의 방황은 심해진다. 주거는 사람들에게 모태적 휴식을 제공함으로써 존재론적 확신을 심어주는 정신적 기능을 갖는다. 이것이 주거의 가장 기본적인 목적이다. 산업화와 자본화가 진행되면서 이 기능이 무너지고 있는 것인데,

그 구체적 내용은 다음의 세 가지로 요약할 수 있다.

첫째, 도시화에 따른 정주 조건의 상실이다. 현대 대도시는 사방 균등성과 투명성을 물리적 특징으로 한다. 둘 모두 인간의 정주 조건을 훼손하는 쪽으로 작용한다. 사방 균등성은 정주 조건 가운데 하나인 동서남북의 방위 사이의 조형적 차이를 없앤다. 투명성은 또다른 정주 조건 가운데 하나인 적절한 폐쇄감을 깬다. 도로와 블록 사이의 관계가 그렇고 블록 내 건물들 사이의 관계가 그러하며 개별 건물들의 유리 노출증이 그렇다. 모두 자본의 효율을 위해서이다. 인간의 존재감을 확보해주어야 할 주거 환경의 역할이 상실되면서 사람들은 정서적으로 불안해지고 정신적으로 방황에 빠진다. 인간은 조형 환경의 섬세한 질적 차이가 적절한 위계를 가지며 촘촘히 어울리는 곳에서 살아야 정서적으로 정신적으로 안정감을 확보할 수 있다. 에워쌈과 열림 사이의 적절한 비율도 중요하다. 이런 조건들이 깨지면서 인간은 광야에 벌거벗긴 채 내던져진 것 같은 심리적 불안감에 휩싸이며 방황한다.

둘째, 땅에서 멀어짐으로써 자연과의 유기적 일체감을 상실한다. 사람의 몸 자체가 하나의 자연이며 따라서 외부적 자연과 같은 주기로 순환하면서 일체감을 유지할 때 존재감이 확보된다. 자연은 사람을 낳은 모태이기 때문이다. 사람은 성인이 되면서 어머니에게서 독립하지만 늘 어머니의 존재를 인식하며 마음의 안식처로 삼는다. 자연이 어머니보다 더 근원적인 모태이기 때문에 자연에 대한 심리적 의존도는 더 크다. 자연과 좋은 관계를 유지하는 가장 좋은 방법은 자연 속에 살면서 신체와 정신의 주기를 계절의 순환에 맞춰 자연과 유기적 일체를 느끼는 것이다.

극단적 도시화는 이것을 방해한다. 실내 환경은 사시사철 20~25도로 동일하다. 노동의 효율을 위해서다. 자연과 분리된 불안감 때문에 사람들은 점점 더 창을 걸어 잠그고 내 방 안에만 집착한다. 벽은 점점 더 유리로 대체되면서 시각적 투명성은 늘어나지만 이는 자연과 분리된 불안감을 해소하기 위한 일시적 진통제일 뿐이다. 자연과의 분리가 심해지면서 내 방 안만을 온 우주로 아는 극심한 편집중에 빠진다. 모든 재화는 내 방 안에만 투자된다. 대우주로서의 외부적 자연이 멍들고 망가지면 사람이 살 수 없다는 사실을 일시적 환각제로 잊으면서 내 방 안만 시원하고 따뜻하게 유지하려고 집착한다. 하지만 본능 한구석에 근원적 모태에서 분리되어간다는 사실을 깨닫고 '집 잃은 불안함'을 낳는다.

셋째, 수평선이 사라지고 수직선에 매달려 삶으로써 뿌리가 잘린 것 같은 불안감이 증폭된다. 수평선은 평온의 선이고 수직선은 흥분의 선이다. 수평선은 분배의 선이고 수직선은 집적의 선이다. 수평선은 절제의 선이고 수직선은 물욕의 선이다. 수평선은 모태이고 안정이며 수직선은 분리이고 전진이다. 대도시는 마케도니아 왕국 때부터 등장했지만 근대적 대도시 이전에는 기본적으로 수평선의 도시였다. 중세 때 잠시 대도시에 수직선이 등장하기는 했지만 사람이 올라갈 수 없는 종교적 앙천仰天의 수직선이었을 뿐이다. 정신적 목적을 향한 종교적 구도 행위의 산물이었다.

오직 근대적 대도시만 유래 없는 수직선의 경쟁 터가 되어가고 있다. 모두 자본의 효율을 위해서이다. 수직선 경쟁은 대도시 집중과 관계가 깊은데 이는 자본의 논리를 가장 잘 보여주는 증거이다. 근대적 대도시에서 수직선 경쟁이 본격적으로 시작된 것은 1870년대 시카고에서였는데 미국이 산업제국주의의 길로 들어서면서 독점자본주의가 자리 잡기 시작하던 때였다. 이후 수직선 경쟁은 무대를 맨해튼으로 옮겨 1930년대 절정에 달하면서 엠파이어스테이트 빌딩을 낳았다.

성기 자본주의까지만 해도 수평선과 수직선이 적절히 섞인 중규모의 대도시로 운용될 수 있었다. 후기 자본주의로 넘어오면서 대량소비가 문명의 운명을 좌우하게 되면서 초과밀 집적만이 살길이 되었고 대도시 집중은 심해져 갔다. 대도시의 인구 증가가 면적 증가를 크게 앞지르면서 수직 집적만이 유일한 해법이 되었다. 세계화에 따라 전 세계가 후기 자본주의에 접어드는 21세기에는 이런 현상이 더 심해져서 인류의 60퍼센트가 대도시에 살게 될 것이다. 국가의 시대가 가고 '메가폴리스megapolis'라는 초대형 대도시를 중심으로 한 도시의 시대에 접어들고 있다.

　　수직선으로 둘러싸인 대도시에 살면 사람들은 쉽게 흥분하며 물욕의 포로가 된다. 자연과의 분리가 극단화된 상태에서 돌아갈 모태를 잃은 방황의 삶을 산다. 공중에 매달린 채 하루 종일 노예처럼 격리된 사무공간에서 일한다. 집에 와도 사정은 마찬가지이다. 허공에 등을 대고 누워 잠을 청한다. 땅에 등을 대지 못하고 땅에 발조차 붙이지 못하는 삶은 존재감을 확보해줄 수 없다. 땅과의 신체적 접촉이라는 가장 기본적인 존재 조건이 상실된 삶은 뿌리를 잘린 나무처럼 허공에서 방황한다.

종교적 노숙 개념과 피조물 중심의 새로운 기독교관

'집 잃은 불안함'은 유독 주거 환경 같은 물리적 문제만은 아니다. 오래된 종교적 뿌리를 갖는다. 기독교 등 대부분의 종교는 이 땅 위에서 인간의 삶을 불완전하고 불안정한 것으로 본다. 영원한 안식처에서 분리된 노숙의 여정으로 본다. 에덴 동산에서 쫓겨난 아담의 실낙원 개념이나 서방정토에 들지 못하고 번뇌의 이 세상으로 끊임없이 되돌아오는 윤회사상이 대표적 예이다. 이 땅의 삶을 불완전한 것으로 가정해야 종교적 이상이 의미를 지닐 수 있는 종교의 기본 속성상 노숙 개념은 종교가 성립되기 위한 필수 조건 같은 것이다. 문제는 이것이 쉽게 자연의 불완전함을 의미하는 것으로 전용될 수 있다는 것이다. 자연, 넓게는 우주가 인간에게는 그대로 집이나 고향으로 삼기엔 너무 거칠고 해롭다는 생각이다. 지구 위에서 인간의 삶은 어차피 노숙의 불완전한 상태에 머물 수밖에 없다는 뜻이다.

종교적 노숙 개념은 기독교에서 특히 심하다. 구약성서에서 아브라함은 하나님의 약속을 좇기 위해 조상들의 고향을 떠나도록 명령 받는다. 이는 이스라엘 종교의 핵심 개념인 엑소더스 여정의 전형이 되어 모세의 「출애굽기」에서 반복된다. 설사 가나안 땅에 정착했다 하더라도 성서는 인간의 궁극적 안식처가 천국(하느님의 품)이라고 반복적으로 강조한다. 신약성서에서는 구원 개념에서 절정에 달한다. 예수는 추종자들에게 이 생에서 노숙자와 같은 순교자의 삶을 살라고 가르친다. 땅에 정착하지 못하는 노숙자의 삶을 순교와 같은 것으로 보는 것이다. 앞에서 살펴본 「히브리서」 11장 13~16절은 기독교적 노숙 개념의 결정판인데, 핵심어는 "땅에서는 외국인과 나그네"와 "하늘의 본향"으로 지금까지 한 얘기를 전적으로 보여준다.

이런 내용은 성서 전체와 기독교의 전 역사를 통해 수도 없이 반복되면서 구원 개념에서 절정에 이른다. 기독교에서는 구원을 인간의 원죄 때문에 회복 불가능하게 망가진 이 세상을 영원히 벗어나는 최후의 여정으로 정의한다. 이 땅에서의 삶은 절대 완전한 상태에 이를 수 없는 영원한 노숙으로 정의된다. 인간의 존재와 그 삶을 안식처에 완전히 정착하지 못하고 일시적 머무름에 그친 중간적이고 불완전한 상태로 본다. 기독교에서 제시하는 최후의 안식처는 에덴 동산과 사후심판에 의한 천국 두 가지인데 이곳들은 성서의 제일 앞과 끝에서 기독교의 출발점과 종착점을 이룬다. 둘은 하나로 이어지면서 기독교 교리의 핵심을 이룬다. 원죄에 의해서 이곳을 망치고 쫓겨났기 때문에 결국 인간이 지구에서 살아가는 이 생 동안에는 영원히 집 잃은 노숙자가 될 수밖에 없으며 여기에서 벗어나는 길은 믿음에 의해 구원을 받는 것뿐이다.

　기독교의 노숙 개념은 이처럼 지구의 고유한 가치를 박탈하면서 지구를 구원으로 가는 길목에 있는 중간 정착지로 인식한다. 이 대목에서 이런 불완전함을 해소하는 방향에 대한 문제가 나오는데 이 문제는 기독교와 자연, 기독교와 생태학 사이의 관계를 결정하는 중요한 기준이다. 이런 불완전함을 인간중심주의에 의해 해결하려 드는 것은 최악의 방향이다. 둘의 공범적 관계가 생태 위기의 최대 주범일 수 있다. 왜냐하면 지구가 처음부터 불완전한 것은 아니었으며 인간의 원죄에 의해 불완전하게 망가진 것이기 때문에 이를 복원하는 유일한 길은 하나님의 창조의 원뜻을 좇는 것이 되어야 하기 때문이다.

　기독교적 노숙 개념은 결국 에덴 동산을 망친 아담의 잘못에서 기인하는 것이기 때문에 그 해답은 청지기론과 성스러운 예술작품에 있다. 결론이 이렇게 나면 그다음은 자명해진다. 인간이 망쳐놓은 하나님의 성스러운 예술작품으로서의 자연을 원래대로 복원하는 것이 청지기론과 성스러운 예술작품을 좇는 길이 된다. 이는 곧 에덴 동산을 복원하는 길이 될 수 있으며 따라서 구원에 이르는 길이 될 수 있다. 원죄론과 구원론 모두의 핵심 개념임과 동시에 둘이 하나로 만나는 지점이다. 종교적 노숙자의 공포와 근심에서 벗어나는 길이며 집 잃은 불안함에 시달리며 방황하는 현실적 삶을 이상향으로 만드는 길이다.

　현대 문명의 '집 잃은 불안함'은 기독교의 이런 원죄적 불안감을 인간중심주의로 해결하려 든 데에서 기인한다. 기계문명과 산업기술에 매달려서 해결할 수 있다는 생각은 최악이다. 가정부터 잘못된 방법이다. 기독교적 노숙 개념은 아담이 에덴 동산을 망친 데에서 기인한다. 인간중심주의의 교만과 방종이 낳은 결과라는 뜻이다. 이것을 기계문명과 산업기술로 도구만 바꾼다고 해서 치유될 리 만무하다. 기계문명과 산업기술 자체가 인간중심주의의 교만과 방종을 대표하는데 이것으로 동일한 원인을 치유할 수 있다고 믿는 것은 물욕에 눈이 어두운 자기합리화일 뿐이다. 마약으로 망친 몸을 마약으로 치료하겠다는 것과 같다. 오히려 문제는 더 악화된다. 불안감이 커져갈수록 그것을 순간적으로 잊기 위해 범죄에 더 집착하는 것과 동일한 중독 증세만 악화될 뿐이다. 불안감을 낳은 요인은 범죄이기 때문에 범죄에 집착해서는 절대 불안감에서 벗어날 수 없다. 원인 제공자에 집착해서는 절대 원인을 해결할 수 없는 것이 상식이다. 기독교적 문제를 기술과 돈의 힘으로 해결하려는 것도 또 문제를 낳을 뿐이다. 영성이 사라진 시대에 종교는 겉껍데기 형식만 남은 채 그 속의 썩은 내용을 기술과 돈에 의존해서 해결하려 드는 현대 문명의 근본적 문제이다.

자연중심주의 – 자연은 예수의 살과 피이다

이상의 인식은 자연을 우리의 정주 조건으로 삼으라는 현대 생태학의 요구와 상반된다. 표면적으로 드러나는 기독교 자연관과 현대 생태학 사이의 대립이 현대인이 방황하는 중요한 원인일 수 있다. 기독교적 노숙 개념이 주는 불안함을 해소하는 길은 「창세기」의 천지창조를 자연중심주의로 해석하는 것이다. 이는 피조물 중심주의creature-centeredness와 동의어이다. 이 땅 위에서의 삶이 불완전함을 인정하되 그 해결책을 자연 피조물의 생존 권리를 인간과 동등하게 나눠가지면서 하나님의 성스러운 예술 작품을 보존하는 쪽으로 잡아야 한다는 뜻이다. 이런 책무를 믿음의 항목에, 그것도 중심 자리에 넣어야 한다. 이는 곧 이것이 구원을 향한 심판의 항목에도 들어감을 의미한다. 하나님이 정성스럽게 창조한 피조물을 망치는 일은 분명 심판 때 불리하게 작용할 것이다. 구원이 원죄에서 벗어나는 것이라면 원죄의 요인을 제거해야 된다. 에덴 동산을 망쳐서 지구를 노숙의 중간 정착지로 만든 것도 그중 하나이기 때문에 이것을 원래 의미로 되돌려야 구원을 받을 수 있다. 이를 위해서 피조물 중심주의의 기독교관을 정립해야 한다.

피조물 중심주의는 인간의 정주 조건을 존재론적으로 정의한다는 것과 동의어일 수 있다. 기독교 내부적으로도 이 문제와 관련해서 심각한 자기반성 움직임이 있다. 일부 신학자들은 환경 위기가 너무 새롭고 중대한 것이기 때문에 전통적 기독교 교리에 대한 변명성 태도보다 더 과격한 변화가 요구된다고 주장한다. 전통적 도덕률만으로 환경문제에 제대로 대처하기에는 역부족이라고 생각한다. 기독교도 생태에 대해 심각하게 고민했으며 친자연적 시각이 기독교 교리의 핵심이라는 사실을 성서에서 찾아내야 한다. 성서에는 이런 내용이 크게 드러나지 않으며 속에 숨어 있기 때문에 단순히 하나님과 자연과의 관계에 대한 텍스트를 화려하게 포장하는 것만으로는 부족하다. 정밀하고 수준 높은 해석에 의해서만 드러난다.

신학의 의무는 이런 해석을 수행하는 쪽으로 방향이 잡혀야 한다. 신학은 자연에 대해 전례 없이 새로운 내적 변화를 단행해야 한다. 최근 몇 세기 동안 주류 신학은 여전히 구원과 믿음의 문제에만 배타적으로 치중하고 자연은 배제해왔는데 이제 전환점이 온 것이라고 본다. 자연과 우주에 대해 아주 많이 심오하고 진지하고 진정성 있는 기도와 해석이 필요하다. 성서의 제일 첫 장인 「창세기」의 천지창조로 돌아가 그 의미를 처음부터 다시 정의하는 기독교 재정의 작업 혹은 기독교 다시 세우기 작업이 단행되어야 한다. 천지창조에 대해 인간중심주의로 시작해서 자연철학에서 신 중심주의로 옮겨간 이래 마지막으로 자연중심주의로 옮겨가는 또 한 번의 큰 전환이 요구된다.

성찬식 혹은 성례전 중심sacramental approach의 기독교관은 이런 새로운 요구에 좋은 방향이 될 수 있다. 성찬의 대상이 자연이라는 교리에 근원을 두는 태도이다. 자연이 예수의 살과 피와 같은 것이라는 뜻이다. 이 개념은 이미 성서와 기독교 전통에 들어 있는 것이지만 구원에 치중하면서 밀려나거나 잊혀왔다. 이 개념에 의하면 자연은 성서 자체만큼 신의 존재를 증명하는 강력한 증거이며 예수를 통해서 이런 사실이 드러났다. 따라서 예수의 살과 피를 받아 먹는 성찬식은 이런 증거를 믿고 찬양하는 의식이 되어야 한다. 자연을 기술 중심의 개발과 발전 대상에서 제외시키는 것이 바로 기독교 교리에 충실한 것이다.

토머스 베리는 이런 해석을 대표하는 신학자이다. 그는 성서나 기독교 전통이 생태 정신이나 생태신학을 이루기에 불완전하다고 본다. 이것을 완전하게 만들기 위해서는 우주 자체가 하나님의 일차적 계시의 증거이며 이런 사실을 예수를 통해 세상에 드러냈다는 인식을 가져야 한다고 주장한다. 이런 주장은 자칫 표준 성서나 기독교 전통을 부정하는 것으로 보일 수 있기 때문에 기독교 내부에서도 많은 비판이 쏟아진다. 베리는 이에 아랑곳하지 않고 자신의 주장을 증명하는 가톨릭 전통을 동서양을 통틀어 모으는 시도를 하는데 『위대한 과업: 미래로 향한 우리의 길The Great Work: Our Way into the Future』(1999)나 『신생대를 넘어 생태대로: 인간과 지구의 화해를 위한 대화The Universe Story From the Primordial Flaring Forth to the Ecozoic Era』 (2006) 등이 대표작이다.

매튜 폭스 역시 피조물 중심주의를 강력하게 주장한다. 그는 한발 더 나아가 환경 위기는 청지기론 같은 가벼운 도덕률로는 더 이상 치유되기 힘든 상황에 왔다고 진단한다. 기독교 교리를 모든 피조물과 전 자연을 포함한 총체적 지구 환경의 틀 속에서 과격하게 수정해야 한다고 주장한다. 구체적 전략으로, 첫째는 기독교 교리 속에 숨어 있는 이런 가능성을 최대한 찾아낼 것이며 이것만으로는 부족할 수 있기 때문에 지구와 친밀하게 살아온 오지 원주민의 목소리에도 귀를 기울여 배울 것은 수용해야 한다고 주장한다. 이런 주장은 원주민을 사탄의 미신에 사로잡힌 전도의 대상으로 삼던 복음주의에서 보면 거의 이단에 가까운 파격적 이탈일 수 있다. "총체적 지구 환경의 틀 속에서 과격하게 수정"이라는 말 속에는 이처럼 전통적 기독교에서 보면 이단으로 찍혀 파문당할 내용까지 포함된다. 좀 더 추상적인 전략도 제시하는데, 우주의 리듬과 영성에 이끌릴 것을 제안하는 것이 좋은 예이다.

한 가지 확실한 것은 사탄 놀음이나 구원 놀음만 하고 있기에는 기독교에 요구되는 책임이 너무 크다는 점이다. 이를 위해 기독교에서 포용할 수 있는 교리의 한계를 최대한 넓힌 다음 자연에 대한 새롭고 다양한 가치와 세계관을 수용해서 기독교의 틀 안에서 다시 통합해내는 새로운 종교개혁이 필요하다. 우주와 자연의 의미를 하나님과 인간 사이뿐 아니라 인간과 다른 피조물 사이의 관계론으로도 해석해야 하며 이 위에 성찬식의 의미를 더해야 한다. 이는 위계 중심적, 조직 중심적, 직제 중심적, 의식 중심적 기독교 전통을 모두 과감하게 버릴 때에 가능하다. 이런 전통적 중심주의는 모두 이분법의 대립 구도 위에 생긴 것인데 이를 버리고 화해와 통합주의로 나아가야 한다.

이런 새로운 종교개혁은 성서의 주제를 피조물 중심주의로 바꿔야 한다. 이는 기독교의 기본 정신으로 돌아가는 것 이상의 혁명을 의미하는 것이 절대 아니다. 기독교는 여러 교리를 종합한 포괄적 종교여서 이것들을 함께 총체적으로 보아야 하는데 사람의 욕심이 자기들이 바라는 것만 골라서 강조하면서 구원과 기복에 치중해왔다. 믿음은 이것을 합리화하기 위해 내거는 최소한의 염치로 전락해왔다. 이것은 기독교의 기본 정신을 훼손하고 하나님을 모욕하는 일이다. 피조물 중심주의는 이것을 고쳐서 기독교의 본래 정신으로 돌아가자는 운동이다. 루터의 종교개혁이 타락한 중세 가톨릭을 비판하며 성서의 기본 정신으로 돌아갈 것을 주창한 것이었다. 기독교 생태주의에 수반되는 새로운 종교개혁은 물욕에 찌들어 영성을 상실한 현대 기독교의 타락상을 깨닫고 다시 한 번 성서의 기본정신으로 돌아가자는 운동이다.

피조물 중심주의는 우주와 자연에 대해 인간중심적으로 해석하는 시각을 버리는 것이다. 기독교에서 죄는 인간이 하나님에게서 멀어지는 것일 뿐 아니라 자연이 하나님에서 분리되고 우리에게서 소외되어가는 것이기도 하다. 동일한 논리로 화해란, 분리된 하나님과 인간을 다시 이어주는 것일 뿐 아니라 하나님과 우리 모두에게서 멀어진 자연을 되돌리는 것이다. 이것은 총체적 지구 환경을 지금까지의 인간중심주의에 속해 있던 상태보다 훨씬 완벽하게 복원하는 것이다. 이런 자연관 속에서 예수는 인간만을 위한 구세주 이상의 존재가 된다. 전통적인 구원론 속에서 예수는 역사적, 개인적 존재에 머문다. 피조물 중심주의의 자연관 속에서 예수는 전 우주의 심장이자 창조를 이룬 말씀의 한가운데에 선다. 모든 자연은 예수의 이미지 속에서 지어진다. 예수는 모든 우주가 진화하며 발전해가는 궁극적 목적이다.

　이상의 해석을 거쳐 완성된 피조물 중심주의는 더 이상 자연을 우리의 안식처로 삼으라는 현대 생태학의 주장과 어긋나지 않는다. 오히려 이런 주장을 뒷받침해주는 가장 강력한 영적 지지자가 된다. 이를 위해서 기독교에서 가르치는 정신과 육체 사이의 대립적 이분법을 극복해야 한다. 이런 이분법에서는 자연도 육체로 보기 때문에 인간의 안식처가 되지 못한다. 피조물 중심주의에서 이런 이분법을 통합하면 자연은 정신과 육체가 화해를 이룬 훌륭한 안식처가 된다. 기독교의 전통적인 이분법을 극복하는 이런 시도야말로 훨씬 어려운 극기와 금욕이 필요하다.

　생태 정신에 합당한 생활은 자연 세계에 대해 매우 엄격한 자제를 요구하기 때문이다. 아주 작은 예로, 여름에 에어컨이 켜 있지 않은 교회에서 자동차 없이 예배드리는 일은 많은 인내를 요구한다. 이것이 자동차 타고 에어컨 나오는 교회에 와서 믿음과 신앙심만 투철하게 키우는 것보다 기독교 교리나 성서의 가르침에 더 충실한 것일 수도 있다. 이는 계몽주의 이후 습관화되어 편한 것으로 여기며 살고 있는 이기적 자기중심주의를 포기해야 하는 것이다. 기독교의 또다른 오랜 전통인 종교의 사유화도 포기해야 한다. 우리의 존재는 단순히 인간 사회에만 제한적으로 속하는 것이 아니라 모든 피조물과 자연을 포함한 보다 넓은 지구 사회의 일환이라는 인식을 가져야 하며 이를 위해서는 그동안 당연하게 누려온 개인적 특권을 희생해야 한다.

　지구를 쑥대밭으로 망쳐놓고 인간만 구원을 받을 수 있을까. 절대 그럴 수 없으려니와 만에 하나 구원을 받는다고 해도 그렇게 망가진 지구를 뒤에 놔두고 발걸음이 떨어질 것인가.

🐾 생태사상의 역사적 흐름

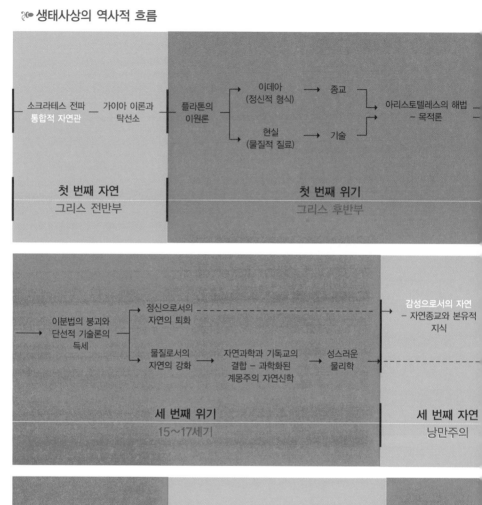

소크라테스 전파
통합적 자연관 — 가이아 이론과
탁선소

플라톤의
이원론

이데아
(정신적 형식) → 종교

현실
(물질적 질료) → 기술

아리스토텔레스의 해법
— 목적론

첫 번째 자연
그리스 전반부

첫 번째 위기
그리스 후반부

이분법의 붕괴와
단선적 기술론의
득세

정신으로서의
자연의 퇴화

물질로서의
자연의 강화 → 자연과학과 기독교의
결합 – 과학화된
계몽주의 자연신학 → 성스러운
물리학

감성으로서의 자연
– 자연종교와 본유적
지식

세 번째 위기
15~17세기

세 번째 자연
낭만주의

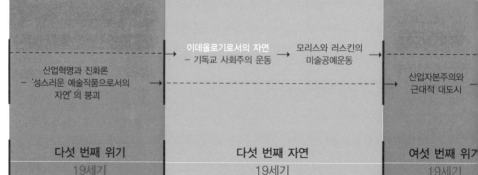

산업혁명과 진화론
– '성스러운 예술작품으로서의
자연'의 붕괴

이데올로기로서의 자연
– 기독교 사회주의 운동 → 모리스와 러스킨의
미술공예운동

산업자본주의와
근대적 대도시

다섯 번째 위기
19세기

다섯 번째 자연
19세기

여섯 번째 위기
19세기

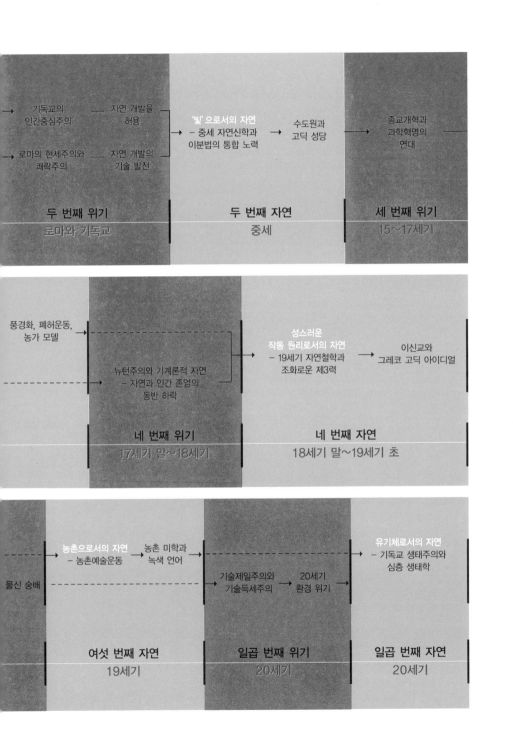

기독교의   자연 개발을   '빛'으로서의 자연   수도원과   종교개혁과
인간중심주의   허용   – 중세 자연신학과   고딕 성당   과학혁명의
                                         이분법의 통합 노력   연대

로마의 현세주의와   자연 개발의
쾌락주의   기술 발전

두 번째 위기   **두 번째 자연**   **세 번째 위기**
로마와 기독교   중세   15~17세기

풍경화, 폐허운동,   성스러운   이신교와
농가 모델   작동 원리로서의 자연   그레코 고딕 아이디얼
                  뉴턴주의와 기계론적 자연   – 19세기 자연철학과
                  – 자연과 인간 존엄의   조화로운 제3력
                  동반 하락

                  네 번째 위기   **네 번째 자연**
                  17세기 말~18세기   18세기 말~19세기 초

         농촌으로서의 자연   농촌 미학과   유기체로서의 자연
         – 농촌예술운동   녹색 언어   – 기독교 생태주의와
물신 숭배   기술제일주의와   20세기   심층 생태학
                                   기술득세주의   환경 위기

         여섯 번째 자연   **일곱 번째 위기**   **일곱 번째 자연**
         19세기   20세기   20세기

그림 목록

12. 자크-제르멩 수플로, 성 주느비에브, 파리, 1755~80, 사후 완공
13. 자크-제르멩 수플로, 성 주느비에브, 파리, 1755~80, 사후 완공

5장
1. 윌리엄 모리스William Morris와 기독교 사회주의의 영향 아래 설립된 해머스미스 사회주의 리그Socilaist League, Hammersmith 멤버
2. 윌리엄 모리스가 기독교 공동체의 이상적 모델로 여겼던 머턴 수도원Merton Abbey를 그린 포콕Lexden Lewis Pocock의 〈머턴 수도원의 연못The Pond at Merton Abbey〉, 1881년 이후
3. 머턴 수도원의 스테인드글라스 스튜디오 작업 모습
4. 기독교 이상향을 그린 「존 볼의 꿈A Dream of John Ball」(1892)의 표지
5. 해머스미스 사회주의 리그에서 디자인한 〈숲 태피스트리Forest Tapestry〉, 1887
6. 오거스터스 퓨진Augustus Welby Northmore Pugin, 세인트오거스틴 교회St. Augustine's, 램즈게이트Ramsgate, 영국, 1845~52
7. 존 러스킨John Ruskin, 베네치아 산마르코San Marco, Venezia 스케치
8. 베네치아 산마르코
9. 존 러스킨, 베네치아 카사 로레단Casa Loredan, Venezia, 스케치
10. 존 러스킨, 베네치아 카도로Ca'd'Oro, Venezia 스케치
11. 존 러스킨, 카도로 노트Notes on the Ca'd'Oro
12. 윌리엄 버터필드William Butterfield, 올 세인츠All Saints, 런던, 1849~59
13. 윌리엄 버터필드, 올 세인츠, 실내, 런던, 1849~59

6장
1. 윌리엄 블레이크William Blake, 〈생명의 소용돌이The Circle of the Lustful〉, 1827
2. 윌리엄 블레이크, 「유럽 예언Europe a Prophecy」(1794)의 삽화
3. 윌리엄 블레이크, 「예루살렘, 거인 앨비언(영국의 옛 이름)의 분출Jerusalem, The Emanation of The Giant Albion」(1804)
4. 장 프랑수아 밀레Jean-François Millet, 〈밤의 새 잡기Hunting Birds at Night〉, 1874
5. 장 프랑수아 밀레, 〈봄Spring〉, 1873
6. 오귀스트 르누아르Auguste Renoir, 〈여름의 시골 산책길Country Footpath in the Summer〉, 1874년경
7. 오귀스트 르누아르, 〈호수 옆에서By the Lake〉, 1880년경
8. 오귀스트 르누아르, 〈베니스 산마르코 광장St. Mark's Square, Venice〉, 1881

7장
1. 니콜라스 그림쇼Nicholas Grimshaw, 1992년 세비야 세계만국박람회 영국관
2. 리처드 로저스 파트너십Richard Rogers Partnership, 보르도 법원 에너지 계획 스케치, 1997
3. 알솝 & 스퇴르머Alsop & Störmer, 마르세유 행정청사 에너지 계획 스케치, 1996
4. 바트 프린스Bart Prince, 화이팅 하우스Whiting House, 아이다호 선 밸리Sun Valley, 미국, 1981
5. 던컨 루이스Duncan Lewis, 기트 별장 아파트Gites Holiday Apartments, 사르트Sarthe, 프랑스, 1997